2012

上海环境年鉴

2012 Shanghai

Environment Yearbook

《上海环境年鉴》编辑委员会

上海人民出版社

图书在版编目（CIP）数据

2012上海环境年鉴/《上海环境年鉴》编辑委员会编. —上海：上海人民出版社，2012
ISBN 978-7-208-10973-5

Ⅰ. ①2… Ⅱ. ①上… Ⅲ. ①环境科学—上海—2012—年鉴 Ⅳ. ①X-125.1

中国版本图书馆CIP数据核字(2012)第219466号

责任编辑 张 珏
封面装帧 赵为群

2012上海环境年鉴
《上海环境年鉴》编辑委员会 编
世纪出版集团
上海人民出版社出版
（200001 上海福建中路193号 www.ewen.cc）
世纪出版集团发行中心发行
上海锦佳印刷有限公司印刷
开本889×1194 1/16 印张19 插页5
2012年12月第1版 2012年12月第1次印刷
印数1-3000
ISBN 978-7-208-10973-5/Z·186
定价 380.00元

编辑委员会

编写单位

上海市人大城市建设环境保护委员会
上海市政协人口资源环境建设委员会
上海市发展和改革委员会
上海市经济和信息化委员会
上海市商务委员会
上海市教育委员会
上海市科学技术委员会
上海市公安局
上海市城乡建设和交通委员会
上海市农业委员会
上海市环境保护局
上海市规划和国土资源管理局
上海市水务局（市海洋局）
上海市统计局
上海市新闻出版局
上海市绿化和市容管理局
上海市住房保障和房屋管理局
上海市交通运输和港口管理局
水利部太湖流域管理局
上海市地震局
浦东新区环境保护和市容环境卫生管理局
徐汇区环境保护局
长宁区环境保护局
普陀区环境保护局
闸北区环境保护局
虹口区环境保护局
杨浦区环境保护局
黄浦区环境保护局
静安区环境保护局
宝山区环境保护局
闵行区环境保护局
嘉定区环境保护局
金山区环境保护局
松江区环境保护局
青浦区环境保护局
奉贤区环境保护局
崇明县环境保护局

主　　编 张　全
副 主 编 范贤彪　姜　南　孙　建　方　芳　吴启洲
陈明剑　苏国栋　毛文佩　杨建生　李曙东
主编助理 张存洁
编　　审 高永善
执行编辑 王静江
编　　辑 陈思勤
封面题字 曲格平
目录翻译 黄丽华

特约编审（以姓氏笔画为序）

卫永明　王圣德　王永国　刘　铁　刘家欣　朱文华　吴克源
张　彪　张存洁　李春铭　陈　亮　茅建宏　郑华兴　胡相洪
赵宏林　徐　荣　徐展国　袁　园　顾詠康　梁至健　黄　震
滕　建　魏廉虢

特约编辑（以姓氏笔画为序）

尤春平　方　蕾　方永保　王一和　包悦鹉　刘　勤　刘汉平
孙新华　成　新　严绍玮　励　萍　应礼敏　应建敏　张　婧
张利洁　张宝良　李　琼　李学峰　李惠芳　杜京阳　杨国初
沈正希　沈蕴辉　陆经东　陈民强　林主恩　胡建文　赵晓怀
倪前龙　唐　军　奚其龙　高小兰　曹海云　喻　霞　嵇爱琴
韩晓非　裴龙华

编写说明

《上海环境年鉴》2012卷为第十一卷。《上海环境年鉴》的编撰、出版始终受到中共上海市委、市政府领导的高度重视。市人大、市政协各有关专业委员会，市政府有关委、办、局和各区、县政府给予了大力支持。

作为一部环境综合类的大型权威性工具书，《上海环境年鉴》紧紧追踪时代发展的脚印，不断调整栏目，充实内容，力求忠实、客观地记录年度上海市环境保护的重大事件和环境建设的新成就，为上海环境保护事业留下珍贵的年度信息和资料史实。

《上海环境年鉴》采用分类编辑方法，内容按栏目—分目—条目三级结构层次编排。卷首为图片，正文分设特载；经济和社会发展；市人大工作；市政协工作；环境质量；规章、规划和计划；执法；污染防治与环境建设；生态保护与建设；环境管理；科学与技术；信息化建设；资源保护与利用；环保产业与市场；国际合作与交流；公众参与与环境宣传；环境教育；区县环境保护；大事辑要等19个栏目。

2012卷《上海环境年鉴》编辑委员会由上海市政府和有关委、办、局，上海市人大、市政协有关专业委员会以及各区、县的有关领导组成，条目由上海市有关委、办、局和各区、县政府遴选的特邀编辑负责相关条目的编撰，成稿后，经所在部门有关领导审查定稿，最后由编辑部汇总编撰成册，其中："特载"至"环境教育"及"大事辑要"由王静江编辑，"区县环境保护"由陈思勤编辑。

因机构改革、人事变动，编委会对编委、参编单位、特邀编审和特邀编辑成员作了相应调整。

我们希望社会各界继续提出宝贵意见，使《上海环境年鉴》更好地为上海环境保护事业服务，并满足国内外各界人士了解上海环境保护事业发展变化之需求。

上海环境年鉴编辑部

2012年9月

图片

中共上海市委、市人大、市政府、市政协主要领导同志在上海东方体育中心参加全民义务植树活动 （刘维光 摄）

外滩源保护建筑一景 （殷淑荣 摄）

辰山植物园湿地 （殷淑荣 摄）

世博会地区俯瞰 （任 珑 摄）

城市景观绿化为市民所享　　（殷淑荣 摄）

白龙港污水处理厂　　（任　珑 摄）

$PM_{2.5}$手工采样器的内部构造　　（华毅文 摄）

生态还田　　（松江区环保局 提供）

青草沙水源地原水工程于2011年6月全面投入运行　　（市水务局 提供）

新江湾城垃圾分类　　（洪　汇　摄）

苏州河底泥首次大规模疏浚工程全线启动　　（任　珑　摄）

目录

特载

经济和社会发展

市人大工作

市政协工作

环境质量

环境空气质量

地表水环境质量

地下水环境质量

海洋环境监测与质量

声环境质量

辐射环境质量

规章、规划与计划

规章、规范性文件

规划及管理

计划

执法

行政执法

执法制度建设

污染防治与环境建设

市重大环境工程建设

生态保护与建设

城市生态建设

农村生态保护

自然生态环境保护

科研学术活动

环境科技关键技术研究

节能减排与低碳科技关键技术应用研究

崇明生态科技（环境部分）

科研项目获奖

信息化建设

环境信息建设与运用

环境信息网站

资源保护与利用

可再生资源开发利用

节能与能源结构调整

土地资源保护与利用

地质资源保护与利用

渔业资源保护与利用

节水型社会建设

环保产业与市场

环保标志产品、绿色食品、优质农副产品

环境技术研讨与装备展览会

国际合作与交流

国际地区合作项目

国际地区学术交流

公众参与与环境宣传

环境教育

区县环境保护

嘉定区

金山区

松江区

青浦区

CONTENTS

Special Section

Speech of Leaders

Inspection of Leaders

Environmental Protection of Shanghai

Economic and Social Development

Statistical Communique

Energy Conservation and Pollution Reduction

Circular Economy and Low-carbon Development

Statistics related to Environmental Protection

Environmental Quality

Regulation, Planning and Plan

Water Pollution Prevention and Control

Noise Pollution Prevention and Control

Solid waste treatment and disposal

Radiation Environmental Pollution Prevention & Control

Ecological Conservation and Construction

Urban Ecological Construction

Rural ecological protection

Natural Ecological and Environmental Protection

Wildlife Protection

Marine Disaster

Environmental Management

Administrative Management

Regional Management

Profession Management

Quality Management

Science and Technology

Application of Scientific Research and Technology

Scientific and Academic Activities

Research of Key Environmental Technologies

Study on energy conservation, pollution reduction and low-carbon technology application

Ecological Science and Technology Applied in Chongming Island (Environment related)

Scientific Awards

Informatization Construction

Environmental Informatization Construction and Application

Environmental Information Website

Resource Protection and Utilization

Exploration and utilization of renewable resources

Energy Conservation and Energy Restructuring

Land Resource Protection and Utilization

Geological Resource Conservation and Utilization

Environmental Publications

Environmental Protection in Districts/County

Pudong New Area

Xuhui District

Changning District

Putuo District

Zhabei District

Hongkou District

Yangpu District

Hangout district

Jing'an District

Baoshan District

Minhang District

Qingpu District

Fengxian District

Chongming County

2012

上海环境年鉴

特载

领导讲话

【韩正在市第十三届人代会作上海市政府工作报告（摘录）】 1月16日在上海市第十三届人民代表大会第四次会议上，市长韩正作政府工作报告。市长韩正指出：

综合各方面因素，今年全市经济社会发展的主要预期目标是：全市生产总值增长8%左右，地方财政收入与经济保持同步增长，城镇登记失业率控制在4.5%以内，居民消费价格指数与国家价格调控目标保持衔接，全社会研究与试验发展经费支出相当于全市生产总值的比例达到3%左右，单位生产总值综合能耗、单位生产总值二氧化碳排放量进一步下降，主要污染物排放量削减率完成国家下达目标，环保投入相当于全市生产总值的比例保持在3%左右，城市和农村居民家庭人均可支配收入与经济保持同步增长。

韩正还指出：继续加强节能减排和环境保护，不断改善城市生态环境，始终把建设生态宜居环境作为紧迫而重要的任务，深入实践世博会绿色、环保、低碳理念，大力推进节能降耗，加强资源节约和综合利用。积极推进工业、建筑、交通、居民生活等重点领域和重点用能单位的节能改造和管理，加快节能地方标准建设，新建高标准节能建筑60万平方米，对新建居住建筑全面执行65%的节能标准，加快推进清洁能源汽车的应用。大力推进国家重大天然气项目配套工程，建成上海临港燃气电厂，推进闵行燃机电厂工程和东海大桥海上风电二期工程等项目前期工作。健全节能市场机制和激励约束机制，加大合同能源管理，全面贯彻实施前置性能评估制度，探索节能减排市场交易试点。鼓励和引导节水、节材，倡导绿色低碳的生产方式、消费模式和生活习惯，积极开展多层面、多领域的循环经济试点。

加强污染减排和防治，推进环境保护和生态建设。强化污染减排目标管理，增加氮氧化物和氨氮总量控制指标。全面完成第四轮环保三年行动计划。加快建设白龙港污水厂扩建二期工程、白龙港片区南线输送干线完善工程、郊区污水厂网及截污纳管等重点项目，启动燃煤电厂脱硝工作。加快推进宝山南大和金山卫化工集中区等重点地区环境综合整治。深入推进本市太湖流域水环境综合治理。切实加强对建筑施工噪声和工地、道路、堆场扬尘以及机动车鸣号、秸秆焚烧等污染源的监管和防治。加快推进中心城增绿、郊区新城建林和外环生态专项等工程，完成绿地建设1000公顷，其中公共绿地500公顷。有序推进青草沙原水通水切换工作，让1000万上海市民喝上优质长江水，加强黄浦江上游等饮用水源保护，完成1000万平方米以上二次供水设施改造。按照减量化、资源化、无害化要求，启动生活垃圾分类投放、收集、运输、处置试点，加快老港固体废弃物综合利用基地建设，推进浦东、金山、松江、奉贤等区生活垃圾处理设施建设。

（摘自1月16日上海市市长韩正在上海市第十三届人民代表大会第四次会议上所作的政府工作报告）

【韩正关于环保三年行动计划讲话精神】 在5月26日召开的市环境保护和环境建设协调推进委员会第18次会议上，市长韩正指出，要形成合力确保第四轮环保三年行动计划全面完成，坚持“四个转变”和“四个更加注重”，编制出高水平的第五轮环保三年行动计划，坚持不懈提高上海城市环境质量，让全市人民共享环境建设的成果。

韩正说，历届上海市委、市政府高度重视环保工作。从2000年起，上海滚动实施了四轮环保三年行动计划，12年来累计投入超过2500亿元人民币。从“标本兼治”、“重在治本”、“三个并举”到“更加突出污染减排”，每一轮都按照目标坚定不移地推进。经过不懈努力，12年来建成了一大批环保工程，基本形成了污水、固废、废气治理等环境基础设施体系和城市绿化格局，重点区域环境整治加快推进，城市整体环境水平和质量有质的飞跃。这些成绩来之不易，必须再接再厉。今年是实施第四轮计划的最后一年，要在确保全面完成第四轮环保三年行动计划的基础上，把握重点，编制出高水平的第五轮环保三年行动计划。

韩正指出，编制第五轮环保三年行动计划要把握“四个转变”和“四个更加注重”。一是发展战略从末端治理为主向源头预防和优化发展转变。通过深化污染物总量控制、严格实施规划环评、强化环保准入标准等手段，推动结构调整和布局优化。二是控制方法从单项和常规控制向全面协同控制转变。要突破原有的控制手段，从单个项目转向区域控制，从企业行业转向产业控制，从单要素转向多要素协同控制。三是工作重点从重基础设施建设向管建并举、长效管理转变。特别是对河道整治、扬尘、机动车尾气、噪声等量大面广的污染问题，建立长效管理机制。四是区域重点从中心城区为主向城乡一体转变，结合实施“十二五”规划，把郊区的环境保护放在更加重要的位置。在编制过程中，要更加注重环境质量和环境安全，更加注重解决群众关心的重大环境问题，更加注重科技进步和结构优化，更加注重长效机制和创新管理。

（奚爱玲）

领导调研

【俞正声出席青草沙水源地原水工程建成通水仪式】　6月8日上午，上海青草沙水源地原水工程建成通水仪式举行。中共上海市委书记俞正声出席并启动通水装置，市委副书记、市长韩正出席并致辞。市领导冯国勤、杨雄出席，水利部副部长胡四一、住房建设部副部长陈大卫、环保部总工程师万本太分别致辞，副市长沈骏主持通水仪式。

主席会议审议垃圾三化报告　　（市政协 提供）

青草沙水源地原水工程包括青草沙水库及取输水泵闸、长江原水输水隧道、陆域输水管线及增压泵站等三大主体工程，日供水规模719万立方米，总投资170亿元人民币，总受益人口超过1100万。青草沙水库位于长兴岛北侧长江口南北港分流口下方，总面积近70平方公里，其中水面积66平方公里，设计有效库容4.35亿立方米。水库蓄满水时，可在不取水的情况下连续供水68天，可确保咸潮期的原水供应。　（谷鸿鹄）

【刘云耕赴青草沙水源地原水工程视察】　8月3日，市人大常委会主任刘云耕、副主任胡延照和部分常委会组成人员一行专程赴青草沙水库调研长江口青草沙水源地原水工程建设、运行和管理情况。

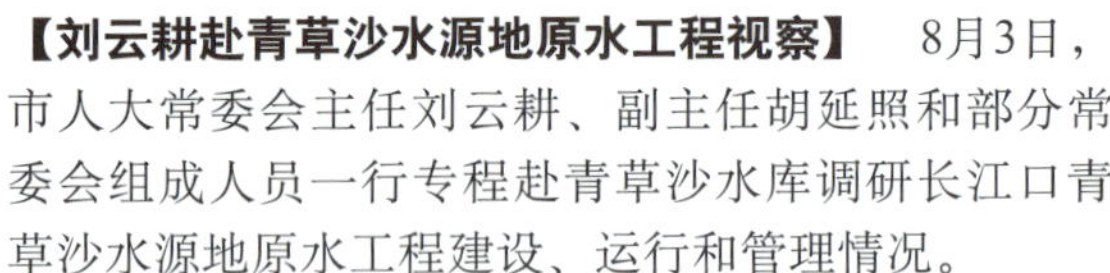

截至2011年6月底，青草沙水库已向金海水厂等九个水厂供应优质长江原水近5亿立方米，使用青草沙原水后，各水厂水质提升明显，中心城区供水水质提前达到新国标要求。

委员们指出，青草沙水源地原水工程是关系到城市供水安全和改善饮用水质量的民生工程，受益居民普遍对水质改善反映良好。政府有关部门与相关企业应当依法加强水源地保护，全力做好日常管理和水质监测、污染防治等工作，使广大市民喝上安全放心水。　（林海平）

【冯国勤重点促办“推进生活垃圾减量化、资源化、无害化”提案】　4月21日，市政协主席冯国勤领衔重点促办“推进生活垃圾减量化、资源化、无害化（简称“三化”）”提案专题。实地察看了浦东新区的仁恒滨江园、光辉小区两个垃圾分类试点小区；召开协商会，听取了市绿化市容局关于提案办理工作和本市生活垃圾“三化”工作推进情况，以及浦东新区副区长陆月星关于垃圾分类试点情况的汇报，并进行座谈交流。市政协副主席李良园，秘书长陈海刚，副秘书长张丽，部分提出提案的政协委员，市政协提案委员会、人资环建委员会，有关党派团体以及市政府办公厅有关负责同志等参加。

市政协十一届四次会议以来，政协委员共提出12件涉及居民家庭餐厨垃圾分类管理、提高本市废弃物资源化利用水平、完善垃圾分类的标准和加大指导宣传力度等内容的提案。2011年市政协将“推进生活垃圾减量化、资源化、无害化”列为主席会议成员10个重点促办提案专题之一。

委员们对本市多年来生活垃圾处置工作取得的成效，以及市容绿化等部门认真办理提案积极采纳提案建议所做工作表示肯定，并提出4条建议。

冯国勤在讲话中指出，希望市政府统筹各方力量，把这项利国利市利民的工作做好，使上海的环境更整洁。　（市政协提案委办公室）

【国家环保部领导来沪调研环保科研工作】　5月26–27日，国家环保部副部长吴晓青赴上海市调研环保科技工作。调研期间，吴晓青听取了华东理工大学和复旦大学承担环保部科研项目情况汇报，参观了建设中的国家环保重点实验室，前往上海市化工区开展生态园区创建调研，并赴浦东听取上海新金桥环保有限公司环保工程中心汇报。

调研中吴晓青强调，要充分总结“十一五”环保科技工作经验，使“十二五”环保科技工作开好局，起好步，以进一步提高环保科技的前瞻性和引领性，为探索环保新道路提供科技支撑。

（市环保局）

【国家环保部领导来沪调研总量减排等工作】　7月14日，国家环保部副部长张力军赴上海就主要污染物总量减排及上海市浦东等区创建国家环境保护模范城等工作进行调研。

上海市环保局就上海市2011年上半年主要污染物总量减排工作情况作了汇报。在听取汇报后，张力军要求，“十二五”期间，必须根据环保部要求抓好新项目的环评审批工作，把主要污染物总量指标纳入项目环评审批的前置条件，从源头把握好污染物增量的控制。

在讨论污染减排措施时，张力军提出，上海要率先着力研究排放权交易，通过市场交易的方式有效推动污染排放控制和污染减排工作，控制新项目的污染物排放。张力军一行还听取了浦东新区与闵行区国家环境保护模范城区持续推进工作以及宝钢集团环保工作整体情况汇报。国家环保部污防司、上海市环保局、闵行区、浦东新区领导，宝钢集团及相关单位人员出席调研座谈会。（奚爱玲）

【国务院调研组来沪调研电子废物回收处理工作】 11月20—22日，国务院调研组一行来沪调研本市贯彻落实《废弃电器电子产品回收处理管理条例》的实施情况。调研组由国务院办公厅相关领导带队，环保部、财政部等相关负责同志陪同。

调研组分别听取了本市环保、商务、财政等部门关于本市电子废物回收处理的情况汇报，召开了现场座谈会，了解生产、回收及处理企业回收运行及政策落实情况，还现场考察了上海金桥再生资源市场经营管理有限公司和鑫广再生资源（上海）有限公司两家回收处理企业。调研组一行充分肯定了本市电子废物的管理工作并对下阶段工作提出了四方面要求。（市环保局、市固废中心）

【市领导到市环保局调研“十二五”和2011年环保工作】 1月26日，副市长沈骏赴市环保局调研“十二五”和2011年环保工作，听取市环保局关于本市“十一五”及2010年环保重点工作进展、“十二五”总体考虑和当年主要工作安排，研究分析了当前面临的形势和工作推进中的难点问题，并对下一步环保工作提出了明确要求。

沈骏在调研中充分肯定了“十一五”环保工作取得的进展，2010年世博环境保障工作效果显著，良好的空气质量得到社会各界好评，长三角联防联控区域合作取得重大突破。市环保局领导、机关各处室、直属各单位负责人参加。（奚爱玲）

【市领导到市辐射环境监督站调研】 3月19日，副市长沈骏、市政府副秘书长尹弘一行赴市辐射环境监督站调研。沈骏一行察看了辐射环境安全设备、设施及监测工作情况，慰问了辐射环境监测一线工作人员。沈骏一行听取了市环保局、市气象局等部门应对近期日本核电站放射性物质泄漏对本市环境影响的各项工作开展情况以及下一步工作计划的汇报后，充分肯定了各部门开展的工作，并对下一步工作提出了具体要求。市环保局、市民防办、市气象局、市应急办相关负责同志参加会议。（奚爱玲，陆 丹）

【市人大领导到市辐射环境监督站调研】 3月16日下午，市人大常委会副主任胡延照一行赴市辐射站进行工作调研。胡延照听取汇报后强调指出，环保工作要从源头抓起，要站得高、看得远、想得深，在监管工作中要突出工作重点，着力解决焦点、难点问题。（陆 丹）

【市领导到市环境监测中心调研】 12月16日，副市长沈骏、市政府副秘书长尹弘一行赴市环境监测中心调研环境监测工作。

沈骏首先视察了环境空气质量自动监测南丹路子站，随后参观了环境化学分析实验室，观看技术人员化验分析并询问有关情况。在调研会上沈骏听取了市环保局关于目前所承担的监测任务，特别是$PM_{2.5}$监测工作进展及实验室建设与运行情况汇报。

沈骏充分肯定了市环境监测中心在全市环境监测工作中取得的成绩，并要求环境监测工作要适应当前环保工作的需要，要把监测工作重点放在加强标准化建设上，不断提高环境监测能力，从而更好地为市民、环境管理和领导决策服务。市环保局主要领导及有关部门负责人陪同调研考察。（市环境监测中心）

市领导到市辐射环境监督站调研 （华毅文 摄）

上海环境保护

【上海市2011年环境保护工作概况】 2011年是上海进入后世博和转型发展的关键时期，也是“十二五”规划的开局年和第四轮环保三年行动计划的收官年。在市委、市政府的正确领导下，在市人大、政协的监督和关心下，全市各方面共同努力，围绕“创新驱动，转型发展”主线，以污染减排和环保三年行动计划为抓手，进一步加大了环保工作推进力度，取得了较好的工作成效。“十二五”污染减排开局良好，第四轮环保三年行动计划顺利完成，第五轮环保三年行动计划完成编制，主要河道水质保持稳定，环境空气质量优良率达到92.3%。

一、“十二五”污染减排目标任务总体落实，重点减排项目有序推进

以“抓责任分解，抓项目落地，抓政策配套”为重点，全力推进“十二五”污染减排启动工作，同时从强化责任考核、推进工程建设、优化运行管理、加强政策引导、促进结构调整等方面入手，积极落实污染减排任务措施。化学需氧量、氨氮、二氧化硫、氮氧化物的排放量在2010年基础上分别削减6.26%、3.4%、5.9%、1.67%，超额完成年度减排目标。

（一）分解落实了“十二五”污染减排目标任务。在全面总结“十一五”工作成效和成功经验、完成2010年度污染源普查动态更新的基础上，出台了本市主要污染物总量控制“十二五”工作方案，提出了“完善一个体系，建设五大工程、强化十项措施”的工作思路，并与各责任单位草签了目标责任书。

（二）稳步推进各项减排重点工程及措施。宝钢电厂3＃机组脱硫工程、吴泾第二电厂1＃机组脱硝示范工程已建成投运，上海石化5＃6＃机组脱硫工程已开工；奉贤西部污水处理厂二期扩建、金山新江污水处理厂扩建等工程已建成投运，白龙港污水处理厂污泥处理工程正式运行，白龙港污水处理厂二期、白龙港片区南线输送干线、宝钢分公司烧结机脱硫改造等重点工程有序推进；重点化工企业（区）VOCs控制试点、中小燃煤（重油）锅炉清洁能源替代工作已启动。

（三）抓紧制订减排相关政策。优化燃煤机组发电，初步形成“清洁发电，绿色发电”机制，会同市发改委、市财政局制定了《关于鼓励本市燃煤机组脱硝减排的配套政策》，提高了脱硝设施的投运率和脱硝效率。电厂脱硝工程建设补贴政策、超量减排激励政策的方案经多次讨论和征求意见，已形成了征求意见稿。加快推进重点企业排污许可制度，制订了相关规范性文件，明确了分期分批、网上办事的工作原则及相应的工作程序，并开发了网上申领系统。

二、第四轮环保三年行动计划较好完成，第五轮环保三年行动计划完成编制

2011年是环保三年行动计划承上启下的一年。全市条块结合，上下联动，一手抓第四轮推进，一手抓第五轮编制，滚动推进本市环境保护和生态建设各项任务。

（一）顺利完成了第四轮环保三年行动计划。第四轮环保三年行动计划264个项目中，除个别受动拆迁、施工控制、规划调整等因素影响的项目外，98.5%的项目完成或基本完成。主要成效体现在四个方面：

（1）环境基础设施进一步完善。除重点减排工程外，青草沙水源地原水工程于6月全面投入运行，受益人口超过1100万人，西干线改造总管工程贯通并进入切换调试，外高桥第一电厂1＃机组布袋除尘器改造项目完成环保验收，医疗废物处置完善工程已建成投运，老港再生能源利用中心正加快建设。

（2）重点地区环境综合整治取得明显成效。吴泾工业区环境综合整治规划相关工作基本完成；金山卫化工集中区域环境综合整治取得阶段性成果，基本完成居民动迁，完成了21家企业关停，15家企业实施了污染治理工程，建成了一批环境基础设施和污染源监控系统；宝山南大地区整治工作取得突破性进展，建立了市区联动推进机制，落实了启动资金，出台了结构规划，并先行启动了污染企业关停和拆除违章建筑等工作。

（3）污染防治工作进一步加强。太湖流域水环境综合治理项目进展顺利；完成了21座储油库、224辆油罐车、823座加油站油气回收处理装置改造工程；全市出租车和70%的公交车达到国III以上排放标准，全面推行“沪Ⅳ”成品油；工业区环境基础设施完善工作有序推进；461个高架道路沿线敏感点、3个越江桥隧噪声敏感点、392个高速公路噪声敏感点治理工作全面完成。

（4）生态保护与建设进一步加强。完成了340个村庄改造；崇明县创建国家生态县工作通过了环境保护部的技术评估，生态环境预警监测评估体系建设全面开展，青浦区创建国家“环境保护模范城区”通过环境保护部验收，闵行区创建国家“环境保护模范城区”工作顺利通过市级预评估；8个循环经济试点项目基本完成，脱硫废渣综合利用示范线建成；7家生态工业示范园区创建有序开展，莘庄工业区、金桥出口加工区已通过国家验收；辰山植物园、卢湾南园滨江绿地等相继建成并对外开放。

（5）环境质量持续改善。全市河道水质总体保持稳定，环境空气质量优良率连续3年保持在90%左右，全市区域降尘量较三年前下降了16.6%。金山卫化工集中区域环境空气中恶臭和VOC总浓度有所下降。中心城绿化覆盖率达到38.2%。

（二）组织编制了第五轮环保三年行动计划。按照市政府部署，与"十二五"环保规划相衔接，对第五轮计划的主要目标、任务、重点项目进行了专题研究，制定并印发了《关于第五轮环保三年行动计划编制工作的指导意见》和《第五轮环保三年行动计划区县编制指南》，加强了难点问题调研，并召开了一系列编制工作专题协调会，较好完成了第五轮计划文本编制工作。

（1）明确了今后三年的指导思想和总体目标。第五轮环保三年行动计划围绕本市"创新驱动、转型发展"主线，坚持生态文明引领和以环境保护优化发展理念，以"削减总量、改善质量、防范风险、优化发展"为重点任务，更加注重环境质量和环境安全，更加注重解决市民关心的环境问题，更加注重科技进步和结构优化，更加注重长效机制和创新管理。总体目标是基本完成污染减排等"十二五"规划明确的目标与任务，环保工作继续走在全国前列，为建设资源节约型、环境友好型城市奠定扎实基础。

（2）明确了七大领域的四大任务。第五轮环保三年行动计划主要包括推进污染减排、强化环境风险防控、解决市民关心的环境问题、促进结构调整等四方面任务，分水环境保护、大气环境保护、固体废物处置和噪声污染控制、工业污染防治与产业结构调整、农业与农村环境保护、生态环境保护、循环经济和清洁生产等七大领域，共安排项目268个。

三、着力解决影响市民健康和城市安全的环境问题，不断完善后世博环境管理长效机制

认真总结世博环境保障的成功经验，结合市民反映的突出环境问题，着力推进饮用水安全保障、大气污染防治等工作，进一步完善环境管理和风险防范长效机制，推动了环境矛盾的解决和管理水平的提高。

（一）继续加强饮用水源保护工作。组织完成了4个市级饮用水水源保护区范围边界的划定。青草沙水源地一级保护区临时围栏已建成，并制定了永久围栏建设方案；东风西沙水库工程已开工建设。关闭了16个中小水源地，启动了水源保护区清拆整治前期工作，并加强了对饮用水源地风险企业、流动风险源的调查评估和执法监管，建立了危险品运输船舶进入水源保护区的报告制度和信息共享机制。同时，还配合市财政局完成了饮用水源地生态补偿支付办法的修订，2011年水源地生态补偿资金达到5.19亿元。

（二）强化大气污染综合防治。进一步完善扬尘污染控制机制，积极推进扬尘污染源现场实时监控试点，与建设管理部门建立了双向沟通机制，将扬尘防治纳入了建筑工地文明施工测评体系。根据《本市推进农作物秸秆综合利用实施方案》，出台了补贴政策，建立了秸秆禁烧三级巡检工作机制。加强机动车路检力度，初步建立了市区两级监管机制，累计检测8.1万辆次。不断研究完善餐饮油烟气、加油站油气回收、机动车环保标志管理等长效监管机制。强化高化地区化工企业环境监管，启动了高桥地区大气特征污染物监控网络建设。加强区域环境合作，会同江浙两省，按照环保部统一部署，共同编制了长三角区域大气联防联控规划（征

大气环境保护成效显著　（欧阳鹤 摄）

求意见稿），并组织开展灰霾、臭氧等复合型污染形成机理与防治技术以及区域联防联控措施的课题研究。

（三）加强重金属等环境风险源监管和应急响应。快速并妥善应对血铅污染问题，全面开展铅蓄电池及铅再生企业污染整治工作，已责令17家未达到环保、卫生防护要求的涉铅企业停产整顿。加强对危险废物产生及处理处置单位的规范化管理，制定出台了《关于进一步规范本市危险废物运输管理的试行意见》。日本福岛第一核电站发生放射性物质泄漏事故后，迅速开展24小时辐射环境应急监测并及时报告环保部、市委市政府，通过媒体发布本市辐射影响实况并开展辐射知识宣传减轻市民恐慌心理。加强放射性同位素安全监管，明确了加强辐射建设项目中后期管理的相关要求，并对审批项目开展了清查和验收工作，已完成50%以上项目的验收。加强应急能力建设，启动了市环境应急与事故调查中心的筹建工作和本市重点化工区域环境风险调查评估。快速响应、妥善处置各类突发环境事件196件，高桥石化硫化氢泄露、金山淳中化工恶臭影响浙江嘉兴、浦东佳余化工倾倒废酸污染松江红先河、巴斯夫公司氮氧化物泄漏等较大的突发事件都得到了妥善处理。

四、进一步强化规划政策引导和污染源头控制，全面提升环境保护的宏观调控能力

在“创新驱动，转型发展”的总体要求下，进一步强化规划政策引导，更加突出源头预防，严把环评审批关，深入推进产业结构调整，着力提升环境保护优化发展的能力和水平。

（一）进一步强化环境影响评价制度。严格实施“批项目，核总量”制度，制定了“十二五”期间的建设项目主要污染物总量控制实施意见，在新项目审批中严格核定主要污染物的排放总量。进一步完善环评审批管理制度。形成了本市推进环境影响技术评估试点工作的实施方案，并已启动试点工作。开展了“未批先建、久拖不验”项目专项整治工作。基本完成2001年至2009年环保部审批环评、尚未验收建设项目的专项检查；2005年以来市批的216个“久拖未验”项目已有45个完成验收或办结，88个项目已委托开展验收监测；各区县已形成未批先建、久拖不验专项工作方案，并完成了排摸。

（二）继续推进“十二五”环保规划完善和前瞻性研究。继续推进“十二五”环境保护和建设规划的修改完善工作，在市“十二五”规划办牵头下进行了专家论证和规划衔接，进一步加强了与本市其他专项规划的对接，目前，规划草案已上报市政府审批。积极推进环保专项规划的编制工作，编制并印发了持久性有机污染物污染综合防治、环境监测等专项规划，完成了重金属污染综合防治、辐射污染防治、固体废物污染防治等专项规划编制。进一步加强基础调查和前瞻性研究，围绕当前环保热点难点问题，积极推进重点化工区域环境风险评估和防控对策、霾污染控制对策、建设工程扬尘和噪声实时监控、重金属污染风险评估及修复技术、饮用水源地风险控制等研究，组织开展了全市第二次生态调查、在线监测用于执法等专题调研，制定并印发《“十二五”上海市区县环境综合整治定量考核方案》。

五、加强执法监督和宣传引导，环保能力建设和环境管理水平得到进一步提升

不断完善执法监管和社会监督机制，提升窗口服务水平，加强与市民的互动和沟通，着力营造全社会关注和参与环保的良好氛围，全面提升环境管理的能力和水平。

（一）进一步强化环境法治。继续完善地方环境法规体系，《上海市社会生活噪声污染防治若干规定》已形成规章草案，《上海市实施〈固体废物污染环境防治法〉办法》年内形成初稿。以重金属污染防治、污染减排和环境安全为重点，组织开展了2011年度上海市整治违法排污企业保障群众健康环保专项行动。开展了医药、化工、污水处理等行业专项执法整治。强化重点案件执法后督察，并对各区县挂牌督办的污染企业进行抽检，解决了一批群众反映强烈的环境违法案件。加大违法行为查处力度，全市环保系统共实施行政处罚1150多件，处罚金额4200余万。

（二）积极推进公众参与和监督。修订了环保违法行为有奖举报规定，公布了338家违法企业名单。对本市83家国控重点企业开展了环境行为评估工作，评出绿色企业14家、蓝色企业43家、黄色企业21家、红色企业4家、黑色企业1家并予以公布。同时，做好提案办理和信访工作，共办理人大书面意见和政协提案48件，共受理市民投诉2.7万余件。

（三）加强环保宣传和国际合作交流。实施了环境空气质量分段预报，通过多种媒体渠道向社会公众提供空气质量实时信息。组织开展了形式多样的“6·5”世界环境日宣传活动，除传统的展览、印发宣传册、播出公益广告外，还组织了移动电视空气质量播报平台启动、“我爱环保”官方微博开通等有特色的宣传活动，达到了良好的宣传效果。组织开展世博环境后评估工作，联合国环境规划署（UNEP）已完成评估报告并正式全球发布。与美国环保协会（EDF）签署了“绿色供应链合作备忘录”，将在上海及长三角地区合作推广绿色供应链的企业最佳实践，并开展绿色供应链试点工作。

（四）进一步加强自身能力建设。强化人才队伍建设，规范了干部选拔任用和管理工作程序，试行差额推荐、差额酝酿、差额考察等选任制度，补充调整正处级后备干部21名、副处级后备干部33名。积极推进事业单位改革工作，组织开展前期调研和有关改革方案的制订，推进环科院环境影响评价技术评估试点、辐射站事企分开试点等工作。强化党风廉政建设，落实党风廉政目标责任制，大力推进岗位廉政教育、警示教育，扎实推进违规收送礼金礼券购物卡专项整治、公务用车问题专项治理、“小金库”专项治理等工作，探索开展岗位廉政风险防控机制建设。深入推进政风行风建设，开展政风行风“重点评”工作，切实解决群众反映突出的问题。继续推进监测能力建设，完成了上海化工区空气质量示范监测站建设。推进窗口服务规范化和信息化建设，将环保行政许可事项整合到一个统一的受理窗口，并实现了行政许可事项网上办理，市环保局综合业务平台也已进入试运行。

（市环保局 提供）

【市政府召开市环境保护和环境建设协调推进委员会第18次会议】 5月26日，市政府在白龙港污水处理厂召开上海市环境保护和环境建设协调推进委员会第18次会议。市长韩正出席并作重要讲话。

会上，推进委员会办公室汇报了第四轮环保三年行动计划推进情况和第五轮环保三年行动计划编制工作安排；市水务局汇报了环保三年行动计划推进情况；奉贤区政府汇报了区域环保三年行动计划推进情况和产业结构调整工作。

中共上海市委常委、常务副市长杨雄主持会议并讲话，副市长沈骏出席会议，副市长姜平出席会议并讲话。会前，市领导在白龙港污水处理厂调研，实地察看了生物反应池、污泥处理工程，并听取二期工程建设汇报。

（奚爱玲）

上海市环境保护和环境建设协调推进委员会第18次会议 （华毅文 摄）

【第四轮环保三年行动计划达到既定目标】 2011年是本市第四轮环保三年行动计划的收官之年。各委办局、区县政府和项目责任单位坚决落实委员会第18次会议精神，认真梳理、科学预判，针对重点难点项目进一步加强协调督促，加大冲刺推进力度，确保了第四轮环保三年行动计划的圆满完成。除个别项目因规划调整、施工控制、动拆迁等因素进度有所滞后外，264个项目中有98.5%的项目完成或达到计划进度要求。

第四轮环保三年行动计划达到了既定的目标和指标。“十一五”污染减排目标超额完成；至2011年底，全市城镇污水处理率达83%以上；燃煤电厂实现脱硫全覆盖；全市生活垃圾无害化处理率达到87.6%；建成区人均公共绿地达到13.1平方米，绿化覆盖率达到38.2%；空气质量优良率为92.3%，连续3年保持在90%以上。中心城区河道水质显著改善，郊区河道水质优于中心城区且基本保持稳定。经过整治，吴泾工业区环境空气中常规污染物年平均浓度满足二级标准浓度限值的要求，金山卫区域环境质量趋于好转，环境空气中恶臭和VOC（挥发性有机物）总浓度有所下降。

盖洛普调查结果显示，三年来93%左右的市民认为环境保护和建设工作有成效，70%左右的市民对上海整体环境表示满意。

水环境治理与保护专项以污染减排和改善水质为核心，基本形成“两江并举、多源互补”的饮用水源格局，污水处理系统进一步完善。

在饮用水安全保障方面，青草沙水源地原水工程主要工程于2011年6月全面投入运行，完成相关水厂切换，受益人口约1100万人，崇明东风西沙水库及取输水泵闸工程开工在建，积极推进黄浦江系统自来水厂实施深度处理工程，2011年底其处理规模已达236万立方米/日，郊区供水集约化工作全面启动，关闭小水厂23座，本市基本形成“两江并举、多源互补”的饮用水源格局。在推进污水厂网和污泥处置项目方面，竹园第一污水处理厂升级改造工程正式运行，白龙港污水处理厂扩建二期工程按计划推进，郊区新建、扩建9座城镇污水处理厂；全市新增处理能力35.1万立方米/日，同时178.35万立方米/日污水处理设施能力在原有基础上提高一个处理等级；三年间全市共新建各类污水收集管道955公里，其中西干线改造工程总管贯通，白龙港片区南线东段和过江管线工程顺利推进，郊区23个管网建设项目完成或基本完成，收集管网得到进一步完善；白龙港污水处理厂污泥处理处置工程建成投运，竹园污水处理厂污泥处理处置工程和石洞口污水处理厂污泥处理处置工程按计划推进，一批郊区污水厂污泥处理工程建成或正在全力推进，到2011年底，全市污泥处理能力达到300tDS/日（千吨/日）。三年间累计完成270条（段）396公里黑臭河道整治，扎实推进郊区骨干河道整治，累计完成315公里。积极推进太湖流域水环境综合治理项目，按节点推进总体方案确定的各项任务，区域生态环境得到进一步改善。开展了黄浦江上游水源地保障规划等三项规划研究，为破解水务工程前期研究难题提供了科技支撑。

大气环境治理与保护专项以污染减排为主线，燃煤电厂脱硫实现全覆盖，机动车完成新一轮提标、更新任务，油气回收工程全面完成。

在继续推进燃煤设施脱硫脱硝方面，全市所有燃煤电厂机组均实施了烟气脱硫；宝山钢铁股份有限公司1台350MW脱硫工程完成改造，烧结机脱硫工程累计完成4台；关停了杨树浦、吴泾热电及闵行发电厂合计1249MW小火电机组。实施了外高桥发电厂2台机组空气分段燃烧器改造、1台机组布袋除尘器改造及吴泾第二发电厂1台机组选择性催化还原法（SCR）脱硝工程建设等示范工程。三年间全市累计完成113台10蒸吨/小时（含）以上工业锅炉二氧化硫治理达标工程。在严控机动车污染方面，2009年11月1日起上海全面实施新车“国Ⅳ”排放标准，油品配套供应项目高桥石化120万吨/年的催化汽油脱硫装置和上海石化35万吨/年的催化重汽油加氢脱硫SMDS装置于当年10月建成。至2011年底，“国Ⅲ”及以上排放的公交车和出租车总量分别为1.1万辆和5万辆，占全市总量的65%和100%；积极推进新能源车的试验运行，2010年在世博园区及周边投放新能源公交、出租车681辆。累计完成21座储油库、224座油罐车油气回收工程和823座加油站油气回收处理装置改造工程。强化扬尘污染全过程控制，市建交委将其纳入建筑工地文明施工测评体系。

固体废物利用与处置专项坚持“减量化、资源化、无害化”原则，固体废物综合利用与处置体系进一步完善；噪声污染控制专项完成一批交通干线噪声敏感点整治。

在生活垃圾收集与处置设施建设方面，完成内河集装化垃圾转运系统建设；老港再生能源利用中心和老港综合填埋场按计划建设；完成老港生活垃圾填埋场渗滤液处理工程和老港填埋场污水永久排水通道，确保渗滤液处理效果达标；老港一二三期封场及生态修复一期工程完成；此外，调整到第五轮的江桥技改扩能和闸北环卫基地工程正按计划开展前期工作。完成医疗废物安全处置设施的完善和扩能。依托世博600天行动计划，完成了一批交通噪声敏感点治理工程（包括461个高架道路沿线噪音敏感点、392个高速公路噪音敏感点、3个越江桥隧噪音敏感点和8个铁路沿线噪声敏感点），工地噪声控制全面纳入工地文明施工管理，在建设、拆房、市政工地施工中推广降噪新型施工法。

工业污染防治专项聚焦重点地区环境整治和结构调整，吴泾工业区环境空气中常规污染物年日均值达二级标准，金山卫化工集中区域居民动迁基本完成，宝山南大地区环境综合整治有序启动，郊区工业区环境基础设施进一步完善。

在吴泾工业区环境综合整治方面，关停上海焦化2号、3号焦炉及煤焦油生产线，完成5号、6号焦炉治理；居民动迁完成94.7%；积极推进市政配套建设，建设道路污水干管12公里，完成纳管企业218家，绿地一期新建村地块50亩工程已竣工，道路及河道整治继续推进。工业区环境质量得到改善，环境空气中常规污染物年日均值均达到二级标准，特征污染物苯并(a)芘、氯苯的浓度大幅度下降了2–3个

拥有先进技术的医废专用焚烧生产线　（上海市固体废物处置中心 提供）

数量级，整治效果显著。

在金山卫化工集中区域污染治理方面，在2009年完成杭州湾北岸石化化工集中区域产业规划和城镇发展规划的基础上，加快推进整治建设工作，25家整治无望的企业调整已完成21家，剩余4家也完成了评估；居民动迁完成99.3%；第二工业区大气VOCs（挥发性有机物）自动监测站完成验收投入运行，防护林带建设已完成。加强石化企业VOCs排放控制，上海石化和高桥石化相关废气、恶臭及尾气治理项目均按期完成。

宝山南大地区整治工作取得突破性进展，建立市区联动推进机制，结构规划已出台，落实市级支持启动资金，先行启动了污染企业关停和拆除违章建筑等综合整治工作。

工业区污水基础设施完善工作全面推进，8个区县的共89个项目涉及企业污水纳管、居民动迁、集中供热、绿化隔离带建设等内容，基本均顺利完成。三年间实施产业结构调整、危化企业调整和重点地区调整项目合计约2400项，预计节约标煤约260万吨。

循环经济和清洁生产专项开展多层次和领域的循环经济试点工作，生态工业示范园区建设取得突破，资源回收和综合利用示范项目进展良好。

8个循环经济试点项目已按实施方案要求完成各项试点任务，其中青浦区设立了循环经济发展专项资金，伟翔公司建设完成个人电子废弃物回收网络信息平台，崇明县前卫村生态农业建设已初具成效和规模。开展了8家生态工业示范园区创建工作，其中莘庄工业园区和金桥出口加工区已完成国家验收，其余园区正按计划开展方案实施、规划评审或编制工作。老港填埋气发电项目基本完成，风力发电项目已建成。以脱硫废渣综合利用、旧沥青回收利用为突破口，着力引导资源综合利用行业逐步向产业化、规模化方向发展。第四轮期间全市共1042家企业开展了清洁生产审核工作，取得了明显的经济效益和节能减排效果。

农业与农村环境保护专项加快发展循环农业和生态农业，以村庄改造为切入口，积极推动农村环境问题的解决，农村人居环境进一步改善。

强化农作物秸秆禁烧与综合利用，调整三夏作物结构，三年累计推广种植绿肥143万亩，累计水稻、二麦秸秆机械化还田560万亩次，开展秸秆综合利用试点项目，每年面积达2.5万亩，上述措施有力的保障了空气质量。进一步加强农业面源污染治理，三年共推广商品有机肥56万吨，作物专用配方肥12万吨，实施农药补贴，每年推荐的农药品种使用面积近4500万亩次，切实落实植保机械补贴政策，更新1.5万台新型药械；在金山、奉贤、嘉定、青浦、松江、长江农场建立了6个农业面源污染示范基地，实施技术集成示范。继续推进养殖业污染综合治理，建设了30个养殖场畜禽粪尿生态还田试点和10个规模化畜禽场沼气工程，制定了《上海市标准化水产养殖场建设规范（试行）》，三年间建成人工湿地4000多亩，累计投入水生生物增殖放流资金1657万余元，放流各类常规鱼种和特殊品种鱼种17868万尾。以村庄改造为载体，大力推进本市郊区特别是纯农业地区的环境综合整治，三年累计完成340个村，受益农户达6.7万户。

南园滨江绿地一景　　（程杰 摄）

生态保护与建设专项以绿色世博和崇明生态岛建设为引领，绿地林地生态服务功能持续提升。

提升世博园区生态环境质量，建成了后滩公园、白莲泾公园、世博公园和浦西绿地、滨江绿地等绿地工程；江水源热泵、太阳能工程、南市电厂主厂房改建、清洁能源汽车使用和垃圾管道气力输运系统如期建成并投运，发挥了良好的环境效益及示范效应；建立了世博园区环境质量监测及空气污染预警系统，保障园区环境质量安全。

《崇明生态岛建设纲要（2010-2020）》经市政府发布后，崇明生态岛建设相关工作全面推进，生态环境预警监测评估网络建设进入仪器设备采购阶段，至2011年底基本形成监测能力；完成了陈家镇中心社区绿地、堡镇市民公园和1500亩生态林等一系列绿化生态建设，崇明三岛的森林覆盖率达到20.51%；积极推进北沿风电场建设；2011年10月，崇明国家生态县创建工作顺利通过环保部技术评估。

建成辰山植物园和宝山区炮台湾公园二期等一

批公共绿地，三年间全市新建各类绿地3200公顷，提升绿地林地生态服务功能；河道、城际铁路、轨道交通、高速公路沿线的绿化建设得到加强，共建成各类立体绿化30万平方米；完成老公园改造30余座；一级水源保护区内水源涵养林建设得到大力推进，环境效益明显。

政策和机制专项强化政策引导和支持力度，出台或落实多项配套政策，不断完善环保法规，加大了能力建设和科技支撑力度。

出台或落实各项引导扶持政策14项，涵盖了污染减排、机动车污染控制、农业、林业、循环经济和清洁生产等领域，为第四轮其他专项项目的推进保驾护航；其中继续落实COD（化学需氧量）超量削减激励政策和燃煤电厂烟气脱硫设施超量减排运行补贴政策，为推进污染减排工作提供有力支撑，修订《上海市循环经济发展和资源综合利用专项扶持办法》并下达专项扶持资金，进一步强化循环经济发展引领作用。制定了《上海市饮用水水源保护条例》、《上海市公共交通优先发展条例》和《上海市辐射污染防治若干规定》，并已开始施行；完成《上海市社会生活噪声污染防治若干规定（草案）》的制定，已由市政府法制办开展了公众意见征询。市区两级标准化能力建设得到持续加强。

（李系蕴）

【上海“十一五”污染物减排工作获国务院通报表扬】　在9月27日召开的全国节能减排工作电视电话会议上，上海市因“十一五”期间主要污染物减排工作成绩突出获得国务院通报表扬。

“十一五”期间，上海市污染减排超额完成目标任务，其中化学需氧量排放量比2005年削减27.7%，减排比例位列全国第一，完成“十一五”减排目标的187%；二氧化硫排放量比2005年削减30.2%，减排比例位列全国第二，完成“十一五”减排目标的116%。

五年来，上海新建扩建污水处理厂30余座，新增污水处理能力200多万吨/日，全市所有燃煤电厂累计1400多万千瓦机组安装了烟气脱硫设施。淘汰小火电178.4万千瓦，累计实施产业结构调整项目2873项，节约标煤480万吨。

随着污染减排工作的持续推进，上海环境空气质量总体呈改善趋势，优良率已连续六年高于88%，2010年达到92.1%。与2005年相比，2010年二氧化硫、二氧化氮和可吸入颗粒物年均值分别下降52.5%、18.0%和10.2%。地表水环境质量总体有所好转，与2005年相比，2010年长江口朝阳农场断面高锰酸盐指数、化学需氧量和氨氮浓度分别下降10.2%、13.0%和27.4%；黄浦江杨浦大桥断面高锰酸盐指数和氨氮浓度基本持平，化学需氧量下降24.1%。

（王静江）

【上海积极应对日本核电站泄漏事故】　3月11日，日本东北部海域发生9.0级地震，致使日本东部沿海福岛核电站受损，向环境释放大量放射性物质，对周边国家以及全球环境造成严重威胁。日本核电站事故发生后，在环保部的统一部署下，上海市辐射环境监督站立即开展应急监测，及时掌握本市环境辐射水平变化情况，并通过媒体向社会公众宣传，较好地稳定民心。市政府和市环保局领导对应急监测非常重视，多次莅临市辐射环境监督站视察指导，并对市辐射站在应对日本核电站泄漏事故中所做的工作表示充分肯定。

（陆　丹）

【日本福岛核事故环境监测】　3月11日，日本东北部发生强烈地震，造成该国东北部几座核电站受损停堆，其中福岛核电站受损最严重，并从12日起向外界环境泄漏放射性物质。

3月12日8点45分，上海市辐射环境监督站启动应急程序，全面开展放射性水平监测。本次监测共采集g辐射空气吸收剂量率数据334万个，气碘样品76个，气溶胶样品77个，水样10个，土壤样品5个，沉降灰样品6个，生物样品16个，食品样品4个。

监测结果表明，上海市4个自动监测站监测的g辐射空气吸收剂量率在上海市本底辐射范围之内，未见异常。在福岛泄漏最严重期间，空气中测得极微量的的碘-131及铯-137，与环境保护部监测结果一致。水中人工放射性核素锶-90浓度与历年监测结果相比无显著变化，处于正常本底水平；碘-131、铯-137浓度均低于探测限，处于正常本底水平。土壤、生物、食品样品中的人工放射性核素铯-137的放射性活度与历年监测结果相比无显著变化，处于正常本底水平；碘-131放射性活度均低于探测限。往返日本的航空器外表面均未检出人工放射性核素。

（洪　韵）

日本福岛核事故后气碘采样　（市辐射环境监督站 提供）

2012

上海环境年鉴

经济和社会发展

统计公报

【2011年上海市国民经济和社会发展计划执行情况（摘要）】 2011年是“十二五”规划的开局年，也是改革创新的突破年。在党中央、国务院和中共上海市委的坚强领导下，全市人民深入贯彻落实科学发展观，紧紧围绕“十二五”创新驱动、转型发展和年度“六个着力”的总体要求，充分发挥上海世博会后续效应，全力以赴抓发展、抓改革、抓民生，中央宏观调控政策在上海取得明显成效，全市经济社会保持平稳健康发展，创新驱动、转型发展步伐明显加快，完成了市十三届人大四次会议确定的目标任务，实现了“十二五”良好开局。

（一）加快推进结构调整，经济质量效益进一步提高

综合经济实力稳步提高。初步预计，全市生产总值达到1.9万亿元左右，一季度、上半年、前三季度、全年分别增长8.5%、8.4%、8.3%和8%以上，是2008年国际金融危机以来增长最为平稳的一年。地方财政收入达到3429.8亿元，比上年增长19.4%，其中第三产业财政收入占地方财政收入的比重达到76.8%。

第三产业领先工业增长。初步预计，全年第三产业增加值突破1万亿元，比上年增长9%左右，快于工业2个百分点左右；占全市生产总值比重为58%左右，比上年提高约1个百分点。新兴服务业加快发展，预计全年信息服务业、生产性服务业、文化创意产业经营收入分别增长20%、15%和10%左右。经济增长对房地产业的依赖性减轻，房地产业增加值占第三产业比重进一步下降。服务业体制改革取得新突破，上海获准在全国率先实行营业税改征增值税试点，国家和本市服务业综合改革试点有序推进，国家高技术服务产业基地、国家云计算服务创新发展试点示范城市建设进展顺利。

高新技术产业领先传统工业增长。初步预计，全年战略性新兴产业中制造业产值比上年增长11.5%左右，增速明显快于全市工业。研究制定本市加快培育和发展战略性新兴产业实施意见，整合扩大“转方式、调结构”财政专项资金，组建并运作一批创业投资基金，实施智能电网、云计算、物联网等一批重点专项，启动重大高新技术产业化项目，战略性新兴产业发展取得积极成效。深入推进制造业结构优化和布局调整，成套设备、汽车制造等行业稳定增长，重化工业结构优化，一般加工型劳动密集型产业逐步转移。

消费领先投资增长。初步预计，全年社会消费品零售总额达到6800亿元，比上年增长12%左右；服务消费、保值消费成为新亮点，网络购物、无店铺销售、仓储式销售等新兴业态发展迅猛，上海被批准为国家电子商务示范城市。消费惠民政策取得明显成效，全年受理家电以旧换新销售各类家电430万台，实现销售收入158亿元。全年全社会固定资产投资总额达到5000亿元左右，与上年基本持平，战略性新兴产业投资、民间投资及保障房投资快速增长，高耗能行业投资明显下降。

（二）全面推进“四个中心”建设，城市服务功能深化拓展

国际金融中心建设取得新进展。着力推进金融市场体系建设，积极吸引各类金融机构集聚，大力推进金融产品和业务创新，取得积极成效。扎实推进金融集聚区建设，陆家嘴金融城范围进一步扩大，外滩金融功能拓展延伸。据2011年度“伦敦金融城全球金融中心指数”、“新华—道琼斯国际金融中心发展指数”最新排名，上海分列全球第五、第六位，金融影响力进一步提升。

国际航运中心建设取得新突破。现代航运集疏运体系不断完善，航运服务功能进一步提升，国际航运发展综合试验区建设加快推进。预计全年上海港货物吞吐量、国际标准集装箱吞吐量分别达到7.2亿吨和3174万标准箱，继续保持国际领先，集装箱水水中转比例达到41%，比上年提高3个百分点。上海机场旅客和货邮吞吐量分别达到7456万人次和356万吨，枢纽航线网络日益优化。同时，邮轮经济加快发展，吴淞口国际邮轮港开港，国内首家外商独资邮轮船务公司落户。

国际贸易中心建设呈现新亮点。发布实施推进上海国际贸易中心建设意见，商务部与上海“部市合作”机制进一步深化。报检报关“一单两报”、保税仓库分拨、商品预检验等贸易便利化试点加快推进，“一门式”口岸通关服务中心协调机制建立。国际贸易结算中心外汇管理试点企业扩大到20家，跨境贸易人民币结算金额累计超过3000亿元。上海市国际技术进出口促进中心正式成立，中国（上海）国际贸易中心平台开通。外高桥保税区十大专业贸易平台加快建设，浦东机场综合保税区（二期）封关运作，虹桥商务区国别商品中心开业运营。预计全年关区进出口总额、全市外贸进出口总额、服务贸易总额和商品销售总额分别比上年增长18%、18%、20%和23%左右。

智慧城市建设全面开展。制定实施智慧城市建设三年行动计划，信息基础设施建设加快推进，信息技术应用不断拓展，信息安全基础建设和监管服务进一步加强。国家级信息化和工业化“两化融合”试验区三年试点任务基本完成。电子政务、金融服务等领域云计算示范项目启动，物联网应用进一步扩展。

（三）积极推进创新型城市建设，城市创新活力

不断提升

自主创新能力不断增强。预计全年全社会研究与试验发展经费支出相当于全市生产总值比例达到2.9%左右，全年发明专利授权量达到9000件左右，每百万人口发明专利授权数达到380件左右。国家重大专项加快实施，上海累计牵头承担极大规模集成电路制造装备及成套工艺、新一代无线移动宽带网、重大新药创制等国家专项371项。创新主体培育成效明显，药明康德、复星医药等8家企业被评为国家级创新型企业，振华重工、光明乳业、电气电站3家企业被评为国家技术创新示范企业，经国家认定的企业技术中心累计达到43家。

自主创新环境不断优化。加大科技创新创业政策支持力度，本市创投引导基金两批18家合作基金完成募资协议或签约，与国家联合组建的5只创投基金正式运营，研究制定鼓励天使投资、设立创业投资风险补偿实施细则，履约责任保证保险贷款试点扩展到全市所有科技型中小企业。鼓励银行开展科技金融合作，6家银行的23家支行成为科技金融服务特色支行。完善财政科技投入体制机制，促进科技项目信息共享，进一步提高资金使用效率。加强技术创新战略联盟和研发基地建设，建成卫星导航定位等一批技术创新战略联盟，以及远洋渔业和泥水平衡盾构2个国家工程技术研究中心。加快发展科技中介服务，新增上海电缆研究所、上海科学技术开发交流中心等5家国家技术转移示范机构。创新工场上海基地等一批创新创业服务机构落户。

创新创业人才加快集聚。实施海外高层次人才引进和雏鹰归巢计划，首批160位海外高层次人才入选上海“千人计划”。发布金融领域人才开发目录。完善人才直接落户政策，人才类居住证申办条件进一步放宽。建立特殊人才直接落户和申办人才类居住证推荐评估机制。对参与“首席技师千人计划”工作的企业给予资助。22家单位经评审成为首批高技能人才培育基地。加快人才公寓建设和供应，着力解决引进人才的居住问题。

（四）着力推进节能减排，资源节约、环境友好型城市建设取得新进展

节能降耗工作成效显著。召开全市节能减排和产业结构调整工作会议，明确主要用能领域年度节能目标。进一步完善节能长效机制，强化重点领域和用能单位节能管理，加快推进节能重点工程，加大风能、太阳能等清洁能源利用力度，节能降耗取得明显成效，预计全年单位生产总值综合能耗和单位生产总值二氧化碳排放量进一步下降。

污染减排工作有效推进。从强化责任考核、推进工程建设、优化运行管理、加强政策引导、促进结构调整等方面着手，分解落实“十二五”污染减排目标和任务。各项减排重点工程稳步推进，宝钢电厂3号机组脱硫工程、吴泾第二电厂1号机组脱硝示范工程投入运行，奉贤西部污水处理厂扩建、金山新江污水处理厂扩建等项目基本建成，预计全年主要污染物排放量进一步下降。第四轮环保三年行动计划顺利完成，预计全年环保投入相当于全市生产总值比例保持在3%左右，环境空气质量优良天数达到337天。

资源节约集约利用水平继续提高。土地集约利用水平进一步提高，预计全年工业园区单位土地产值提高到64亿元/平方公里左右。预计全年万元生产总值用水量为68立方米左右，比上年下降9.3%。组织开展“百万家庭低碳行，垃圾分类要先行”活动，在1080个居住小区开展生活垃圾分类试点，预计全市人均生活垃圾处理量比上年减少5%左右，生活垃圾无害化处理率达到87%左右。

（五）统筹推进郊区新农村建设，区域联动发展格局加快形成

新农村和新城建设步伐加快。推进郊区新城和城镇化建设，出台加快城乡一体化发展和加快郊区新城发展的若干意见，完成奉贤南桥新城总体规划修编调整，深化完善松江、金山等新城规划，浦东南汇、嘉定、青浦等重点新城和新市镇重大功能性项目建设取得新进展。崇明生态岛建设加快推进。加强郊区农村基础设施和环境建设，开展农田水利设施改造和河道治理，建设郊区集约化供水管网111公里，完成118个村庄改造和4万户农村生活污水处理设施改造。现代农业稳步发展，全年粮食总产量达到122万吨，比上年增长3%。农村改革取得积极进展，农村土地承包经营权流转市场建成运行，农民宅基地置换试点有序推进，集体经济组织产权制度改革试点扩大。

重点功能园区集聚带动作用不断增强。黄浦江两岸综合开发有序推进。世博会地区结构规划编制完成，13家央企总部落户园区，上海当代艺术博物馆、世博国际酒店群等项目启动建设。虹桥商务区核心区项目全面推进，中国博览会综合会展项目开工建设。国际旅游度假区开发启动，上海迪士尼项目开工建设。外滩及陆家嘴金融贸易区、北外滩航运服务集聚区等现代服务业集聚区建设取得积极进展。外高桥保税区成为全国首个国家进口贸易促进创新示范区，进出口总额占全市比重超过20%。张江高科技园区被批准为国家自主创新示范区，紫竹科学园区升级为国家级高新区，杨浦国家创新型试点城区建设加快推进。中航商飞发动机等一批重大项目落户临港装备产业基地，上海临港海洋高新技术产业化基地获批成为国家科技兴海产业示范基地。

区域合作交流深化推进。全面贯彻长三角区域规划和实施意见，长三角地区合作取得重要进展。加强与兄弟省市区域合作交流，来沪投资的国内企业注

册资本比上年增长24.3%。扎实推进援疆、援藏、援青、援滇和支援三峡库区等对口支援工作，全年安排对口支援地区项目316项。

（六）进一步推进改革开放，转型发展活力不断增强

浦东综合配套改革试点深入推进。制定出台浦东综合配套改革试点第三轮三年行动计划，颁布实施推进跨国公司地区总部发展意见、张江核心园建设国家创新示范区配套政策等一系列政策措施。以张江高科技园区、综合保税区、陆家嘴金融城等载体为依托，深入实施股权激励机制、国资创投机制改革、知识产权直接质押融资等多项改革试点。预计全年浦东新区生产总值占全市1/4以上，外贸进出口和实际利用外资占全市半壁江山。

全市重点领域改革深化突破。行政管理体制改革取得新进展，黄浦、卢湾“撤二建一”行政区划调整稳步推进。加快推进网上审批，新增并联审批76项、告知承诺25项。进一步推进政府信息公开，公开了64家市级部门预算、61家市级部门“三公”经费预算和53项市级财政专项资金，市政府微博“上海发布”正式上线。市与区县财税管理体制改革全面实施。加快推进国资国企开放性市场化重组，企业法人治理结构和国资监管体制进一步完善。完成上海汽车、上海建工等企业集团整体上市和上海家化集团整体转让工作，预计全年市属经营性国有资产证券化率提高到34.7%。 出台本市关于鼓励和引导民间投资健康发展“新36条”，预计非公有制经济增加值占全市生产总值比例达到50%左右。贯彻落实国务院支持小型微型企业发展工作方案，制定发布本市促进中小企业发展条例，实施“专精特新”中小企业培育工程，推进市区两级中小企业服务中心建设，中小企业发展环境进一步优化。

外向型经济发展态势良好。全年合同外资、实到外资分别达到201亿和126亿美元，比上年增长31.3%和13.3%，总额均创历史新高，其中服务业实到外资比重超过80%。总部经济快速发展，全年新设外资功能性机构90家，累计达到927家。企业走出去步伐加快，预计全年对外直接投资25亿美元；新签对外承包工程合同额122亿美元，增长21%左右。

（七）切实保障和改善民生，人民群众得到更多实惠

物价综合调控着力加强。通过采取保供应、降成本、抓调控、保民生等措施，着力保障主副食品供应充足、价格基本稳定，切实减轻物价上涨对困难群众基本生活的影响。全年居民消费价格比上年上涨5.2%。

住房保障体系加快建设。预计全年新开工建设和筹措保障性住房1700万平方米左右，供应1240万平方米左右，均超额完成年度目标。共有产权保障房（经济适用房）和廉租住房准入标准进一步放宽，全面推开共有产权保障房申请供应工作，新增廉租住房受益家庭1.1万户，累计达到8.6万户。加快完善公共租赁住房相关配套政策，建立区（县）公共租赁住房专业运营管理机构，首批市筹公共租赁住房项目启动申请供应。启动建设限价商品房和“先租后售”保障住房试点，加快大型居住社区配套设施建设。稳步推进旧区改造和各类旧住房综合改造。坚决贯彻执行国家房地产市场调控政策，稳步推进个人住房房产税改革试点工作，实现全年新建住房价格控制目标。

分配保障制度不断完善。贯彻落实《社会保险法》，启动企业来沪从业人员和参加小城镇社会保险从业人员纳入城镇职工社会保险工作，建立城镇居民社会养老保险制度，全面实施新型农村社会养老保险制度，基本实现社会保险制度全覆盖。增加各类退休人员养老金并发放一次性补贴，惠及人数超过430万。继续提高最低工资和各类保障标准，增加环卫、出租车等公共服务行业一线职工收入，在公共卫生和基层医疗卫生事业单位实施了绩效工资。全年城市和农村居民家庭人均可支配收入均比上年增长13.8%。积极发展老龄事业，新增养老床位5030张，新建老年人日间服务中心23家，新设社区老年人助餐点46个，建设改造标准化老年活动室300个，社区居家养老服务对象达到26.2万人。

促进就业工作扎实推进。全年新增就业岗位64.2万个，其中农村富余劳动力非农就业岗位13万个，新安置就业困难人员超过1.7万人，城镇登记失业率连续七年控制在4.5%以内。创业带动就业三年行动计划目标全面完成，累计扶持成功创业4万人左右，带动就业超过20万人。健全面向全体劳动者的职业培训制度，重点对就业困难人员、新成长劳动力、农民工等各类人员开展技能提升培训，全年累计培训超过47万人。围绕构建和谐劳动关系，规范劳务派遣用工，工资集体协商机制建设全面推进。

（八）加强社会事业改革发展，公共服务水平进一步提高

医药卫生体制改革取得积极进展。公布实施本市医药卫生体制改革实施意见和近期重点实施方案，新一轮医改进入实质启动阶段。通过深化社区卫生服务改革、健全医疗服务体系、完善医疗保障制度、推进公立医院改革等措施，着力解决群众看病难、看病贵问题。健康城市建设有力推进。积极发展现代医疗服务业，加快建设上海国际医学园、新虹桥国际医学中心。

文化改革发展深入推进。制定出台本市贯彻中央深化文化体制改革若干重大问题决定的实施意见。完成国有市属文艺院团体制改革和16家区县经营性文化

事业单位转企改制，成立上海戏曲艺术中心。文化产权交易所、外高桥国际文化服务贸易平台、文化产业公共技术服务平台等一批文化类服务平台加快建设。美术馆、公共图书馆、文化馆、社区文化活动中心基础服务项目实现免费开放，文化广场、巴金故居、钱学森图书馆等一批重大文化设施相继竣工。

教育体育事业加快发展。全面落实教育中长期规划纲要，国家教育综合改革试验区加快建设。全面启动部市共建 “985工程”三期和21所地方高校内涵建设项目，上海纽约大学开工建设。加大中心城区教育资源支援郊区力度，组织29所品牌学校及12个优质教育中介机构全面托管46所农村义务教育相对薄弱学校。新增40所幼儿园，出台困难家庭儿童接受学前教育资助政策，形成了从学前到大学的帮困助学体系。颁布实施上海市终身教育促进条例，初步形成现代职业教育体系，完善来沪从业人员随迁子女教育工作。实施学生健康促进工程，市民健身设施不断完善。竞技体育成果丰硕，成功举办第14届国际泳联世界锦标赛，上海代表团在第二届全国智力运动会上包揽金牌、奖牌、总分三个第一。

（九）着力加强城市建设管理，社会保持和谐稳定

城市管理进一步改进。围绕安全为先，进一步健全城市安全管理体制机制，强化专项整治，加强安全培训，着力保障城市运行安全有序。进一步巩固和完善城市管理长效机制，成立市政市容管理联席会议和交通协调保障联席会议，分步实施世博临时规章长效转化工作，继续增加城市维护管理资金投入。深入实施城市网格化管理，推进郊区县网格化管理覆盖拓展。

现代化城市基础设施体系加快完善。京沪高速铁路上海段等重大工程建成通车，国家重大天然气配套工程、轨道交通5条线路70余个站点等重大项目稳步推进；青草沙水源地原水工程投入运行，东风西沙水源地工程建设启动。公交优先战略加快实施，公交专用道累计达到161.8公里，年内新辟调整公交线路246条，推出专门为居住区服务方便、灵活、廉价的穿梭巴士线路42条，预计公共交通日均客运量达到1660万人次左右，日均公交优惠换乘和老年人免费乘车分别超过245万和56万人次。

社会管理不断加强。积极开展社会管理创新综合试点。出台加强社区建设的若干意见，探索大型居住社区社会管理模式，将社区管理、社区服务和社区自治纳入社区网络化服务体系，新创建50个居委会自治家园和50个村委会自治家园。完成第六次人口普查，强化实有人口管理，加快推动户籍“人户分离”人员实行居住地服务和管理。大幅提高计划生育奖励与补助标准。平安建设实事项目有力推进。严厉查处酒驾等交通违法行为，开展黑车、医托等专项整治，强化对城乡结合部、“城中村”等治安复杂地区以及高发案地区的排查整治和改造建设。全面推开重大事项社会稳定风险分析和评估机制，对247个涉及群众切身利益的项目进行了评估。信访核查终结制度建设取得成效，一批信访突出矛盾得到化解。

2011年上海经济社会转型发展态势良好，经受住了外部经济环境复杂变化的考验，成绩的取得十分来之不易。这是党中央、国务院和中共上海市委统揽全局、正确领导的结果，是全市人民攻坚克难、奋力拼搏的结果。同时，在计划执行过程中经济社会发展出现了一些新情况新问题，需引起高度重视。一是经济稳定增长的压力依然较大。受世界经济复苏乏力、外部需求明显减弱以及自身发展正处在结构调整期等因素影响，2011年以来本市工业、出口、地方财政收入等主要经济指标增速呈现持续回落态势，保持经济平稳较快增长的压力明显加大。二是产业结构调整任务依然艰巨。产业发展基础仍不牢固，第三产业受金融和房地产业影响波动较大，特别是在外部环境总体趋紧大背景下，初步预计全年本市金融市场交易总额受股票、期货市场成交大幅回落影响仅增长2%左右，与年初增长20%的预期目标存在较大差距；高技术产业总体缺乏核心技术、自主品牌和龙头企业，附加值仍需提升；现代产业特别是新兴产业投资需进一步加强，战略性新兴产业和新兴服务业仍需培育壮大。三是物价上涨压力依然较大。2011年国家和本市采取了一系列稳定物价措施，但居民消费价格涨幅仍较高，特别是食品类价格上涨幅度较大，给居民特别是困难群体生活造成一定影响。在货币投放拉动、国际输入性因素导动、成本上升推动和自然灾害因素扰动等共同作用下，物价涨幅在今后一段时期总体仍将保持高位运行。四是民生保障任务依然繁重。虽然居民收入总水平持续提高，但与群众的期盼和日益增长的需求相比还存在差距，调节收入分配的工作力度需进一步加强。城市运行安全和生产安全风险处于频发高发期，食品安全监管还存在薄弱环节，安全管理需进一步加强。城市管理的体制机制法制还不够完善，一些薄弱环节和隐患危险的整治措施落实还不够到位。政府公共服务和社会管理职能仍需加强，行政效能和依法行政水平需继续提高。面对社会加速转型、社会结构快速变化的新形势，进一步加强和创新社会管理的迫切性日益凸显。为此，我们在今后工作中必须坚持不懈地创新体制机制，深化改革开放，着力加以解决。　　（摘自2012年1月19日《解放日报》）

【环保投入占本市国内生产总值的2.9%】 2011年，在中共上海市委、市政府的正确领导下，在市人大、政协的监督和关心下，全市各方面共同努力，围

绕“创新驱动，转型发展”主线，以污染减排和环保三年行动计划为抓手，进一步加大了环保工作推进力度，全市环保投入资金约557.92亿元，比上年增长了9.9%，占同期上海市国内生产总值（GDP）的2.9%。其中，城市环境基础设施建设投资为316.79亿元，污染源控制投资为104.01亿元，生态保护和建设投资为15.53亿元，环境管理能力建设投资为3.00亿元，环保设施运转费为71.69亿元，循环经济及其他方面投资为46.9亿元；分别占投资的56.8%、18.6%、2.8%、0.5%、12.8%和8.4%。

（李系蕴）

节能减排

【市政府召开主要污染物总量减排核查核算汇报会】

1月5日，市政府召开主要污染物总量减排核查核算汇报会。副市长沈骏、市政府副秘书长尹弘出席会议。市环保局受市政府委托，向环保部污染减排核查组汇报2010年上海污染减排工作进展情况。在听取汇报后，环保部华东环保督查中心副主任刘国才充分肯定了本市污染减排工作取得的成绩，认为上海市委、市政府高度重视，各部门通力合作，通过环保三年行动计划等推进机制，污染减排责任和措施落实到位，区域联动成效显著，环境质量改善明显。

市环保局、市发改委、市经信委、市水务局、市统计局、华东电监局等相关部门和市城投总公司、市城建集团公司、市国资经营公司、市电力公司、申能股份公司、华能股份公司、电力股份公司、宝钢股份公司、高桥石化公司、上海石化公司等相关单位负责人以及各区县环保局局长参加会议。

按照环保部统一部署，1月4日-11日，由环保部华东环保督查中心副主任刘国才带队的污染减排核查核算组一行12人来沪，对本市2010年及“十一五”主要污染物总量减排情况进行核查核算。5日下午起，核查组开始查阅本市主要污染物总量减排相关档案资料，并对燃煤电厂、污水处理厂、国控企业等重点减排单位的污染治理设施、在线监测设施等运行情况进行现场核查。

（刘代玲）

主要污染物总量减排核查核算汇报会现场　　（华毅文 摄）

【市政府召开节能减排和产业结构调整工作会议】

4月15日，市政府召开2011年全市节能减排和产业结构调整工作会议，贯彻落实党中央、国务院的有关部署和要求，全面总结“十一五”节能减排和产业结构调整工作，深入分析当前面临的形势，部署启动“十二五”及2011年本市节能减排和产业结构调整各项重点工作。中共上海市委常委、常务副市长杨雄，市人大副主任杨定华、副市长艾宝俊、副市长沈骏、市政协副主席蔡威出席会议，国家发展改革委副秘书长赵家荣应邀出席会议。

会议强调，“十二五”期间，本市节能减排、应对气候变化和产业结构调整工作形势严峻，难度更大，必须要下更大的决心、付出更多的努力、调动更广的力量、实现更多的创新突破。要紧紧围绕本市“十二五”规划所明确的建设“四个中心”总目标和“创新驱动、转型发展”总要求，把节能减排和产业结构调整作为转型发展的重要着力点。“十二五”期间，本市将全面落实国家的要求和部署，努力完成国家下达的各项节能减排目标，为加快建成宜居宜业城市奠定扎实基础，在全国率先走出一条能源资源节约集约利用、生态环境友好的低碳发展道路。其中，单位生产总值综合能耗将下降18%，二氧化碳排放强度下降19%，化学需氧量、氨氮、二氧化硫、氮氧化物等主要污染物的排放总量都要进一步下降，高于全国平均削减幅度。

“十二五”期间在推进节能降耗和产业结构调整方面，要体现出六个“更加注重”：一是坚持节能低碳倒逼经济社会转型发展，更加注重能源利用效率提升；二是坚持能耗强度约束，更加注重合理控制能源消费总量；三是坚持以结构调整为根本，更加注重技术进步和强化管理提升能效；四是坚持以政府推进为主导，更加注重经济、法律等多手段并用，充分发挥市场机制的作用；五是坚持以高能耗领域为重点，更加注重多领域、全社会节能降耗；六是坚持努力减缓温室气体排放，更加注重强化适应气候变化工作。在推进主要污染物减排方面，“十二五”要体现出“三个并重”：一是减排措施从以工程减排为主向“工程减排与结构减排并重”转变；二是减排对象从以重点排放源为主向“点面并重”转变；三是减排工程从以建设为主向“建管并重”转变。

会议明确，2011年是“十二五”开局之年，做好今年工作，完成今年目标任务，对“十二五”总体目标任务的实现具有重要的支撑和导向作用。市政府已分解安排了14个方面200多项重点工作，并明确了目标任务、时间节点和责任部门，各部门、各区县、各单位要狠抓落实。重点做好三个方面：一是强化基础，下大力气推进标准制定、产业结构淘汰目录制定、能源审计和完善统计等基础工作，进一步摸清能耗情况，挖掘节能潜力并推进节能项目；二是完善制度，进一步完善合同能源管理、节能和污染物减排目标责任考核、批项目核能耗、减排设施监督管理、淘汰落后产能推进机制等一批重要制度；三是创新突破，积极探索创新，要在总量控制、碳交易、低碳试点、重点区域调整等方面实现突破。

会上，市政府与区县和重点企业代表签订了“十二五”节能目标责任书及产业结构调整目标责任书，并授牌启动本市第一批低碳发展实践区试点，经过市政府批准，首批8个试点地区分别是：虹桥商务区、崇明县、长宁区虹桥地区、临港地区（包括产业区和主城区）、卢湾区中南部地区、徐汇区滨江地区、金桥出口加工区、奉贤区南桥新城。

（市环保局）

2011年上海市节能减排和产业结构调整工作会议

（华毅文 摄）

【市政府召开交通节能减排联席会议】 9月2日，市政府召开上海市交通节能减排联席会议第一次会议，回顾总结“十一五”以来上海交通节能减排工作，明确“ 十二五”和2011年目标、任务和要求，扎实推进节能减排各项工作。副市长沈骏讲话，市政府副秘书长尹红主持。联席会议成员、各区县、重点用能单位和相关单位的领导和工作人员出席会议。

“十二五”交通节能减排工作面临的形势严峻、任务艰巨，需要各方协调配合，形成合力。为了加强组织领导，完善工作机制，为此市政府建立了由分管副市长为第一召集人，市政府副秘书长、市建设交通委、市交通港口局主要领导为召集人，市发展改革委等12个相关管理部门和单位分管领导为成员的上海市交通节能减排联席会。

沈骏要求各单位要统一思想、提高认识，切实增强交通节能减排工作的责任感、使命感和紧迫感；要明确任务、落实责任，努力开创交通节能减排工作新局面。

会上，沈骏、尹弘为新成立的上海市交通节能减排促进中心、上海市交通节能减排研究中心揭牌；市建设交通委回顾总结了上海交通节能减排“十一五”和当年工作，提出了“十二五”工作的主要思路，部署安排了下阶段工作任务。

（王静江）

【污染减排计划超额完成】 经环保部核定，本市2011年四项主要污染物减排指标完成情况为：化学需氧量（COD）、氨氮（NH_3-N）、二氧化硫（SO_2）和氮氧化物（NOx）排放量在2010年基础上分别下降了6.26%、3.4%、5.9%和1.66%，四项指标同时下降，均超额完成年度减排目标（2%、2%、2%和1%），排在全国前列，取得“十二五”污染减排开门红。

2011年上海之所以能取得明显的减排成效，主要得益于以下几个方面：

一是市委、市政府高度重视，将污染减排纳入国民经济与社会发展全局，各区县政府、重点减排企业认真落实各项减排措施；

二是相关部门通力合作，形成合力，持续加强对重点减排项目的监督管理和政策引导，特别是2010年第四季度市发改委、市经信委、市环保局、市财政局及时出台了《关于鼓励本市燃煤机组脱硝减排的配套政策》，促进了“绿色发电、清洁发电”，切实减少了NOx排放；

三是推进了一批污染减排重点工程建设，如吴泾第二发电厂脱硝工程，奉贤、金山污水处理厂扩建工程等；

四是“十一五”污染减排打下了良好的基础，如提前实施机动车“国四”污染物排放标准、竹园第一污水处理厂升级改造等，为2011年全面完成减排任务提供了有利条件。

（市环保局）

【节能降耗年度目标超额完成】 2011年是“十二五”开局之年，在市委、市政府的坚强领导下，全市上下紧紧围绕创新驱动、转型发展，进一步加大工作力度，强化组织领导，创新工作方法，在节能降耗和应对气候变化的各个领域都取得了明显成效。本市单位生产总值综合能耗同比下降超过5%，超额完成年度目标，为确保实现“十二五”节能目标奠定了良好基础。

（傅　海）

【上海发挥节能减排政策导向支撑作用】 市政府年初印发了节能减排重点工作安排，从13个方面提出了280余项具体工作，做到早计划、早部署、早落实。

在国家发改委6号令基础上，市政府印发了固定资产投资项目节能评估和审查暂行办法及相关配套政策，对本市各类新建、改建和扩建固定资产投资项目进行全流程的能评、能审和竣工验收，发挥能评的源头控制作用。

修订出台“十二五”区县政府节能目标责任考核办法，强化区县政府节能责任。加大节能减排专项资金投入，市级节能减排专项资金全年实际支出超过14亿元。制定完成了本市“十二五”节能和应对气候变化规划和相关领域节能规划，提出了“十二五”本市能源消费总量控制和分解方案。（傅　海）

【上海全年共立项74项节能相关标准】 2011年，上海市共立项74项节能相关标准，其中高耗能工业产品能耗限额标准有27项。研究制订了更具操作性、更易执行监督的建筑节能设计地方性标准，在全国率先制定出台了国家机关、星级饭店、商业建筑等合理用能指南。研究轨道交通、公交、出租等行业合理用能指南。推出120幢大型公共建筑和政府办公楼，通过公开招标进行能源审计，发现一大批节能潜力项目。（傅　海）

【节能项目工程协同推进】 2011年，上海市完成产业结构调整项目751项，节能56万吨标煤；推进重点节能技改项目146个，节能25万吨标煤；推进合同能源管理项目305个，节能12万吨标煤。

新建高标准节能建筑422万平方米，推广可再生能源与建筑一体化应用206万平方米，既有建筑节能改造150万平方米。

组织地铁车站照明改造、船舶岸基供电等一批交通节能项目，推进老旧公交车提前报废更新1007辆，提前淘汰老旧船舶8艘（1564总吨）。

落实高效电机替代26.26万千瓦、推进变频技术改造4.1万千瓦。推广高效照明灯具760万只、高效空调50万台。（傅　海）

【上海推进应对气候变化工作】 2011年，上海市制定了《上海市温室气体清单编制工作方案》，并组织力量开展温室气体清单调研和编制工作。按照国家发展改革委的统一部署，研究制订本市碳排放权交易试点初步方案，组织开展了气候变化及其影响的相关基础问题研究。（郭建利）

【全市多领域推进全社会节能】 2011年，市政府机关带头节能（在人民大厦试点自行车免费租用），医院（节能灯应用率达到95%以上）、学校（投入1500万元资助上海交大等14所高校开展节能监管信息化建设）、商场（推进空调定期清洗）、饭店（新增绿色旅游饭店47家）等领域节能工作也都积极推进。

市总工会、市妇联、市经团联、市节能协会等社会团体组织开展了“我为节能减排做贡献”、“百万家庭低碳行”、“节能减排小组（JJ小组）”、节能宣传周等各具特色的活动。

市节能监察中心强化节能执法监察，依法督促企业落实整改。各区县政府、各用能单位也都按照市政府工作部署，结合自身实际，为全市节能目标的完成做出了重要贡献。（傅　海）

【“十二五”工业节能减排开局良好】 2011年是实现“十二五”节能减排目标的开局之年，全市工业系统提高认识、强化措施、落实责任，将节能工作“做精、做细、做深、做透”，取得积极成效。

一是超额完成工业节能目标，全年规模以上工业单位增加值能耗下降7.84%，超额完成全年规模以上工业单位增加值能耗下降3.6%的年度目标，综合能源消费量比去年减少57万吨标煤，同比下降1.02%，为完成“十二五”节能目标开了一个好头。

二是工业能效管理水平进一步提升，推进制定50项产品能耗限额、设备能效和节能管理标准，编制发布《上海产业能效指南（2011版）》；月度监控的重点用能产品单耗范围进一步扩大，电厂火力供电煤耗下降7.72克标煤/千瓦时，本市在重工业耗能比重相对较高的基础上，整体工业能效保持全国领先水平。

三是各项重点工作取得新突破，市节能减排领导工作小组办公室所要求的76项重点工作基本完成：完成高效电机推广26.26万千瓦，被工信部授予国家电机高效再制造示范工程；推进实施合同能源管理305个项目、节约标煤超过12万吨；完成101家企业清洁生产审核验收，工业固体废弃物综合利用率达到95%以上；组织实施节能灯进家庭市政府实事项目，推广高效照明灯具760万只、高效空调50万台，共节约标煤13.2万吨。（张　麒）

【20项节能标准完成编制】 2011年，上海市推进制定50项节能标准，涉及玻璃钢板、铝合金挤压型材等产品能耗限额标准26个，燃煤工业锅炉、通信基站空调等设备能效标准8个，能效对标管理导则、清洁生产审核评估验收通则等节能管理标准16个，至年底前完成20项标准编制工作，其余标准可在2012年上半年编制完成。（张　麒）

【工业系统分解细化节能目标】 一是按照“多因素、分类分解”的原则，分解下发17个区（县）、23个工业集团公司、4家通信业重点用能单位的“十二五”和2011年节能目标；

二是利用工业能效监控平台，建立100家年综合能耗较大的重点用能单位预测预警机制重点监控的产

品单耗指标由14个增至今年的16个。（张 麒）

【《产业能效指南》编制发布】 发行《上海产业能效指南（2011版）》，遴选70多种主要产品（工序）的国内外能效标杆值，梳理34个大类行业、169 个中类行业的能效平均水平，汇总200多个产品（工序）能耗限额值和准入值，涵盖44个能源品种的参考发热量和参考折标系数，为政府部门制定产业政策、企业能效对标提供标准和依据。（张 麒）

【工业系统强化节能执法监察】 一是完成556家工业重点用能单位完成能源利用状况报告，对25家未按时上报能源利用状况报告的企业和2家产品单耗指标超限额标准要求的企业签发责令限期整改通知书，督促企业落实整改。

二是开展节能专项监察，监察重点是：用能单位落后产能、落后设备淘汰情况，48家企业能耗限额标准执行情况，314家公共建筑夏季空调温度控制情况，15大类、1200余台产品能效标识执行情况，150项2011年产业结构调整企业（项目）落实情况。

（张 麒）

【上海组织实施节能技改专项】 一是市经信委会同市发改委等部门制定本市高效电机推广及电机高效再制造推广方案和实施细则，被工信部授予国家电机高效再制造示范工程。落实高效电机替代26.26万千瓦、推进变频技术改造4.1万千瓦。

二是会同市发改委、市环保局等部门编制“十二五”工业锅炉节能减排工作计划，明确“十二五”工业锅炉清洁能源替代和节能改造目标和资金扶持办法，推进48台燃煤锅炉节能改造，开展100台轻质燃油、燃气锅炉节能诊断，实现节能1.1万吨标煤。

三是多次召开专题会议，推进市电力公司等企业高耗能变压器淘汰约2200台。（张 麒）

【合同能源管理积极推行】 一是大力拓展节能服务市场，做好节能服务公司备案、管理和推荐工作，截至目前本市备案节能服务公司数达174家（其中105家企业符合国家备案条件），已组织实施305个合同能源管理项目，节能量12万吨标煤以上，其中77个项目获得市级财政奖励，项目投资额1.5亿元，年节能量4.8万吨标准煤，大大超过往年的水平。

二是积极创新工作机制，开展未来收益质押权融资新模式试点，推动银行等金融机构为合同能源管理项目创新信贷融资产品、做好信贷服务；推动浦江金融中心新建建筑全生命周期合同能源管理等创新模式试点；支持成立上海市合同能源管理企业联盟，促进节能服务公司项目、技术、人才、资金等优势资源整合。（张 麒）

【工业系统实施节能技改重点项目】 一是推进重点节能技改项目146个，总投资9.5亿元，节能量25万吨标煤；

二是完成2008－2010年共310个节能技改项目节能量审核工作，核定节能量67万吨标煤；

三是完成297家重点用电企业电能平衡验收，挖掘节电潜力5.96亿千瓦时。

四是完成63家企业节能节水专用设备认定，企业享受所得税退税8040万元。（张 麒）

【上海推广应用节能产品】 一是经信委会同市发改委等17个相关部门，在6月11日至17日期间，举办2011年上海市节能宣传周系列活动，以“市区结合、上下联动、覆盖全市、面向基层、贴近市民”为主线，开办“节能超市”，展出各类便民、利民的节能环保低碳产品，联动区县、集团开展各类活动268项。

二是实施节能惠民工程，推广高效空调50.1万台、年节电6000万千瓦时；实施节能灯进家庭市政府实施项目，推广节能灯750万只以上，年节电3.75亿千瓦时。三是继续做好节能产品评审推广，组织评审通过41项节能产品（系列），年销售额8.58亿元。

（张 麒）

循环经济与低碳发展

【上海继续推进循环经济工作发展】 一是制定完成《上海市循环经济发展“十二五”规划》。根据市政府对十二五专项规划编制要求，在深入调研、广泛听取各方面意见的基础上完成了上海市“十二五”循环经济规划编制工作，规划内容对“十二五”期间，本市循环经济发展的机遇挑战、主要任务、重点项目、保障机制等一一作了阐述。

二是推进循环经济示范项目建设。2011年，上海市闵行区经国家评审通过，成为全国33个餐厨废弃物资源化利用和无害化处置试点城区之一，目前该项目已按照试点实施方案内容开展相关工作；2011年，上海燕龙基再生资源综合利用基地被国家列入第二批国家城市矿产示范基地，建设以废旧玻璃回收利用为主的废弃物资源化回收利用基地，目前各项工作按要求推进。

三是继续推进实施循环经济相关扶持政策。2011年，本市继续推进脱硫石膏、秸秆综合利用以及循环经济专项政策实施。电厂脱硫石膏煅烧示范线已完成建设并投入运行，示范线建设投资补贴及其他综合利用补贴均已补贴到位，脱硫石膏综合利用率保持在98%以上；秸秆综合利用补贴政策得到了广大农户及综合利用企业的认可，已下达市区二级共1.24亿元补贴资金，秸秆禁烧和综合利用工作全面推进；本市今年共开展两批循环经济发展和资源综合利用补贴项目评审工作，二批共支持16个循环经济项目发展，下拨市级补贴资金近3000万元。

四是编制第五轮环保三年行动计划“循环经济和清洁生产”专项。全面完成第四轮环保三年行动计划中“循环经济和清洁生产”专项各项任务项目。积极开展第五轮环保三年行动计划编制工作，第五轮“循环经济和清洁生产”专项工作的推进将按照“减量化、再利用、再循环”的原则，加强示范引领，推进生活垃圾、工业、城建、农业等废弃物综合利用试点项目，建设一批国家和市级生态工业示范园区，进一步鼓励和促进工业企业清洁生产，同时还明确了“第五轮”的行动目标和主要任务等。

五是深化研究循环经济政策。为进一步推进本市循环经济发展，结合市政府今年实事项目，解决重点领域难点问题，我们结合生活垃圾分类工作，深入调研，研究制定本市生活垃圾分类收集处置财政补贴政策，并着手开展餐厨废弃物及废弃食用油脂、废旧玻璃、废旧服装等处置及综合利用专项扶持政策。 （沈　洁）

【“十二五”产业结构调整重点基本确立】 通过对全市104个工业区块外工业企业情况的梳理，“十二五”期间产业结构调整工作的基本思路已明确，初步形成了十二五”期间产业结构调整工作方案，明确了六大重点区域和九大重点行业作为产业结构调整的重点。

结合第五轮环保三年行动计划编制工作，第五轮环保三年行动计划中产业结构调整工作的总体目标为：以“六大重点区域”和“九大重点行业”为基础，计划完成2000家企业的产业结构调整工作，并初步明确了各个区县的工作任务和工作目标。

（徐易伟）

【上海大力实施清洁生产】 一是完善组织体系和工作网络建设，编制2011年清洁生产工作要点，在17个区县经委主管部门参加的基础上，推动本市81个主要工业园区和24个工业集团公司建立了清洁生产领导机制和工作网络，为“十二五”加大推进力度打下基础。

二是全面启动537家企业清洁生产审核，完成101家企业清洁生产验收，实施无/低费方案1295项，中高费方案217项，拉动投资30.5亿元，年节能17.44万吨标煤，减少COD排放89.6吨，减少SO_2排放1.02万吨。

三是加强规章制度、标准体系建设和审核机构管理，《上海市清洁生产审核机构管理办法》和《清洁生产审核评估、验收通则》完成征求意见稿和初稿，完成14家清洁生产审核机构备案。

四是在30个重点行业开展了清洁生产技术的对接工作，组织评选2011年度清洁生产示范项目，组织4家企业申报了5项工信部“十二五”国家鼓励发展的重大清洁生产技术工艺及装备。 （张　麒）

【虹桥商务区等8个区域开展低碳发展试点】 2011年，虹桥商务区等8个区域成为本市首批低碳发展实践区。各实践区编制了低碳发展实施方案，市发改委组织对实施方案的发展目标、主要任务、配套政策措施等核心内容开展专家评审。 （郭建利）

虹桥商务区 （欧阳鹤 摄）

【上海环境能源交易平台与金融机构联手探索低碳经济创新】 11月2日，上海环境能源交易所与兴业银行上海分行正式签署战略合作协议，联手探索低碳经济的金融和交易服务创新。这是上海环境能源交易与金融行业的首度战略合作。

根据此次协议的内容，双方建立合作关系后，将互为首选的业务合作伙伴。兴业银行上海分行将最大限度地利用自身的灵活机制、客户资源、经营网络和科技力量，依托上海环境能源交易所在国内气候及环境领域的优势及影响，充分发挥碳交易试点的市场杠杆和融资功能，加强金融和交易服务的创新，实现有效的低成本减排，为未来建立中国的碳交易市场进行有益的探索。双方合作的具体内容包括：交易资金的存管、清算、监管；共同开展上海市碳排放权交易试点相关金融课题研究；联合举办面向相关企业的包括交易规则普及、能效管理等在内的各类培训。

上海环境能源交易所是国内率先设立的综合性环境能源权益交易平台，自愿碳减排项目个人开户数超过2 1万户，已经成为中国最活跃、规模最大、具有国际影响力的环境能源交易市场和权益交易平台之一。 （王静江）

【工业固废综合利用率达95%以上】 一是加强产业统计和工业大宗固体废物的综合利用，预计全年产生工业固废2300万吨左右，其中：冶炼渣1300万吨，粉煤灰550万吨，脱硫石膏100万吨，综合利用率95%以上，远高于全国69%的平均水平，全年资源综合利用产业产值可达253亿元。

二是加强资源综合利用政策认定管理，完善认定流程、标准和管理体系，复审通过188家，对其中三分之一开展现场抽查工作。

三是组织推荐13家综合利用企业申报工信部14项循环经济重大技术示范工程，7家申报工信部22项再制造工艺及装备，5家企业申报国家发改委中央预算内投资资源综合利用技术改造项目。 （张 麒）

【粉煤灰综合利用率达98.78%】 2011年全市16家燃煤电厂粉煤灰排放563.63万吨，利用量556.78万吨，综合利用率98.78%。节约土地1392亩，取得了较好的社会、经济和环境的综合效益。利用途径：墙体材料8.04万吨，占1.44%；水泥混合材料172.43万吨，占30.97%；混凝土砂浆258.91万吨，占46.50%；筑路84.79万吨，占15.23%；回填8.58万吨，占1.54%；其他24.03万吨，占4.31%。

2011年全市33家商品粉煤灰产品备案企业生产和销售II级及以上粉煤灰产品284.93万吨，其中本市246.58万吨，可替代水泥约240万吨(约160多万吨水泥熟料)，节约原材料成本约4亿元；仅商品混凝土一项就可减少消耗208万吨石灰石、48万吨黏土、26万吨标煤，向大气少排放160万吨CO_2、0.3万吨SO_2、0.6万吨NOx。

2011年加强了质量管理服务工作，组织召开了2011年上海市粉煤灰综合利用工作会议、混凝土掺合料质量控制会议，并组织混凝土掺合料备案企业开展换证工作，通过组织协调，粉煤灰综合利用继续保持平稳较好发展。 （邱志青）

【脱硫石膏利用率达98.46 %】 2011年共完成脱硫石膏技术开发项目6项，相关标准和规程3项。科研工作的开展为脱硫石膏在建材中的应用奠定了基础，科研成果正逐步转化：2011年全市13家燃煤电厂共排放脱硫石膏124.90万吨，利用量122.98万吨，利用率98.46%。主要利用途径：水泥辅料24.52万吨，石膏板40.04万吨，加气砌块10.46万吨，其余部分用作筑路，少量用作混凝土掺合料的添加剂、砂浆等。 （邱志青）

【上海首个国家“城市矿产”示范基地建立】 按照国家发改委、财政部《关于开展城市矿产示范基地建设的通知》（发改环资[2010]977号）要求，经市商务委推荐，市发改委、市财政局正式申报，上海燕龙基再生资源利用基地通过国家发改委、财政部组织的专家评审，成为上海首个国家“城市矿产”示范基地，并列入国家“十二五”规划纲要的循环经济重点工程之一。该项目建成后，将实现年回收利用各类再生资源达到90万吨，其中废玻璃60万吨，废旧金属20万吨，废旧塑料10万吨，“城市矿产”资源加工利用率达到95%。

（徐 敏）

与环境相关的统计

主要年份社会经济主要指标

指标	1990	2000	2008	2009	2010	2011
人口与就业						
年末户籍人口（万人）	1283.35	1321.63	1391.04	1400.70	1412.32	1419.36
# 非农业人口	864.46	986.16	1216.56	1236.16	1254.95	1267.76
家庭总户数（万户）	415.28	475.73	506.64	509.79	519.27	522.01
从业人员（万人）	787.72	745.24	1053.24	1064.42	1090.76	1104.33
城镇登记失业率（%）	1.5	3.5	4.2	4.3	4.2	4.2
国民经济核算						
上海市生产总值（亿元）	781.66	4771.17	14069.87	15046.45	17165.98	19195.69

续表

指标	1990	2000	2008	2009	2010	2011
第一产业	34.24	76.68	111.80	113.82	114.15	124.94
第二产业	505.70	2207.63	6085.84	6001.78	7218.32	7927.89
第三产业	241.82	2486.86	7872.23	8930.85	9833.51	11142.86
固定资产投资						
全社会固定资产投资总额（亿元）	227.08	1869.67	4829.45	5273.33	5317.67	5067.09
财　政						
地方财政收入（亿元）	166.99	497.96	2382.34	2540.30	2873.58	3429.83
地方财政支出（亿元）	75.56	622.84	2617.68	2989.65	3302.89	3914.88
科　技						
科技成果　（项）	2092	1102	1866	2166	2318	2388
研究与试验发展经费支出（亿元）	10.13	76.73	362.30	423.38	480.18	597.62
生　活						
市区人均居住面积（平方米）	6.6	11.8	16.9	17.2	17.5	17.0
农村居民人均居住面积（平方米）	37.08	53.58	62.30	60.18	59.68	58.90
城市居民人均可支配收入（元）	2182	11718	26675	28838	31838	36320
农村居民人均可支配收入（元）	1665	5565	11385	12324	13746	15644
城市建设						
城市基础设施投资额（亿元）	47.22	449.90	1733.18	2113.45	1497.46	1157.34
自来水售水量（亿立方米）	12.25	19.75	24.28	24.06	24.44	24.41
城市排水管道长度（公里）	1892	3920	9208	9732	11483	17599
用电量（亿千瓦时）	264.74	559.42	1138.22	1153.38	1295.87	1339.62
城市煤气销售量（亿立方米）	12.15	18.40	17.66	14.19	12.85	10.82
年末出租车运营总数（辆）	11298	42943	48059	49111	50007	50438
运营公交车辆数（辆）	6264	17939	16573	16272	17455	16589
道路长度（公里）	1631	6641	15844	16071	16687	16792
公共绿地面积（公顷）	983	4812	14777	15406	16053	16446

注：1.2000年以后从业人员为在岗从业人员。
2.本表总量指标中的价值量指标均按当年价格计算。
3.1990年农村居民年人均可支配收入为农村居民年人均纯收入。

主要年份用电量

指标	1990	2000	2008	2009	2010	2011
用电量（亿千瓦·时）	264.74	559.42	1138.22	1153.38	1295.87	1339.62
#工业用电	220.97	393.13	727.13	701.58	786.61	805.76
农业用电	7.22	8.92	5.08	5.39	6.07	6.37
城市居民生活用电	14.44	53.2	146.55	152.52	168.95	175.22

主要年份公共交通和轮渡情况

指标	1990	2000	2008	2009	2010	2011
公共汽电车						
公交线路长度（公里）	18593	23260	22919	23033	23131	22906
公交线路条数（条）	390	978	1058	1129	1165	1202
运营公交车辆数（辆）	6264	17939	16573	16272	17455	16589
#公共汽车	5341	17358	16306	16039	17038	16235
客运总量（亿人次）	54.37	26.49	26.60	27.06	28.08	28.11
出租汽车						
运营车辆（辆）	11298	42943	48059	49111	50007	50438
#小客车	8095	40806	46981	47457	49016	49509
载客车次（万次）	2129	37599	61600	60926	63307	60859
运营里程（亿公里）	3.76	46.48	63.18	61.99	64.85	64.29
#营业里程	2.97	24.35	41.27	37.73	39.79	39.54
运营收入（亿元）	5.76	76.68	133.15	135.75	154.72	159.36
运营单位（个）	1666	1178	3333	3306	3301	3282
轮　渡						
年末轮渡船数（艘）	111	95	49	42	42	38
乘客人数（亿人次）	3.74	1.85	1.02	0.94	0.89	0.78

主要年份煤气、液化石油气、天然气情况

指标	1990	2000	2008	2009	2010	2011
煤　气						
煤气生产能力（万立方米/日）	488	984	967	867	817	817
煤气管线长度（公里）	2700	6606	7086	6156	5517	4710
煤气销售总量（亿立方米）	12.15	18.40	17.66	14.19	12.85	10.82
#家庭用量		11.50	9.64	7.46	6.28	5.32
家庭煤气用户数（万户）	113.19	255.89	185.56	151.48	132.89	101.78
液化石油气						
液化石油气销售总量（万吨）	5.97	45.94	48.57	40.11	40.05	39.65
#家庭用量	4.27	20.47	29.28	24.11	23.62	20.90
家庭液化石油气用户数（万户）	29.64	239.30	291.58	310.16	316.37	310.62
天然气						
天然气销售总量（亿立方米）		2.16	28.37	31.33	42.66	51.47
#家庭用量		0.45	5.72	6.43	7.79	8.63
天然气管线长度（公里）		1742	12877	14977	17316	19068
家庭天然气用户数（万户）		38.10	307.88	366.78	405.89	455.92

主要年份自来水情况

指标	1990	2000	2008	2009	2010	2011
水厂个数（个）	8	218	118	113	105	90
自来水供水能力（万立方米/日）	462	1048	1069	1096	1131	1150
供水管道长度（公里）	3483	15943	27858	29464	31182	32217
供水总量（亿立方米）	13.32	24.00	30.90	30.47	30.90	31.13
售水总量（亿立方米）	12.25	19.75	24.28	24.06	24.44	24.41
# 工业用水	5.9	5.49	6.30	5.59	5.80	5.60
生活用水	6.36	14.26	17.98	18.47	18.64	18.81
# 居民生活用水	3.29	6.82	9.39	9.73	9.80	9.70
人均日居民生活用水量（升）		114	136	139	117	113

注：1990年数据为原中心城区数据，2005年起生活用水口径调整。

主要年份市政工程设施情况

指标	1990	2000	2008	2009	2010	2011
道路长度（公里）	1631	6641	15844	16071	16687	16792
道路面积（万平方米）	1787	8147	23149	24566	25607	26176
城市桥梁（座）	553	4432	11188	11466	11849	12149
防洪堤长度（公里）		335	1014	1014	1009	1119
城市排水管道长度（公里）	1892	3920	9208	9732	11483	17599
污水处理厂污水处理能力（万吨/日）	41	463	672	687	684	694
防汛泵站（座）	134	160	186	188	186	186

注1：从2004年起，防洪堤包括海塘，不包括屿堤。
注2：2008年起，道路中包括公路中的村道。

主要年份城市设施水平

指标	1990	2000	2009	2010	2011
人均日综合生活用水量（升）	223	241	264	223	220
人均日居民生活用水量（升）	116	114	139	117	113
自来水普及率（%）	100	99.97	99.99	99.99	99.99
每万人拥有道路长度（公里）	2.08	5.84	11.47	11.82	11.83
人均拥有道路面积（平方米）	2.28	7.17	17.54	18.13	18.44
每万人拥有城市排水管道长度(公里)	1.47	2.86	7.05	8.13	12.39
每万人拥有公共车辆 （辆）	7.43	12.08	11.09	12.46	11.79

续表

指标	1990	2000	2009	2010	2011
每万人拥有出租汽车（辆）	8.80	25.61	22.22	21.72	21.49
人均拥有公共绿地面积（平方米）	1.02	4.60	12.80	13.00	13.10
每万人拥有公共厕所（座）	0.79	1.67	4.02	4.27	4.06

注：1990年平均每人生活用水、自来水普及率为中心城区数据；自2005年起人均年自来水生活用水口径调整。

主要年份城市绿地情况（1999—2011）

单位：公顷

年份	城市绿地面积（公顷）	其中					公园数（个）	游园人数（万人次）	行道树实有数（万株）	新辟绿地面积（公顷）	绿化覆盖率（%）
		#公园绿地	其中		#附属绿地	#生产绿地					
			公园面积	街道绿地							
1999	11117	3856	993	2863	6888	318	115	9601	54	1315	20.3
2000	12601	4812	1153	3658	7346	388	122	8184	57	1458	22.2
2001	14771	5820	1291	4529	8624	248	125	8561	65	1374	23.8
2002	18758	7810	1411	6399	9591	267	133	8796	68	2600	30.0
2003	24426	9450	1473	7977	10218	335	136	9629	74	4904	35.2
2004	26689	10979	1481	9498	10921	335	136	13381	80	2434	36.0
2005	28865	12038	1521	10516	11591	335	144	13656	83	2116	37.0
2006	30609	13307	1529	11782	12202	331	144	16652	86	1691	37.3
2007	31795	13899	1675	12224	13590	204	146	18342	69	1629	37.6
2008	34256	14777	1686	13091	14739	189	147	22119	73	1190	38.0
2009	116929	15406	1687	13119	17376	230	147	21671	76	1096	38.1
2010	120148	16053	1915	13418	18589	230	148	21794	81	1223	38.2
2011	122283	16446	2151	13499	19442	213	153	20481	93	1063	38.2

注：根据《城市和村镇建设统计报表制度》，2009年对绿地分类进行了调整。原"园林绿地面积、公共绿地、专用绿地、园林苗圃"分别调整为"城市绿地面积、公共绿地、附属绿地和生产绿地"。

声环境及治理（2000—2011）

指标	2000	2001	2002	2003	2004	2005	2006	2007	2008	2009	2010	2011
区域环境噪声平均等效声级												
昼间时段（LeqdB（A））	56.6	56.7	56.8	56.7	56.5	57.3	56.6	56.8	57.0	54.9	55.8	55.0
夜间时段（LeqdB（A））	49.2	48.2	49.4	49.1	49.1	49.8	49.7	49.4	49.9	47.8	48.3	48.0
交通环境噪声平均等效声级												
昼间时段（LeqdB（A））	70.5	69.5	69.6	70.4	72.3	72.0	72.0	71.9	71.4	69.8	69.8	70.0
夜间时段（LeqdB（A））	64.1	64.5	65.8	66.4	66.2	65.8	64.9	65.9	66.4	64.4	64.3	64.5

各区县绿化情况　(2011)

地区	园林绿地面积（公顷）	#公共绿地面积（公顷）	公园数（个）	公园游园人数（万人次）
总　计	**122283.49**	**16445.72**	**153**	**20441.38**
浦东新区	26234.90	5951.40	22	1838.95
黄浦区	253.00	163.25	12	3165.14
徐汇区	1245.68	497.89	11	2532.07
长宁区	1028.41	445.22	13	1560.38
静安区	102.90	46.07	3	236.20
普陀区	1160.50	525.40	16	1999.04
闸北区	610.01	227.22	7	1415.94
虹口区	406.58	153.29	9	2118.41
杨浦区	1373.35	459.50	14	1733.67
闵行区	8384.35	2113.63	10	791.67
宝山区	6343.47	1914.00	13	1909.88
嘉定区	7750.27	1240.54	5	229.30
金山区	8479.35	589.38	7	113.24
松江区	12555.49	710.87	5	440.98
青浦区	10290.25	731.68	3	102.27
奉贤区	9677.12	482.22	1	209.90
崇明县	26387.85	194.14	2	44.34

大气环境保护　(1999—2011)

年份	工业废气排放总量（亿标立方米）	烟尘排放总量（万吨）	其中		废气、二氧化硫排放总量（万吨）	其中	
			工业	生活及其他		工业	生活及其他
1999	4947	13.57	9.00	4.57	40.31	31.09	9.22
2000	5755	14.12	8.32	5.80	46.49	32.68	13.81
2001	6964	13.52	6.23	7.29	47.26	30.00	17.26
2002	7440	10.74	5.60	5.14	44.66	32.49	12.17
2003	7799	11.54	4.97	6.57	43.54	30.07	13.47
2004	8834	12.27	5.25	7.02	47.31	34.95	12.36
2005	8482	11.52	4.95	6.57	51.28	37.52	13.76
2006	9428	11.29	4.73	6.56	50.80	37.43	13.37
2007	9591	10.60	4.04	6.56	49.78	36.44	13.34
2008	10436	10.63	4.06	6.57	44.61	29.80	14.81
2009	10059	10.18	3.64	6.54	37.89	23.93	13.96
2010	12969	10.21	4.18	6.03	35.81	22.15	13.66
2011	13692	8.98	6.64	2.34	24.01	21.01	2.99

注1：2008年起工业废气排放量按新排放系数计算。
注2：2011年起烟尘排放总量口径改为烟（粉）尘排放总量。

环保投入和“三废”综合利用（1999—2011）

指标	1999	2000	2001	2002	2003
环境保护投资	111.57	141.91	152.93	162.39	191.53
城市环境基础设施建设投资				126.99	144.05
环境保护投资相当于GDP(%)	2.80	3.10	3.10	3.00	3.10
自然保护区覆盖率(%)		7.8	10.5	11.8	11.8

注1：2005—2008年“环境保护投资相当于GDP”的数据根据第二次全国经济普查结果调整的GDP数据进行调整。

环境空气状况（2000—2011）

指标	2000	2001	2002	2003
中心城区二氧化硫年日平均值（毫克/立方米）	0.045	0.043	0.035	0.043
中心城区二氧化氮年日平均值（毫克/立方米）	0.090	0.063	0.058	0.057
中心城区可吸入颗粒物平均浓度（毫克/立方米）		0.100	0.108	0.097
降水pH平均值	5.19	5.20	5.39	5.21
酸雨频率（%）	26.0	25.2	10.9	16.7
环境空气质量优良天数（天）	295	309	281	325
环境空气质量优良率（%）	80.8	84.7	77.0	89.0

水环境保护（1999—2011）

年份	废水排放总量（亿吨）	其中		废水化学需氧量排放总量(万吨)
		工业	生活及其他	
1999	20.28	8.52	11.76	34.98
2000	19.37	7.25	12.12	31.87
2001	19.50	6.80	12.70	30.48
2002	19.21	6.49	12.72	32.96
2003	18.22	6.11	12.11	28.38
2004	19.34	5.64	13.70	29.38
2005	19.97	5.11	14.86	30.44
2006	22.37	4.83	17.54	30.20
2007	22.66	4.76	17.90	29.44
2008	22.60	4.41	18.19	26.67
2009	23.05	4.12	18.93	24.34
2010	24.82	3.67	21.15	21.98
2011	19.86	4.46	15.40	24.90

单位:亿元

2004	2005	2006	2007	2008	2009	2010	2011
225.37	281.18	310.85	366.12	422.37	460.42	507.54	557.92
166.90	201.01	177.81	233.22	284.30	282.74	294.73	316.79
3.03	3.04	2.94	2.93	3.00	3.09	2.96	2.91
11.8	11.8	11.8	12.1	12.1	12.1	12.1	12.1

2004	2005	2006	2007	2008	2009	2010	2011
0.055	0.061	0.055	0.055	0.051	0.035	0.029	0.029
0.062	0.061	0.051	0.054	0.056	0.053	0.050	0.051
0.099	0.088	0.086	0.088	0.084	0.081	0.079	0.080
4.92	4.93	4.73	4.55	4.39	4.66	4.66	4.72
32.7	40.0	56.4	75.6	79.2	74.9	73.9	67.8
311	322	324	328	328	334	336	337
85.2	88.2	88.8	89.9	89.6	91.5	92.1	92.3

其中		工业重复用水量（万吨）	污水处理厂数（个）	污水处理厂污水处理量（万吨）
工业	生活及其他			
8.92	26.06	605772	22	17479
6.93	24.94	592055	27	23028
5.27	25.21	709913	26	29487
4.78	28.18	654133	27	30658
4.38	24.00	690068	30	39891
3.76	25.62	750803	37	95301
3.66	26.78	886503	42	117833
3.53	26.67	843970	43	155726
3.38	26.06	899098	45	152886
2.76	23.91	946198	47	177090
2.90	21.44	1004672	51	171609
2.16	19.82	1047970	52	189654
2.74	22.16	747899	53	193354

工业固体废弃物综合利用（2000—2011）

指标	2000	2001	2002	2003	2004	2005	2006	2007	2008	2009	2010	2011
工业固体废弃物产生量(万吨)	1354.74	1605.09	1595.25	1659.38	1810.80	1963.62	2063.19	2165.40	2347.36	2254.59	2448.36	2442.20
#危险废物	28.32	38.14	33.50	30.57	36.47	48.77	40.79	45.43	49.28	47.62	51.25	56.36
工业废弃物综合利用量(万吨)	1515.90	1581.71	1603.86	1643.19	1777.84	1891.62	1953.11	2040.08	2242.43	2171.60	2366.90	2358.11
#危险废物	27.05	29.92	24.92	22.34	31.26	39.21	29.13	30.94	31.13	30.73	28.47	30.13
工业废弃物综合利用率（%）	93.26	96.50	97.78	97.20	97.19	96.31	94.66	94.21	95.53	95.67	96.16	2.80
工业固体废物处置量(万吨)	90.96	55.25	27.28	47.27	44.29	64.66	103.22	106.39	90.24	85.66	93.86	74.89
#危险废物	1.08	8.50	9.21	8.31	6.05	9.64	14.10	14.68	18.36	17.02	23.44	26.01

城市环境卫生情况（1999—2011）

年份	垃圾产生量（万吨）	其中		清运粪便（万吨）	公共厕所（座）	生活垃圾收集点(处)	废物箱（只）	倒粪站（座）	化粪池（只）
		生活垃圾	建筑垃圾						
1999	767	500	267	172	1311	66067	17326	2192	44694
2000	858	641	217	256	2215	22470	23189	2045	46921
2001	901	644	257	219	2406	17694	24672	1890	47500
2002	760	467	293	238	3776	26787	29517	1846	49220
2003	800	585	215	251	3468	27814	31272	1709	48831
2004	802	610	192	258	3640	28649	34571	1611	47579
2005	777	622	155	254	3640	28388	39539	1689	47424
2006	805	658	146	247	3746	29812	44888	2253	46217
2007	852	702	150	232	5415	29538	47739	2158	45841
2008	841	678	153	220	5866	29965	56485	2064	45537
2009	870	710	160	221	5633	30584	67465	2257	43775
2010	890	732	158	201	6026	30645	74658	1900	43170
2011	1142	704	438	207	5768	30648	78213	1868	42652

市人大工作

立法

【《太湖流域管理条例》颁布实施】 《太湖流域管理条例》（以下简称《条例》）于2011年8月24日国务院第169次常务会议通过，自当年11月1日起施行。这是我国第一部流域综合性行政法规，标志着太湖流域管理进入了依法治水的新阶段。

《条例》规定，太湖流域管理应当遵循全面规划、统筹兼顾、保护优先、兴利除害、综合治理、科学发展的原则；实行流域管理与行政区域管理相结合的管理体制。

《条例》共九章七十条，就饮用水安全，水资源保护，水污染防治，防汛抗旱与水域、岸线保护等方面作了具体规定，并明确了保障措施、监测与监督、法律责任等内容。（成　新）

【限制商品过度包装（暂定名）立法】 12月23日，市人大常委会召开限制商品过度包装立法座谈会，正式启动该项立法调研工作。市人大常委会主任刘云耕，副主任胡延照、吴汉民，秘书长姚明宝出席会议。部分常委会组成人员和市发改委、市经信委、市商务委、市环保局、市工商局、市质监局、市绿化市容局以及市政府法制办等8家政府部门的负责同志参加会议。

市发改委、市工商局等有关部门围绕商品包装管理现状和立法的难点问题进行交流发言，并提出立法建议。会议认为，通过立法对商品包装进行规范，有利于节约资源和保护环境，维护消费者权益，促进社会良好风气的养成，对上海转型发展具有重要意义。

立法调研工作将由前期调研、草案研究起草、草案征求意见、草案修改完善等四个阶段组成。为确保立法调研工作的有效开展，市人大常委会成立限制商品过度包装立法调研领导小组，由市人大常委会副主任胡延照、吴汉民担任组长。领导小组下设立法调研工作小组。

市人大常委会召开限制商品过度包装立法座谈会

（殷淑荣 摄）

12月28日，限制商品过度包装立法调研工作小组召开会议，启动并部署前期调研工作。（李惠芳）

【湖泊安全立法座谈会】 7月20—22日，市人大城建环保委赴无锡参加全国人大环资委暨七省一市人大湖泊安全立法座谈会。国家环保部、水利部、建设部、国务院法制办和江苏、浙江、上海、安徽、江西、云南、湖南、湖北等七省一市人大及苏州市等14个地级市人大应邀参加会议。全国人大环资委主任委员汪光焘、副主任委员王庆喜、委员许健民、汪超群出席会议。会议全面听取了参会部门和各地人大关于全国各大湖泊治理保护情况的汇报以及对湖泊安全立法的意见建议。（李惠芳）

【机动车污染防治立法调研】 为进一步推动本市机动车管理工作的发展，本市组织开展了《上海市机动车污染防治立法调研》，由本市相关管理部门会同科研机构成立立法课题调研小组，对国内外包括港澳地区机动车污染防治法律、法规开展调研分析，特别是对国内有关省市机动车专项法规、规章进行了深入调研，初步确立了本市机动车污染防治立法的主要方向，拟将相关调研结果纳入本市市政府立法计划，争取尽早出台本市机动车污染防治专项规范。

（黄伟明）

【“生活垃圾分类地方立法可行性及法规框架研究”课题研讨】 为进一步推动本市生活垃圾管理立法工作，实现生活垃圾分类和减量化处置的常态化和规范化，市人大城建环保委和市绿化市容局联合开展了生活垃圾分类立法研究。为使课题更具针对性和有效性，8月16日，市人大城建环保委召开课题研讨会，围绕立法研究的基本思路和建立源头减量制度、明确分类标准、完善垃圾治理规划编制等主要内容进行研讨。（李惠芳）

执法检查与监督

【市人大常委会审议市政府《关于本市2011年环境保护工作情况的报告》】 12月13日，市人大常委会第三十一次会议听取和审议了市环保局代表市政府做的《关于本市2011年环境保护工作情况的报告》。报告回顾了2011年环境保护主要工作。

2011年，本市环境建设取得积极成果：全市的环境基础设施体系基本完善，污水处理能力和生活垃圾无害化处理能力显著提高；生态建设和自然保护得到持续推进，中心城区绿化覆盖率达到38.2%左右；低碳发展和循环经济试点取得新进展；环境质量总体稳中趋好，主要河道水质保持稳定，环境空气质量优良率连续3年保持在90%左右，全市区域降尘量较三年前下降了16.6%。

报告还提出了2012年工作的初步思路：环境保护工作将继续以“削减总量、提高质量、防范风险、优化发展”为主线，以污染减排和环保三年行动计划为抓手，着力构建后世博环境保护长效管理体系。总体目标是： 主要污染物排放量进一步下降，第五轮环保三年行动计划重点建设项目力争全面开工建设，全市环境质量进一步提升。（李惠芳）

【市人大常委会审议市政府《关于推进垃圾分类和减量化工作情况的报告》】 11月17日，市十三届人大常委会第三十次会议听取和审议市政府《关于推进垃圾分类和减量化工作情况的报告》，以及市人大城市建设环境保护委员会提交的调研报告。

常委会组成人员和列席会议的代表在审议中认为，垃圾的分类和减量化关系到生态环境建设、民生改善和城市可持续发展，推进垃圾分类和减量化，提高垃圾处置水平对上海来说十分重要和紧迫。自2011年5月全市启动居住区垃圾分类试点工作以来，市和区、县两级政府及其有关部门在推进生活垃圾分类和减量化等方面做了大量探索，取得了积极进展，形成了不少好的做法，为下一步全面推进垃圾分类工作积累了经验。但在充分肯定试点工作成效的同时，也应当看到，垃圾管理工作的系统性研究有待进一步深化，垃圾源头减量和分类之后的后续利用问题亟待突破，居民和各类社会主体的参与度还有待提高，政府部门之间工作合力还有待加强，垃圾分类和减量化工作必须进一步引起重视，大力推进，常抓不懈，并争取走在全国前列。

会议还对进一步推进垃圾分类和减量化工作提出了建议。（李惠芳）

【生活垃圾分类和减量化专项监督】 3月2日，市人大常委会副主任胡延照同志率城建环保委赴市绿化市容局调研推进生活垃圾分类和减量化等工作。胡延照充分肯定了市绿化市容系统近几年为上海城市发展、改善城市面貌以及确保世博会成功举办所做出的重大贡献，并对做好今年工作提出要求：做好本市垃圾减量化工作，对目前仍在坚持垃圾分类的小区研究补贴措施，推广经验，为下一步立法做好准备；进一步加强城市环境建设与维护，切实改善生态环境。

8月8日，市人大城建环保委赴市绿化市容局调研生活垃圾分类减量工作推进情况。听取市绿化市容推进情况的汇报，提出了要关注系统设计、政策设计，对整项工作进行整体考虑，持续推进的意见和建议。

9月7日，市人大城建环保委赴浦东新区调研生活垃圾分类和减量化工作，实地察看花木街道牡丹居委会海桐苑小区生活垃圾分类情况，并与区环保市容部门及街道、居委会和物业公司座谈交流，提出了工作意见和建议。

市人大领导实地察看浦东新区某小区垃圾分类情况（殷淑荣 摄）

10月10日，市人大城建环保委开展生活垃圾分类和减量化专项工作调研，听取市绿化市容局关于全市生活垃圾分类减量试点实事工程启动以来的工作推进情况、试点中存在的主要问题和下一步工作计划的汇报，并就有关问题进行了研究，提出了加强源头控制，总结试点经验，加大工作系统性研究，完善垃圾分类减量顶层政策设计等工作建议。

为全面了解本市垃圾分类试点工作的实际情况，城建环保委商请部分市人大代表就近选择试点小区开展调研。10月24日，委员会召开座谈会，听取参与调研的部分市人大代表关于推进生活垃圾分类和减量化工作的意见和建议。

10月18日下午，市人大城建环保委开展生活垃圾分类和减量化工作调研，听取市建交委、市发改委等政府部门关于推进垃圾分类和减量化工作情况的汇报，对进一步形成合力，完善工作提出了意见和建议。

10月19日，市人大城建环保委听取静安、崇明等9个区、县绿化市容部门关于推进生活垃圾分类和减量化工作情况的汇报，并就各区、县推进生活垃圾分类和减量化工作中的难点问题进行了研讨，对共性问题和个性问题进行了分析，提出了工作意见和建议。

11月10日下午，市人大常委会副主任胡延照、蔡达峰率部分常委会组成人员和市人大代表调研本市推进垃圾分类和减量化工作情况，实地察看浦东新区栖山路1558弄小区垃圾分类和垃圾小型压缩站运行情况，听取浦东新区和市绿化市容局关于推进生活垃圾分类和减量化工作情况的汇报，并进行了座谈交流。

胡延照指出，要充分认识开展垃圾减量化处置工作的重要性和紧迫性，真正形成共识和工作合力，积极推进相关工作，不断提升上海垃圾管理工作水平；突出重点，建立和完善科学有效的制度体系，研究解决垃圾分类和减量化工作的难点和瓶颈问题，推动工作向前发展；加强宣传引导，发动全社会共同推进本

市垃圾分类和减量化工作，齐心协力把这项工作做实、做好。（李惠芳）

【“生活垃圾分类处理”专题代表书面意见督办】 10月18日，市人大常委会副主任吴汉民带领提出相关书面意见的市人大代表赴市绿化市容局，对“生活垃圾分类处理”专题的代表书面意见办理和跟踪办理工作开展督办活动。史领空等11位市人大代表出席督办座谈会。与会常委会组成人员和市人大代表听取了市绿化市容局关于相关书面意见办理和跟踪办理情况的汇报，并就如何进一步提高办理工作水平，改进生活垃圾分类处理工作发表了意见和建议。（李惠芳）

【环保工作监督】 12月19日，市人大常委会副主任胡延照和部分常委会组成人员听取市环保局关于本市第四轮环保三年行动计划完成情况和第五轮环保三年行动计划编制情况的汇报。市环保局介绍了第四轮环保三年行动计划取得的成效，分析了当前环保工作面临的形势、存在的问题，以及第五轮三年行动计划的主要内容。

与会委员们一致认为，通过环保三年行动计划的滚动整治，全市环保工作取得了长足进步，但面对新的形势和任务，希望环保部门对第四轮工作的推进情况进行客观分析，在新一轮计划的编制和整治工作中突出重点，加快主要矛盾的解决，并提出了具体工作建议。

胡延照对完善第五轮环保三年行动计划的编制和做好环保工作提出了要求：一是要树立保护环境和爱惜资源的理念，将低碳绿色出行等具有人文性、理念性并具有操作性的项目纳入新一轮行动计划；二是高度重视对现有工作成果的巩固，并进一步加大执法监督力度，确保新的整治工作得到有效落实；三是加强对科研项目的研究和投入力度，实现科技对环保的有力支撑；四是完善配套措施，从源头上加强对水环境、大气环境的保护以及固体废弃物的减量和噪声污染控制。（李惠芳）

视察调研

【环保工作调研】 3月16日，市人大常委会副主任胡延照赴市环保局调研，实地察看了辐射环境质量现场采样检测工作，并听取市环保局关于本市环保工作情况的汇报。

胡延照充分肯定了市环保局在“十一五”期间取得的巨大工作成就，并指出，环境保护既是重大的战略问题，也是重大的民生问题，做好环境保护工作，关系国计民生，关系社会稳定。当前，人民群众对环境保护工作给予了前所未有的重视，对环保工作的要求不断提高，做好环保工作一是要注意制度安排，在立法方面要增强法规的可操作性；二是政府部门要学会协同作战，充分利用街道等各方面的力量，区域联合，部门联手，市区联动，加强源头控制；三是要突出重点，想办法逐步解决难点问题；四是要严格执法，树立法律权威，防止“法不责众”；五是要高度重视环境安全问题，从区域经济社会发展的实际出发做好环评风险评估，加强宣传，提高民众的风险防范能力；同时加强与人大代表、新闻媒体的互动，更好地应对各类突发事件。（李惠芳）

市人大常委会领导实地察看辐射环境质量现场采样检测工作（殷淑荣 摄）

【水务工作调研】 4月26日，市人大常委会副主任胡延照率城建环保委赴市水务局（市海洋局）调研，听取市水务局（市海洋局）局关于水务管理体制、“十一五”期间主要工作、“十二五”工作任务以及水务长效管理等情况的汇报。

胡延照指出，水务建设既关系城市的建设、管理和经济发展，更是确保人民生命健康的重大民生工程。市水务局“十一五”期间做了大量卓有成效的工作，取得了巨大进步。

在今后的工作中，要从保障民生、服务城市发展的角度进一步做好水务建设和管理：一是要加大对水源地保护的工作力度，进一步增强战略和风险意识，着重解决青草沙水源地原水的流动性和黄浦江上游水源地水的资源优化问题，保证供水水质；继续做好二次供水设施改造工作，并要向老小区和低收入人群倾斜。二是在排水方面，要以主要排污管道的截污为重点，进一步做好截污纳管工作，降低水环境污染。三是要加强对立法工作的探索，努力通过法规的“关键几条”解决资源整合问题，化解实际工作中的操作难点；四是要加强郊区水环境的治理与保护，为上海文化传承、旅游资源的保护发挥积极作用。（李惠芳）

【水源地保护调研】 4月2日，市人大城建环保委召开座谈会，就《上海市饮用水水源保护条例》颁布后黄浦江上游水源地保护存在的突出问题及治理的对策措施与市环保局、市水务局和市航务管理处进行研究。

会议指出，饮用水水源保护是保障市民饮水安全的重要工作，是城市运行安全的重要组成部分。市环保和水务部门要针对当前水源地保护中社会认识不足、政府部门执法力度不够等问题，进一步加大工作力度，将世博后长效管理机制覆盖到水源地保护领域。

具体来说，一是要加大《上海市饮用水水源保护条例》的实施力度，加强与区、县政府的协调，落实措施，将条例的规定落到实处；二要加强宣传，提高社会对水源地保护工作特别是对准保护区的重视；三要认真梳理当前的隐患和薄弱环节，积极推动长效管理；四是落实措施，加强对危险化学品、生活污水的管理；五是密切工作配合，加强联合执法、实现资源整合、信息共享。（李惠芳）

【建筑垃圾和土方车管理工作调研】 8月17日，市人大城建环保委召开建筑垃圾和土方车管理工作座谈会，市人大常委会副主任胡延照出席。会议分别听取了市建交委、市绿化市容局、市交通港口局、市环保局和市公安局交警总队关于建筑垃圾和土方车管理工作情况介绍，并进行了座谈交流。

会议强调，要着重从制度设计上对当前存在的问题进行规范，提高运输企业和土方车驾驶员的准入门槛，促成企业良性竞争，强化运输企业的主体责任；通过理顺价格机制、完善渣土运输单位招投标制度、开展专项治理行动等加强运输作业市场监管，进一步完善本市的建筑渣土管理工作。（李惠芳）

【黎明生活垃圾填埋场和白龙港污水处理厂调研】

9月19日，市人大常委会副主任胡延照率市人大城建环保委赴黎明生活垃圾填埋场和白龙港污水处理厂调研，实地查看黎明处理场生活垃圾填埋作业情况和白龙港污水厂运行情况，要求进一步加强对城市生活垃圾的源头控制，推进生活垃圾分类处置，加强污水处理在线监测系统建设，提高污水处理水平。市绿化市容局、市环保局、市水务局的有关负责同志陪同调研。（李惠芳）

【松江区垃圾焚烧场建设调研】 3月31日，市人大城建环保委赴松江区调研生活垃圾处置和固废综合利用中心工程建设情况，实地查看垃圾焚烧新场选址地点，听取了松江区关于相关情况的介绍，就推进垃圾减量化处置和优化固废综合利用中心工程建设提出了意见和建议。（李惠芳）

【金山区环保工作视察】 11月3日，市人大常委会副主任胡延照率城建环保委赴金山区调研生态环境保护和城市建设情况，实地考察金山三岛生态环境保护和中心城区规划建设工作，就因地制宜加强生态环境保护，科学做好城区规划提出了工作要求。（李惠芳）

【上海市"十二五"期间低碳发展的初步思路和对策建议课题成果发布】 1月13日，市人大召开新闻通气会，城建环保委代表"十二五"低碳发展研究课题组就课题研究的目的、主要内容向20余家媒体进行介绍，并回答了记者提问。

《上海市"十二五"期间低碳发展的初步思路和对策建议》由市人大城建环保委和市环保局共同研究完成，课题对上海未来五年探索低碳发展之路中的种种挑战，从多个领域提出具有针对性的解决对策。

课题组提出上海"十二五"期间低碳发展的基本思路：充分发挥"低碳世博"示范效用，积极推动低碳技术研发应用，加快推动生产生活方式转变，以推动实现上海低碳发展。在总体目标上，以能源、工业、交通和建筑等领域为重点，进一步提高能源、资源效率和清洁能源供应、使用比例，加大低碳技术研发和使用支持力度，切实提高城市碳监管能力和水平，引导低碳社会建设，逐步走出一条符合上海特大型城市特点的低碳发展之路。

根据上述发展思路与目标，课题研究提出了涵盖能源、工业、建筑、交通以及农林等多个领域的解决对策。（李惠芳）

交流活动

【与澳大利亚众议院代表团交流】 9月5日，市人大城建环保委领导会见了由澳大利亚众议院气候变化、环境与艺术委员会主席托尼·扎皮亚先生率领的澳大利亚众议院代表团，并进行了友好交流。城建环保委部分委员陪同出席。（李惠芳）

【赴重庆交流】 5月8日至14日，市人大常委会副主任胡延照率城建环保委赴重庆参加2011年全国人大环资系统工作会议，并围绕"转变发展方式，建设生态城乡"这一主题与参会的各省市代表进行座谈交流。（李惠芳）

【赴天津交流】 9月5日—9日，市人大常委会副主任胡延照率城建环保委赴天津参加京津沪渝四直辖市人大城建环保工作座谈会，总结交流各直辖市专委会2011年工作，并围绕如何发挥专委会在立法、监督中的作用，提高专委会立法和监督的工作质量等问题进行座谈交流。（李惠芳）

市政协工作

委员提案及办理

【提案办结率100%、满意率82.05%】 市政协十一届四次会议以来，围绕上海环保和节能建设，共有4个党派团体、1个专委会及52位委员提出相关提案39件，其中环保类提案23件，节能类提案16件。

提案的主要内容包括：“推进生活垃圾减量化、资源化、无害化”专题，关于落实“十二五”规划生活垃圾减量化指标的几点建议，关于提高本市废弃物资源化利用水平的建议，关于积极推进上海市生活垃圾“三化”处置的建议，居民家庭厨余垃圾分类管理，关于城市垃圾终端处置能力配置应力求适时、适量、合理的建议，关于整治地沟油的建议，上海世博会台北案例馆的启示，关于打破垄断支持社会资源进入本市环卫事业领域的建议，关于解决垃圾分类推广难题的建议；积极推进上海郊区城镇生活垃圾无害化资源化处理，关于建立统一机构，收集和处理上海市民有毒有害生活垃圾的建议等。

2011年5月底，39件提案全部按时办理完毕，提案办结率达到100%、委员对提案办理情况的满意率达82.05%。39件提案中，解决或采纳32件，留作参考7件。（市政协提案委办公室）

视察考察及调研

【“青草沙工程建设情况”专题年末视察】 11月17日，市政协2011年委员年末视察活动（“青草沙工程建设情况”专题）在市政协副主席王新奎带领下，视察了青草沙水库上游取水泵闸、浦东五号沟泵站，听取市水务局情况汇报，并就进一步完善市供水资源利用和保护座谈交流。市政协张丽副秘书长主持座谈会，部分市政协委员、在沪全国政协委员共30人参加。

委员们认为，青草沙工程建设是事关本市人民群众生活和城市发展的重大工程，对于进一步改善本市原水供应质量，缓解水质型缺水矛盾，保障城市饮用水安全，促进经济社会可持续发展，具有十分重要的意义。委员们还就加大对青草沙水源地安全保护的研究力度、政府加大对深度净水处理工艺的投入等问题提出了建议。

市政协领导年末视察青草沙水库 （市政协 提供）

委员们建议：

一、加大对青草沙水源地安全保护的研究力度

从目前看，青草沙水库是本市最后也是最好的一块水源地，安全保护和有效利用非常重要。今年长江水系出现硅藻类等富营养化有机物，青草沙水源地是新系统，水生态链尚未稳定，虽然地处长江末端，受到波及，但富营养化有机物尚未构成对水库的影响。因此，对青草沙水源地的保护要从长计议，切莫匆忙采取措施，本市有关部门应会同沿长江水库的各方研究力量，加强对长江水库的串联研究，为水库的安全运行提供强有力的技术支撑。

二、政府加大对深度净水处理工艺的投入

青草沙水源地建成供水后，本市的供水质量与过去相比有了明显提高，但与世界先进国家相比还有明显差距。除了本市部分区域的供水是采用国际先进的深度水处理工艺外，其余地区的供水还是采用旧的水处理工艺和设备。建议政府加大资金投入，尽快实现本市供水全部采用深度净水工艺，不仅让每位市民受惠，也形成本市水库、水处理企业等多级水资源安全保障机制。

三、把青草沙水源地作为本市水资源保护的教育基地

青草沙水库是一项民心工程，库区堤线48公里，水面面积约66平方公里，总计投入资金170多亿，因此，要考虑运行成本和社会效应。要把青草沙水库作为本市水资源保护的教育基地，让市民和学生参观，了解水资源保护的重要性，看到政府在为民办实事上的投入和建设，树立起节约用水、珍惜每一滴水的理念。

王新奎副主席指出，不同时期的城市发展有不同的要求，保障城市公共安全关键是要把握好城市的“进”与“出”的问题。所视察的五号泵站中央调控中心与本市其它如地铁等中央控制中心一样，是保障城市公共安全的重要枢纽，对青草沙水库的安全运营和安全保卫，有关部门一定要在思想上高度重视，在措施上予以保证。

（市政协区县政协联络指导组办公室）

【生活垃圾处理专题视察】 6月23日，市政协人资环建委员会组织部分市政协委员开展“关于上海生活垃圾减量化、资源化、无害化处理”专题视察，赴静安区曹家渡街道的怡甸公寓、万航公寓、怡乐花园三个试点小区，实地视察生活垃圾分类试点情况，听取区绿化市容局关于生活垃圾分类试点工作情况介绍，

并与街道和居委干部、居民代表等座谈交流。市政协副秘书长朱志诚、市政协人资环建委领导以及10余名市政协委员参加视察。

委员们认为，生活垃圾“三化”处理事关上海城市可持续发展和人民群众切身利益，是推进节能减排、发展低碳经济的重要途径。静安区开展生活垃圾分类试点工作规划科学、目标明确、推进有序，从“干湿”分类着手，抓基础、抓细节、抓宣传、抓培训，区各相关政府部门统一思想、形成合力，广泛开展社会动员，试点近2个月来，已取得初步成效，对全市推广生活垃圾“三化”处理有很好的借鉴意义。结合视察情况，委员们就进一步推进全市生活垃圾“三化”处理工作提出了意见建议。

曹家渡街道生活垃圾分类试点推进情况

作为静安区实施“百万家庭低碳行，垃圾分类要先行”市政府实事项目的试点街道，曹家渡街道共有67个封闭式小区（2.58万户），自4月份启动生活垃圾分类试点以来，已在5个小区1188户居民家庭中实行新的生活垃圾分类方式。目前，已对试点小区垃圾箱房按照“干湿分离”要求进行改建，配备“厨余果皮（湿）”、“其他垃圾（干）”、“可回收物”、“有害垃圾”、“废玻璃”、“废旧衣物”分类收集容器，方便居民自行投放；向居民家庭赠送湿垃圾收集桶和塑料袋，发放《家庭环保指导手册》。在试点小区制作安装垃圾分类指南牌，建立垃圾分类志愿者和分拣员队伍，目前5个试点小区各配备1名由本小区具有较高威望的居民担任的志愿者，发挥居民的主体意识和自治功能，同时对物业垃圾箱保洁员进行培训，对居民没有完全分类的垃圾进行二次分拣。同时，建立生活垃圾“干”、“湿”收运两支队伍，配备专门车辆对试点小区的厨余果皮垃圾单独收运。

垃圾干湿分类试点工作开展以来，试点小区平均每天收集“湿”垃圾（厨余果皮）500公斤，约占生活垃圾总量的30%，可回收物、玻璃的回收量大大增加，其他垃圾相应减量约30%，个别小区减量40%。通过推行新的生活垃圾分类方式，居民的环保意识提高，越来越多的居民逐渐养成在家中对垃圾实行“干湿”分类的良好习惯。

曹家渡街道垃圾分类试点工作有四项基本经验：1、居委会、物业、业主委员会“三位一体”发挥作用；2、建立了一支垃圾分类志愿者和分拣员队伍；3、各级政府高度重视，形成工作合力；4、减量化、资源化同步推进，互为融合。但由于试点小区规模不大，居民素质普遍较高，同时政府财政投入提供了有力保障，其试点经验较难在全市推广，尤其是流动人口数量不断增多等问题，可能成为推进垃圾分类的难点。（市政协人资环建委办公室）

【生活垃圾处理专题年末视察】 11月15日，市政协2011年委员年末视察活动（“推进生活垃圾‘减量化、资源化、无害化’处理情况”专题）在市政协副主席李良园带领下，视察普陀区山华有机垃圾资源化处置场，听取市绿化市容局的情况汇报，并就本市生活垃圾“三化”处理座谈交流。市政协副秘书长张丽以及市政协委员、在沪全国政协委员共27人参加。

委员们认为，今年以来，本市推进生活垃圾分类和源头减量试点工作取得了一定进展，委员们还对提升本市垃圾“三化”处理水平，推进节能减排、发展低碳经济提出了建议。

李良园副主席指出，生活垃圾管理工作是关乎民生的基础性公益事业，生活垃圾“三化”处理水平是城市可持续发展的保障。垃圾处置是系统工程，需全社会共同努力，政协委员既要身体力行，又要继续为做好生活垃圾“三化”这项实事积极建言献策。

（市政协提案委办公室）

【生活垃圾减量化、资源化、无害化处理的综合调研】 根据市政协2011年重点工作安排，人口资源环境建设委员会与市妇联、台盟市委联合开展“关于上海生活垃圾减量化、资源化、无害化处理”（以下简称生活垃圾“三化”处理）课题调研，通过专题座谈、视察走访、问卷调查等多种形式的调研活动，实地察看试点社区垃圾分类工作推进现状，基本摸清了本市生活垃圾减量化、资源化、无害化处理工作的基本情况，通过分析存在的主要问题，着眼于“系统设计、远近兼顾、重点突破、全民动员”，从制度层面、能力层面、执行和监管层面、观念习惯层面等为本市破解生活垃圾处理难题建言献策。

1、本市生活垃圾处理工作的基本情况：（1）、垃圾清运总量快速增长，人均垃圾清运量下降；（2）、厨余果皮垃圾含量过半，可回收垃圾约占三成；（3）、垃圾分类持续十余年，分类观念逐步普及；（4）、垃圾源头减量有进展，白色污染大幅下降；（5）、资源化回收系统初步建立，为废品回收再利用创造了条件；(6)、垃圾处理能力有所增强，无害化程度明显提高。

2、本市生活垃圾处理存在的主要问题：(1)、垃圾全程分类系统未建立；(2)、垃圾减量缺乏配套机制；(3)、资源化利用处于初级、无序状态；(4)、垃圾处理能力相对不足，无害化程度仍需提高；(5)、管理体制不顺畅；(6)、市民观念习惯有待转变。

3、进一步推进生活垃圾“三化”处理的建议：（1）、坚持实施生活垃圾“三化”处理的长期战略；(2)、建立以最终处置为主导的分类收集、运输系统；(3)、建立以减量化为目标的全程管理系统；（4)、完善生活垃圾资源化利用系统；（5）、完善适应城市发展阶段特征的多模式处置系统；（6）、完善领导体制，强化社会公众参与。

（市政协人资环建委办公室）

市政协领导年末视察垃圾三化工作情况　（市政协 提供）

市政协与民主党派提案及建议

【关于推进本市合同能源管理发展的几点建议】

根据市政协主席会议要求，结合政协界别工作的深入开展，对《关于本市贯彻国务院办公厅通知精神加快推行合同能源管理促进节能服务产业发展的实施意见》的落实情况开展专题调研。调研期间，经济界委员围绕本市进一步推进合同能源管理主题积极建言。在此基础上，调研组对调研情况进行了梳理、分析，形成若干政策建议，供决策参考。

一、上海合同能源管理发展的现状情况

上海在国内较早地引进合同能源管理机制，早在2002年就开始积极探索培育。2009年开始上海加快推进合同能源管理发展，特别在国家2010年4月出台《关于加快推行合同能源管理促进节能服务产业发展的意见》后，上海市委、市政府高度重视，合同能源管理呈现加速发展趋势。与2005年相比，到2010年上海市的节能服务公司从10多家增加到100多家，从业人员从0.11万人增加到1.5万人，节能服务产业规模从3亿元增加到100亿元，合同能源管理项目投资从1亿元增加到50亿元，形成年节能能力从0.5多万吨标准煤增加到20多万吨标准煤。总体来看，全市合同能源管理发展的主要特点表现为以下几个方面：

1、形成了较完善的政策支持体系，但政策配套仍待完善落实；2、各领域节能改造试点稳步推进，但用能单位积极性仍不足；3、节能服务企业规模实力逐步提升，但仍缺乏具有较强实力和影响力的企业；4、合同能源管理发展环境趋好，但社会配套体系仍不完善。

二、推进上海合同能源管理发展的几点建议

根据上海合同能源管理的现状及问题，全面推进合同能源管理发展需要不断完善各方面体系的建设。目前，为加快合同能源管理的发展步伐，可先主要聚焦几个重点问题采取针对性政策予以突破：（1）强制推行用能单位能源审计，释放合同能源管理需求；（2）要求各领域定期树立一批用能单位利用合同能源管理实施节能改造的样板；3、定期认定支持一批优秀合同能源管理服务企业。

（市政协经济委办公室）

【民建上海市委部分建议】

关于在上海率先发展碳金融的建议

一、发展碳金融存在的主要问题

1、碳市场存在明显分割。各地为了抢夺“先发优势”，纷纷成立本区域的交易所。除了上海，北京、天津、广州、徐州等城市已经通过先期设立的碳交易所、环境交易所、产权交易所、能源交易所尝试进行碳排放项目的交易和绿色金融项目服务，但是，各交易所之间的合作很少，没有形成统一、标准化的合约交易中心，这一各自为战的状况导致市场处于分割状态，阻碍市场有序、快速发展。

2、法律法规不健全。就目前的政策和法律环境看，碳金融蕴含的风险比较大，市场主体对政策风险和法律风险还缺乏足够的管控能力。这主要是因为核证减排单位的发放是由专门的监管部门按照既定的标准和程序进行认证，即使项目获得成功，其能否通过认证而获得预期的核证减排单位，仍具有不确定性。

3、中介市场发育不完善。清洁能源机制（CDM）项下的碳减排额是一种虚拟商品，交易规则严格、开发程序复杂、合同期限很长、合同涉及境外客户，非专业机构难以具备此类项目的开发和执行能力，而目前这方面的中介市场还远远不够。

二、上海率先发展碳金融的策略建议

1、健全法律法规，落实政策支持。尽快制定相关地方性法律法规，推进交易制度的完善，制定激励机制，促进参与主体的不断扩大，形成权威的技术标准及核证机构，控制风险，确保碳金融业务稳健开展。

2、构建统一平台，规范交易市场。建议依托上海国际金融中心的定位，参与国内碳市场布局分工，将已有的“上海环境能源交易所”作为重要的平台，高起点地进行层次提升，主动扩大影响力，探索建立适合我国的交易制度，建设国家级的碳交易平台，逐步链接各个区域市场，构成统一的国内碳市场，技术标准和交易流程，进而成为全球碳金融的定价中心。

3、培育中介市场，重视人才培养。扶持具核心竞争力的中介机构并形成品牌效应，为碳金融的持续发展和扩大、本土定价权和话语权的加强奠定基础。建立培训机制，以人才素质的提高，带动中介市场整体质量的提升。

4、创新业务模式，拓展市场空间。建议充分利用国务院关于上海“二个中心”建设意见，争取中央支持，率先试点，构建支持碳市场的金融支持体系，在现货交易的基础上，主动、慎重、有序地进行相关创新，逐步开展碳基金、碳期货、碳掉期交易、碳证券等各种碳金融衍生品，以先试先行的碳金融模式吸引金融机构和金融活动的集聚，从而使碳金融市场不断丰满、快速发展。

关于提高本市废弃物资源化利用水平的建议

2010年已经过去，从目前的进展来看，和当年的目标还有很大距离，废弃物的分类收集、处理、利用的程度还不高。而随着经济社会的发展，城市废弃物总量不断增加，生活垃圾从每天一万多吨增加到二万吨左右；随着电动、电子产品的快速普及和节能要求的提高，废电池、节能灯管等对环境污染高危废弃物总量迅速增加，但缺少相应的处理能力，环境污染的潜在威胁日益增加，必须引起高度重视。为此我们建议：

1、加大政府投入，尽早完成废弃物分类处理的相关工程项目，尤其是废旧电池、节能灯处理项目的建设必须尽快完成。

2、尽快完成对餐厨垃圾专项处理技术项目的评定和审核，选用最为经济合理的处理设备，作为饭店、宾馆、食堂、社区大型餐饮单位的必须配置，提高餐厨垃圾的无害化处理程度。

3、尽快完成对农产品加工垃圾进行专项处理技术项目的评选，选用经济、合理、资源化程度高的设备，作为田头、农场、菜场、蔬菜加工基地的标准配置，以提高处理效率和资源化利用水平。

4、尽快把当年设想的建立废旧物资回收网络和“二手货”交易市场等项目落到实处，扩大实体和网上两个回收和再利用体系的规模和覆盖范围。

5、建立废旧电池、节能灯管重点产品回收押金制度，以经济手段提高回收利用水平。强化企业回收责任。

6、制定更具操作性的以经济手段、市场化运作鼓励民间投资参与废弃垃圾的资源化利用、无害化处理的实施细则。

关于尽快建立民用高危废弃物品处理体系的建议

随着电子化、信息化时代的来临，电池、节能灯等电子产品生产、使用规模迅速扩大，由此产生的废弃电池、节能灯管的数量急剧增长，由此带来的环境污染隐患日益加大。

目前已有相关法律法规对回收电视机、电脑等电子产品进行了规定，但上述法律法规还存在着两方面的不足：一是重大轻小，二是重利益轻危害。

虽然废旧电池和节能灯管体积小，回收处理利益也小，但因其含有多种重金属，其危害性极大。这些重金属一般不能通过自然降解的方式转变为无害物质，一旦进入土壤和水源中，将产生长远而严重的环境污染。在一些发达国家，这些废弃电子产品都被列为高危废弃物，建立了专门的回收、处理系统。我国作为全球最大的电子产品生产和消费国，亟待尽早建立完善废弃电子产品回收处理体系。

为此，我们建议：

1．完善相关法律法规体系，尽早扩大废弃电子产品回收目录的覆盖面，尤其要覆盖所有使用重金属的废弃电子产品。

2．根据行业、区域的大小和规模建立废弃电子产品处理体系，而不是简单化的把责任全部推给生产企业。

3．对有关高危废弃电子产品处理利用的研究、推广、产业化给予最优先和最优惠的政策和经济支持。

4．鼓励相关电子产品生产、销售企业建立废弃产品回收押金制度，以经济化和市场化手段提高回收率。

关于推进公用事业费账单无纸化的建议

随着国民经济的发展和社会生产生活方式的转变，居民家庭（或单位）每个月收到的各类账单越来越多。粗略估算，平均每个家庭（或单位）每月收到账单5.5张。这些账单绝大多数采用纸质方式处理呈递给用户，由用户通过各机构营业场所或银行营业网点进行支付。传统的账单呈递和支付方式虽然在过去的操作中显示了其较为稳定的特点，但随着信息技术的不断发展，却凸显出一系列问题：

1．付费方式过于单一，缺乏更加便利的支付手段，且纸质账单保管也比较费神；2．处理成本较高，一份纸质账单从出账单位到用户手中，总成本约为1元，另外还要加上用户处理账单所要付出的时间和精力成本；3．资金流动相对比较缓慢。与此相对，通过网络实现公用事业费用的电子化支付，具有速度快、成本低、易于保管和节能环保等诸多优点。

因此推进公用事业费账单无纸化应当成为相关部门关注的问题之一。我们建议，应综合借鉴全国部分省市政府建设便民服务平台的相关经验，抓紧从标准制定着手，由工信部牵头，联合住建部、国家电网、三大移动运营商等机构组织调研，制定相关推行方案。

1．整合各类付费平台，建立“一站式”的中间平台，节约社会资源。信息化账单付费平台应设计为开放式合作平台，一是面向各类行业的账单出账机构开放，便于各类出账机构接入，二是面向银行类金融机构开放，便于银行接入该平台为用户提供其他多样化服务，以此形成一站式账单付费平台；

2．提供多样化的付费方式，简化付费流程。该平台应提供网上银行、线下刷卡、电话付费、现金付费等各类渠道的接入，向用户提供全方位、多样化的付费方式。同时，在页面设计和流程设置方面，要尽量使用简单明了、易于操作的程序；

3．提高信息化平台的先进性、稳定性和安全性，确保服务水平。作为一个服务范围广，服务受众多、涉及资金量大的应用平台，应在系统建设、运营管理、客户服务和安全管理等多层面，都具备先进性和稳定性，从而向用户提供高质量的服务。

关于上海世博会科技成果转化应用的建议

世博会展示的科技创新方向，可以促进我国的经济转型和经济发展方式转变，引领我国经济科技今后几十年发展。“十二五”期间，应当促成尽可能多的世博科技成果转化应用，为此建议：

1、“十二五”规划要突出经济的绿色发展；2、突破核心技术是提升自主创新能力的关键；3、通过制度创新促进科技创新。

建议上海在以下方面开展“八个一”试点：

1、一个绿色发展的工业园区。建议将一家（或若干家）工业园区办成运用世博新能源、新材料、新型建筑技术的转化应用平台，建设绿色、生态的工业园区；

2、一个住宅旧区的微碳改造。建议在徐汇、卢湾等老区选择一个住宅小区，实施“平改能”和建筑节能改造；

3、一个多功能微碳城区。建议在浦东临港新城建设一个微能耗、零排放的多功能小区；

4、一个区试行垃圾分类收集。建议市政府选择一个居民素质较好、基础设施优良的区，试行全区范围的垃圾分类收集，为全市探索经验；

5、一批出行方式节能化的措施。建议在近郊或近郊与城区间新辟或改造一条公交线，全线使用世博新动力公交车；在全市车辆比较拥堵的地区，先划出一定区域，试行收堵车费，逐步扩大范围；在现有扶持政策基础上，再一项一项出台加大对节能车补贴的措施；

6、一项世博重点科技成果的市场化运用。建议结合战略性新兴产业的发展，重点推进物联网技术的市场化应用；

7、一个世博科技成果直接应用的试点。建议有关部门协调，将上海世博会成功安全的成套系统（如安保系统）在迪士尼等大型园区应用；

8、一家世博科技成果推广应用公司。建议比照德国汉诺威，成立一家专职推广世博会500多项科技成果及促进产业化的公司，并借助浦东留学生联合会与所有场馆建立的世博后网络联系，不断开展后世博合作。（民建上海市委）

【民进上海市委部分建议】

关于加强上海水环境治理的若干建议

一、水环境治理主要问题

1、污染源虽截除，但污水处理能力滞后，处理污水不能排入市政管网，将影响河道整治效果；

2、破坏容易修复难，打通水系任重而道远；

3、方案未同步，水动力瓶颈难突破；

4、水环境成本低，人为水污染依然存在。

二、相关建议

1、加快扩建污水处理设施，提高污水处理能力。

2、水环境治理要有综合规划和长期治理的前瞻性战略。

3、稳定水质，探索上海特色的生态治理。

4、尽快实施科学合理的人工调水方案，提高河道自净能力。

5、加强前期调研，引入社会稳定风险评估，提高方案可操作性。

6、增加中小河道水质监测频次，及时控制水质反复。

7、深化“民生水利”内涵，形成河道保护的公众参与机制。（民进上海市委）

【农工党上海市委部分建议】

一、1月17日，在市政协十一届四次会议上，农工党上海市委的大会发言“加强土壤污染防治工作刻不容缓”，对本市土壤环境中尚未引起广泛关注的生活污染、农业污染和工业污染等问题作了初步分析，提请有关方面高度重视并加紧各项防治工作的推进。

二、4月15日，农工党市委人口资源环境专门工作委员会全体成员前往崇明县研讨考察，就崇明生态岛的发展规划、人口统计研究、电子废弃物处理等专门领域的问题进行了交流与讨论，与会人员参观考察了崇明岛生态建设工程西沙湿地。

三、以《社情民意信息》形式向市政协发送与环境保护有关的信息计5条。1月24日“城市垃圾处置能力配置力求适时、适量、合理”，2月24日“建议政府应当大量减少纸质文件印刷”，4月29日“应避免在推行垃圾分类过程中产生新的垃圾”，6月16日

“关于家电‘以旧换新’政策实施过程中的一些问题反映”，9月7日“关于‘世界无车日’有关工作的建议”，9月14日“安居节能务必从房产建筑着手”，12月6日“关于加强新农村环境保护的几点建议”。其中“建议政府应当大量减少纸质文件印刷”一文获姜平副市长批示；“关于家电‘以旧换新’政策实施过程中的一些问题反映”一文获市府副秘书长沙海林的批示。（农工党上海市委）

市政协“科促会”活动

【节能减排走进市商委系统《超市·卖场》项目预对接活动】 为贯彻落实科学发展观，大力推进节能减排工作，努力完成“十二五”期间上海节能减排任务，5月26日，科促会、市商委商贸行业管理处联合举行“节能减排走进市商委系统《超市·卖场》项目预对接活动。”

上海海龙光电科技公司、上海斯兰迪环境工程公司、上海创新节能技术中心等十余家企业单位先后作绿色照明、空调节能、制冷节能等方面节能项目的推介、路演；浦发银行代表作金融机构支持节能减排技术改造的发言。（市政协科促会）

【2011上海商业节能减排项目对接交流会】 6月23日，科促会、市商委商贸行业管理处等在上海市能效中心联合举办“2011上海商业节能减排项目对接交流会”。

百联集团、豫园商城、联华超市等企业代表，围绕“商业企业节能改造需求”作了交流发言；上海创新节能技术中心、上海靖耕照明电器公司、上海三菱电梯有限公司等7个项目单位对重点节能项目作了推介、路演；浦发银行中小企业业务经营中心代表作了“金融支持企业节能改造”的发言。商业企业和节能项目方进行了现场对接、交流。与会代表还参观了有关节能项目的展示。（市政协科促会）

【绿色缓冲包装材料科技成果对接交流会】 为贯彻落实科学发展观，大力推广运用节能环保技术与成果，加强科促会会员单位之间合作交流，科促会于11月17日，在市政协举办 “大手牵小手”——绿色缓冲包装材料科技成果对接交流会。

上海艾尔贝包装科技发展有限公司介绍了新一代“充气式环保、缓冲包装材料”技术性能、专利及应用情况。与会代表就汽车零部件、物流分包装、日立家用电器等就节能环保包装材料的应用、替换、改进等问题，进行互动，并希望会后能进一步相互沟通深入交流。（市政协科促会）

交流活动

【赴江西省学习考察】 5月23日—28日，上海市政协人口资源环境建设委员会一行13人赴江西省就环境保护状况进行了学习考察。在赣期间，考察团考察了宜春市、吉安市、赣州市的瑞金市和于都县。江西省的城市建设、环境面貌和红色旅游经济给考察团留下了深刻印象。（市政协人资环建委办公室）

【赴陕西学习考察】 9月13日至17日，市政协人口资源环境建设委员会一行14人赴陕西省就资源环境保护情况进行学习考察。在陕西期间，委员们考察了西安市、延安市、榆林市城市建设和环境保护情况。

陕西省环境保护的主要措施及成效

陕西省以科学发展观为统领，为了从根本上遏制生态环境恶化，保护生物多样性，促进社会、经济可持续发展，加快实施天然林保护工程。目前，全省累计完成公益林建设任务2017.12万亩，其中：人工造林266.4万亩，封山育林727.68万亩，飞播造林957.04万亩，人工促进天然更新13.5万亩，森林抚育52.5万亩。通过天然林保护工程的实施，陕西省林地面积和森林蓄积量都有了明显增长，森林质量和覆盖率也不断提高，天然林资源得到了休养生息，生态环境明显改善，林区内的经济收入进一步提高，充分发挥了森林的生态效益、社会效益和经济效益，人与社会、人与自然和谐相处的局面已经初步形成。主要体现在以下几方面：一是工程区内环境呈现显著变化，水土流失有所减缓，森林涵养水源能力增强；二是净化了空气，降低了水质污染，提高了饮用水和地面水的水质达标率，调节了气温，形成林区小气候，缓解了“温室效应”。三是沙尘暴发生的次数和等级都有所缓解，尤其是榆林地区缓解沙丘移动和防沙治沙的效果比较明显。四是野生动植物的种群和数量逐年增加，一些多年不见的动植物重返林区，初步实现了人类与自然和谐相处的可喜局面。五是有效地改善了当地的农业生产条件，促进了粮食的稳产丰收，推动了地方经济的发展，加快群众脱贫致富的步伐。六是通过天然林保护工程的实施，林业干部职工和林区群众的观念发生了很大变化，自觉爱林护林的意识增强，生态优先，三大效益兼顾的林业经营思想已成为全社会的共识，为陕西省经济社会发展提供了强有力的生态保障。（市政协人资环建委办公室）

环境质量

环境空气质量

【环境空气质量】 2011年，上海市环境空气质量总体与2010年持平。上海市环境空气质量为优良的天数有337天，较2010年增加1天；优良率为92.3%，较2010年上升0.2个百分点。

1．二氧化硫

2011年，上海市二氧化硫年日均值为0.029mg/m³，达到国家环境空气质量二级标准，与2010年持平。

2．二氧化氮

2011年，上海市二氧化氮年日均值为0.051mg/m³，达到国家环境空气质量二级标准，较2010年上升0.001mg/m³。

3．可吸入颗粒物

2011年，上海市可吸入颗粒物年日均值为0.080mg/m³，达到国家环境空气质量二级标准，较2010年上升0.001mg/m³。

4．酸雨和降尘

2011年，全市降水pH平均值为4.72，酸雨频率为67.8%，较2010年下降6.1个百分点。

全市区域平均降尘量为6.6吨/平方公里·月，道路降尘量年均值为10.7吨/平方公里·月，与2010年相比，区域降尘量下降0.4吨/平方公里·月，道路降尘量下降2.0吨/平方公里·月。

5．各区县环境空气质量优良率

2011年，上海市各区县环境空气质量优良率在90.1%−94.8%之间，平均优良率为93.3%。其中，浦东新区和长宁区的环境空气质量优良率最高，普陀区的环境空气质量优良率相对最低。浦东新区、长宁区、奉贤区、金山区、闸北区、闵行区、虹口区、黄浦区、徐汇区和崇明县的优良率高于各区县平均优良率。

与2010年相比，各区县环境空气质量平均优良率上升1.9个百分点。其中，长宁区环境空气质量优良率的改善率最大，普陀区的环境空气质量下降较为明显。

环境空气质量指标对照图

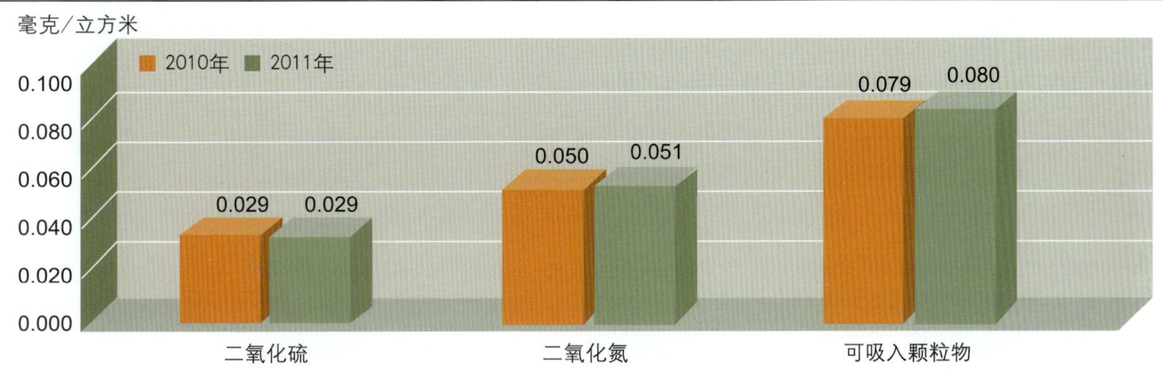

2011年上海市各区县环境空气质量优良率

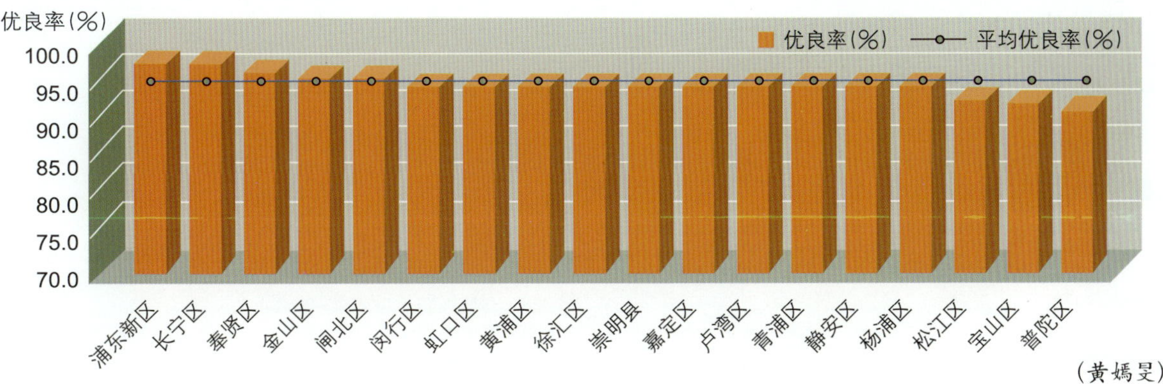

（黄嫣旻）

相关链接

环境空气质量监测

上海市环境空气质量监测网络所采用的方法由连续自动监测和连续采样实验室分析（化学法）两部分组成。监测项目包括二氧化硫（SO_2）、二氧化氮（NO_2）、一氧化氮（NO）、可吸入颗粒物（PM_{10}）、总悬浮颗粒物（TSP，包括铅）、一氧化碳（CO）、臭氧（O_3）、五项气象参数、降尘（包括可燃物）、硫酸盐化速率、氟化物等17项，其中，二氧化硫、二氧化氮和可吸入颗粒物3个项目为每天向公众公布环境空气质量日报和预报的主要项目。降水监测项目包括降水量、pH、电导率、硫酸根（SO_4^{2-}）、硝酸根（NO_3^-）、氟离子（F^-）、氯离子（Cl^-）、铵（NH_4^+）、钙离子（Ca^{2+}）、镁离子（Mg^{2+}）、钠离子（Na^+）和钾离子（K^+）共12项。

环境空气质量例行监测点分为国控点和市（区）控点。其中，环境空气质量国控点10个（含清洁对照点1个，国控点虹口区监测站自动监测子站因整体搬迁，暂停），市（区）控点43个（含对照点1个）；降水国控点4个，市控点18个；降尘测点273个（其中，区域环境降尘测点228个，道路降尘测点45个）；总悬浮颗粒物测点23个（其中，市控点6个，区控点17个；20个加测铅）；可燃物、硫酸盐化速率和氟化物测点各42个。

2011年，上海市环境空气质量监测在继续做好第四轮“环保三年行动计划”实施效果评估监测工作基础上，继续做好全市环境空气质量自动监测站的规范化运行管理以及质量保证和质量控制工作，做好全市环境空气质量日报、预报以及分区日报工作，加强空气环境质量监测预警体系建设，继续密切关注环境空气中臭氧、一氧化碳和细颗粒物浓度变化情况，探索挥发性有机物等光化学烟雾前体污染物和细颗粒污染的监测方法，进一步推动工业区污染监控网的建设。同时，针对世博会保障措施和污染物浓度变化情况，全面开展世博会期间环境质量分析评估工作，揭示世博会期间上海市环境质量尤其是空气质量的变化特征及原因。

（黄嫣旻）

相关链接

环境空气质量优良率

环境空气质量优良率是指全年环境空气污染指数（API）达到二级和优于二级的天数占全年天数的百分比。

指标解读：空气污染指数是一种反映和评价空气质量的方法，将不易理解的污染物浓度简化成单一的概念性数值形式，便于直观表示空气质量状况和空气污染的程度。

空气污染指数的分级标准为：一级，API小于50，空气质量优。此时空气清洁，应多参加户外活动，呼吸清新空气；二级，API 51—100，空气质量良好，此时对人体无不良影响，可正常进行户外活动；三级，API 101—150为轻微污染，API 151—200为轻度污染。此时心脏病和呼吸系统疾病的患者应适当减少体力消耗和户外活动，但对健康人无明显影响；四级，API 201—300，为中度污染，此时老年人和心肺病患者应尽量留在室内，健康人也应适当减少户外活动；五级，API大于300，为重污染，此时除特殊需要，应尽量避免留在户外。

（王静江）

地表水环境质量

【地表水环境质量】 2011年，上海市水环境质量总体与2010年基本持平。与2010年相比，黄浦江和长江口总体水质状况基本持平，苏州河总体水质状况略有下降。

1. 黄浦江

2011年，黄浦江吴淞口断面的水质达到相应的功能区水质控制标准，其余5个监测断面的水质未达到相应的功能区水质控制标准。与2010年相比，吴淞口

浦东环境空气质量超级监测站 （华毅文 摄）

断面的水质有所好转，松浦大桥、临江、南市水厂和杨浦大桥4个断面的水质基本持平，淀峰断面的水质有所下降。黄浦江总体水质状况基本持平。

其中，溶解氧、挥发酚和化学需氧量各有1个断面超标；高锰酸盐指数有2个断面超标；五日生化需氧量有3个断面超标；氨氮和总磷各有5个断面超标。

黄浦江水质综合污染指数

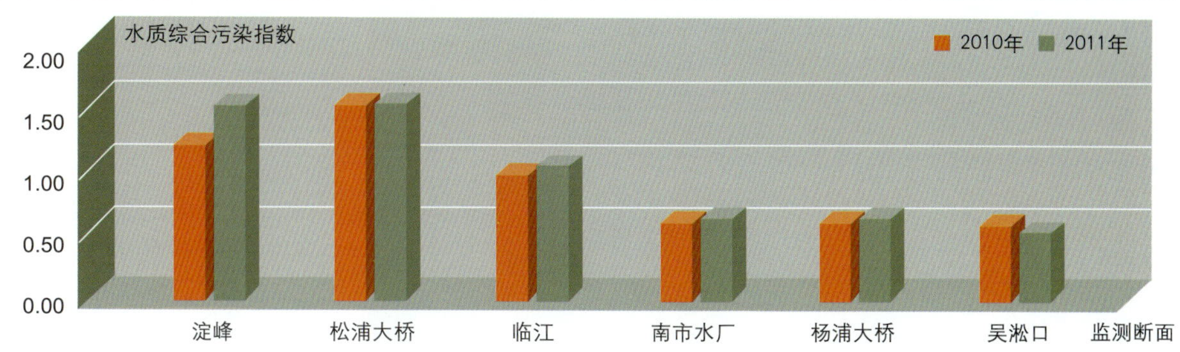

2．苏州河

2011年，苏州河6个监测断面的水质均未达到相应的功能区水质控制标准。与2010年相比，黄渡断面的水质基本持平，白鹤、华漕、北新泾桥、武宁路桥和浙江路桥5个断面水质有所下降。苏州河总体水质状况略有下降。

其中，五日生化需氧量有2个断面超标；总磷有5个断面超标；6个断面的氨氮均超标。

苏州河水质综合污染指数

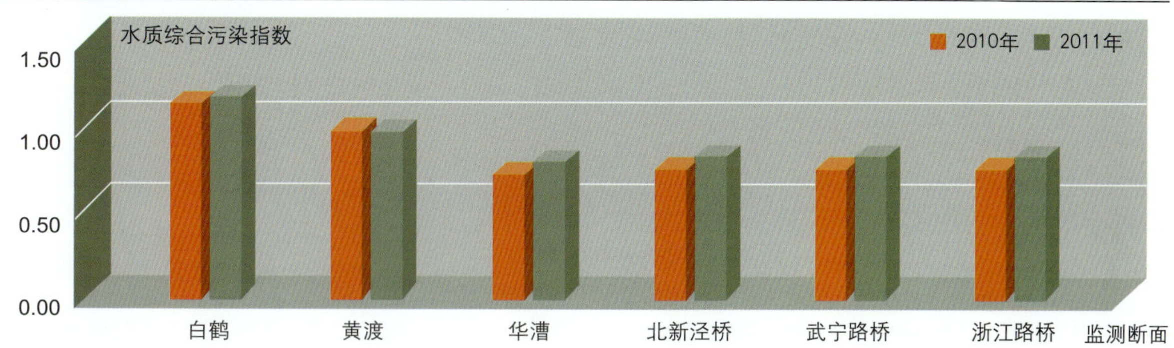

3．长江口

2011年，长江口6个监测断面的水质均未达到相应的功能区水质控制标准。与2010年相比，吴淞口、竹园和朝阳农场3个断面的水质有所好转，徐六泾、浏河和白龙港3个断面的水质有所下降。长江口总体水质状况基本持平。

其中，6个断面的总磷均超标。

长江口水质综合污染指数

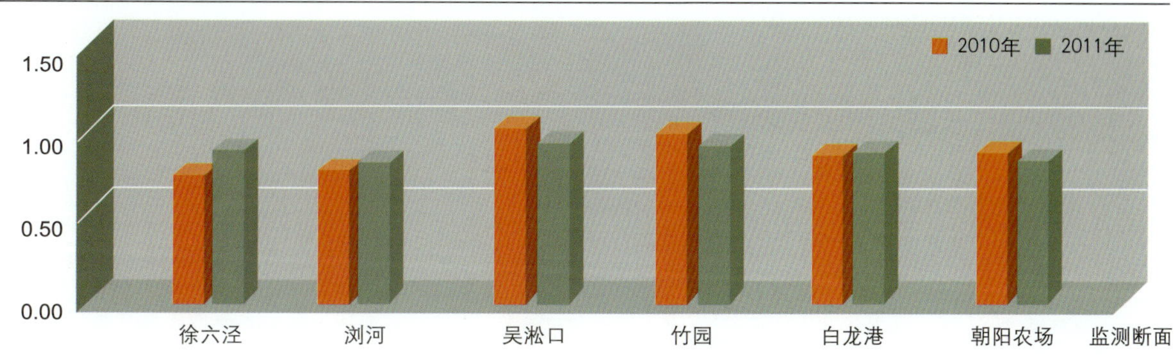

河道整治后的北横泾　（闵行区环保局 提供）

本持平。其中，中心城区考核断面综合水质指数在1.01−5.68之间，平均综合水质指数为2.34，总体水质与2010年基本持平；郊区考核断面综合水质指数在0.40−3.28之间，平均综合水质指数为1.57，总体水质与2010年基本持平。郊区河道总体水质优于中心城区。

2011年，15个区县的综合水质指数在0.44−3.56之间，其中，普陀区最高，崇明县最低。与2010年相比，嘉定区、宝山区和普陀区总体水质有所好转，长宁区、松江区、奉贤区、杨浦区和虹口区总体水质有所下降，其余7个区县总体水质基本持平。

15个区县中，奉贤区和崇明县所有考核断面的水质均达到相应的水环境功能区要求，浦东新区、金山区、虹口区、杨浦区、嘉定区、宝山区和松江区部分断面达到相应的水环境功能区要求，其余6个区所有考核断面的水质均未达到相应的水环境功能区要求。与2010年相比，杨浦区、嘉定区和金山区各增加1个达标断面，虹口区和浦东新区各减少1个达标断面，其余10个区县达标断面数不变。　（张海春）

4．淀山湖

2011年，淀山湖全湖处于轻度−富营养状态，13个监测点的水质均未达到相应的功能区水质控制标准。与2010年相比，淀山湖综合营养状态指数有所下降。

5．水环境重点整治河道

2011年，全市水环境重点整治河道监测涉及9个区县的30条考核河道计30个断面，综合水质指数在0.43−3.52之间，平均综合水质指数为1.86，总体水质较2010年略有恶化。其中，中心城区重点整治河道综合水质指数在1.26−2.48之间，平均综合水质指数为1.88，总体水质与2010年基本持平；郊区重点整治河道综合水质指数在0.43−3.52之间，平均综合水质指数为1.85，总体水质较2010年略有恶化。

2011年，全市9个区县的综合水质指数在0.44−2.60之间，其中，松江区最高，崇明县最低。与2010年相比，崇明县、浦东新区和嘉定区总体水质有所好转，宝山区、金山区、松江区、奉贤区和闵行区总体水质有所恶化，青浦区总体水质基本持平。

奉贤区和崇明县所有监测断面的水质均达到相应的水环境功能区要求，浦东新区和嘉定区部分监测断面的水质达到相应的水环境功能区要求，其余5个区所有监测断面的水质均未达到相应的水环境功能区要求。与2010年相比，宝山区减少2个达标断面，闵行区减少1个达标断面，其余7个区县达标断面数不变。

6．水环境质量考核断面

2011年，全市水环境质量考核涉及15个区县的41条河道计58个断面，综合水质指数在0.40−5.68之间，平均综合水质指数为2.02，总体水质与2010年基本持平。

地表水环境质量监测

2011年，上海市地表水环境质量监测围绕中心城区河道消除黑臭，郊区河道基本达到功能区标准，全市河道水质持续改善的目标，以第四轮“环保三年行动计划”各区县水环境质量评估监测和水环境综合整治重点河道效果评估监测工作为重点，加强地表水环境质量常规监测，包括水环境功能区水质监测、水环境生态监测、饮用水源地水质以及特定项目监测和上游来水中微量有机物监测，参与国家近海网、长江网、太湖网的水质监测工作，开展苏州河生态恢复以及淀山湖和滴水湖富营养化状况的监测工作，并在进行生物群落学监测的基础上，开展一系列的实验生态工作。同时，结合水质在线监测、遥感监测、实验室监测、现场巡测等工作，进一步加强市区两级联动协作，总结经验，整合平台，开展淀山湖蓝藻“水华”监测工作。

监测的主要水域为水环境质量评估监测断面、水环境综合整治重点河道考核监测断面、黄浦江及其上游来水支流（包括太浦河、园泄泾、大泖港）、淀山湖、苏州河、长江口及近岸海域、城市集中式饮用水源地、太湖流域省界断面以及市级主要河道监测断面，监测断面/测点共计372个，其中，市控断面/测点148个，区、县控断面224个。另外，对16个郊区（县）饮用水源地和40个镇级饮用水源地实施了监测。

淀山湖急水港桥断面采用自动连续监测，其余所有河流的水质监测均采用人工采样实验室分析的方法。（张海春）

地表水采样频率和监测项目

根据地表水监测技术规范和不同水质特征以及管理要求，除长江口徐六泾、浏河、吴淞口、竹园、白龙港5个断面和近岸海域9个测点分别在枯、丰、平3个水期各监测1次，苏州河赵屯、白鹤、黄渡和华漕4个断面，淀山湖急水港桥、大朱厍港和游泳场3个断面，黄浦江吴淞口、太浦河太浦河桥、园泄泾斜塘交汇口、大泖港横潦泾交汇口、胥浦塘东新镇轮渡和大蒸港和尚泾桥6个断面每月监测2次，苏州河北新泾桥、武宁路桥、浙江路桥3个断面每月监测4次外，其余市控地表水常规监测断面/测点以及16个区级饮用水源地和40个镇级饮用水源地每月监测1次。其中，长江口朝阳农场13个监测点每次监测每个监测点采集2次样品。

上海市地表水水质常规监测项目共24项，根据上海市地表水的污染特征以及污染物产生的危害程度分为重点监测项目和一般监测项目。其中重点监测项目共11项，包括：水温、pH值、溶解氧、高锰酸盐指数、化学需氧量、五日生化需氧量、氨氮、挥发酚、石油类、总磷和总氮，淀山湖各测点还将透明度和叶绿素a列入重点监测项目。一般监测项目共13项，包括：氟化物、硒、氰化物、砷、汞、铜、六价铬、镉、铅、锌、硫化物、阴离子表面活性剂（LAS）和粪大肠菌群。重点监测项目为每次监测的必测项目，一般监测项目全年监测1次。

水环境综合整治重点河道考核监测断面每次监测水温、溶解氧、高锰酸盐指数、化学需氧量、五日生化需氧量、氨氮、石油类和总磷8个项目。

城市集中式饮用水源地、市级饮用水源地、郊区（县）饮用水源地和镇级饮用水源地每次必测29个项目，包括：11项重点监测项目、13项一般监测项目以及硫酸盐、氯化物、硝酸盐、铁和锰。另外，集中式饮用水源地和市级饮用水源地每月进行1次集中式生活饮用水地表水源地特定项目中1—35项的监测，全年进行1次集中式生活饮用水地表水源地80项特定项目的监测；郊区（县）饮用水源地和镇级饮用水源地全年进行1次集中式生活饮用水地表水源地80项特定项目的监测。

太湖流域省界断面逢单月须监测27个项目，包括：流量、水温、pH值、电导率、溶解氧、高锰酸盐指数、五日生化需氧量、氨氮、石油类、挥发酚、汞、铅、化学需氧量、总磷、铜、锌、氟化物、硒、砷、镉、六价铬、氰化物、阴离子表面活性剂、硫化物、粪大肠菌群、铁和锰；逢双月须监测12个项目，包括：流量、水温、pH值、电导率、溶解氧、高锰酸盐指数、五日生化需氧量、氨氮、石油类、挥发酚、汞和铅。

生物学监测的内容包括大型底栖无脊椎动物、浮游动物、浮游植物、生物残毒、叶绿素a和粪大肠菌群等，不同的水体选择的监测项目不尽相同。

（张海春）

地表水域功能区划

根据国家地表水环境质量标准（GB3838—2002）要求，在进行水质评价以前，必须对本区域的地表水功能进行划分，然后对不同功能的水体依照相应类别的标准进行评价，所以水域功能划分是进行水质评价的基础。《上海市水环境功能区划》（2004）对上海市地表水功能进行了划分，具体的划分结果如下：

1．淀山湖、太浦河、园泄泾和大泖港处于黄浦江上游水源保护区，定为Ⅱ类水域。

2．黄浦江的淀峰、松浦大桥和闵行二水厂3个断面定为Ⅱ类水域；临江断面定为Ⅲ类水域；南市水厂、杨浦大桥和吴淞口3个断面定为Ⅳ类水域。

3．苏州河赵屯、白鹤断面定为Ⅳ类水域；黄渡、华漕、北新泾桥、武宁路桥和浙江路桥5个断面定为Ⅴ类水域。

4．市区桃浦河、虹口港、杨浦港和虬江4条河流定为Ⅴ类水域，龙华港定为Ⅲ类水域。

5．郊县（区）河流中，位于黄浦江上游饮用水源或准水源保护区内的河段定为Ⅲ类水域，其余河流定为Ⅳ类或Ⅴ类水域。

6．长江口既是上海市的主要饮用水源地之一，又是许多珍贵鱼类洄游之地，且具有航行等其它功能。按照同一水体具有多项功能时，以功能要求最高者确定其功能类别之原则，长江口定为Ⅱ类水域。

不同类别水体按《地表水环境质量标准》（GB 3838—2002）进行评价。同时也采用综合水质污染指数法和综合水质指数法对地表水环境质量进行评价。

（张海春）

水质综合评价方法

1．水质综合污染指数

水质综合污染指数是在单项污染指数评价的基础上计算得到的。考虑到黄浦江、苏州河、长江口等水体的污染特征及变化，在计算水质综合污染指数时选择具有代表性的污染物，包括高锰酸盐指数、五日生化需氧量、化学需氧量、氨氮、石油类、挥发酚、总磷和汞。

单项污染指数的计算方法：

$$P_i = \frac{C_i}{S_i}$$

其中，Ci—污染物实测浓度；Si—相应功能类别的标准值。

水质综合污染指数的计算方法：

$$P = \sum_{i=1}^{n} P_i/n$$

应该注意到，水质综合污染指数的计算与水质类别标准密切相关，因此综合污染指数的比较只能在同一类别标准基础上进行。

2. 综合水质指数

考虑到区县水环境质量考核河道和重点整治河道的污染特性及实际监测情况，统一选择溶解氧、高锰酸盐指数、五日生化需氧量、氨氮、总磷5项主要污染物评价水质的综合污染程度，并统一采用Ⅲ类水质标准进行计算。

综合水质指数计算公式：

$$P = \sum_{i=1}^{n} P_i/n$$

除溶解氧外，单项污染指数计算公式：

$$P_i = \frac{C_i}{S_i}$$

溶解氧污染指数：

$$P_i = \begin{cases} 0 & C_i \geq C_{饱(t)} \\ \dfrac{(C_{饱(t)} - C_i)}{(C_{饱(t)} - C_{标(t)})} & C_i < C_{饱(t)} \end{cases}$$

式中：C饱（t）为t温度下的饱和溶解氧值；

Ci为t温度下的溶解氧实测值；

C标（t）为t温度下的溶解氧标准值（用GB3838—2002换算）；

C标(t) = C饱(t) ×饱和度。

（张海春）

【太湖流域水质】

1、太湖流域水功能区水质

以《太湖流域水环境综合治理总体方案》（以下简称《总体方案》）中采用的年均值法评价（总磷、总氮、粪大肠菌群未参评），2011年太湖流域103个重点水功能区中，达标个数33个，达标率为32.0%。与2007年相比，重点水功能区水质达标率总体有所改善。

以高锰酸盐指数、氨氮两项指标年均值为评价指标，对2011年太湖流域380个水功能区（《太湖流域水功能区划》，国函[2010]39号）的达标情况进行了评价，结果如下：

太湖流域水功能区达标状况

区域	水质目标Ⅲ类或优于Ⅲ类功能区			水质目标Ⅳ类功能区			水质目标Ⅴ类功能区			总达标率
	区划数	监测数	达标率	区划数	监测数	达标率	区划数	监测数	达标率	
江苏省	105	105	21.0%	50	50	28.0%	–	–	–	23.2%
浙江省	97	96	49.0%	7	7	0.0%	–	–	–	45.6%
上海市	29	29	3.5%	27	26	19.2%	20	20	20.0%	13.3%
省际边界	45	43	34.9%	–	–	–	–	–	–	34.9%
太湖流域	276	273	31.2%	84	83	22.9%	20	20	20.0%	28.8%

2、太湖水质富营养化状况

2011年，太湖主要水质指标年平均浓度高锰酸盐指数为Ⅲ类，氨氮为Ⅱ类，总磷为Ⅳ类，总氮为劣于Ⅴ类。其中，高锰酸盐指数、氨氮、总磷均已达到《总体方案》2012年目标要求，总氮已接近2012年目标。与2007年相比，2011年太湖四项水质指标浓度都有下降，水质呈好转趋势。

2011年，太湖各湖区（不含五里湖）水质最差为竺山湖，其次是西部沿岸区。决定各湖区水质好坏的指标仍为总磷和总氮，其中除东太湖和东部沿岸区总氮浓度相对较低外，其他湖区总氮浓度均在1.5mg/L以上，为Ⅴ类－劣于Ⅴ类。

与2007年相比，竺山湖、梅梁湖、西部沿岸区主要营养盐浓度降低幅度较大。

太湖水质指标变化

时间		高锰酸盐指数mg/L	氨氮mg/L	总磷mg/L	总氮mg/L	水质类别	营养指数
2007年均值		5.10	0.39	0.074	2.35	劣于V	62.3
2010年均值		4.08	0.23	0.071	2.48	劣于V	61.5
2011年	年均值	4.25	0.22	0.066	2.04	劣于V	60.8
	春季	3.87	0.33	0.067	2.77	劣于V	60.5
	夏季	4.11	0.10	0.049	2.11	劣于V	60.5
	秋季	4.34	0.12	0.058	1.27	Ⅳ	58.3
	冬季	4.67	0.35	0.090	2.01	劣于V	61.8
2012年目标		4.50	0.46	0.070	2.00	V	–

2011年全年期太湖分湖区主要指标水质类别

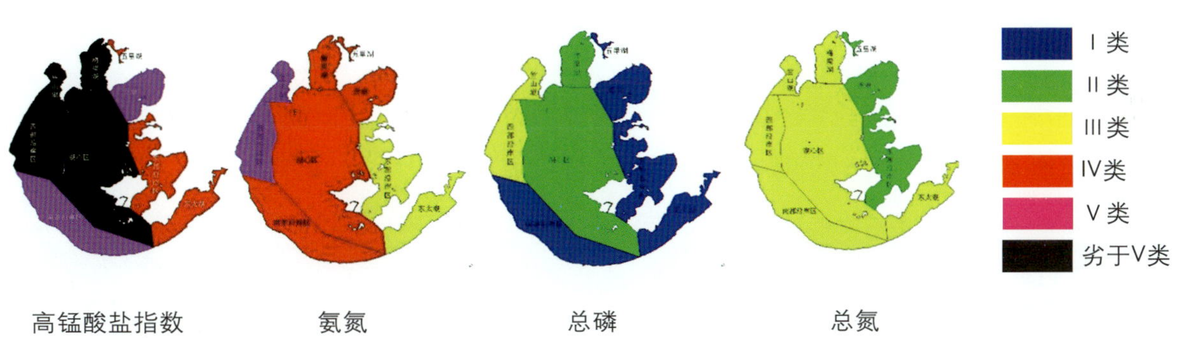

太湖营养状况评价采用《水资源公报编制规程》（GB/T23598—2009）、《地表水资源质量评价技术规程》（SL395—2007）中的标准和方法，评价指标为高锰酸盐指数、总磷、总氮、叶绿素a、透明度五项。

2011年太湖平均营养指数为60.8，处于中度富营养状态。与2007年相比，太湖营养指数下降了1.5，富营养化程度有所好转，中度富营养面积所占比例减少7.3%；与2010年相比，太湖营养指数下降了0.7，富营养化程度略有好转，中度富营养面积所占比例减少0.2%。

2010年全湖营养指数61.5，中度富营养水域1733.8km²，轻度富营养水域604.2m²。

2011年全湖营养指数60.8，中度富营养水域1728.0km²，轻度富营养水域610.0m²。

2011年太湖蓝藻密度年平均值为1277万个/L，小于2010年1390万个/L。竺山湖、西部沿岸区蓝藻密度最高，东部沿岸区、东太湖蓝藻密度较小。

卫星遥感影像显示，2011年太湖较大规模蓝藻水华出现较晚，面积大于120km²水华首次出现于7月20日，较往年有所推迟。2011年1—4月，太湖基本未见蓝藻水华；5月局部湖区开始出现零星水华；7—9月，水华发生范围继续扩大，程度也逐渐加重，其中7月21日太湖水华面积997.5km²，为2011年最大值；10月各湖区均有不同程度水华发生，西部沿岸区仍有片状蓝藻水华；11月以后，水华分布范围逐步减少。

太湖各湖区营养指数对比图

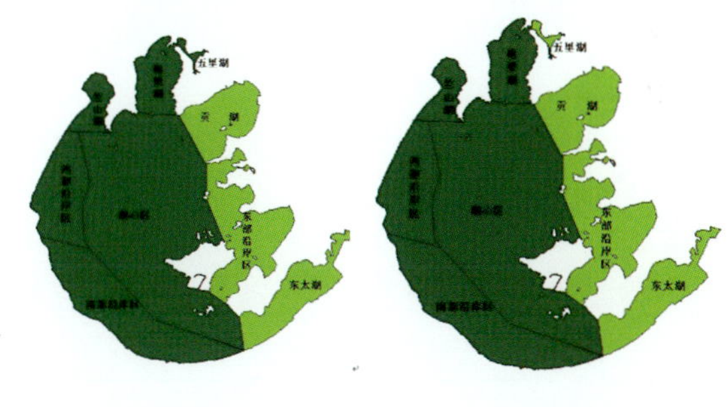

3、主要出入湖河流水质

2011年，在监测的22条主要入湖河流中，江苏省为15条，浙江省为7条。水质劣于Ⅴ类河流有11条，其中江苏省9条（不含关闸河流），浙江省2条（夹浦港、长兴港）。主要超标指标为氨氮、五日生化需氧量、化学需氧量、石油类和总磷。

在监测的9条主要出湖河流中，江苏省为8条，浙江省为1条，因受到周边河道水势影响易产生往复流，其水质差异较大，其中太浦河（出湖段）水质较好，水质为Ⅱ类，梁溪河、鼓楼港水质为Ⅲ类，新通安河、浒光河、苏东运河、胥江、吴淞江水质为Ⅳ类，木光河水质为劣于Ⅴ类。

Ⅰ. 入湖河道水质浓度与2007年以来相比均有不同程度下降（以氨氮为例）

2011年关闸的河道有：骂蠡港、直湖港、武进港、雅浦港，其余河道除望虞河、大钱港外未建闸控制。

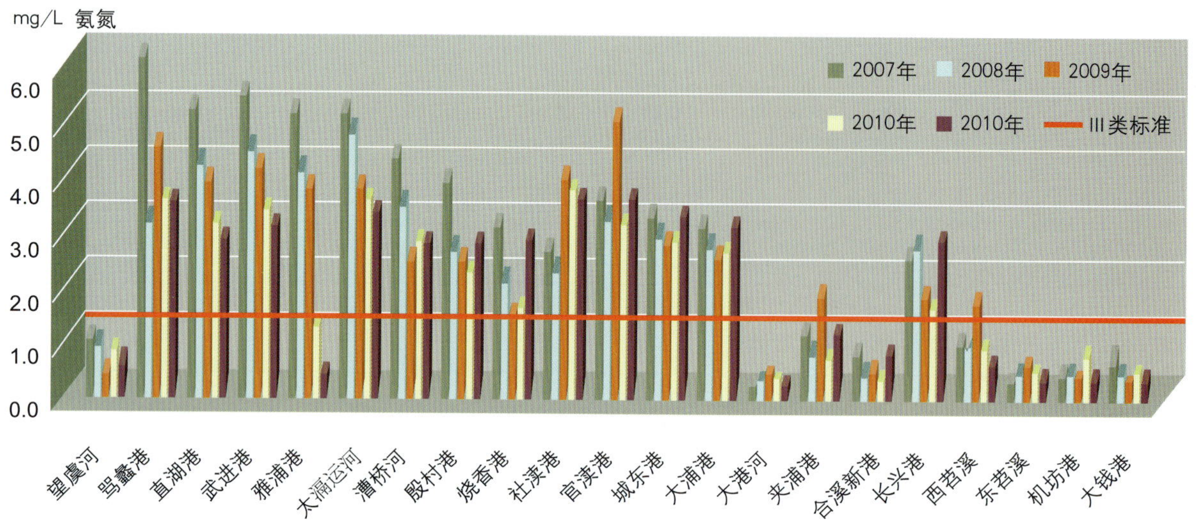

Ⅱ. 2011年水质劣于Ⅴ类的入湖河流水质浓度（年均值）

太湖水质指标变化

单位：mg/L

区域	河流名称	监测断面	对应湖区	高锰酸盐指数	氨氮	总磷	总氮
江苏省	太滆运河	黄埝桥	竺山湖	5.69（Ⅲ）	2.45（劣于Ⅴ）	0.293（Ⅳ）	5.80
	漕桥河	漕桥	竺山湖	5.67（Ⅲ）	2.20（劣于Ⅴ）	0.291（Ⅳ）	5.33
	殷村港	人民桥	竺山湖	6.11（Ⅳ）	2.05（劣于Ⅴ）	0.323（Ⅴ）	5.15
	烧香港	棉堤桥	西部沿岸区	6.08（Ⅳ）	2.37（劣于Ⅴ）	0.265（Ⅳ）	5.24
	社渎港	社渎港桥	西部沿岸区	6.48（Ⅳ）	2.15（劣于Ⅴ）	0.289（Ⅳ）	5.02
	官渎港	官渎港桥	西部沿岸区	6.25（Ⅳ）	2.08（劣于Ⅴ）	0.271（Ⅳ）	4.88
	城东港	埂上大桥	西部沿岸区	7.37（Ⅳ）	2.96（劣于Ⅴ）	0.208（Ⅳ）	5.72
	大浦港	大浦港桥	西部沿岸区	6.94（Ⅳ）	2.33（劣于Ⅴ）	0.266（Ⅳ）	5.09
	蠡河	红阳桥	西部沿岸区	6.34（Ⅳ）	2.70（劣于Ⅴ）	0.314（Ⅴ）	6.21
浙江省	夹浦港	夹浦桥	南部沿岸区	6.92（Ⅳ）	0.96（Ⅲ）	0.168（Ⅲ）	3.14
	长兴港	东门大桥	南部沿岸区	6.63（Ⅳ）	2.68（劣于Ⅴ）	0.338（Ⅴ）	5.97

注：未含关闸河道；夹浦港石油类年度评价为劣于Ⅴ类。总氮指标河流不参评。

Ⅲ. 入湖河流中水质达到Ⅲ类的有：

2010年上海市地下水水质状况表

区　域	河　流
江苏省	望虞河、洑东大港河（河道较小）
浙江省	东苕溪、西苕溪、大钱港

（汪传刚、徐兆安）

【省界河流水质】 太湖流域35个省界河流断面中，水质类别达到或优于Ⅲ类水标准的断面所占比例为25.7%，Ⅳ类为20.0%，Ⅴ类为20.0%，劣于Ⅴ类为34.3%。

35个省界河流断面水质2011年年均评价结果河流	全年水质	河 流	全年水质	河 流	全年水质	河 流	全年水质
苏沪边界		苏浙边界		苏浙边界		浙沪边界	
浏河	V	南横塘	III	澜溪塘	V	坟头港	III
盐铁塘	劣于V	长三港	V	鼓楼港	III	枫泾塘	劣于V
吴淞江	劣于V	大德塘	劣于V	横泾港	IV	清凉港	V
大、小朱库港	IV	頔塘	IV	浙沪边界		嘉善塘	劣于V
急水港	V	江南运河	V	六里塘	劣于V	黄姑塘	劣于V
千灯浦	劣于V	后市河	V	上海塘	劣于V	惠高泾	劣于V
太浦河	III	双林港	劣于V	俞汇塘	III	浙皖边界	
苏浙边界		新塍塘北支	IV	太浦河	III	杨桥河	II
芦墟塘	III	新塍塘西支	IV	丁栅港	III		
斜路港	IV	上塔庙港	劣于V	红旗塘	IV		

（成 新）

太湖流域水质监测

自1998年以来，太湖局组织两省一市对涉及太湖、望虞河、太浦河、黄浦江上游、出入太湖河流、省界等水体的103个重点功能区开展了系统监测，包括江苏省境内38个，浙江省境内14个，上海市境内6个，省际边界45个。监测指标按照地表水环境质量标准（GB3838—2002）基本项目，为：水温、pH、溶解氧、高锰酸盐指数、COD、BOD_5、NH_3—N、铜、锌、氟化物、硒、砷、汞、镉、铬（六价）、铅、氰化物、挥发酚、石油类、阴离子表面活性剂、硫化物、总磷、总氮、粪大肠菌群等。

（成 新）

地下水环境质量

【地下水水质】 2011年上海市地下水水质综合评价采用《地下水质量标准（GB/T14848—93）》，以单项组分评价为基础，综合多要素进行评价。评价结果见下表。

2011年上海市地下水水质状况表

地下水层次	评价结果	影响因素
潜水层	淡水区基本属于Ⅱ、Ⅲ类水，咸水区为Ⅳ和Ⅴ类水	溶解性总固体、铁、氨氮、硝酸盐，间有锰和酚
第Ⅱ承压含水层	淡水区基本属于Ⅲ类水，Ⅳ类水较少，咸水区为Ⅳ类水	溶解性总固体、总硬度、氯化物、铁
第Ⅲ承压含水层	淡水区基本属于Ⅲ类水，微咸水区基本为Ⅳ类水，咸水区基本为Ⅴ类水	溶解性总固体、总硬度、氯化物、铁和锰
第Ⅳ承压含水层	基本属于Ⅲ类为主，Ⅱ类和Ⅳ类水较少	总硬度，氨氮和铁、锰、硝酸盐
第Ⅴ承压含水层	淡水区基本属于Ⅲ类水，Ⅱ类和Ⅳ类水较少，咸水区为Ⅴ类水	溶解性总固体、总硬度、氯化物、铁、锰、氨氮

（杨立新）

海洋环境监测与质量

【全海域海洋环境质量监测和评价】 2011年，市海洋局组织实施的海洋环境监测项目涉及水文气象、海水、沉积物、生物等百余项，监测海域面积逾1.72万平方公里，共布设水质站位279个，沉积物站位171个，生物站位114个，共采集样品4100余个，获得监测数据近44000个。

监测结果表明：2011年上海市及邻近海域海水环境质量状况与2010年相比无明显变化，劣于海水水质标准第四类标准值的指标主要为无机氮和活性磷酸盐；沉积物环境质量状况良好，有机碳、硫化物、石油类、汞、砷、锌、铬、滴滴涕和多氯联苯9项监测指标均符合海洋沉积物质量第一类标准值；个别站位铜和镉超第一类标准值；近岸海域共鉴定出海洋生物286种，所监测贝类均有超海洋生物质量第二类标准值的指标，主要为重金属。

水源地邻近水域基本符合地表水环境质量标准Ⅲ类标准值。除无机氮和活性磷酸盐外，海洋自然保护区、海洋（涉海）工程区、围填海和倾倒区环境质量状况基本能满足相应功能区要求。金山城市沙滩滨海旅游度假区和奉贤碧海金沙滨海旅游度假区很适宜开展休闲（观光）活动。 （谷鸿鹄）

声环境质量

【声环境质量】 2011年，上海市区域环境噪声达到相应功能的标准要求，但道路交通噪声夜间时段未能达到相应功能的标准要求。

1. 区域环境噪声

2011年，上海市区域环境噪声昼间时段的平均等效声级为55.0dB（A），达到《声环境质量标准》（GB 3096-2008）中的2类标准，较2010年下降0.8dB（A）；夜间时段的平均等效声级为48.0dB（A），达到《声环境质量标准》（GB 3096-2008）中的2类标准，较2010年下降0.3dB（A）。

2. 道路交通噪声

2011年，上海市道路交通噪声昼间时段的平均等效声级为70.0dB（A），达到《声环境质量标准》（GB 3096-2008）中的4类标准，较2010年上升0.2 dB（A）；夜间时段的平均等效声级为64.5dB（A），超标9.5dB（A），较2010年上升0.2dB（A）。主要道路交通干线昼间和夜间时段的平均车流量分别为1628辆/小时和783辆/小时，与2010年相比，昼间和夜间时段的平均车流量均减少116辆/小时。 （黄嫣旻）

市中心环境噪声显示屏 （陈思勤 摄）

相关链接

声环境质量监测

2011年，上海市声环境质量监测工作以区域环境噪声、功能区环境噪声和道路交通噪声监测为主，并按照《上海市声环境质量监测点位优化调整方案》组织实施。同时，加强机动车和非机动车禁鸣效果的监测力度。

2011年，上海市共设区域环境噪声监测点249个，道路交通噪声监测点199个，功能区噪声监测点56个。其中，一类功能区9个，二类功能区19个，三类功能区15个，四类功能区13个。

各类噪声测点均按昼间和夜间2个监测时段进行监测和统计。 （黄嫣旻）

辐射环境质量

【电磁环境质量】

一、电磁环境背景值

市辐射站对全市8个监测点(上海动物园、世纪公园、龙华烈士陵园、共青森林公园、陆家嘴中心花园、人民公园、奉贤古华园和嘉定孔庙)进行了每年一次的电磁环境质量监测，监测项目包括综合电场强度、工频电场强度和工频磁感应强度。监测结果如下。

地 点	工频(50Hz)		综合(0.1-3000MHz)
	磁感应强度(μT)	电场强度(V/m)	电场强度(V/m)
共青森林公园	0.038	0.103	0.36
龙华烈士陵园	0.033	0.115	0.46

续表

地　点	工频(50Hz)		综合(0.1–3000MHz)
	磁感应强度(μT)	电场强度(V/m)	电场强度(V/m)
上海动物园	0.041	0.116	0.22
世纪公园	0.037	0.199	0.29
陆家嘴中心花园	0.052	0.106	1.13
人民公园	0.034	0.104	0.47
奉贤古华园	0.046	0.160	0.33
嘉定孔庙	0.188	0.115	0.42

监测结果表明，与历年相比本市电磁辐射环境背景值无明显变化。

二、电磁辐射源周围环境中电磁场强度

1、电视调频广播发射塔

每年一次在东方明珠广播电视塔、教育电视台和奉贤电视塔周围设置监测点位。监测结果如下：

电视塔	测量频率(MHz)	监测范围	测值范围(V/m)
奉贤电视塔	0.1–3000	发射塔一侧250m范围内	0.322–0.592
东方明珠电视塔	0.1–3000	发射塔一侧200–1000m范围内	1.08–2.52
教育电视台	0.1–3000	大连路1548号	3.66

监测结果表明，东方明珠电视塔、教育电视台和奉贤电视塔周围环境的综合电场强度与历年相比无明显变化，低于我国国家标准《电磁辐射防护规定》(GB8702–88)中对应频段(30–3000MHz)规定的公众照射的导出限值40μW/cm^2(相当于12 V/m)。

2、中波广播发射塔

每年度一次在唐家塔、虹桥塔和题桥塔周围设置监测点位。监测结果如下：

中波广播发射塔	测量频率(MHz)	监测范围	测值范围(V/m)
唐家塔	0.1–3000	馈线下方	26.22–29.01
虹桥塔	0.1–3000	馈线下方	31.55
题桥塔	0.1–3000	发射塔一侧100–300m范围内	8.58–12.46

监测结果表明，上述3个发射塔周围环境中的综合电场强度与历年相比无明显变化，低于我国国家标准《电磁辐射防护规定》(GB8702–88)中相应频段(0.1–3MHz)规定的公众照射的导出限值4000μW/cm^2 (相当于40 V/m)。

3、莘庄卫星地球站

每年度一次在莘庄卫星地球站周围设置监测点位。监测结果如下：

卫星地球站	测量频率(MHz)	监测范围	测值范围 (V/m)
莘庄卫星地球站	3MHz–18GHz	天线一侧50–100 m范围内	0.45–0.50

监测结果表明，莘庄卫星地球站(发射频率5–6GHz)周围环境综合电场强度与历年相比无明显变化。

4、浦东国际机场雷达站

每年度一次在浦东国际机场雷达站周围设置监测点位。监测结果如下：

机场雷达站	测量频率(MHz)	监测范围	测值范围(V/m)
浦东国际机场雷达站	3MHz–18GHz	机场大道启航路口	0.26

监测结果表明，浦东国际机场雷达站(发射频率1030-2700MHz)周围环境综合电场强度与历年相比无明显变化。

三、输变电设施周围环境中工频电场、磁场强度

1、超高压变电站

每年一次在220kV万航变电站、220kV瑞金变电站、500kV南桥变电站、500kV黄渡变电站周围设置监测点位。监测结果如下：

超高压变电站	监测范围	监测项目	测值范围
220kV万航变电站 全封闭	围墙外1m	工频电场强度(V/m)	0.130-0.243
		工频磁感应强度(μT)	0.052-0.087
220kV瑞金变电站 半敞开	围墙外1m	工频电场强度(V/m)	9.544-15.03
		工频磁感应强度(μT)	0.301-0.613
500kV南桥变电站 敞开	围墙外1-20m内	工频电场强度(V/m)	61.52-429.5
		工频磁感应强度(μT)	0.343-0.682
500kV黄渡变电站 敞开	围墙外5-20m内	工频电场强度(V/m)	620.3-1467
		工频磁感应强度(μT)	0.393-0.891

监测结果表明，220kV万航变电站、220kV瑞金变电站、500kV南桥变电站、500kV黄渡变电站周围环境中工频电场强度、磁感应强度与历年相比无明显变化，符合国家环保总局颁发的《500千伏超高压送变电工程电磁辐射环境影响评价技术规范》(HJ/T 24-1998)的推荐限值。

2、超高压输电线

每年度一次在220kV申龙4015线、220kV闵古2221线、500kV汾林送电线、500kV桥行5110线周围设置监测点位。监测结果如下：

超高压输电线	监测范围	监测项目	测值范围
220kV申龙4015线	线下20m内	工频电场强度(kV/m)	16.51-871.9
		工频磁感应强度(μT)	1.357-2.095
220kV闵古2221线	线下20m内	工频电场强度(kV/m)	245.5-1648
		工频磁感应强度(μT)	1.050-1.715
500kV南桥送电线	线下30m内	工频电场强度(kV/m)	96.73-1006
		工频磁感应强度(μT)	0.705-1.016
500kV桥行5110线	线下30m内	工频电场强度(kV/m)	62.28-215.5
		工频磁感应强度(μT)	0.775-1.688

监测结果表明，上述输电线路周围环境中工频电场、工频磁感应强度与历年相比无明显变化，符合国家环保总局颁发的《500千伏超高压送变电工程电磁辐射环境影响评价技术规范》(HJ/T24-1998)的推荐限值。

四、磁浮列车示范线周围环境中工频电场、磁场强度及综合电场强度

每年度一次在磁浮列车示范线国际机场站外50m处、P0544轨道梁处、龙阳路车站月台处设置监测点位。监测结果如下：

地点		监工频(50Hz)磁感应强度(μT)	电场强度(V/m)	综合(0.1-3000MHz)电场强度(V/m)
龙阳路车站月台，距轨道3米处	无车时	0.053±0.003	0.094±0.001	0.40±0.01
	有车时	1.462±0.020	0.147±0.003	0.40±0.01
浦东国际机场站外，距轨道3米处	无车时	0.070±0.001	0.104±0.005	0.25±0.01
	有车时	3.166±0.017	0.136±0.003	0.35±0.01
P0499号梁下(梁高9.5米)，距轨道15米处	无车时	0.038±0.002	0.508±0.003	0.38±0.01
	有车时	0.142±0.001	0.543±0.003	0.38±0.01

监测结果表明，磁浮列车线路在有车和无车时，其周围环境中的工频电磁场强度均满足国家环保总局颁发的《500千伏超高压送变电工程电磁辐射环境影响评价技术规范》(HJ/T24—1998)的推荐限值要求；综合电场强度符合《电磁辐射防护规定》(GB 8702—88)中对该频段电场强度的限值12V/m。

五、电气化铁路周围环境中工频电场、磁场强度及综合电场强度

一次在电气化铁路周围设置监测点位。监测结果如下：

地 点	监工频(50Hz)磁感应强度(μT)	电场强度(V/m)	综合(0.1-3000MHz)电场强度(V/m)
华池路48号沪西工人文化宫体育中心，距铁路围墙2米	0.170±0.020	407.1±0.1	1.16±0.01

监测结果表明，本市电气化铁路线路周围环境中的工频电磁场强度符合国家环保总局颁发的《500千伏超高压送变电工程电磁辐射环境影响评价技术规范》(HJ/T24—1998)的推荐限值；综合电场强度符合《电磁辐射防护规定》(GB 8702—88)中对该频段电场强度的限值12V/m。

六、公用移动通信基站周围环境中综合电场强度

每年度对本市典型的室外和室内移动通信基站作一次监测。监测结果如下：

γ辐射空气吸收剂量率(未扣除宇宙射线响应值)

站 名		综合(0.1-3000MHz)电场强度(V/m)		
		范围	均值	标准差
室外	五原	0.23-0.69	0.44	0.06
	朱家桥	0.20-6.21	1.90	0.81
室内	上海东航天大楼	0.11-0.93	0.27	0.06
	申报馆大楼	0.53-2.43	1.58	0.14

监测结果表明，上述基站天线周围环境的综合电场强度都符合《电磁辐射防护规定》(GB 8702—88)中对该频段电场强度的限值12V/m。 (洪 韵)

【电离环境质量】

1、γ辐射空气吸收剂量率

γ辐射空气吸收剂量率连续监测本年度设了上海市辐射环境监督站和复旦大学浦东校区图书馆2个自动在线监测点，监测结果见下表。

γ辐射空气吸收剂量率(未扣除宇宙射线响应值)

点位名称	γ辐射空气吸收剂量率（nGy/h）		
	测值范围	平均值	标准差
复旦大学浦东校区图书馆	90.4~98.3	92.8	0.8
上海市辐射环境监督站	79.2~92.5	85.8	1.6

γ辐射空气吸收剂量率及γ辐射累积剂量本年度设了共青森林公园、上海动物园、上海植物园、世纪公园、龙华烈士陵园、长风公园、大宁灵石公园、东平国家森林公园、报国寺和人民公园10个监测点。其中大宁灵石公园、东平国家森林公园、报国寺和人民公园为国控点，监测频度为半年1次，其他监测点为市控点，监测频度为每季度1次。监测结果见下表。

γ辐射空气吸收剂量率（瞬时）及γ辐射累积剂量

点位名称	γ辐射空气吸收剂量率（瞬时）（nGy/h）			γ辐射累积剂量按小时平均测量结果(nGy/h)		
	测值范围	平均值	标准差	测值范围	平均值	标准差
长风公园	62.3-74.3	68.9	5.0	95.6-102	98.7	3.3

续表

点位名称	γ辐射空气吸收剂量率（瞬时）（nGy/h）			γ辐射累积剂量按小时平均测量结果(nGy/h)		
	测值范围	平均值	标准差	测值范围	平均值	标准差
动物园	54.7–61.8	59.1	3.2	91.0–106	97.6	6.1
植物园	58.7–64.7	62.7	2.8	96.2–114	105	7
龙华烈士陵园	59.7–70.4	67.3	5.1	94.8–106	101	6
世纪公园	65.7–70.1	68.4	2.0	101–116	109	7
共青森林公园	51.4–68.1	63.5	8.0	106–119	113	6
东平森林公园	59.0–62.3	60.6	2.3	53.4	53.4	—
报国寺	68.8–71.8	70.3	2.1	67.1	67.1	—
人民公园	67.5–71.9	69.7	3.1	56.5–59.0	57.8	1.8
大宁灵石绿地	66.1–74.8	70.4	6.1	51.4–51.5	51.4	0.1

注：γ辐射空气吸收剂量率扣除了测量仪器的宇宙射线响应。

监测结果表明，2011年度本市环境辐射空气吸收剂量率与历年相比无显著变化，处于正常环境水平。

2、大气中的放射性水平

2011年度大气监测点设在上海市辐射环境监督站和复旦大学浦东校区图书馆。其中，上海市辐射环境监督站监测点的气溶胶、雨水沉降物监测频度为每季度1次；复旦大学浦东校区图书馆监测点的气溶胶、雨水沉降物监测频度为半年1次；大气中氚监测频度为每年1次。

本年度大气中的气溶胶、雨水沉降物的总α、β放射性和大气中氚浓度监测结果列入下表。

空气吸收剂量率监测　（市辐射环境监督站 提供）

大气中的放射性水平

监测项目		点位名称	范围	平均值
大气气溶胶	总α放射性(mBq/m^3)	上海市辐射环境监督站	0.0346–0.175	0.112
		复旦大学浦东校区图书馆	0.20–0.24	0.22
	总β放射性(mBq/m^3)	上海市辐射环境监督站	0.358–1.30	0.784
		复旦大学浦东校区图书馆	1.56–1.80	1.68
雨水沉降物	总α放射性(Bq/m^2·d)	上海市辐射环境监督站	0.27–0.49	0.50
		复旦大学浦东校区图书馆	0.28–0.40	0.34
	总β放射性(Bq/m^2·d)	上海市辐射环境监督站	0.500–1.36	0.829
		复旦大学浦东校区图书馆	0.63–0.65	0.64
大气中氚浓度(mBq/m^{3}air)		上海市辐射环境监督站	<19	——
		复旦大学浦东校区图书馆	<13	——

监测结果表明，2011年度本市大气中放射性水平与历年相比无显著变化，属于正常环境本底水平。

3、水体中的放射性水平

2011年度本市地表水监测点设在黄浦江、宝钢水库、陈行水库和淀山湖，监测频度为半年1次；海水监测点设在金山区杭州湾近岸，监测频度为半年1次；地下水监测点设在中远两湾城，监测频度为每年1次。

监测项目为总α、总β、总U、总Th、^{226}Ra、^{137}Cs和^{90}Sr。监测结果见下表。

水体中放射性核素浓度

点位名称		U (μg/L)	Th (μg/L)	^{226}Ra (mBq/L)	^{40}K (mBq/L)	总α (Bq/L)	总β (Bq/L)	^{90}Sr (mBq/L)	^{137}Cs (mBq/L)
黄浦江	测值范围	0.68–1.10	0.16~0.20	4.0~5.6	223–266	<0.027–0.028	0.205–0.207	7.1–7.5	<0.12
	平均值	0.89	0.18	4.8	244	0.021	0.206	7.3	—
淀山湖	测值范围	0.70–0.82	0.055–0.085	1.8–3.0	211–248	<0.031	0.175–0.176	4.1–6.3	<0.089
	平均值	0.76	0.070	2.4	230	—	0.176	5.2	—
陈行水库	测值范围	0.87–0.98	0.055–0.097	2.2–3.3	90.0–188	<0.033–0.018	0.070–0.131	2.9–3.0	<0.068
	平均值	0.92	0.076	2.8	139	0.017	0.100	3.0	—
宝钢水库	测值范围	0.96–1.02	0.048–0.067	2.6–2.7	84.9–89.5	<0.010–0.012	0.0722–0.0769	3.0–3.5	<0.12
	平均值	0.99	0.058	2.6	87.2	0.008	0.0746	3.2	—
中远两湾城地		1.3±0.1	0.12±0.02	31±1	47±1	0.089±0.004	0.069±0.002	—	—
杭州湾海水	测值范围	2.02–2.2	0.28–0.33	2.1–3.2	—	—	—	3.6–4.1	0.44–0.66
	平均值	2.1	0.30	2.6	—	—	—	3.8	0.55

监测结果表明，本市各水体中放射性核素浓度与历年比无显著变化，处于正常本底水平。

4、土壤中的放射性水平

在上海青浦(报国寺)、奉贤(齐贤镇齐贤村)、嘉定(宝嘉公路2388号附近)、金山(新农镇三浜村)、宝山(新陆村)、杨浦(共青森林公园)、崇明(东平国家森林公园)、南汇(港辉路南侧大芦路西侧)、闸北(闸北公园)和黄浦(人民公园)设了10个监测点，监测频度为每年1次。监测项目为^{238}U、^{232}Th、^{226}Ra、^{40}K、^{137}Cs和^{90}Sr(仅国控点分析)，监测结果见下表。

土壤放射性核素含量

点位名称	放射性核素含量(Bq/kg·干重)							
	^{238}U	^{232}Th	^{226}Ra	^{40}K	^{137}Cs	^{90}Sr	总α	总β
青浦	38±10	54±2	39±1	(5.0±0.1)x10^2	3.2±0.4	0.81±0.08	(6.7±0.1)x10^2	(7.35±0.01)x10^2
奉贤	<32	60±1	35±1	(6.1±0.1)x10^2	0.8±0.1	—	(5.54±0.12)x10^2	(7.30±0.14)x10^2
嘉定	<41	68±1	40±1	(6.0±0.1)x10^2	3.8±0.2	—	(6.19±0.20)x10^2	(7.61±0.02)x10^2
金山	<42	65±1	40±1	(6.6±0.2)x10^2	1.4±0.1	—	(6.5±0.1)x10^2	(7.73±0.28)x10^2
杨浦	<37	60±1	38±1	(5.4±0.1)x10^2	2.4±0.2	—	(6.28±0.42)x10^2	(7.33±0.04)x10^2
宝山	<39	62±1	37±1	(5.9±0.1)x10^2	3.8±0.2	—	(6.16±0.21)x10^2	(7.04±0.12)x10^2
南汇	<38	56±1	32±1	(6.2±0.1)x10^2	0.6±0.1	—	(5.3±0.1)x10^2	(6.82±0.07)x10^2
闸北	46±9	52±2	40±2	(5.8±0.1)x10^2	0.6±0.3	0.41±0.01	(7.1±0.1)x10^2	(7.83±0.16)x10^2
崇明	40±12	50±2	32±1	(5.6±0.1)x10^2	1.4±0.3	0.28±0.01	(5.7±0.1)x10^2	(6.95±0.01)x10^2
黄浦	39±11	50±2	37±1	(5.6±0.1)x10^2	0.8±0.4	0.39±0.05	(5.9±0.2)x10^2	(6.83±0.34)x10^2

监测结果表明，本市各区县土壤中放射性核素含量与往年相比无明显变化，处于正常水平。（洪韵）

相关链接

【辐射环境监测】 上海市辐射环境质量的监测是按照《全国辐射环境监测方案(暂行)》(环办函[2008]56号)、《辐射环境监测技术规范》(HJ/T 61—2001)、《关于国家辐射环境监测网第一批国控点点位的通知》(环办函[2007]168号)、《关于增补国家辐射环境监测网第一批国控点点位的通知》(环办函[2008]60号)、《2011年上海市辐射环境质量监测计划》(沪环保辐[2011]104号)的要求进行，监测对象覆盖空气、气溶胶、沉降物、水及土壤，监测项目包括：辐射空气吸收剂量率，空气中氡浓度，气溶胶、沉降物中总α、总β，水中总U、总Th、^{226}Ra、^{40}K、^{137}Cs、^{90}Sr、^{3}H、总α、总β，土壤中^{232}Th、^{238}U、^{40}K、^{137}Cs、^{90}Sr、总α、总β，综合电场强度、工频电场强度及工频磁感应强度。

水中钾-40实验室分析 （市辐射环境监督站 提供）

辐射环境质量监测方案

环境要素	监测对象	项目或核素	点位数	监测频次	分析测试方法	仪器名称
环境质量监测	空气	γ辐射空气吸收剂量率	2	连续	《环境地表γ辐射剂量率测定规范》(GB/T4583-93)	高压电离室
		陆地瞬时γ剂量率	10	2-4次/年	《环境贯穿辐射监测一般规范》(EJ379) 《环境地表γ辐射剂量率测定规范》(GB/T4583-93)	X、γ辐射监测仪
		γ辐射累积剂量	10	4次/年	《个人和环境监测用热释光剂量测量系统》(GB 10264-88) 《环境热释光剂量计及其使用方法》(GB 8998-88)	热释光剂量仪
	水气	^{3}H	2	1次/年	《水中氚的分析方法》(GB12375-90)	液体闪烁计数器
	气溶胶	总α、总β	2	2-4次/年	参照《水中总α放射性浓度的测定 厚样法》(EJ/T1075-1998) 《水中总β放射性测定 蒸发法》(EJ/T900-94)	超低水平α/β计数器
	沉降物	总α、总β	2	2-4次/年	参照《水中总α放射性浓度的测定 厚样法》(EJ/T1075-1998) 《水中总β放射性测定 蒸发法》(EJ/T900-94)	超低水平α/β计数器
	水	总U	6	1次/半年	《水中微量铀分析方法》(液体激光荧光法)(GB6768-86)	激光铀分析仪
		总Th	6	1次/半年	《水中钍的分析方法》(GB11224-89)	分光光度计

续表

环境要素	监测对象	项目或核素	点位数	监测频次	分析测试方法	仪器名称
环境质量监测	水	^{226}Ra	6	1次/半年	《水中镭-226的分析方法》(GB11214-89)	镭-226测量装置
		^{90}Sr	5	1次/半年	《水中锶-90 放射化学分析方法 二—(2-乙基已基)磷酸酯萃取色层法》(GB6766-86)	超低水平α/β计数器
		^{137}Cs	5	1次/半年	《水中铯-137放射化学分析方法》(GB6767-86)	超低水平α/β计数器
		^{3}H	3	1次/年	《水中氚的分析方法》(GB12375-90)	液体闪烁计数器
		总α、总β	5	1次/半年	《水中总α放射性浓度的测定 厚样法》(EJ/T1075-1998) 《水中总β放射性测定 蒸发法》(EJ/T900-94)	超低水平α/β计
	土壤	^{238}U、^{232}Th、^{226}Ra、^{40}K、^{137}Cs、总α、总β	10	1次/年	《土壤中放射性核素的γ能谱分析方法》(GB11743-89) 参照《水中总α放射性浓度的测定 厚样法》(EJ/T1075-1998) 《水中总β放射性测定 蒸发法 》(EJ/T900-94)	高纯锗γ能谱仪 超低水平α/β计数器
	电磁辐射	综合电场强度、工频电场强度、工频磁场感应强度	8	1次/年	《电磁辐射监测仪器和方法》(HJ/T10.2-1996)	综合场强仪 工频仪
伴生放射性矿物利用设施周围环境监测	空气	γ辐射空气吸收剂量率	3	1次/年	《环境地表γ辐射剂量率测定规范》(GB/T4583-93)	X、β辐射监测仪
	原料(产品)	^{238}U、^{232}Th、^{226}Ra、^{40}K、^{137}Cs	2	1次/年	《用半导体γ谱仪分析低比活度γ放射性样品的标准方法》(GB11713-89)	高纯锗γ能谱仪
同位素应用设施周围辐射环境监测	非密封放射源	γ辐射空气吸收剂量率	1	1次/年	《环境地表γ辐射剂量率测定规范》(GB/T4583-93)	X、β辐射监测仪
	放射性固体废物	γ辐射空气吸收剂量率	1	1次/年	《环境地表γ辐射剂量率测定规范》(GB/T4583-93)	X、β辐射监测仪
	加速器	X、γ辐射空气吸收剂量率	3	1次/年	《环境地表γ辐射剂量率测定规范》(GB/T4583-93)	X、β辐射监测仪
	密封源	X、γ辐射空气吸收剂量率	3	1次/年	《环境地表γ辐射剂量率测定规范》(GB/T4583-93)	X、β辐射监测仪
	射线装置	X、γ辐射空气吸收剂量率	3	1次/年	《环境地表γ辐射剂量率测定规范》(GB/T4583-93)	X、β辐射监测仪

续表

环境要素	监测对象	项目或核素	点位数	监测频次	分析测试方法	仪器名称
伴有电磁场或产生电磁辐射的设施周围辐射环境监测	电视调频广播发射塔	综合电场强度	3	1次/年	《电磁辐射监测仪器和方法》(HJ/T10.2-1996)	综合场强仪
	中、短波广播发射塔	综合电场强度	3	1次/年	《电磁辐射监测仪器和方法》(HJ/T10.2-1996)	综合场强仪
	雷达站、卫星地球站	综合电场强度	3	1次/年	《电磁辐射监测仪器和方法》(HJ/T10.2-1996)	三维综合场强仪
	移动通信基站	综合电场强度	4	1次/年	《电磁辐射监测仪器和方法》(HJ/T10.2-1996)	综合场强仪
	200kV及以上输电线	工频电场强度、工频磁场感应强度	3	1次/年	《电磁辐射监测仪器和方法》(HJ/T10.2-1996)	工频仪
	200kV及以上变电站	工频电场强度、工频磁场感应强度	4	1次/年	《电磁辐射监测仪器和方法》(HJ/T10.2-1996)	工频仪
	轨道交通	工频电场强度、工频磁场感应强度、综合电场强度	4	1次/年	《电磁辐射监测仪器和方法》(HJ/T10.2-1996)	综合场强仪

（谷鸿鹄）

【海洋环境放射性监测】 3月11日，日本大地震引发福岛核电站放射性物质泄漏，市海洋局对青草沙水库邻近水域、佘山邻近海域等开展海洋环境放射性监测。结果显示，监测海域海水中总β、^{137}Cs、^{90}Sr放射性水平均在我国近海海洋天然本底范围内，^{131}I均未检出，^{137}Cs、^{90}Sr远低于《海水水质标准》（GB3097-1997）的标准值；崇明堡镇大气总β放射性水平未出现异常，^{131}I、^{137}Cs、^{90}Sr均未检出。

（谷鸿鹄）

中华人民共和国国家标准
海水水质标准GB3097-1997 （摘录）

海水水质标准 Bq/L

项目		第一类	第二类	第三类	第四类
放射性核素	^{60}Co	0.03			
	^{90}Sr	4			
	^{106}Ru	0.2			
	^{134}Cs	0.6			
	^{137}Cs	0.7			

海水水质分析方法 Bq/L

项目		分析方法	检出限	引用标准
放射性核素	^{60}Co	离子交换-萃取-电沉积法	2.2×10^{-3}	HY/T 003.8—91
	^{90}Sr	（1）HDEHP 萃取-β计数法 （2）离子交换-β计数法	1.8×10^{-3} 2.2×10^{-3}	HY/T 003.8—91
	^{106}Ru	（1）四氯化碳萃取-镁粉还原-β计数法 （2）γ能谱法	3.0×10^{-3} 4.4×10^{-3}	HY/T 003.8—91
	^{134}Cs	γ能谱法，参见^{137}Cs分析法		
	^{137}Cs	（1）亚铁氰化铜-硅胶现场富集-γ能谱法 （2）磷钼酸铵-碘铋酸铯-β计数法	1.0×10^{-3} 3.7×10^{-3}	HY/T 003.8—91

2012

上海环境年鉴

规章、规划与计划

规章、规范性文件

【上海出台《上海市建设工程夜间施工许可和备案审查管理办法》】 为规范本市建设工程夜间施工许可行为，加强对建筑行业的环保管理，根据市政府48号令《上海市人民政府关于修改〈上海市建设工程文明施工管理规定〉的决定》要求，市环保局、市建交委、市公安局、市房管局、市城管执法局5部门联合发布规范性文件《上海市建设工程夜间施工许可和备案审查管理办法》（以下简称《夜间施工管理办法》）。今后本市文明施工重点区域内（内环线以内区域）房屋建筑类工程的夜间施工将受到严格控制，同时本市其他区域的夜间施工审批行为将更加规范和科学合理。

与以往相比，《夜间施工管理办法》的严格管理体现在以下几个方面：一是允许夜间建筑施工的特殊工艺范围进一步受限，二是允许夜间施工的建筑工地将实施总量控制，三是建筑工地夜间施工必须采取降噪措施，四是环保、建设、城管执法等部门将对违法施工单位加大执法监管力度。

对违反夜间施工有关法律、法规规定的有关单位，环保主管部门、建设主管部门和城管执法等部门将从严处罚；对屡教不改或违法违规情节严重、行为恶劣的施工单位，市建设主管部门将依法予以降级或取消企业资质的行政处罚。

6月8日，市环保局、市环境监察总队、各区县环保局、各区县环境监察支队约50人，对《上海市建设工程夜间施工许可和备案审查管理办法》和《关于启用建筑工程夜间施工审批有关专用印章的通知》进行全市宣贯，即日起环保部门将按照《夜间施工管理办法》的新要求面向社会办理许可。 （何 赟）

相关链接

上海市建设工程夜间施工许可和备案审查管理办法（摘要）

第一章 总则

第二条(定义)

本办法所称重点区域是指内环线以内区域和上海市人民政府批准确定的其他重点区域。重点区域由市建设交通行政管理部门提出，并报市人民政府批准。

本办法所称一般区域是指除重点区域以外的本市其他行政区域。

第三条（适用范围）

本办法适用于房屋类建筑工程夜间施工许可和市政、道路管线及轨道交通工程夜间施工备案。

第二章 房屋类建筑工程夜间施工许可

第五条 （许可办理部门）

重点区域内，除抢修抢险以外，因特殊工序或特殊原因确需在夜间22时至次日早晨6时从事房屋类建筑施工的单位，应当根据本办法相关规定向市环保局办理夜间施工许可手续。一般区域内，建筑工程夜间施工许可按照《上海市环境保护条例》及相关规定执行并办理相关手续。

建筑物、构筑物拆除工程在环保部门办理相关夜间施工许可手续后，到拆房管理部门办理施工备案。

第六条 （可以申请夜间施工的范围）

本市行政区域内除下列特殊施工工序外，禁止建设工程从事夜间施工。

（一）不可中断的混凝土搅捣施工；

（二）关系安全质量的深基坑开挖（含渣土装运）施工；

（三）关系工程桩基质量的钻孔灌注桩钻孔施工（混凝土灌注除外）；

（四）特殊情况下的建筑物、构筑物拆除。

第七条（许可天数要求）

在重点区域范围内，原则上不得超过3天，两次获准的夜间施工之间应有24小时以上的间隔；同一施工工地夜间施工当月累计不得超过15天，由于特殊原因需要超过规定天数的，应当提交工程安全质量监督部门出具的相关证明材料。

在一般区域范围内，同一房屋类建筑施工工地的夜间施工天数，参照前款规定执行。

第八条（夜间施工要求）

获准夜间施工许可的施工工地，施工单位及其施工人员应当严格遵守下列要求：

（一）获准夜间施工的施工单位，施工过程中必须对机械或设备加设降噪措施；

（二）禁止采取捶打、敲击和锯割等易产生高噪声的作业，装卸材料应确保轻卸轻放；

（三）实施拆除作业和建材、设备、工具、模具传运堆放，应使用机械吊运或人工传运方式，禁止高空掷抛，禁止重摔重放；

（四）禁止使用气压破碎机、空压机、泵锤机、筒门锯、金属切割机等高噪声机械或设备；

（五）获准夜间实施钻孔灌注桩施工的，晚22：00时至次晨6：00时的时间段内禁止实施混凝土浇捣；

（六）进出建设工地的所有车辆禁止鸣号。

第九条（排污申报）

属于房屋建筑类施工工程的建设单位、施工单位应当按照国家和本市的有关规定，在工程开工前15天向辖区环保局办理污染物排放申报登记手续，申报登记排放污染物及其处理设施，并提供有关污染防治的技术资料。

第十二条 （不予许可的情形）

房屋类建筑工程夜间施工申请，有下列情形之一的，一律不予许可：

（一）不属于本办法第六条规定的特殊施工工序；

（二）在城市噪声敏感建筑物集中区内，对施工时间较短，完全可以避开夜间施工的；

（三）不符合许可要求的施工作业；

（四）中高考期间或市政府规定的其他特殊时间段内的夜间施工申请；

（五）申请材料存在虚假或缺漏的；

（六）噪声污染防治措施不落实的；

（七）获准夜间施工的当月内违反本办法第八条规定，并造成严重扰民的；

（八）当月累计施工超过规定天数的。

第十八条 （施工天数要求）

在重点区域内，同一路段的市政道路管线工地和轨道交通施工工地连续夜间施工除遇有即将发生的灾害性天气的外，原则上不得超过10天，两次获准的夜间施工之间必须有24小时以上的间隔；同一路段施工工地夜间施工当月累计不得超过20天，由于特殊原因需要超过规定天数的，需递交道路所辖公安交通管理部门出具的相关证明材料。

在一般区域内，市政道路管线和轨道交通夜间施工天数参照前款规定执行。

第十九条（夜间施工要求）

获准夜间施工许可或备案的施工工地，施工单位及其施工人员应当严格遵守下列要求：

（一）获准夜间施工的施工单位，施工过程中必须对机械或设备加设降噪措施；

（二）禁止采取捶打、敲击和锯割等易产生高噪声的作业，装卸材料应确保轻卸轻放；

（三）实施建材、设备、工具、模具传运堆放，应使用机械吊运或人工传运方式，禁止重摔重放；

（四）禁止使用气压破碎机、空压机、泵锤机、筒门锯、金属切割机等高噪声机械或设备；

（五）获准夜间实施钻孔灌注桩施工的，晚22：00时至次晨6：00时的时间段内禁止实施混凝土浇捣；

（六）进出建设工地的所有车辆禁止鸣号。

第二十七条（行政处罚）

对违反夜间施工有关法律、法规规定的有关单位，环保部门、建设行政管理部门和城管执法等部门应当依法处罚；对屡教不改或违法违规情节严重、行为恶劣的，市建设主管部门将依法予以降级或吊消企业资质的行政处罚。

摘自：沪环保防〔2011〕164号 关于印发《上海市建设工程夜间施工许可和备案审查管理办法》的通知

规划及管理

【上海市环境保护和生态建设“十二五”规划修改完善】 2011年，市环保局继续推进《上海市环境保护和生态建设“十二五”规划》（以下简称《规划》）的修改完善工作。在市“十二五”规划办牵头下进行了专家论证和规划衔接，进一步加强了与本市其他专项规划的对接。同时，根据市政府要求，结合贯彻第七次全国环境保护大会和国务院《关于加强环境保护重点工作的意见》（国发〔2011〕35号）精神，以及加强细颗粒物（$PM_{2.5}$）监测及污染防控的形势需要，对《规划》作了进一步补充完善，突出了“立足治本，狠抓源头”的工作原则，增加了$PM_{2.5}$污染防治及其监测能力建设等相关工作任务。截至2011年底，《规划》草案已上报市政府审批。 （邱黎敏）

【市环保部门积极推进“十二五”专项规划编制工作】 2011年，市环保局编制并印发了持久性有机污染物污染防治、环境监测等“十二五”专项规划，基本完成了重金属污染综合防治、辐射污染防治、固体废物污染防治、环境保护科技发展、环境保护信息化、市环保局系统干部人才发展、环境监察等专项规划编制。 （邱黎敏）

【市政府批准世博会地区相关规划】 8月，市政府批准《世博会地区结构规划》。

规划范围包括世博会红线及协调区范围，具体为中山南路—外马路、南浦大桥—浦东南路—耀华路—打浦桥隧道浦东出口—克虏伯北边界—耀华支路—倪家浜—黄浦江岸线—卢浦大桥、鲁班路围合的区域。

结合上海城市发展对世博会地区的战略要求与该地区独特的人文内涵、区位特征和资源优势，世博会地区后续功能定位为：突出公共性特征，围绕顶级国际交流核心功能，形成文化博览创意、总部商务、高端会展、旅游休闲和生态人居为一体的上海21世纪标志性市级公共活动中心，成为功能多元、空间独特、环境宜人、交通便捷、体现低碳、创新，富有活力和吸引力的世界级新地标。规划形成“五区一带”的功能结构，包括：文化博览区、城市最佳实践区、国际社区、会展及其商务区、后滩拓展区及滨江生态休闲景观带。借鉴同类地区的成功经验，结合功能定位、基础条件等，明确五个片区的分区规划导引。如下表：

8月，市政府批准《世博会地区会展及其商务区B片区控制性详细规划》。

规划范围为东至周家渡路、博城路、世博馆路，南至国展路，西至长清北路，

北至世博大道，用地面积约25.1公顷。

项目名称	单位	数值
文化博览区	平方公里	0.93
城市最佳实践区	平方公里	0.42
国际社区	平方公里	0.63
会展及其商务区	平方公里	1.94
后滩拓展区	平方公里	1.36

B片区功能定位是成为环境宜人、交通便捷、低碳环保，具有活力的知名企业总部聚集区和国际一流的商务街区，使之成为促进上海城市功能转型和中心城区功能深化提升的重要功能载体。规划形成以总部办公为核心功能，形成博城路、规划一路公共活动轴线。世博馆路以东为商业金融用地，以西主要为商务办公用地。如下表：

项目名称		单位	数值
规划用地面积		公顷	25.1
规划建设规模		万平方米	78.4
其中	商务办公设施	万平方米	59.7
	配套商业设施	万平方米	3.9

（高　岳）

【市政府批准《中国博览会会展项目综合体控制性详细规划暨徐泾东站大型居住社区控制性详细规划局部调整》】 9月，市政府批准《中国博览会会展项目综合体控制性详细规划暨徐泾东站大型居住社区控制性详细规划局部调整》。

规划范围为东至嘉闵高架路，西至诸光路以西公交枢纽街坊，北至崧泽高架，南至规划六路。

该规划发展目标是建设成为最具规模、最具水平、最具竞争力的世界级的大型展览场馆，带动上海、长三角乃至全国的会展经济实现新的发展。规划主要包括会展项目和与之相配套的商业、酒店等设施。如下表：

项目名称	单位	数值
规划总用地面积	公顷	157.6
会展项目建筑规模	万平方米	124
会展配套商业和酒店等设施建筑规模	万平方米	55

（高　岳）

【市政府批准《虹桥商务区核心区南北片控制性详细规划及城市设计》】 9月，市政府批准《虹桥商务区核心区南北片控制性详细规划及城市设计》。

规划分为南北两个片区，其中北片区的规划范围是：东至申贵路，南至扬虹路，西至沪杭铁路外环线—兴虹路—申滨路—润虹路—申长路，北至天山路—申虹路—申贵路；南片区的规划范围是：东至申贵路—申长路—现状铁路用地边界，南至沪青平公路，西至沪杭铁路外环线，北至建虹路。北片区功能定位是以企业总部办公、商务贸易办公、现代商务服务、高端居住等为主体功能，打造高端商务休闲生活社区。南片区功能定位是以企业总部办公、现代商务服务等功能为主，滨河创意休闲功能为辅，形成高端总部商务办公区。如下表：

项目名称	单位	数值
规划总用地面积	平方公里	2.3
规划建筑总量	万平方米	166.7
商业及商务办公总量	万平方米	138.1

（高　岳）

【市政府批准黄浦江和苏州河两岸地区相关规划】

11月，市政府批准《上海市黄浦江南延伸段WS5单元控制性详细规划徐汇滨江商务区附加图则》。

规划范围位于上海中心城的南部，徐汇区的东南部，内外环线之间。北侧临近徐家汇城市副中心，东北侧临近世博会规划区，西侧临近上海南站商务区。

规划综合考虑功能、交通、历史文化、开放空间、景观形象等要素，实现功能的复合，并梳理公共交通，改善滨水空间的可达性，同时积极发掘文化资源，延续历史文脉。布局提供多样的开放空间，丰富滨水活动，树立独特的城市形象，强化地区标志性。主要功能结构如下表：

项目名称		单位	数值
商贸金融区	用地面积	公顷	18.5
	建设规模	万平方米	12.9
企业总部办公区	用地面积	公顷	21.1
	建设规模	万平方米	49.5
航空服务业集聚区	用地面积	公顷	12.4
	建设规模	万平方米	7.6
国际集团总部区	用地面积	公顷	7.7
	建设规模	万平方米	15.2

12月，市政府批准《苏州河滨河地区（闸北段）暨天目社区控制性详细规划》。

规划范围南起苏州河，北至交通路、虬江路，东起罗浮路、武进路、河南北路，西至苏州河，其中苏州河滨河地区（闸北段）为长安路、曲阜路、天潼路以南地区。

规划功能定位是着力打造上海核心CBD的拓展区，提升滨河地区公共服务设施的服务水平，适量增加规划商业、商务办公用地控制。如下表：

项目名称		单位	数值
规划用地面积		平方公里	3.19
沿苏州河岸线长		公里	4.7
规划建设规模		万平方米	630
其中	住宅建筑面积	万平方米	185
	商业、商务办公建筑面积	万平方米	362

（高 岳）

【市政府批准虹桥商务区地区相关规划】 11月，市政府批准《虹桥商务区规划》。

规划范围为东至环西一大道，南至S20沪青平高速公路，北至G42沪宁高速公路，西至G15嘉金高速公路。

虹桥商务区总体发展目标是成为服务我国东部沿海地区和长江三角洲地区的大型综合交通枢纽、成为上海的重要商务集聚区和促进上海服务全国、服务长江流域、服务长江三角洲地区的重要载体。其中，主功能区核心功能是综合交通枢纽和现代商务贸易功能，形成面向长三角的商务中心；主功能区拓展区主要功能是主要承担虹桥商务区的配套功能，是虹桥商务区的基本功能配套区、延伸产业辐射区、交通功能保障区和环境品质支撑区。如下表：

项目名称		单位	数值
规划用地面积		平方公里	86.6
其中	主功能区	平方公里	27.7
	主功能区拓展区	平方公里	58.9
主功能区内商业商务办公设施建筑规模		万平方米	568
主功能区住宅建筑规模		万平方米	247
主功能区拓展区内商业商务办公设施建筑规模		万平方米	908
主功能区拓展区住宅建筑规模		万平方米	1591

（高 岳）

【市政府批准《松江新城总体规划修改》】 12月，市政府批准市规划和国土资源管理局会同松江区政府联合编制的《松江新城总体规划修改（2010－2020）》（沪府[2011]121号）。

松江新城规划范围东至区界－铁路金山支线，南至申嘉湖高速公路，西至绕城高速（G1501），北至辰花－卖新公路，总用地面积约160平方公里，其中城市建设用地面积约120平方公里。至2020年，松江新城常住人口将达到110万人。

松江新城功能定位是长三角地区重要的综合性节点城市之一，上海市西南部重要的门户枢纽，松江区的政治、经济、文化中心，是以服务经济和战略性新兴产业为主导，具有上海历史文化底蕴和自然山水特色的现代化宜居新城。

规划形成“四片、一带、两廊、三心”的空间格局。“四片”为新城北片区、新城南片区、工业园区和科技园区四个功能片区，并在此基础上形成9个功能组团。“一带”为南北向公共活动发展带，“两廊”为沿油墩港和洞泾港形成的两条生态走廊，“三心”为在核心组团、老城组团和南永丰组团形成3个新城级公共活动中心。规划轨道交通9号线向南延伸至松江南站，促进高速公路与城市道路网的衔接，形成“井”字形高速公路网和“四纵五横”的主干路网。构建完善的公共交通和慢行交通系统，形成3个综合客运枢纽。规划到2020年，人均绿化用地面积达到16平方米以上。 （郭 丽）

【上海市防震减灾“十二五”规划上报市政府审批】

4月1日，上海市地震局组织召开《上海市防震减灾“十二五”规划》（以下简称《规划》）专家论证会。经认真讨论，专家组认为：《规划》所提出的总体目标、主要任务、重点项目符合国家对2020年防震减灾工作的要求和上海社会经济发展需求，内容清晰具体，项目切实可行。专家组一致同意通过规划论证。上海市地震局根据专家组意见对规划进行修改完善后，于11月1日上报市政府审批。 （裴 锋）

【三级土地利用总体规划编制积极推进】 2011年，在国务院批准的《上海市土地利用总体规划（2006—2020年）》的基础上，市规划和国土资源管理局会同相关区县人民政府，积极推进区（县）、镇（乡）级土地利用总体规划编制工作：一是采取“以区为主、三级协同”的办法，加快将市级土地利用总体规划成果深化落实到区（县）和镇（乡），形成市—区（县）—镇（乡）三级规划成果体系；二是全面完成9个区（县）级和82个镇（乡）级土地利用总体规划成果的编制和审查工作，形成了“1（区县）+X（镇乡）”两级规划成果；三是同步梳理了17个区（县）、99个街道、111个镇（乡）的城乡总体规划，为促进土地集约节约利用、维护上海长远发展奠定了重要基础，也为保障城市生态安全预留了空间。

（郭 丽）

【上海开展“十二五”环境保护规划前期研究暨2025年远景规划研究】 上海市环境保护和生态建设“十二五”规划是上海市城市发展综合规划之一。该课题在编制“十二五”规划过程中收集了大量的环境数据，调研了前期研究的科研成果，在大量听取相关委办局和市民、专家意见的基础上开展研究。该课题分析评价了上海市环境质量现状，判断了主要环境问题以及发展趋势，明确了上海市“十二五”期间环境保护和建设目标，确定了今后五年主要环境保护重点任务和重点工程措施。

该课题在编制该规划中根据国家环境保护部的要求，对上海市环境保护“十二五”规划的执行进行了中期评估和最终执行情况评价，从而完善了环境保护规划体系、促进了“十二五”环保规划的执行保障。

（李富生）

【城市雕塑规划建设积极推进】 2011年，上海市城雕办积极协助上海世博局，结合世博会园区的后续开发利用，对8组原世博出入口广场雕塑、1座世博轴雕塑、2座世博公园雕塑进行了异地设置调整，辐射惠及了长宁、普陀、虹口、杨浦、闸北、闵行、嘉定、青浦、崇明等9个区县；1座世博公园雕塑作为与友好城市之间的互赠交流设置在美国芝加哥市，合理利用了世博雕塑，进一步扩大了2010上海世博会的影响力。见下表：

2011年上海城市雕塑规划建设项目表

项目名称		单位	数值
2011年上海市新建城市雕塑项目		座(组)	78
2010年上海世博会雕塑后续利用项目		座(组)	13
住建部全国城雕委“2010年度全国优秀城市雕塑建设项目”评选	上海市城雕办荣获优秀组织奖	个	1
	荣获“年度大奖”项目	个	2
	荣获“年度优秀奖”项目	个	2
	公共设施艺术化项目范例奖	个	1
城市雕塑流动展示平台	“上海第十一届南京路雕塑邀请展暨云南雕塑艺术展”展出雕塑作品	座	58
	“青春的视觉见证——第二届全国大学生公共视觉优秀作品展”展出雕塑作品	座	40
城市雕塑艺术中心工作	举办公益性雕塑艺术展	场	2
	举办公益性雕塑艺术讲座	场	1
	收藏优秀雕塑作品	座	4
	开展各类活动	场	16

（郑佳矢）

计划

【第五轮环保三年行动计划编制完成】 2011年初开始第五轮环保三年行动计划编制前期研究。6月，文本编制正式启动；8月，印发编制工作指导意见和区县编制指南；10月，编制完成计划文本和项目清单初稿；11月至12月，征求意见并进行修改完善，同时开展了规划衔接、资金平衡和政策协调等工作，先后向沈骏副市长、市人大、市政协作了专题汇报；12月26日，《上海市2012−2014年环境保护和建设三年行动计划》经市政府常务会议原则通过。

指导思想

深入贯彻落实科学发展观，围绕“创新驱动、转型发展”，坚持生态文明引领和以环境保护优化发展理念，把环境保护作为推动发展方式转变的重要着力点，按照“四个有利于”和“四个转变”（发展战略从末端治理为主向源头预防、优化发展转变，控制方法从单项、常规控制向全面、协同控制转变，工作重点从重基础设施建设向管建并举、长效管理转变，区域重点从中心城区为主向城乡一体转变）的要求，以“削减总量、改善质量、防范风险、优化发展”为重点任务，立足治本，狠抓源头，持续加强环境保护和生态建设，进一步提高城市环境质量，加快建设资源节约型、环境友好型城市。

基本原则

坚持“三重三评”，科学实施，客观评价。“三重三评”即在全面推进中重治本、综合治理中重机制、资金投入上重实效；环境保护的成效让市民评判、社会评价、科学数据评定。坚持“四个更加注重”，全面推进，重点突破。“四个更加注重”即更加注重环境质量和环境安全，更加注重解决市民关心的环境问题，更加注重科技进步和结构优化，更加注重长效机制和创新管理。坚持“四个协同”，依法严管，重在实效。“四个协同”即坚持多种污染物协同控制，提高污染防治成效；坚持多种手段综合运用，提高环境管理水平；坚持区域多方协作，实现污染联防联控；坚持全社会共同参与，形成环保工作合力。

总体目标

在总体目标上争创全国一流，环保工作继续走在全国前列。到2014年，主要实现五个目标：一是基本完成“十二五”污染减排目标任务，力争全面建成“十二五”重点减排工程。二是进一步完善环境基础设施体系，全市城镇污水处理率力争达到85%，所有电厂在全面脱硫基础上实现烟气脱硝，生活垃圾无害化处理率达到95%以上。三是进一步提升环保优化发展的水平，完成2000项左右的企业结构调整和优化，104个工业区块已开发区域污水全部纳管，重点领域循环经济发展形成特色。四是进一步提高环境风险防范能力，饮用水水源安全得到保障，形成比较完善的风险源控制体系，环保能力建设达到全国先进水平。五是进一步改善环境质量，环境空气质量优良率（API）稳定在90%左右，重点整治河道水质进一步提高，水体富营养化和大气灰霾、酸雨、臭氧等复合型污染得到初步遏制；郊区和农村环境进一步改善；全市森林覆盖率达到14%。

主要任务

计划共安排了268个项目，按照7个重点领域和1个政策机制专项分成8个专项实施。

水环境保护专项重点强化饮用水源地安全和污水处理体系完善。共54个项目，由市水务局牵头。主要任务是基本建成东风西沙水库及取输水泵闸工程；完成白龙港二期扩建和郊区9座污水处理厂的扩建升级，完善中心城区管网和郊区7个区县的污水收集管网，基本完成建成区直排污染源的截污纳管；完成4个污泥处理工程和白龙港污泥预处理应急工程；加强雨水泵站旱流截污改造；完成99公里河道整治；继续实施太湖流域水环境综合治理。

大气环境保护专项重点强化细颗粒物（$PM_{2.5}$）等复合性大气污染防治。共53个项目，由市环保局牵头。主要任务是完成11家电厂900多万千瓦机组的烟气脱硝；35万千瓦以下燃煤火电机组全面实施高效除尘改造；推进1000多台中小燃煤（重油）锅炉的清洁能源替代和109台20吨以上燃煤锅炉除尘达标改造；新车提前实施“国V”排放标准，全面推行机动车环保标志管理，加快黄标车淘汰；继续加强扬尘和挥发性有机物污染控制。

固体废物处置和噪声污染控制专项重点是提升固体废物综合处置能力和完善噪声污染防治机制。共33个项目，由市建设交通委牵头。主要任务是建设老港固体废物综合利用基地；建成郊区7座生活垃圾处理设施，完成闵吴码头集装化改造和闸北环卫基地；建成危险废物填埋场二期扩建和医疗废物应急处置系统，完善崇明岛危险废物处置系统；继续加强噪声污染控制。

工业污染防治和产业结构调整专项重点是推进产业结构调整和工业区环境整治。共25个项目，由市经济信息化委牵头。主要任务是推进宝山南大环境整治、金山卫深化整治和高桥石化地区污染治理；以“六大区域、九大行业”为重点，完成2000项左右企业结构调整；实现104个工业区已开发地块污水全部纳管，推进居民搬迁工作和环境监控体系建设。农业与农村环境保护专项重点是推进农业污染减排和农业废弃物资源化利用。共16个项目，由市农委牵头。主要任务是完成25家畜禽养殖场标准化建设，倡导种养结合和化肥农药减量；建设5个农作物秸秆综合利用示范工程，推广秸秆机械化还田580万亩（次）；实施300个村庄环境整治。

生态环境保护与建设专项重点是绿地林地建设和崇明生态岛建设。共24个项目，由市绿化市容局牵头。主要任务是推进外环生态专项、公共绿地、立体绿化和生态公益林建设；加快实施崇明岛饮用水安全和生态建设工程，完善生态环境预警监测评估体系；加强湿地和野生动物栖息地的保护；推进各级生态创建。

循环经济和清洁生产专项重点是推进循环经济示范项目建设和废弃物综合利用。共15个项目，由市发展改革委牵头。主要任务是加强循环经济示范引领，推进生活垃圾、工业、城建、农业等废弃物综合利用试点项目；推进废弃物源头减量，构建再生资源回收体系；继续推进生态工业示范园区创建和清洁生产。

政策和机制专项共48个项目，由市发展改革委牵头，重点是研究落实污染减排、生活垃圾分类处置、污染源治理、绿地林业建设等相关配套支持政策，完善相关法规、标准和规范性文件，强化科技支撑，推进环保监管能力建设。（市环保局）

【第四轮环保三年行动计划农业专项顺利完成】

按照市政府的要求和市推进办的统一部署，创新工作机制，与郊区县建立联动工作关系，认真落实资金，采取综合措施，顺利完成第四轮环保三年行动计划农业专项12个项目（建设项目1个、管理型项目11个）与6个千亩示范基地建设项目。启动并完成了第五轮环保三年行动计划农业专项编制工作。

（汪湖北）

执法

行政执法

【环保专项行动】 根据环境保护部等九部委联合发布的《关于2011年深入开展整治违法排污企业保障群众健康环保专项行动的通知》（环发[2011]41号文）的精神，结合本市实际，市环保局会同市发改委、市监察局、市司法局、市建交委、市工商局、市安监局、市经信委、市绿化市容局、市水务局和华东电监局联合开展了一系列环保专项行动

环保专项行动突出三个重点：一是加大对重金属污染物排放企业环境违法行为的整治力度，遏制重金属污染事件的发生；二是推进污染减排工作，促进产业结构调整和发展方式的转变；三是开展环境隐患排查，确保城市环境安全。在工作中，将环保专项行动同推进“后世博环境质量和环境安全保障”结合起来；同调整产业结构，推进节能减排结合起来；同解决群众最关心、最直接、最现实的环境问题结合起来；同强化日常环境监管，完善长效机制结合起来。在各相关部门的通力协作及努力下，环保专项行动取得了明显成效。

专项行动期间，据不完全统计，全市共出动执法检查33200余人次，检查企事业单位25600多户次。处理信访案件9800余件，立案查处违法排污单位1200多家，责令100多家违法企业停产、关闭、搬迁。挂牌督办了一批重污染企业的污染整治工作，对一批不能稳定达标的污染企业实施了限期治理，解决了一批群众反映强烈、举报和投诉集中的难点、热点环境问题。有效地保障了本市的环境质量和环境安全，促进了主要污染物减排工作的顺利实施，解决了一批危害群众健康和影响可持续发展的突出环境问题。同时，在专项行动过程中，执法人员以执法检查为契机，对企业加强环保宣传和教育，指导企业加强对污染防治设施设备运行情况和污染物达标排放情况的检查，完善环境应急预案，健全环境保护管理制度。

此外，按照环保部要求，市环保局还组织对建材市场、增塑剂生产企业等开展专项执法检查。

（余飞麟）

【污染源现场执法】 2011年，全市环境监察机构对污染源现场执法共出动22779批次、72611次，现场监察企事业单位50691户次；检查废水处理设施16285套，废气烟尘治理设施27224套，噪声治理设施4167套，固废治理装置6268套；处罚违法单位1154户，处罚金额4211.96万元。全市开征排污费2.41亿元。其中，总队对市级重点污染源现场监察1366户次，检查废水处理设施958套（次），废气烟尘治理设施1541套（次），噪声治理设施4套，固废治理装置142套。全年共处罚违法单位26户，处罚金额306.7万元。对市级重点企业开征排污费1.68亿元。

2011年，全市环境监察系统不断加大环境监察力度，强化执法主动性，扩大执法覆盖面。坚持日常检查与突击抽查相结合，突出重点区域、重点行业和重点污染源的执法监管，持续推进精细化监察，不断丰富日常监察工作内容。通过严肃查处各类环境违法行为，积极运用行政执法和排污收费等手段开展综合整治，发现并查处了一批大案要案，有力震慑了不法排污行为。

（周斌辉）

【上海市环境监察系统行政处罚情况年度变化情况】

上海市环境监察系统行政处罚情况年度变化图

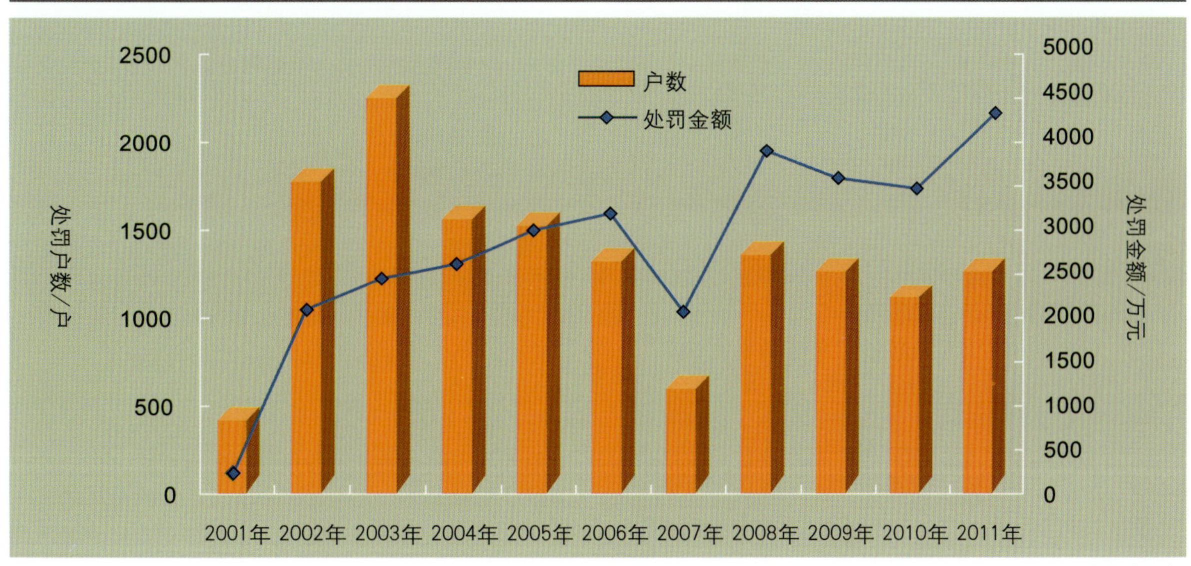

（周斌辉）

【区县行政处罚统计】

《区县行政处罚统计表》

区县	处罚户数							罚款金额（元）	处罚形式	
	总数	废水	废气	噪声	固废	建设	其他		简易	一般
黄浦	39	12	23	2	0	2	0	139000	32	7
卢湾	25	0	23	0	0	2	0	102000	0	25
徐汇	24	1	2	0	1	20	0	158000	0	24
长宁	0	0	0	0	0	0	0	0	0	0
静安	15	0	11	0	0	0	4	57750	0	15
普陀	26	6	16	0	2	2	0	373500	0	26
闸北	13	0	0	0	0	13	0	112000	0	13
虹口	7	1	0	0	0	6	0	97000	1	6
杨浦	7	4	0	1	0	2	0	108000	1	6
闵行	97	13	7	0	16	49	12	3509000	0	97
宝山	111	17	21	0	3	70	0	4615000	0	111
嘉定	141	26	6	1	5	102	1	6212000	0	141
浦东	193	19	54	0	1	118	1	7325450	0	193
奉贤	90	18	7	1	1	63	0	2402000	0	90
松江	77	6	3	0	0	68	0	2555000	0	77
金山	78	16	1	0	4	56	1	2108000	0	78
青浦	147	11	21	1	2	112	0	7913000	0	147
崇明	57	9	19	0	6	20	3	291000	0	57
总队	26	4	3	0	14	4	1	3067380	0	26
合计	1173	163	217	6	55	709	23	41145080	34	1139

（郑　恺）

【夜间施工执法检查】　2011年，本市多方协作查处违法夜间施工。市容绿化部门会同建设管理、环保部门多次开展联合检查，及时纠正违规施工和不规范处置渣土行为；夜间执勤人员加强巡查，依法查处建筑工地违法施工噪声扰民行为，共查处夜间施工案件20余起。（秦　磊）

【突发环境事件处置】　2011年，市环保局处置各类突发IV级环境事件共196件，除了8件突发环境事件造成了一定的环境及社会影响外，其余188件突发环境事件均只对环境造成了轻微影响。

突发环境事件按类型划分：水污染事件26件，大气污染事件129件，海洋污染1件，固体废物污染6件，噪声与震动污染1件，其他事件33件；按事件起因划分：违法排污引发的有6件，安全事故引发的有38件、交通事故引发的有13件、其他原因引发的有139件。（钱文戎）

【公交车尾气污染专项联合执法检查】　2011年，市交通执法总队会同市环保局对全市1180条公交线路开展了专项联合执法检查，累计检查公交车4514辆次，查获公交违章396件，其中尾气超标排放2件，并坚持督责整改，较有效地降低了公交车冒黑烟现象，对公交行业节能减排起到了促进作用。2011年，公交车尾气排放达标率达96%，已连续四年达到95%以上。

检查方式主要采取公交场站和公交枢纽地区周边定点检查、市内主要交通路口临时设点检查和上户跟踪督促整改等方式。市交通执法总队和市环保局对尾气排放不合格车辆及时发出整改通知，并督促公交企业加快落实车辆更新计划和加强车辆整修、维护保养。（王　健）

【沿海地区陆源溢油污染风险防范检查】　为贯彻落实国务院第171次常务会议精神及环保部等七部门联合下发《关于印发〈沿海地区陆源溢油污染风险防范

大检查工作方案〉的通知》（环办【2011】119号）的要求，2011年，市环保局组织牵头市安监、市交港局、上海海事局等部门开展对本市沿海地区陆源溢油污染风险防范检查，范围涉及本市石油炼制企业、油品储存企业、石油输送管线及涉油码头共计964家。（钱文戎）

【海洋环境联合执法检查】 根据环保部办公厅等九部门联合下发的《关于开展2011年海洋环境保护联合执法检查的通知》的要求，市环保会同市发展改革委、市建设交通委、市农委、市海洋局、上海海事局等部门组成联合执法检查组，对海岸和海洋工程执行法律法规情况、沿海工业园区环境管理情况、海洋污染防治情况、典型海洋自然生态系统保护情况、船舶污染防治和应急能力建设情况等，开展了联合执法检查。检查结果显示本市各项涉海环保工作总体较好，海洋环境质量总体稳定。（潘　磊）

【港口岸线环境整治进一步开展】 2011年，上海港港政部门对黄浦江徐浦大桥下游浦西侧（上海和黄白猫有限公司至徐汇环卫码头）1.8公里岸段继续开展清理和整治，共清理荒滩5800平方米，废弃船只2艘，废弃桩基20根，大型砼块、残留结构和抛弃物23处，保障了黄浦江岸滩平整、整洁、顺畅，有利于通航的安全、畅通。

在总结复兴岛岸线专项整治工作经验的基础上，上海港港政部门继续对位于黄浦江下游的江心沙路（三岔港至高桥港）岸线环境进行专项整治。本次整治共检查20个岸段，岸线长度约7公里，码头经营单位28家（含部队码头），其中港航服务单位3家，客运单位3家，修造船厂3家，钢材装卸单位3家，散货装卸单位7家，油品装卸单位3家，其他类5家。专项整治历时6个月，出动执法人员200余人次，制作现场检查笔录26份，发出责令改正通知书7份，行政处罚4起。通过明确要求、梳理问题、督促整改、行政处罚等措施，督促企业规范使用港口岸线，安全使用码头设施，改善生产作业环境。（俞　晓）

上海港港政管理中心对码头单位进行环保监督性监测

（市交通港口局 提供）

【森林资源执法】 一是完善森林资源网络管理平台。市林业部门会同市规土部门，对全市148.6万亩林地的土地属性进行全面梳理调整，实现了两个部门在数据底板、技术口径、功能区划上的统一 。对各区县和有关单位森林资源管理员进行培训，启动森林资源动态更新。

二是严格林地管理，规范林地征占用审批程序，分解林木采伐限额。年内共受理林业行政许可110件。组织开展以打击破坏森林资源违法犯罪为重点的“亮剑行动”。针对大型居住区涉及征占用林地一事开展全市调查和处理。（秦　磊）

【野生动物保护专项整治行动】 夏季蛇蛙类保护专项行动：按照沪动管［2011]12号文，专项整治工作从7月22日持续到9月5日。区（县）（普陀、杨浦、金山、崇明）联合执法4次。全市共组织检查1779次、组织宣传1210次、组织联合执法行动100余次，罚没青蛙2243斤、蟾蜍817斤、蛇298斤（56条）。在一定程度上遏制了蛇蛙类在市场上泛滥的现象，有力打击了非法销售蛇蛙类行为。

春秋乱捕乱猎专项行动：野生动物保护部门下发《关于在春季候鸟迁徙期间开展加强野生鸟类保护行动的通知》、《关于进一步加强2011年度越冬候鸟保护工作的通知》，全市（尤其是郊区）检查沿海滩涂、大型林地、林带、果园等地点共948次，有力打击了乱捕乱猎野生动物的行为，为在沪越冬候鸟提供了安全的栖息环境。

象牙制品专项执法行动。根据日常管理掌握的情况和国际组织上海办事处《2011年11月上海象牙和玳瑁贸易调查》情况，11月14日开始，全市范围内展开了针对非法经营象牙等野生动物制品的摸底调查和联合执法。截至11月底，全市6个中心城区野保部门对13个古玩和花鸟市场开展大检查，共宣传告知80多次，对曾有经销象牙制品或存在少量制品的令其写出保证书20多家，暂扣两家非法销售的非洲象牙制品13件、猛犸象牙4件，已对当事人立案处理。

野保部门全年共接到有处理内容的举报投诉（包括咨询）电话288次，分别按规定和程序予以处理，并记录在案。妥善处理黄浦江天鹅事件，铜川路水产市场出售穿山甲等野生动物，人民广场某火锅城经营野生动物制品等举报案件，野生动物园虐待黑熊事件。结合两家动物园和各区（县）上报的数据，野保部门全年共收容救护野生动物464只（头、条）（不包括王锦蛇、乌梢蛇等市场上常见蛇类，以及青蛙、蟾蜍等市场上常见蛙类等），其中国家一级重点保护野生动物12只（头、条），国家二级重点保护野生动

物68只，其余384只（头、条）。（秦 磊）

【东滩鸟类保护专项执法行动】 以保护越冬候鸟、春季迁徙鸻鹬类水鸟及其栖息地的专项执法行动“夜鹰三号”和“春隼三号”，共出动巡护执法人员1200人次，总巡护里程达9000多公里，成功破获了“2·10”小天鹅等越冬候鸟被毒杀案件，并加强了重点区域巡护、针对性开展执法宣传教育等后续措施，消除潜在隐患和负面影响。11月1日正式启动实施以保护越冬候鸟及其栖息地的“夜鹰四号”专项执法行动，重点将东滩3号船为临时管护点，派驻人员在偷猎易发区域进行24小时值守。（崇 明）

【植物检疫执法】 2011年有关部门继续加强对世博期间引进的大型景观植物的检疫监管，组织专家对第一批引进植物进行论证，对隔离苗圃存在的问题及时提出整改意见，为今后开展对已过隔离监管期苗木的监管工作提供科学依据；完成世博场馆引进的法国玫瑰等多种植物依法进行销毁处理和西安“世园会”新西兰馆引进植物的调运检疫服务。

加强区域和部门联手合作，与浙江省林业检疫部门签订合作框架协议，共同加大对苗木、花卉的调运检疫执法力度和相互间的通报；与市容绿化部门与市出入境检验检疫部门共同开展舞毒蛾监测和国外引种企业的检疫监管；联合上海市质量技术监督局等部门开展了对全市木材市场的检疫执法，进一步加强了对建材市场木制品的监督管理；在总结宝山、嘉定和青浦报检员制度试点成功经验上，全面推进报检员制度。（秦 磊）

执法制度建设

【开展环保领域制度廉洁性评估】 根据市纪委、市政府法制办、市预防腐败局联合发布的《关于本市开展制度廉洁性评估试点工作的通知》（沪纪[2011]27号）的要求，市环保局组织开展了制度廉洁性评估工作，从制度廉洁性、制度合法性、制度中的利益冲突以及制度科学性等四个方面，对由市环保局为主实施的3件地方性法规、9件政府规章和41件规范性文件进行了全面评估。评估的重点涉及行政审批权、行政执法权、行政处罚权、行政收费、招投标、建设项目管理等权力相对集中，易发生腐败现象的领域。

从评估的情况看，本市环保地方性法规、政府规章和规范性文件主要是对现有国家法律、行政法规的细化和补充，在制度的廉洁性、合法性、科学性、利益冲突等方面没有原则性问题。

为进一步保障环保制度廉洁性，市环保局将建立制度廉洁性审查评估工作落实在制度建设全过程的长效机制，在起草法规草案或者制定规范性文件时，涉及制度廉洁性的相关文件由监察部门先行审查，并广泛听取各方意见，从源头上把好制度廉洁关。同时探索完善立法后评估制度和规范性文件定期清理制度。（余飞麟）

【环保违法行为有奖举报规定出台】 为进一步加强环保违法行为的社会监督，推进环境公众参与。市环保局出台《关于对环保违法行为实行有奖举报的规定》（以下简称《规定》）。该《规定》2003年市环保局制定的有关有奖举报暂行规定的基础上进行了修订和完善。《规定》于9月1日起正式实施。

《规定》在规范环保有奖举报制度方面，做了以下调整：一是调整了实施有奖举报的范围。针对当前环境违法行为的特点，实施有奖举报的重点放在影响城市安全、由环保部门执法的突出环境违法行为上。二是明确了奖励金额。原暂行规定中未涉及具体金额范围，《规定》中明确奖励金额为1000—10000元。具体金额，由市环保局根据案情性质及查处情况确定。三是设定了核发条件和程序。《规定》明确了奖金的核发条件：有奖举报奖励对象一般为第一（时间）举报人。举报人应当提供自己的真实姓名、地址及联系方式，并提供被举报单位的名称、地址、基本违法事实及相应的线索。《规定》同时明确了核发程序。（何春茜）

【城管执法体制进一步完善】 以实施《行政强制法》为契机，贯彻落实“上海市完善城管执法体制工作会议”精神，执法主体统一为市、区“城市管理行政执法局”、执法队伍分别更名为“市城市管理行政执法局执法总队”和“区城市管理行政执法局执法大队”，完成罚缴分离机构代码变更、执法文书更新等工作。

修订完善《暂扣物品保管和处理暂行办法》等规章制度，确保《行政强制法》实施后城管执法工作依法、正常、有效开展。同时，根据法规中所明确的街道、镇（乡）城管执法队伍的管理模式以及城管执法人员上岗资格，由市公务员局组织的统一考试，进行人员分流，先后完成浦东、长宁、金山等区城管执法人员“参公”考试及人员分流等工作，全面完成本市城管执法队伍“参公”管理。

截至11月，全市共有城管执法人员6075人，全部实现“参公”管理。其中，从学历情况看，研究生36人，占0.6%；本科生2617人，占46.5%；大专生占50.1%，大专以下占2.8%；年龄情况而言，25岁以下的人员占35.9%，36—50岁人员达到44.7%，51岁以上占19.4%。（秦 磊）

2012

上海环境年鉴

污染防治与环境建设

大气污染防治

【新增1个无燃煤街道】 2011年制定的《上海市“基本无燃煤区”区划和实施方案（修订稿）》（征求意见稿），增加低碳示范区、郊区新城和燃煤（重油）密度较高的重点街道（镇），共划定2388平方公里“无燃煤区”、779.4平方公里“基本无燃煤区”。年内创建了1个“无燃煤街道”杨浦区平凉路街道。 （胡国良）

【上海正式发布实时空气质量状况】 1月1日，上海市正式发布实时空气质量状况，公布PM_{10}、SO_2、NO_2等污染物指数，上海市成为全国第一个对公众发布实时空气质量状况的省市级城市。

5月2日至3日，上海市空气质量重度污染，API指数达最高值500，市环境监测中心较为准确地预报了沙尘影响过程，第一时间发布沙尘污染预警信息并启动分时段预报。

5月9日，东方网“我爱环保”官方微博注册成功，市环境监测中心为此微博主要日常维护者，实时发布全市空气质量日报预报信息。

6月7日，东方明珠移动电视空气质量信息发布平台启动。市环境监测中心利用此平台实时发布空气质量分段预报。 （李 嵘）

环境空气质量监控 （市环境监测中心 提供）

【后世博扬尘监控完善保障机制】 一是加强对扬尘的常态化监管。坚持专项执法、联合检查与日常巡查相结合，组织各区县环保局每月开展各类工地扬尘污染检查，共检查各类施工工地1000余个、道路800多条、组织执法行动46次，出动执法人员19985人次，发现违规工地100余个；

二是试点开展建筑工地扬尘在线监控。在徐汇区部分工地出入口设置视频监控，边界处设置扬尘在线监测，实时跟踪建筑施工扬尘污染特征。

三是建立扬尘污防信息季报制度。为巩固世博环境的整治成果，会同环境监测中心、环境监察总队、各区县环保局建立了信息上报和联席会议制度，定期汇总本市扬尘污防工作信息。

四是建立联防联控机制。将扬尘防治纳入了本市建筑工地文明施工测评体系，与建设主管部门联合推进扬尘执法与检查；

五是启动扬尘污染源信息系统建设。会同环境监测中心、信息中心研究建立扬尘污染源动态信息库，目前已初步搭建了信息库基础研究框架，为后续建设打下了基础。 （胡国良）

【建筑、市政道路扬尘污染有效控制】 2011年，根据12319城管热线扬尘污染投诉情况统计汇总，2011年度总投诉量为902件，比2010年度的总投诉量1109件下降了18.67%，比2009年度的总投诉量1752件下降了48.52%。

2011年扬尘污染得到有效控制，主要是在年头就强化了建筑、市政部门贯彻落实2010年11月颁布的市政府48号令《上海市建设工程文明施工管理规定》和2010年12月颁布的市建交委印发的1032号文件《上海市建设工程文明施工标准》文件的宣贯和执行，强化了建设行政管理部门在工程施工过程中的监督执法。 （邱志青）

【上海推进道路运输车辆燃料消耗量核查】 实施营运车辆燃料消耗量准入制度是交通部加快建立以低碳为特征的交通运输体系节能减排的重要举措之一。从2010年开始，不符合道路运输车辆燃料消耗量限值标准的车辆，不得用于营运。2011年3月，该项工作从过渡阶段全面进入了达标车型时期。为顺利进行过渡，市运管处专门召开了燃料消耗量达标专题会议，对于新政策的要求进行布置。各汽车综合性能检测站按要求对站内人员进行培训，理顺检测流程，根据新的要求开展核查。

2011年，共核查25268辆车，其中合格24861辆车，不合格407辆车； 合格车辆中属于过渡车型的有8988辆车。通过道路运输车辆燃料消耗量核查，引导运输经营者购买和使用节能环保的标准化车辆，推广应用节油型车辆，限制、淘汰高油耗车辆，为实现道路运输节能减排总体目标提供了有力保障。 （王 文）

【市、区首次开展两级路检执法】 为进一步推动机动车路检执法工作，加大对超标排放机动车的查处力度，市环保局发出《关于开展本市市区两级机动车路检执法工作的通知》，要求各区县环保局明确机动车污染防治的工作部门和专职联络人，在市环保局统一领导下，会同区县交警支队、交通行政执法大队，在全市首次实施市、区两级机动车路检执法，开创了机动车路检执法工作的新局面。

（黄伟明）

【公交车辆排放标准提高】 截至2011年底，上海公交拥有营运车辆16537辆，其中，9713辆营运车辆达到国Ⅲ排放标准约占58.73%，1498辆营运车辆达到国Ⅳ排放标准约占9.06%。其余均是国Ⅱ排放标准高等级公交车辆。（秦 彬）

【超市免费班车重型柴油车冒黑烟专项整治】 在前几年开展公交、出租行业冒黑烟专项整治工作初见成效的基础上，2011年确定了以超市卖场免费班车为主的重型柴油车冒黑烟专项整治工作重点。为从源头解决超市卖场免费班车冒黑烟问题，市环保局与市商务委联合发布《关于加强超市免费班车环保管理的通知》（沪环保防〔2011〕502号），明确了超市企业的环保管理要求，并对超市订立班车租赁合同规定了环保补充协议的内容：要求运输企业提供超市班车使用的车辆应符合国Ⅲ排放标准或国Ⅲ以上排放标准。在准入门槛上提高了超市卖场免费班车执行尾气排放标准等级，从源头上解决了超市卖场免费班车冒黑烟的问题。（黄伟明）

【出租车倡导电调预约】 截至2011年年底，强生（含原巴士）、大众、海博、锦江四大公司调度平台日均接电总数约70000余个，供车车次约51000余车。电调模式的发展不仅方便了市民乘客的用车需求，也大大提高了出租汽车的里程利用率，减少了出租车驾驶员因空驶揽客而带来的尾气污染。

上海的出租汽车共计近5万辆，其中装有电话调度终端系统，可供预约的车辆数约33000辆，全面覆盖四个大型骨干企业的所有车辆，占行业车辆比重约67%。（黄伟春）

【公交协会举办安全节能减排技能大赛】 为响应全国总工会发出的“我为节能减排作贡献”的号召，市交通港口局、市城市交通工会、市公共交通行业协会于3月举办了“公交行业安全节能减排技能大赛”，以此推广节油驾驶技巧、倡导低碳节能理念。上海33个公交企业3万多名驾驶员参与大赛。

经过自上而下、层层选拔，最终选出了47名选手参加大赛决赛。决赛采用现场操作和经验介绍方式进行，评选出了行业“十大节油明星”、“十大节油先进”。（秦 彬）

【出租车站点建设积极推进】 出租汽车在候客站内上下客，既减少了道路拥堵，也减少了出租汽车候客

市交通港口局举办安全节能减排技能大赛

（市交通港口局 提供）

等待时间，降低了能耗。2011年，市交通港口局下发《关于推进本市出租汽车候客站建设的意见》文件，其中不仅提出了出租汽车候客站建设的意义和工作目标，同时还明确了市、区两级交通主管部门的责任以及设置上的技术要求。全市各区县积极推行该项工作。本市除两场三站（机场、火车站）的出租车候客站点建设颇具规模外，诸如徐家汇六百、五角场万达、浦东正大广场、龙阳路地铁站等地区的出租汽车候客站点也已进入良性循环，运营情况良好，取得了市民和出租车驾驶员的广泛认可，同时大大减少了出租汽车的空驶里程，减少了燃油消耗。（黄伟春）

【燃油助力车占非机动车比例下降】 2011年，市公安部门共查处燃油助力车各类交通违法行为24万余起，暂扣6万余辆次。公安部门积极协调市经信委，组织全市817家加油站自2011年3月份起，对违法上路行驶的燃油助力车停止提供加油服务。2011年底，市区主要道路交通高峰时段每百辆非机动车中，燃油助力车所占比例已从年初的10%降至2%以下。

（杜京阳）

【800多家加油站基本完成油气回收改造】 截止2011年底，本市800多家加油站基本完成油气回收改造。为确保油气回收治理效果，并建立长效管理机制，市环保局组织开展了加油站、储油库油气回收改造专项检查，对一些初步完成改造但设施运转不正常的加油站进行执法查处，对尚未完成改造的加油站提出整改要求，深入推进了相关企业储油库、加油站、油罐车油气回收改造工作。（何 赟）

【危险品货运行业加强监管】 上海市城市交通运输管理部门在审核道路运输证办理资料过程中，将车辆技术状况和车辆燃料消耗量核查达标作为重点审核

项目，从而保证车辆技术达标，符合国家节能减排要求。

2011年，市运管部门结合道路危险货物运输行业管理要求及夏季高温安全防范工作要求，不断加强本市道路危险货物运输行业监管工作。结合上海市交通运输和港口管理局指挥中心GPS专报，加强分析GPS监管平台各类预警数据，对违规情况严重的企业进行针对性的监管。

2011年1月至12月共监管576户次，开具整改通知书27份。同时，结合行业监管开展企业质量信誉考核工作，共对269户企业进行考核，并形成等级排名。通过针对性监管，数据化考核，督促企业及时清除安全隐患，严把车辆技术安全关。（张中炎）

【上海开展港口大气污染物排放调查】 为掌握上海港大气污染排放总量、责任分担率、排放时间和空间分布等情况，自4月起，上海港港政管理中心着手开展港口单位非道路移动运输设备和靠港船舶及集疏运车辆大气污染排放调查。共发放燃油装卸生产设备、集疏运车辆、靠港船舶、散化码头挥发性有机物排放调查表750份，调查110家港航企业，并实地调查核对反馈数据，完成了上海港大气排放数据库清单统计。（俞　晓）

【上海实施启动“加速淘汰含氢氯氟烃行业计划”】

12月19日—20日，环保部加速淘汰含氢氯氟烃行业计划实施启动大会在上海召开。环保部副部长张力军出席大会并讲话。张力军表示，自加入《蒙特利尔议定书》以来，中国逐步建立完善淘汰消耗臭氧层物质(ODS)的法律法规和管理制度，积极开展淘汰活动，鼓励替代品和替代技术的应用，已经淘汰了10万多吨消耗臭氧层物质，约占发展中国家淘汰总量的一半，圆满完成了4种主要消耗臭氧层物质的淘汰任务，为全球保护臭氧层事业做出了突出贡献。

环保部副部长张力军出席启动大会（华毅文 摄）

在分析今后的主要工作任务时，张力军说，今年是“十二五”开局之年，也是含氢氯氟烃加速淘汰计划的启动之年。为做好下一步的履约工作，重点要抓好四方面工作：

一是尽快建立完善含氢氯氟烃管理制度体系。环境保护部将积极协调有关部委，根据《消耗臭氧层物质管理条例》，尽快出台针对含氢氯氟烃淘汰的相关管理规定，严格控制含氢氯氟烃新、改、扩建项目，建立含氢氯氟烃生产、使用、进出口配额许可、数据报告、销售备案、维修回收等各项管理政策和制度，为含氢氯氟烃淘汰工作提供制度保障。各地方环保部门要加强履约能力建设，严格控制新、改、扩建含氢氯氟烃生产和使用项目的环评审批。

二是组织实施好各行业含氢氯氟烃淘汰计划。主管部门要加强项目实施和验收的监督管理，确保资金高效合理使用。行业协会要继续发挥协调和纽带作用，协助做好行业计划实施工作。

三是大力推动环境友好替代技术的开发和应用。我国将积极鼓励和支持含氢氯氟烃替代技术的开发和应用，修订完善替代品的标准法规，通过产业政策调整、政府采购、绿色产品认证、舆论宣传引导等多种方式，促进替代产品的推广应用。

四是继续加强国际环境合作。应对当前履约面临的巨大挑战，中国仍然需要国际社会的大力支持，共同研究解决与履约有关的问题。（吴　建）

【上海市地方消耗臭氧层物质淘汰能力建设项目通过环保部验收】 7月，“上海市地方消耗臭氧层物质淘汰能力建设”项目通过环保部验收。专家组对上海市加强地方消耗臭氧层物质淘汰能力建设项目组织实施成效给予高度评价，一致认为上海市结合实际情况，扎实稳妥地开展各项项目活动，实现了项目预期目标。

为认真贯彻执行《中国逐步淘汰消耗臭氧层物质国家方案》，2008年，上海市环保局全面完成了上海市保护臭氧层的组织协调机构和工作机构的建设、建立上海市消耗臭氧层物质（ODS）生产和使用数据库、开展执法检查、实施ODS申报登记制度等八项任务。

2011年，为进一步贯彻落实《消耗臭氧层物质管理条例》，进一步巩固和提高“上海市地方消耗臭氧层物质淘汰能力建设”成果，重点开展了上海市HCFC相关企业生产、使用、回收、处理现状和国内外ODS环境管理调查，制定上海市ODS回收处理处置污染防治管理规程方案研究等，开展ODS重点企业复查和执法检查，重点开展了ODS无害化处理、保护臭氧层、上海在行动的宣传等活动。（钟声浩）

【POPs履约能力建设示范市项目通过中期评估】

1月，上海市POPs履约能力建设示范市项目通过联合国工业发展组织(UNIDO)独立专家在沪进行的中期评估。环保部和UNEP的专家对上海市履约能力建设工作表示满意，希望上海继续从保护生态环境和人体健康高度，进一步开展POPs污染防治工作。

上海市自2009年起成为中国履行斯德哥尔摩公约能力建设项目全国5个示范省市之一以来，重点从五个方面推进履约能力建设：

一是建立了履约工作协调机制，由市环保局会同发改委、建交委、农委、华东电监局等部门成立实施国家实施计划（NIP）工作协调组；

二是加快政策法规和标准规范体系完善，完成了POPs十二五污染防治等规划，开展了国家固废法地方立法研究，研究和编制钢铁行业污染排放标准、废物焚烧大气污染物排放标准等一系列标准、规范；

三是基本摸清POPs污染源家底。通过开展3轮二恶英类POPs排放源调查和含PCBs电力设备、杀虫剂类POPs调查，初步建立了本市POPs信息库；

四是发挥国有大型企业的骨干力量，率先应用BAT，促进BEP。在淘汰122台小型医疗废物焚烧炉基础上，建设年处置2万吨医疗废物焚烧炉，二恶英排放达到欧盟标准；在宝钢公司成立国内钢铁行业首家POPs分析实验室，并进行了钢铁行业二恶英削减的科研和示范工程试点；

五是大力开展POPs污染防治的宣传教育和培训，建立了区县环保管理人员的培训机制。

（仉　博）

POPs公约

POPs是英文（Persistent Organic Pollutants）的缩写，中文名称为“持久性有机污染物”，它是一类具有长期残留性、生物累积性、半挥发性和高毒性，并通过各种环境介质（大气、水、生物等）能够长距离迁移，对人类健康和环境具有严重危害的天然的或人工合成的有机污染物。

POPs公约是在联合国环境规划署(UNEP)主持下，为了推动POPs的淘汰和削减、保护人类健康和环境免受POPs的危害，国际社会于2001年5月23日在瑞典首都共同缔结的专门环境公约，其全称是《关于持久性有机污染物的斯德哥尔摩公约》。此公约的成功签署，被认为是继《巴塞尔公约》、《鹿特丹公约》之后，国际社会在有毒化学品管理控制方面迈出的极为重要的一大步。

第一批列入《关于持久性有机污染物的斯德哥尔摩公约》受控名单的12种POPs：

1）有意生产　　有机氯杀虫剂（OCPs）：滴滴涕、氯丹、灭蚁灵、艾氏剂、狄氏剂、异狄氏剂、七氯、毒杀酚；

2）有意生产　　工业化学品：六氯苯和多氯联苯（PCBs，209种）；

3）无意排放　　工业生产过程或燃烧生产的副产品：二恶英（多氯二苯并-p-二恶英PCDD）、呋喃（多氯二苯并呋喃PCDF）2378位取代PCDD和PCDF 17种。

第二批新增物质包括：3种杀虫剂副产物（α－六氯环己烷、β－六氯环己烷、林丹）、3种阻燃剂（六溴联苯醚和七溴联苯醚、四溴联苯醚和五溴联苯醚、六溴联苯）、十氯酮、五氯苯以及PFOS类物质（全氟辛磺酸、全氟辛磺酸盐和全氟辛基磺酰氟）。

第三批增列（第五次缔约方大会）：硫丹。

水污染防治

【饮用水源保护区完成年度监管工作】　根据市政府《关于贯彻上海市饮用水源保护条例的实施意见》中的任务清单，2011年饮用水源保护区监管完成的工作主要有：

清拆整治：组织崇明县、嘉定区制定了中小水源地清拆整治工作方案，并督促区、县政府组织实施；青草沙水源地一级保护区临时围栏已于2011年5月底建成，永久围栏建设方案（初稿）已完成，正在开展方案完善工作。

风险企业管理：完成全市饮用水源地风险企业更新工作，共调查评估风险企业400多家；建立了饮用水源地风险企业定期监察制度；完成了《上海市饮用水源地环境风险控制及对策研究》科研课题，重点对黄浦江上游流动风险源、长江口水源地环境综合风险进行了调查评估，提出了管理对策。

危险品禁运：市交港局会同市环保局完成了太浦河危险品禁运试点工作。

推进协调工作：闵奉支线原水管工程已立项，关闭了8个中小水厂，东风西沙水源地已开工建设，发布了供水集约化政策；启动二级区闵行、松江、大观园污水处理厂排放口搬迁等准备工作。　（孙晓红）

【饮用水源地继续实施生态补偿】　2011年饮用水源地生态补偿范围与2010年相同，包括本市四大水源地所在的青浦、松江、金山、闵行、奉贤、浦东、徐汇、宝山、崇明等9个区县，年度补偿金额达到5.14亿元。

为进一步规范生态补偿资金的使用，更好地发挥生态补偿资金的作用，市财政局修订了生态补偿支付办法，市环保局印发了《上海市水源地生态补偿工作考核办法（2011年修订）》。生态补偿政策自2009年起已实施了3年，为进一步完善生态补偿政策，市环保局组织制定了生态补偿政策后评估工作方案，拟对政策的效益开展后评估，并提出进一步完善的对策建议。（孙晓红）

【饮用水保护区域码头加强环保工作】 为配合《上海市饮用水水源保护条例》的实施， 2011年，上海港港政管理部门对地处上海市饮用水水源保护地范围内的港口企业开展排放水水质监测，并通过召开专题会议，对其中18家排放水不达标的单位通报监测结果，提出整改要求，要求逐家落实整改措施。超标单位积极整改，并书面回复整改报告。对此，港政中心执法人员到现场核查有关整改情况，并对其进行排放水水质复测。同时，港政中心与地区环保部门进行沟通，共同督促企业落实整改。（俞 晓）

【上海市太湖流域水环境治理工程有序推进】 青浦第二污水处理厂三期扩建、练塘污水处理厂二期扩建和商榻污水处理厂迁建工程均已完成，并已投入运行。青浦原水厂三期扩建工程土建基本完工。金泽地区、朱家角污水管网完善工程已完工。工业污染治理项目、淀浦河西段综合整治工程、上海西郊淀山湖湿地修复工程、青西地区农村生活污水治理、化肥减施、农药减施和农药替代工程等太湖流域重点工程项目均已完成。农田氮磷流失生态拦截工程已在现代农业园建设650米的生态拦截沟渠，正在加快施工。（汤凡敏）

【上海市太湖流域水环境综合治理】 2011年是“十二五”开局之年，也是本市太湖治理工作深入推进的关键一年。太湖治理5年来特别是2011年，在市委、市政府的领导下，本市深入贯彻落实太湖治理《总体方案》、《实施方案》以及省部级联席会议第四次会议精神有关要求，市发改委、市环保局、市水务局等有关部门加强统筹协调，青浦区政府层层分解任务、落实责任主体。在市、区两级政府共同努力下，形成合力、积极推进，较好地完成了年度工作目标和主要任务，完成了国家《总体方案》中期评估工作，为远期太湖治理工作开展打下了坚实的基础。

一是水环境质量稳中趋好。继续推进化肥、农药减施、农药替代、生态拦截工程和农村污水处理等项目，有序推进河网整治和生态修复项目，淀山湖富营养化程度继续下降，主要河道水质进一步改善。

二是饮用水安全得到保障。大力推进集约化供水，供水厂网项目进入收尾阶段；加强蓝藻水华的预警监测，2011年未发现大面积蓝藻水华。同时进一步做好船舶污染防治监管，开始实施太浦河上海段危险货物运输船舶禁航，确保了饮用水安全。

三是治理项目实施情况良好。全面完成工业污染治理项目，完成朱家角、练塘污水管网工程、叶水路港泵站工程，加快推进污水处理厂污泥规范化处理工程、斜沥港水系沟通工程等项目，并持续推进练塘污水管网建设以及镇村河道整治等一批项目。（顾俊俊）

【苏州河综合整治持续推进】 完成加固改造苏州河干流市区段（河口至真北路桥）16.7公里河段南北两岸的防汛墙25.5km，约占总长度的96%；基本完成苏州河底泥疏浚工程，疏浚河口至真北路桥底泥约130万立方米。除福建北排水系统改建工程正在施工外，真江东和虹南排水系统建设，大武川、长桥、梅陇等分流制雨水泵站旱流污水截流，城市化地区21座排涝泵站内河污水收集系统建设已全部完成。全面建成长宁区生活垃圾中转站、粪便预处理厂、城市通沟污泥处理厂已投入运行，运行情况基本良好。全面完成白鹤、赵屯、华新镇地区的污水管网工程，并投入运行。（王 巍）

【苏州河底泥疏浚工程全线启动】 1月6日上午，苏州河底泥疏浚工程新闻通气会在苏州河梦清园召开。

苏州河底泥疏浚工程是苏州河综合整治工程的一部分，也是苏州河综合整治三期工程中的重要内容。经过一、二期工程，苏州河干流主要水质指标达到景观水要求，部分河段又现鱼虾。但是，由于苏州河市中心城区段大量淤积严重的黑臭底泥长期未得到全面彻底疏浚，使苏州河进入市中心城区后，水质指标溶解氧明显下降，并直接影响了苏州河鱼类等水生物的繁衍、生长和水生态修复。苏州河市中心城区段底泥疏浚工程的全线启动，标志着本市对沉睡百年的苏州河黑臭底泥首次进行大规模疏浚。工程完成后，苏州河的水质将更加稳定，苏州河中心城区段抗风险及自净能力将得到进一步提升。（谷鸿鹄）

【河道整治持续深化】 2011年，在全面完成近郊黑臭河道整治的基础上，上海建立联动机制，以防汛除涝压力较大、水资源调度矛盾突出的河道为重点，持续推进38条段93公里骨干河道建设，以市民反映强烈、具备截污条件、以及重点开发区域为重点，启动实施近郊及省界18公里界河综合整治以及中心城区10公里界河疏浚，以“河畅、水清、岸绿、景美、鱼游”为目标，启动实施7处河道生态治理试点工作，促进水生态修复，进一步提高水环境质量。

（王 巍）

【引清调水工作有序进行】 启动引清调水实施细则

修编工作，编制形成《上海市水利片引清调水实施细则》（2011版），在补充完善淀北、蕰南、嘉宝北、青松和浦东等五片调度方案的基础上，新增了淀南、浦南东和崇明岛片的调度方案，并明确了引清调度和防汛调度的切换条件、方式及对应的控制要求和管理措施。

配合世游赛、苏州河底泥疏浚、金汇港南闸改造等重大活动、重大工程的实施，出台《上海市引清调水世游赛专项行动实施方案》、《关于开展苏州河底泥疏浚期间引清调水工作的通知》、《金汇港南闸改造工程实施期间浦东水利片（西南部地区）相关水闸调水方案》等系列文件，营造良好水环境，减轻工程施工期间带来的负面影响。

开展宝山小吉浦调水实验，进一步扩大调水受益范围。积极参与处置青浦淀浦河突发水污染事件。年度内全市引排水6万余闸次，引排水总量120亿m^3，编发“上海市水闸调度运行监测月报”12期。

（王　巍）

【214户污染源完成截污纳管工作】　2011年，新建污水管网约160公里；完成214户污染源截污纳管工作，其中闵行地区111户、宝山地区103户；累计截污量8491立方米/日，其中闵行地区3094立方米/日、宝山地区5397立方米/日；累计受理、办结核发《排水许可证》事项计1549项，其中初审473项、办证361项、补证133项、续期582项。

（谷鸿鹄）

【城镇污水处理厂脱水污泥获妥善处置】　2011年全市城镇污水处理厂脱水污泥日均产量为3123吨，平均含水率为77.8%。其中约80%实施卫生填埋，约20%实施干化、焚烧、高温好氧发酵处理。

2011年中心城区白龙港污泥处理工程正式投运，可对白龙港污水处理厂每天200万立方米污水处理中产生的污泥进行浓缩、消化、脱水和干化。竹园污泥处理工程主体工程开工建设。另外白龙港污泥预处理应急工程及竹园第二、天山与石洞口污泥深度脱水技术改造工程启动。老港污泥暂存库工程正常运行。郊区松江区、青浦区、金山区和奉贤区相关污泥处理工程有序推进。

（杨立新）

【长湖申线上海段实施危险货物禁航】　11月，上海市地方海事局发布《上海市地方海事局关于长湖申线（上海段）禁止部分船舶航行的通告》（沪地海船舶〔2011〕106号），并于12月1日开始对长湖申线上海段实施危险货物运输船舶禁航工作。

2011年，上海市交运港口管理局提出了对长湖申线上海段危险货物运输船舶禁航的要求，从源头避免船舶造成水域污染，保护本市内河饮用水水源地水质，营造太浦河“清水走廊”的通道，保障全市人民饮水安全。

本市对长湖申线上海段实施危险货物运输船舶禁航工作

（市交通港口局 提供）

为准确了解长湖申线上海段航道航行的危险货物运输船舶情况，上海市地方海事局委托青浦区地方海事处太浦河海事所自6月13日至6月22日对长湖申线上海段航行的危险货物运输船舶进行了全天候调查，此外还对长湖申线周边水系相关航道进行了实际通航能力调查和现场踏勘，并根据长湖申线船舶调研实际情况，认真分析船舶受限后绕行的可行性，通过有效沟通协调，该项工作得到了有序的开展。　（金翱宇）

【船舶污染物规范接收和防污染应急布点工作全面推进】　2011年，本市虬江水域、苏州河水域、大治河水域、蕰藻浜嘉定水域、大治河闵行水域、大治河浦东水域、奉贤金汇港水域、淀浦河新通波塘水域、川杨河水域、淀浦河东段水域全面启动实施了推进船舶污染物规范接收和防污染应急布点工作，管理方式也根据各辖区实际突破了原有单一的移动接收模式，增加了把口接收的模式，并在上述水域内布设了防污染应急专业队伍。

本市全年接收内河辖区10081艘次的船舶油污

本市启动船舶污染物规范接收和防污染应急布点工作

（市交通港口局 提供）

水，共计2797.67立方米；接收11465艘次的船舶生活垃圾，共计2405.04公斤；接收677艘次的船舶生活污水，共计425.02立方米。（屠伟峰）

【危险货运船舶实施全程监管】 2011年，市交通港口部门完成对辖区内船舶载运危险货物申报员培训，对43名申报员资质进行年审，5人新办证书，并组织开展夏季船舶载运危险货物检查工作。

市交通港口部门所属地方海事部门研究制定了辖区危险货物运输船舶全程监管的具体工作措施和工作计划，组织本市从事内河危险货物运输的航运企业开展相关宣贯，从申报、监控、应急、保障等方面宣贯了相关工作措施和要求。（屠伟峰）

【长江干线老旧船舶落实标准化改造】 2011年，市交通港口部门会同市财政部门严格落实财政部、交通运输部发布的《长江干线船型标准化资金补贴管理办法》，根据《上海市推进长江干线船型标准化行动方案》有关要求，认真开展本市长江干线船型标准化改造，截止2011年底，已完成8艘共计2177总吨老旧船舶拆解，相关补贴资金（计142.11万）也已发放到位。老旧船舶拆解更新，将进一步提高船舶防污染水平，保障本市水域环境。（屠伟峰）

【船舶修造厂和拆船厂加强防污染监管】 2011年，为加强上海市市内河辖区船舶防污染管理工作，有效预防和控制辖区内船舶修造厂、拆船厂修造船舶及拆船时污染内河水域环境，提高船厂对污染事故的应急处置能力，上海市地方海事部门根据《中华人民共和国水污染防治法》、《中华人民共和国防治船舶污染内河水域环境管理规定》、《中华人民共和国防止拆船污染环境管理条例》等相关法律、法规，部署全系统辖区开展内河修造、拆船船厂的防污染备案管理，发布了《关于加强船舶修造厂和拆船厂防污染监督管理的通知》（沪地海船舶〔2011〕34号），从摸底宣传、备案管理、作业报告、强化监督、跟踪核查、确保实效的模式尽可能的防控污染源。

截至2011年12月31日，已有12家内河辖区船舶修造厂和拆船厂完成了污染事故应急计划的备案工作。（金翱宇）

【国内首家船舶油污清除服务外商企业在沪成立】

6月，上海晟敏船务有限公司与美国RESOLVE MARINE GROUP INC在上海投资设立上海晟敏立速服海上应急服务有限公司，投资总额为1000万美元，合同外资250万美元。公司为船舶溢油和其它散装液体污染、危害性货物泄漏污染事故提供应急服务和围油栏服务。该项目是交通运输部《船舶污染海洋环境应急防备和应急处置管理规定》出台后，国家首家从事船舶油污清除服务的外商投资企业。

（陆　健）

噪声污染防治

【新增12个市级安静居住小区】

2011年度市级安静居住小区名单

居住小区名称	区(县	街道(镇)	创建单位
黄兴绿园	杨浦	五角场镇	黄兴绿园居委会 上海海月物业管理公司
凤城五村小区	杨浦	控江路街道	抚岭居民区居委会 杨浦区市政建设物业公司
圣骊澳门苑	普陀	长寿路街道	圣骊澳门苑居委会 上海圣骊物业有限公司
蓝色剑桥小区	松江	方松街道	久阳文华居委会 上海奥林匹克物业管理有限公司
中邦小区	浦东	康桥镇	中邦居委会 上海中邦物业管理有限公司
贝越水岸名邸小区	浦东	川沙新镇	翔云居委会 上海妙城物业管理有限公司

续表

居住小区名称	区(县	街道(镇)	创建单位
江南山水小区	浦东	沪东街道	江南山水居委会 上海春川物业管理有限公司
虹桥机场新村	长宁	程家桥街道	虹桥机场新村居委会 上海东航物业管理有限公司
上海滩花园	黄浦	小东门街道	白渡路居委会 华润置地（上海）物业管理有限公司
汾西路261弄小区	闸北	临汾路街道	汾西路261弄居委会 上海北安物业管理有限公司
莱茵之恋小区	奉贤	南桥镇	正阳第二社区居委会 上海正阳物业管理有限公司
众旺苑	奉贤	南桥镇	贝港第六社区居委会 上海奉贤双建置业有限公司

（何　赟）

【2011年交通噪声污染治理工程】

项目名称	协调部门	实施单位	项目投入（万元）	项目概况
噪声治理二期同济路立交段	市建交委	市公路处	350.00	声屏障共830米（高3.5米）
S4闵行区段声屏障工程	市建交委	市公路处	240.00	声屏障共290米（高6.5米）
G1501东郊环声屏障工程	市公路处	东郊环项目公司	250.00	声屏障共500米（高4.5米）
S4百合苑段声屏障工程	奉贤区建交委	绿庭四季花苑房产公司	610.00	声屏障共800米（高6.5米）
备注	本市道路交通噪声治理工程大部分都在2010年完成，2011年工程较少；上述工程均已通过验收。			

（俞智明）

【机动车违法鸣号率同比下降】　2011年，市公安交警、环保、建设交通等部门联合开展了机动车与非机动车禁鸣集中整治，共出动警力23万余人次，查处机动车违法鸣喇叭19.9万起，同比下降13.9%。经抽样调查，全市机动车平均鸣号率为2%；全市各类车辆中公交车的平均鸣号率最高，平均达到5%以上，最高可达40%。　（杜京阳）

固体废物处理与处置

【汞污染现状调查】　按照环保部关于开展全国汞污染排放源现状调查评估以及关于开展本市汞污染排放源现状调查评估实施方案的相关工作要求，从7月至11月，本市全面完成电池生产、电光源生产、血压计生产等14个涉汞行业的汞排放源现状调查评估工作。此次调查初步掌握了涉汞企业生产、使用、排放的总量和强度，形成了主要涉汞行业的汞排放源清单，为下一步加强环境管理打下基础。

在环保部明确的14个有意排放汞行业中，本市共涉及2类排放源共15家企业，分别为含汞电光源生产和血压计生产，其中，含汞电光源生产企业14家，血压计生产企业1家，无市级重点监管企业。

（徐　洋）

【完成年度持久性有机污染物调查统计】　为巩固“十一五”POPs调查工作成果，掌握我国POPs污染源动态变化情况，建立POPs污染防治长效监管机制，环保部自2011年起组织实施持久性有机污染物统计报表制度。

在上海市环保局组织下，区县环保局、市固体废物管理中心、市环境监察总队顺利完成了国家规定的废弃物焚烧、制浆造纸、钢铁等10个主要行业持久性有机污染物调查统计工作，统计结果为环保部门进一步加强企业除尘设施改造、产业结构调整、推进重点行业企业开展清洁生产审核等管理工作提供了必要的基础。（仉 博）

【市区二级应急联动妥善处理危险废物】 2011年，本市共安全处理处置各类突发性危险废物应急事件13起，应急处置各类无主危险废物400余吨。

市固体废物管理部门加强市区二级应急联动，积极指导区县环保局危险废物应急处置工作，有效调动社会应急救援队伍，提升了突发环境事故应对能力。危险废物环境管理应急工作组坚持以“随时响应，快速出动，合理清除，合法处置”为原则，及时依法处理处置各类应急事故。（吴少林）

【危险废物经营单位监管规范化】 为进一步加强本市危险废物污染防治工作，强化危险废物经营规范化管理，根据环保部及市环保局关于开展本市危险废物规范化管理情况专项核查工作的要求，市固体废物管理部门专门制定了《危险废物规范化管理专项检查工作方案》，并于4月－8月开展危险废物经营单位规范化管理专项检查，对存在不规范情况的企业提出了限期整改要求，对环境违法行为进行了处罚；9月份又结合落实环保部张力军副部长有关危险废物污染防工作视频会议精神，对前期专项检查期间发现问题的企业进行后督察。通过强化规范化管理，全市危险废物经营单位的管理水平有明显的提升，2011年度环保部华东督察中心抽查本市危险废物经营单位规范化管理达标率达91.5%。（吴少林）

【推进危废专业化运输】 一是完善管理制度。制定《关于进一步规范本市危险废物运输管理工作的试行意见》，报市政府批准。

二是制定实施方案和相关技术规范。制定《规范本市危险废物运输管理工作实施方案》，组织固废中心编制相关配套的管理文件和技术规范。（沈 静）

集约化的医废专业运输车队

（上海市固体废物处置中心 提供）

【加强对已停产危险废物经营设施场所现场检查】 为进一步规范危险废物经营活动，禁止无证处理处置危险废物等违法行为，降低环境风险，市固体废物管理部门于3月专门组织人员对2005年以来已关停的危险废物经营设施场所、许可证失效而长期未申请的原持证单位，以及已搬迁的许可证单位原址进行一次专项清查。本次检查共涉及20余家单位。针对检查中发现的问题，检查人员逐一提出了整改意见，对防止已停止经营的场所存在的环境问题起到了有效的监管作用。（吴少林）

【废弃电器电子产品处理发展规划通过环保部备案】 为防范废弃电器电子产品流入非法手工作坊拆解，防止各种有毒有害物质污染环境、危害人体健康，保证《废弃电器电子产品回收处理管理条例》的顺利实施，上海市环保局制定了《上海市废弃电器电子产品处理发展规划》，并在环保部进行备案。

规划要求，到2015年，上海市建成覆盖全市、布局合理的废弃电器电子产品多渠道回收和处理处置体系；废弃“四机一脑”回收率确保50%，力争达到80%；废弃“四机一脑”回收拆解无害化处理率达到100%。（唐红侠）

【进口固体废物加工利用许可初审正式启动】 为贯彻实施《固体废物进口管理办法》和《关于发布〈进口可用作原料的固体废物环境保护管理规定〉和〈进口硅废碎料环境保护管理规定〉的公告》，11月，上海市进口固体废物加工利用许可初审工作正式启动。上海市固体废物管理部门积极开展对进口废物加工利用单位法律法规和申请材料填报规范的培训，截至12月31日，完成了27份书面申请审查，其中限制类进口废物申请21份，自动类进口申请6份。（周 凌）

【家电以旧换新工作】 依据《家电以旧换新运费补贴办法》（财建〔2009〕498号）和《上海市家电以旧换新实施细则》（沪商商贸〔2009〕568号）的有关要求，上海市固体废物管理部门完成了上海市家电以旧换新运费补贴审核申报工作。截至2011年底上海市5家定点拆解企业共接收以旧换新废旧家电843万余台，拆解企业报送运费补贴审核的单据共760万余张，现已全部审核完毕，符合申领补贴要求的数量为752万余台。

此外，家电以旧换新拆解补贴审核工作启动，为确保中央财政资金安全规范地使用，中心组织相关人员对5家拆解单位逐一进行了专项调研和核查，并借鉴外省市经验，编制完成审核方案，采取环保部门组织，第三方专业机构承担，行业专家参与的方式，以《家电以旧换新拆解补贴管理办法》、《废弃电器电子产品处理企业补贴审核指南》为主要依据，分阶段进行审核。 （陈 斌）

辐射环境污染防治

【放射性污染源周围环境辐射水平符合国家标准】 2011年本市典型伴生放射性矿物利用设施、非密封放射源使用场所、加速器使用场所、密封放射源使用场所及射线装置使用场所周围环境监测结果表明，核与辐射技术应用场所周围环境中的辐射水平符合我国国家标准《电离辐射防护与辐射源安全基本标准》(GB 18871-2002)中的剂量限值的相关规定。

检测对象	X、γ辐射剂量当量率(nSv/h)
伴生放射性矿物利用设施	$692-1.88\times10^3$
非密封放射源使用场所	$111-1.03\times10^3$
密封放射源使用场所	106-203
加速器使用场所	$1.3\times10^2-4.9\times10^3$
射线装置使用场所	$74.4-1.09\times10^3$

（洪 韵）

【石材抽测结果符合国家建材标准】 自2000年上海检验检疫局发现进口石材中放射性含量超标问题后，上海市辐射环境监督部门开始对进口石材的放射性核素含量进行监测。2011年在上海汇中石材有限公司和上海塔星石材有限公司各随机采集了两个石材样品，对其中的^{238}U、^{232}Th、^{226}Ra、^{40}K和^{137}Cs核素含量进行了监测，监测结果见下表。

上海市天然石材中放射性含量(Bq/kg)

项 目	上海塔星石材有限公司		上海汇中石材有限公司	
	新茉莉金麻	树挂冰花	维娜斯白麻	啡点金麻
^{238}U	87±20	85±18	(2.5±0.2)±10^2	<48
^{232}Th	(1.76±0.03)±10^2	(1.06±0.02)±10^2	50±1	60±1
^{226}Ra	60±1	(1.04±0.01)±10^2	(2.30±0.03)±10^2	38±1
^{40}K	(1.43±0.04)±10^3	(1.66±0.04)±10^3	(8.0±0.2)±10^2	(1.20±0.04)±10^3
^{137}Cs	<1.7	<1.8	<1.9	<1.4
总α	(8.31±0.40)±10^2	(1.04±0.06)±10^3	(2.38±0.03)±10^3	(3.75±0.16)±10^2
总β	(1.50±0.01)±10^3	(1.97±0.01)±10^3	(1.76±0.04)±10^3	(1.28±0.02)±10^3

监测结果表明：所抽样测试的石材样中的^{232}Th、^{226}Ra、^{40}K、^{238}U的放射性比活度符合中华人民共和国国家标准《建筑材料放射性核素限量》(GB 6566 2001)中对A类装修材料的要求。

（洪 韵）

【放射性废物收贮】 根据核技术利用单位实际产生放射性废物的情况进行安全收贮。2011年，上海市辐射环境监督部门共对58家单位的放射性废物进行了收贮，放射性废物运输27次，移交上海城市放射性废物库27次。 （戴继伟）

【本市纠正医疗单位放射性同位素、射线装置超量使用问题】 6月2日，上海市辐射环境监督部门召集了本市医疗卫生行业部分用量大户举行座谈会，主要议题为督促改正放射性同位素、射线装置超量使用问题，并对非密封放射性物质工作场所等级及日等效最大操作量、最大等效年用量的计算等问题提出具体要求：

1、要求各医疗卫生单位在2011年6月底之前对照《辐射安全许可证》的许可量进行内部自查，梳理实际使用的核素种类、用量及工作场所，确定是否有超量使用现象。

2、经自查有超量使用现象时，各单位应结合实际用量与规划用量拟定最大使用量，委托环评单位重新编制环评文件，办理环评报批手续，并于2011年12月底之前完成《辐射安全许可证》重新申请工作。

3、对于有多个非密封放射性物质工作场所的单位，建议各个独立工作场所逐个评价定级。

7月30日，市环保局向全市非密封放射性同位素应用单位发出了“关于对本市非密封放射性同位素应用单位开展辐射安全专项检查行动的通知”，明确提

出自2012年1月起，将对超许可量使用非密封放射性同位素的单位进行重点执法检查，对违法行为严肃查处。（戴继伟）

【上海对核技术利用单位开展日常监督检查】 以《2011年对核技术利用单位的日常监督检查计划》(沪环保辐【2011】104号)为主，结合各项专项检查，上海市辐射环境监督部门全年共对360家单位开展了500余次检查。检查形式主要包括日常检查，春节前夕、日本福岛核事故发生后、上海世游赛期间重点单位检查，放射性物品运输启运前现场检查，许可核查，转让、豁免及备案现场检查，配合环保部华东核与辐射安全监督站对本市部管单位监督检查。（戴继伟）

工业污染整治

【年度工业污染防治项目基本完成】 第四轮环保三年行动计划共安排8个区县89个项目，到2011年底86项基本完成，其余项目可在2012年上半年全面完成。石化企业污染治理项目全部完成，上海石化火炬气回收能力等3个治理项目、高桥石化液态烃、汽油氧化脱硫醇尾气治理等2个项目全面完成建设并投入运营。（张　麒）

【吴泾工业区超额完成年度治理目标】 吴泾工业区完成污染源治理项目87项，包括关停严重污染生产企业和生产线50项，超额完成吴泾整治规划纲要明确的年度治理目标。二氧化硫、二氧化氮、可吸入颗粒物、总悬浮颗粒物等污染物的年日均值全部达到《环境空气质量标准》二级标准，优于整治目标值。（张　麒）

【重点化工集中区域推进结构调整】 金山卫化工集中区域梳理并完成了25家企业关停调整；上海炼升化工有限公司等15家企业完成废水、废气治理任务，第二工业区大气VOC自动监测站完成验收投入运行，居民动迁和防护林带建设基本完成。宝山南大地区作为全市产业结构调整重点专项，计划分三期于2013年全部完成，目前一期产业结构调整专项基本完成，二期专项方案已经确定，累计关停企业177家，腾地约850亩。（张　麒）

金山卫化工集中区域环境综合整治联席会议

（金山区环保局 提供）

【金山卫化工集中区域环境综合整治全面完成】 一是全面完成2011年环保整治任务。《金山卫化工集中区域环境综合整治实施计划纲要（2009-2011年）》要求的污染治理任务已全面完成，金山第二工业区废水、废气治理的15家企业已全部完成，计划关停的25家企业已全部关停，55家企业燃煤锅炉已停用，污水处理厂（一期）已投入试运行，4套VOC在线监测仪已投入使用。

二是完成环境整治效果评估工作。监测中心编制《金山卫化工集中区环境综合整治效果监测评估报告》半年报和季报，科学评价金山卫整治取得的环境效果。

三是启动下一轮深化整治实施计划纲要编制工作。为继续解决上一轮整治拖尾的绿化防护林、居民动迁、河道水闸建设等任务，深化整治金山卫环境质量，进一步降低环境风险，制定了《金山卫化工集中区域环境深化整治实施计划纲要（2011年-2014年）》（征求意见稿），整治内容纳入第五轮环保三年行动计划。（何　赟）

【宝山南大地区环境综合整治】 一是制定《宝山南大地区环境综合整治实施方案》。完成《宝山南大地区环境现状调查报告》，梳理污染企业和排污现状，制定整治方案纳入第五轮环保三年行动计划。

二是规划部门制定地区规划。市规划局编制《宝

垃圾分类进社区　（程　杰 摄）

山祁连敏感区域结构性规划》和《宝山祁连敏感区域控制性详细规划》，前者已获市政府批准发布。

三是编制《宝山祁连敏感区域规划环境影响评价报告书》。提供环境现状摸底数据和污染企业现状，编制环评报告书。

四是推进环境综合整治第一期项目启动。市环保局会同宝山区政府做好整治启动准备，与第五轮环保三年行动计划同步推进。（何 赟）

市容环境卫生整治

【上海出台垃圾减量化、资源化和无害化相关政策】

2011年，上海市进一步加强生活垃圾管理，围绕进一步提高生活垃圾管理的“减量化、资源化和无害化”水平，“引、逼”结合、形成政策合力，制定出台《上海市生活垃圾跨区县转运、处置环境补偿资金管理办法》，将环境补偿标准从现行7元/吨提高至50元/吨，并明确今后将不断提高，推动垃圾导出区、导入区间建立合理的环境补偿机制，推动各郊区县自建设施，形成市属设施与周边区域和谐发展。

制定出台《上海市郊区生活垃圾无害化处理设施建设补贴政策实施方案》，对各郊区县设施建设结合经济发展水平、建设规模、处理工艺等实行差别化的支持，“十二五”期间可新增无害化处理、转运能力7700吨/日、2500吨/日。（欧阳斌）

【生活垃圾分类试点覆盖1082个居住小区】 2011年，市市容环卫部门完成“百万家庭低碳行，垃圾分类要先行”的市政府实事项目，分类试点覆盖1082个居住小区。基本形成居民户内“厨余果皮（湿垃圾）”、“其他垃圾（干垃圾）”分类投放，居住小区“有害垃圾”、“玻璃”、“废旧衣物”专项收集的“2+3”分类模式。

在试点推进过程中，各区县、试点街镇按照不同居住类型、原有生活垃圾收集点布局等方式，因地制宜探索全程分类作业模式。

浦东新区将生活垃圾分类计量系统延伸至居住区；松江区、闵行区将分拣放置、分类驳运纳入相关人员考核；徐汇、普陀、杨浦、静安、闵行、金山等区积极探索“湿垃圾”预处理及就地处理工艺技术；嘉定、奉贤等区探索建立生活垃圾分拣中心；金山、青浦、崇明等区县有效增强垃圾分类收运力量；长宁区建立了较为完善的各类垃圾产量台账记录制度。青浦区推进专业废品回收企业进入试点小区等。

此外，市妇联、市文明办、市绿化市容局还广泛发动市民群众积极参与。全市共发放《生活垃圾分类指导手册》和分类投放垃圾袋套装31万份，宣传折扇、冰箱贴、围兜、环保袋等宣传品约97万份，招募垃圾分类志愿者近9000人。

区县	完成数量	完成比例
黄浦	75	100%
静安	91	100%
卢湾	55	102%
徐汇	86	108%
长宁	78	100%
闸北	77	101%
虹口	67	100%
普陀	59	104%
杨浦	26	186%
浦东	104	103%
闵行	53	100%
宝山	65	103%
嘉定	54	120%
奉贤	19	100%
金山	46	100%
青浦	41	100%
松江	44	100%
崇明	42	100%
合计	**1082**	

注：表格数据截至2011年12月31日。（秦 磊）

【2011年全市垃圾分类收集情况】

区县	实有数		实现分类收集数量				有害垃圾量（吨）	玻璃（吨）
	小区数	居民户数	试点居住	总户数	单位数	垃圾收集点数		
合计	**8314**	**4861209**	**1082**	**584288**		**8918**	**43.53**	**2306.863**
浦东新区	2571	1581421	104	70378		1732	13.92	29.96
黄浦区	248	174968	75	29596		368	2.27	80.32

续表

区县	实有数		实现分类收集数量				有害垃圾量（吨）	玻璃（吨）
	小区数	居民户数	试点居住	总户数	单位数	垃圾收集点数		
卢湾区	235	176800	55	16988			1.9	131.7
徐汇区	457	321844	86	34243		1683	0.81	192.17
长宁区	822		78	25209			0.06	89
静安区	387	310000	91	29041		380	0.97	43.36
普陀区	498	330032	59	37535		342	1.49	1169.9
闸北区	293	261926	77	49750		191	2.41	30.623
虹口区	319	151393	67	21880		458	2.86	274.1
杨浦区	565	354169	26	14027		385	3.8	11.52
闵行区	911	660000	53	49097		53	2.81	77.08
宝山区	65	54898	65	47522		423	1.37	0.01
嘉定区	310	150029	54	20064		229	2.14	4.77
金山区	222	152538	46	40266			0.84	2.5
松江区			44	33633		2673	3.72	2.6
青浦区	369	138691	41	10981			0.56	135.72
奉贤区			19	15572			0.1	5.53
崇明县	42	37000	42	38506		1	1.5	26

（秦　磊）

【人均生活垃圾日处理量同比减少5%】 按照生活垃圾源头分类基本模式，本市初步建立了装修垃圾、餐厨垃圾、绿化枯枝落叶等专项分流的生活垃圾处理系统。全市1082个试点小区已基本覆盖“2+3”（即生活垃圾“干”“湿”分离以及有害垃圾、玻璃、废旧衣物）分类模式，垃圾减量效果逐步显现。2011年进入末端处置设施生活垃圾计划量为18281吨/日，实际进入末端处置设施生活垃圾量为18088吨/日，比前一年日均减少生活垃圾达816吨。浦东新区、青浦、松江、嘉定、宝山、金山、静安、卢湾、长宁等区都超计划完成任务。全市生活垃圾平均清运量为 19292吨/日。（秦　磊）

【厨余垃圾收运处置量同比增长14%】 2011年，全市共收运餐厨垃圾251184.85吨，其中厨余垃圾241088.45吨、废弃食用油脂10096.4吨，全市日均收运量为688.17吨，其中厨余垃圾660.51吨/日、废弃食用油脂27.66吨/日（地沟油14.52吨/日、老油13.14吨/日），厨余垃圾收运处置量同比增长14%，废弃油脂收运处置量同比增长282.9%。

积极协调食药监部门，依托餐饮服务许可信息（全市大中型餐饮饭店9189家、单位食堂16341

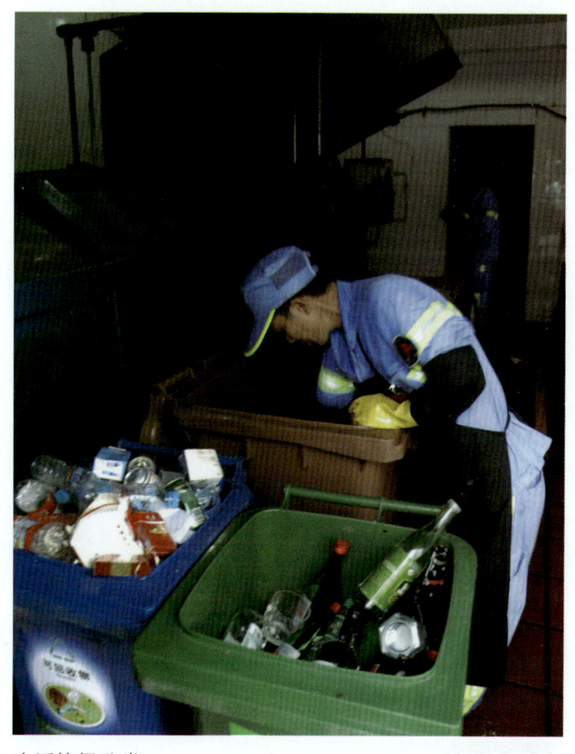

生活垃圾分类　（刘维光　摄）

田度基地餐厨垃圾处理厂　　（市水务局 提供）

家），指导督促区（县）将申报管理职能延伸至街道。

制定《上海市餐厨垃圾收运作业基本要求》，全面实施了收运作业人员持证上岗制度；网上公开厨余垃圾、废油脂资质收运企业服务信息，全市专项收运能力得到一定提升。截止12月，厨余垃圾收运车辆共203辆，较2010年增加126辆；废弃油脂专业收运车辆364辆，较2010年增加285辆。

中心城区基本实现厨余垃圾分流处置，崇明县、普陀区等建成处置设施并实施分类处置；起草并印发《关于进一步加强废弃食用油脂管理的通知》（沪绿容【2011】85号文），建立废油脂处置流量流向监管制度，实施专人驻厂监管；根据市政府部署，配合食、药、监部门开展"地沟油"专项整治，会同城管执法部门开展了针对产生单位违规行为的执法检查活动，组织实施了全市废油脂中转、初加工场所的环境整治。（秦　磊）

【装修垃圾申报量同比增长46.5%】 一是强化日常管理，督促区县管理部门落实申报管理，截至12月底，全市装修垃圾申报量为382.4万吨，同比增长46.5%；强化运输管理，对已入网车辆落实半年一次的定期检测制度，对申请入网车辆严格实施市、区两级检查制度。

二是组织规范化管理试点，编制管理规范，在杨浦、普陀、徐汇区组织试点，在杨浦区百余辆装修垃圾运输车辆试点安装GPS，有力推进装修垃圾管理规范化。（秦　磊）

【一次性塑料饭盒回收处置1.4亿只】 2011年，继续有效控制一次性发泡塑料饭盒对环境的污染，回收再生处理系统运作基本正常，全年共回收处置一次性发泡塑料饭盒14020万只，再生造粒约455吨。（秦　磊）

【建筑渣土管理机制进一步完善】 结合本市管理要求和实际情况，起草并颁布了《上海市建筑垃圾和工程渣土运输单位招投标管理办法》。自2月起在长宁区试点的基础上，全市各区县陆续开展了区域渣土运输单位招投标工作，至9月份共产生了57家中标单位（除黄浦、卢湾外），本轮渣土运输单位招投标工作基本完成。

市绿化市容局起草并颁布《上海市建筑垃圾和工程渣土处置管理实施细则》，对管理范围、职责分工、综合利用、区域招标、处置申报、卸点付费等相关环节具体要求做了明确，并与市交港局、海事局、市交警总队等部门联合发布。（秦　磊）

建筑垃圾清理　　（程　杰 摄）

【渣土申报量同比增长88%】 2011年，本市建筑渣土申报量达8660万吨，同比增长88%；偷乱倒清除量为7.6万吨，同比下降44%。为加强建筑渣土运输管理，本市实行渣土运输单位市场退出机制。根据市政府50号令的规定，对于满足条件的违规渣土运输企业启动吊销运输许可证程序，经过法定的取证、谈话、听证告知等程序，于9月20日作出吊销上海沪环废弃物清洁有限公司渣土运输许可证的行政处罚，有效遏制了偷乱倒行为。（秦　磊）

【中心城区道路环境整洁优良率达90%以上】 9月底，市政府"百个街道（镇）千条道路洁净工程"实事项目已全面完成。中心城区道路洁净工程推进覆盖率达到40%以上，郊区推进面积覆盖率达到10%以上。

通过对道路污染源加强源头管理，并实施多项措施，进一步改善了全市道路洁净状况，提升道路保洁服务质量，中心城区道路垃圾滞留时间得到有效控制，道路环境整洁优良率达到90%以上。在"夏令热线"活动期间，分三次、每次各四个检查小组，对全市12个中心城区的"百街千路"道路洁净工程推

南京西路地面保洁 （刘维光 摄）

进工作进行了检查和现场指导，共检查道路1887条（段），道路环境卫生整洁状况达到优良。（秦 磊）

【市容环境综合治理持续推进】 一是深化市容环境责任区管理，完善无序摊治理机制，加强疏导和管理，建立区域间互查制度，全年建立入室疏导点200余个，便民服务点1600余处，重点区域、重点道路乱设摊现象得以有效改善。

二是加强建筑渣土运输管理，实行渣土运输单位市场退出机制。根据市政府50号令的规定，对于满足条件的违规渣土运输企业启动吊销运输许可证程序，经过法定的取证、谈话、听证告知等程序，于9月20日作出吊销该公司渣土运输许可证的行政处罚，以儆效尤，有效遏制偷乱倒。全年渣土申报量达8660万吨，同比增长88%；偷乱倒清除量为7.6万吨，同比下降44%。

三是协同做好违法建筑整治，全年拆除违法建筑548.5万平方米，其中，拆除新增违法建筑67.6万平方米，历史存量违法建筑480.9万平方米。

四是开展本市高速公路沿线等违规户外广告整治，店招店牌安全设置专项行动，全年共拆除违规户外广告600余处。（秦 磊）

【上海严格依法整治“四大”顽症】 一是疏堵结合查处乱设摊。对26个景观区域与90条主要干道，配足配强执法力量，严格禁止占道设摊，共查处无照占道设摊案件5.2万起。同时，对一般保障区域，积极探索和推行“民意主导加行政执法”的治理模式，挖掘中小道路、临时工地等资源，设立设摊临时疏导点，引导、化解了一批长期占道设摊现象。

二是大力度治理非法小广告。坚持“停机、掏窝、处罚、清除”多管齐下，共实施“停机”4256起，实施行政处罚1803起，取缔非法小广告制作、藏匿窝点80余处，收缴非法小广告34万余张，纠正了大量违法张贴、散发小广告行为。

三是多方协作查处违法夜间施工。会同建设管理、环保部门多次开展联合检查，及时纠正违规施工和不规范处置渣土行为；夜间执勤人员加强巡查，依法查处建筑工地违法施工噪声扰民行为，共查处夜间施工案件20余起。

四是重拳出击清理占道堆物。组织开展全市占道堆物专项整治，对严重影响城市交通、市容景观和消防安全的占道堆物集中清理。全市共出动执法队员9300余人次，执法车辆1980余辆次，检查道路1800余条次，实施行政处罚70余起，督促整改1050余处，实施代为整改230余处。（秦 磊）

城管部门工作人员清除非法小广告 （刘维光 摄）

【渣土车遗洒、飘散载运物同比下降】 2011年，公安交警部门将市民群众反映强烈的渣土车作为重点执法对象，会同市容绿化等有关部门严查渣土车故意遮挡、污损号牌、超载及遗洒、飘散载运物等违法行为。2011年，全市共查处渣土车遗洒、飘散载运物违法行为4900余起，同比下降5%。（杜京阳）

【水域市容确保整洁美观】 2011年全市水域累计共打捞绿萍6.2万余吨，水葫芦近5万余吨，遏制了绿萍、水葫芦等水生植物的污染，确保水域市容环境的整洁美观。将保洁作业时间由原先的“朝八晚四”延伸至“朝七晚七”；对川杨河口上游、小黄浦等两处大型滩涂开展整治，及时清除垃圾；加强对场馆周边水域停靠船舶的容貌检查，开展建材散货装卸码头、水上旅游集散码头夜间执法整治和专项执法整治；加大对场馆周边中小河道的巡查频次，确保“世游赛”顺利举办。（秦 磊）

市重大环境工程建设

【年度重大环境工程建设项目完成概况】 2011年度，以推进节能减排为重点的重大环境项目共有18项，年度计划投资84.3亿元，其中，新开工项目5项，基本建成项目3项。项目分为两大类别，一是完善安全高效多元的能源设施体系，共9项，年度投资39.1亿元；二是加强生态环境建设项目，共9项，年度投资45.2亿元。（王 锋）

2011年本市重大工程建设任务全面完成相关情况

2011年本市重大工程建设，根据市委、市政府的部署，经过全市各方的共同努力，调整安排的87个项目，全年完成投资超过1000亿元，为上海“创新驱动、转型发展”提供了强有力支撑，为上海城市建设和经济社会发展作出贡献，为实施“十二五”规划实现良好开局。

一是围绕创新驱动、转型发展的产业项目建设加快推进。二是围绕生态城市建设的环保和节能减排项目平稳推进。三是围绕城市运行安全的保障设施项目有序推进。四是围绕民生优先的社会事业项目顺利推进。五是围绕城乡一体化的基础设施建设全面推进。

其中，有关生态城市建设和城市运行安全方面的完成情况：

郊区供水集约化工程、崇明岛东风西沙水库一期、老港综合填埋场一期工程等项目开始实施，白龙港污水处理厂扩建二期工程、老港再生能源利用中心建设项目、风电和输变电等一批环保、节能减排项目平稳推进，取得重大进展。

国家重大天然气项目配套工程、石洞口燃气生产和能源储备项目等能源设施建设项目进展顺利；中心城区排水系统、消防站点等公共安全设施建设积极推进；城市光纤宽带网、“三网融合”等信息基础设施项目开工建设。（摘自市政府新闻发布会）

【水务基础设施建设投资】 2011年，上海水务基础设施建设在水利、供水和排水3个方面完成投资81.43亿元，其中水利41.69亿元（含滩涂造地项目12.04亿元）、供排水39.74亿元。（谷鸿鹤）

东风西沙水库于2011年11月29日正式开工建设

（市水务局 提供）

【青草沙水源地南汇支线工程】 南汇支线工程项目目的是输送青草沙原水至南汇地区的川沙水厂、惠南水厂、航头水厂及新建的南汇北水厂和南汇南水厂。

该工程位于上海市浦东新区（原南汇区），线路范围为自金海泵站至川沙水厂；自金海泵站至南汇北泵站；自南汇北泵站至大治河分支点；自大治河分支点至南汇南水厂及惠南水厂；自大治河分支点至航头水厂。南汇北泵站选址于A2公路东侧，鬼出浜以北、七灶港以南地块。南汇支线管线总长约89公里；南汇北泵站建筑面积4591平方米。

工程建成后，南汇支线供水规模为128万m^3/d，供水范围包括浦东新区川沙水厂和南汇区区域内的4座水厂，使浦东新区原南汇地区用上青草沙原水。（王 锋）

【崇明岛东风西沙水库开工建设】 11月29日，历时7年多前期工作精心准备，上海第二大水源地工程东风西沙水库正式开工建设。副市长沈骏出席开工仪式并宣布开工。该工程被列入上海“十二五”规划水务重点工程，由市堤防处负责建设管理。

为解决上海市崇明县人民的生活用水问题，规划建设崇明岛东风西沙水库工程。水库为优质长江原水水库，为集约化供水水源地。该工程位于上海市崇明县，地处长江口南支上段的北侧、崇明岛西南部，利用崇明岛和东风西沙岛之间的夹泓建设水库。

该工程为供水水源工程，工程建设内容为（1）新建东风西沙水库环库大堤，其中新建东堤、西堤长约3572m；加高加固东风西沙海塘和崇明岛海塘大堤约8436m；（2）新建上游取水泵闸，取水泵站近期取水规模16m^3/s，远期取水规模40m^3/s，水闸闸门净宽14m；（3）新建下游排水闸，闸门净宽8m；（4）新建输水泵站，近期供水规模21.5万m^3/d，远期供水规模40万m^3/d；（5）配套建设管理用建筑物及辅助设施等。

工程建成后，将有利于提高崇明岛的饮用水安全

和供水的集约化管理程度，保障城市供水安全；在应对咸潮入侵、提高崇明岛供水保障程度方面具有重大意义。（王　锋、谷鸿鹄）

【长兴岛水系整治工程一期（含青草沙周边水系调整工程）】 长兴岛水系整治工程一期共有6个子项目，分别为长兴岛水系整治工程(一期工程）青草沙水库引水2#工程、长兴岛水系整治工程(一期工程）、圆沙泵闸工程、长兴岛水系整治工程(一期工程）南环河水闸工程、长兴岛水系整治工程(一期工程）河道疏通整治工程、长兴岛水系整治工程(一期工程）规划河道整治工程）以及青草沙水库周边水系调整工程。该工程是解决长兴岛引排水出路，增强长兴岛防汛除涝能力，改善地区水环境质量，支持长兴岛开发和崇明生态岛建设。（王　锋）

【中心城区排水系统改造工程】 一、大定海低标排水系统改造工程。工程位于杨浦区，服务范围北起周家嘴路，南至黄浦江，西起临青路，东至运河，服务面积约425公顷。工程建成后将提高大定海排水系统服务能力，解决地区积水问题，削减污水直排对地区河道水体的污染。

二、庙行排水系统工程。工程雨水泵站选址于宝山庙行镇呼兰西路以南、规划康宁路以西，占地面积约3780平方米。服务范围是东起东茭泾，西至大场机场东侧边线，南起康家围场河，北至蕰藻浜，服务面积约193万平方米。工程建成后将完善本市中心城区排水系统的空间布局，保障宝山地区防汛排水安全，改善城市水环境质量，促进区域经济社会协调发展。

三、龙华机场排水系统工程。工程雨水泵站选址于丰谷路以北、丰溪路以西，占地面积约4972.4平方米(以实测为准)。服务范围东起黄浦江，西至龙吴路，南起龙耀路，北至龙华港，总服务面积约2.26平方公里。工程建成后将完善本市中心城区排水系统，保障徐汇地区防汛排水安全，改善城市水环境质量。

四、新宛平排水系统工程。工程雨水泵站选址于东安路以东、瑞宁路以南，占地面积约4584平方米(已实测为准)。服务范围为瑞金南路－日晖港－黄浦江－龙华港－宛平南路－中山南二路－漕溪北路－南丹东路－天钥桥路－肇嘉浜路－宛平南路－中山南二路所围合的区域，服务面积约3.06平方公里。工程建成后将完善本市中心城区排水系统，保障徐汇地区防汛排水安全，改善城市水环境质量。（王　锋）

【白龙港片区南线输送干线完善工程】 为完善白龙港片区污水系统的空间布局，解决目前输送管线输送能力不足的问题，拟建设白龙港片区南线输送干线完善工程。工程分为浦西输送干管和浦东段两个部分。

浦西输送干管沿老沪闵路、华泾路至黄浦江边，沪闵系统连通管位于长华路，黄浦江过江管位于华泾港南侧，浦东输送干管沿林浦路至外环线、再沿外环线向东穿越济阳路立交、接入济阳路外环线东北角。污水泵站位于徐浦大桥黄浦江边（浦西），占地面积约5135平方米。本工程建成后将缓解已建干线输送能力和实际水量之间日益突显的矛盾，分担白龙港片区中线的输送压力，为区域经济发展提供必要的环境容量和完备的基础设施，健全白龙港片区污水系统骨干网络，完善白龙港片区和中心城区污水系统的空间布局，进一步改善水域环境质量，完成本市COD总量减排目标。

浦东段工程总管走向自环南一大道（外环线）与罗山路交叉路口起，沿环南一大道（外环线）→迎宾大道→远东大道→龙东支路，至白龙港污水厂。本工程敷设2根DN4000的污水输送干管，并建设相关辅助

白龙港污水处理厂二期工程　（华毅文　摄）

配套设施等，单根管道全长约26.21公里，污水管设计规模为雨天设计流量43.71立方米/秒，相应旱季污水量220万立方米/日。同步建设浦东新区的3条收集支线(工程包括新建3座污水纳管泵站和改建2座污水泵站。

本工程建成后将缓解已建干线输送处理能力和实际水量之间日益突显的矛盾，分担白龙港片区中线的输送压力，为区域经济发展提供必要的环境容量和完备的基础设施，健全白龙港片区污水系统骨干网络，完善白龙港片区和中心城区污水系统的空间布局，进一步改善水域环境质量，促进区域经济社会协调发展。（王　锋）

【白龙港污水处理厂扩建二期工程】 上海白龙港污水处理厂扩建二期工程建设规模为处理污水80万立方米/日，处理工艺采用多模式AAO脱氮＋辅助化学除磷，出水水质达到国家一级B标准。工程位于上海市浦东新区合庆镇龙东支路1号南侧地块，占地33.5公顷，其中新增建设用地30.9公顷。

工程建筑面积共计7572.34平方米，主要由进水泵房、9＃变电所、17＃－20＃变电所、1#－4#MCC配电间、进水仪表分析间、出水仪表分析间、鼓风机房、污泥浓缩机房、污泥变电所、运行技术用房、再生水处理站、除臭风机房组成。构筑物占地158201.45平方米，主要由粗格栅井、平流沉沙池、调流闸门井、生物反应沉淀池、紫外线消毒池、配泥井、污泥浓缩池、配水井等组成。

本工程建成后可进一步增加COD的减排量，削减了大量污染物质，有效改善水环境。工厂产生的废水纳入新建污水系统内，也有利于工厂的发展，通过排污收费，提高居民的环境保护意识。项目的实施将对地区产生广泛的影响。（王　锋）

【白龙港污泥处理主体工程建成投运】 10月21日，白龙港污泥处理工程消化系统点火启动，标志着目前亚洲规模最大的污泥处理设施——白龙港污泥处理主体工程建成投运。10时20分，LED大屏幕上同步呈现出竹园污泥处理工程施工现场，打桩机缓缓启动，开始打下首根桩基。副市长沈骏出席仪式。

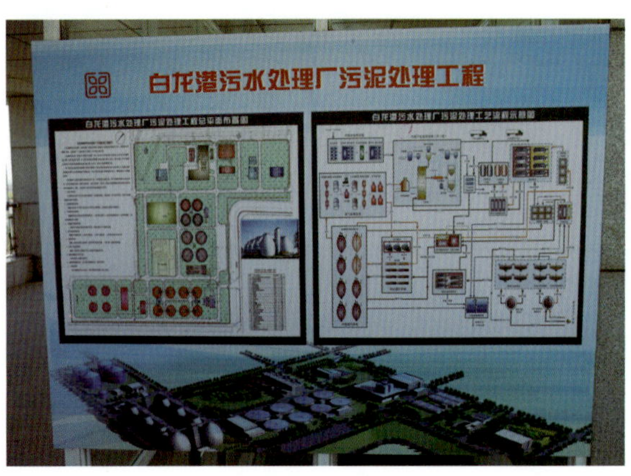

白龙港污水处理厂污泥处理工程流程图　（华毅文　摄）

根据规划，上海将逐步建成完整的全市污水处理系统总体格局。其中白龙港污泥处理工程设计规模为每天约1020吨，竹园污泥处理工程设计规模为每天约750吨，在“十二五”期间开工的石洞口污泥处理完善工程设计规模为每天约360吨，随着上述污泥处理工程的建成投产，将可基本满足上海市中心城区污水处理厂所产生污泥的处置需求。（谷鸿鹄）

【竹园污水处理厂污泥处理工程】 本工程主要解决竹园第一污水处理厂、竹园第二污水处理厂、曲阳水质净化厂和泗塘水质净化厂等4座污水处理厂产生的污泥。工程位于上海市浦东新区沿塘路北、上海航道局疏浚船舶基地以东，合流污水一期排放口以西地块，占地面积约5.83公顷(包括远期工程用地)。

主要建设内容包括脱水污泥接收、仓储及物料输送系统；污泥干化系统；污泥焚烧系统；余热利用系统；烟气处理系统；半干污泥储存仓库及输送系统；生产用水处理系统；除臭；以及厂区总体布置、道路交通、供排水、蒸汽供给、消防等配套工程。

本项目主要是体现社会效益，妥善解决了竹园等城市污水处理厂的污泥出路问题，实现了污泥的减量化，并为污泥的资源化提供了条件。同时，改善和提升了上海市整体环境质量起到重要作用。本工程并不直接产生经济效益，但项目的实施将更好地协调好社会经济发展与环境保护关系，将给经济发展带来益处。（王　锋）

【重点河道和泵闸工程】 为提高长宁、青浦、松江、闵行等地区防汛除涝能力，建设外环西河河道及泵闸工程，以及青松水利大控制片西大盈、淀东、洞泾、朱泖河、华新和闵行区浦江镇周浦塘、友谊河等7座泵站（闸）。

外环西河位于长宁区，北起苏州河南至北夏家浜，河道全长约4.9公里；西大盈、朱泖河、华新等3座泵站（闸）位于青浦区；洞泾泵闸位于松江区；淀东、周浦塘、友谊河等3座泵站（闸）则位于闵行区。工程建成后，可增加长宁区西部地区排水出路和调蓄容量、青松水利大控制片（青浦、松江地区）及闵行浦江镇地区的除涝能力，保障地区防汛安全，改善地区水环境质量，支持长宁、松江、青浦、闵行等地区经济社会环境持续协调发展。（王　锋）

【燃煤电厂脱硝改造工程】 该项工程是上海市环保建设的重要组成部分。工程实施后，可有效降低全市

外高桥第三电厂的国内首台安装脱硝系统的百万千瓦机组　（外高桥第三发电有限公司 提供）

现有燃煤电厂的氮氧化物排放水平，进一步改善上海环境空气质量、改善上海的城市形象和投资环境，提高上海市民生活质量。

工程主要包括以下子项目：

1、华能上海石洞口第二电厂脱硝改造。工程位于宝山区，工程计划总投资2.17亿元，2012年计划投资1.2亿元。

2、上海外高桥发电有限责任公司脱硝工程。工程位于上海市浦东新区，工程计划总投资3.112亿元，2012年计划投资0.8亿元。

3、上海外高桥第二发电有限责任公司#5、#6机脱硝工程。工程位于上海市浦东新区，工程计划总投资3.7796亿元，2012年计划投资3.0亿元。

（王　锋）

【天然气主干管网二期项目】　上海天然气主干管网二期工程主体项目主要包括西气东输二线、川气东送主干线和上海石化用户专线工程。西气东输二线主干线工程主要包括金卫首站（规划选址用地约42亩）和约2.1km、6.0MPa超高压天然气管线工程。川气东送主干线工程主要包括华阳清管站（规划选址用地约22.5亩）、车墩高压站（规划选址用地约21亩）和华新清管站（ 规划选址用地约6亩）3座场站和约68.8km、1.6MPa /4.0MPa高压、超高压天然气管线工程。上海石化用户专线工程主要包括上海石化站（规划选址用地约3亩）和约5.1km、6.0MPa超高压天然气管线工程。（王　锋）

【石洞口燃气生产和能源储备项目】　本项目是为提高上海市燃气调峰和应急供应能力，促进地方的能源储备体系建设。项目建设地点在石煤公司界内（上海宝山区盛桥镇煤电路1号），长江口南支河段南岸，西侧为石洞口污水处理厂用地，东南为华能二电厂。项目利用石煤公司现有已规划预留的290米岸线和自有土地，建设总储量18.3万立方米的23座储罐和扩建一座3万吨级危险品码头。

该项目建成后，不仅能有效提高城市燃气安全生产的保障能力，确保上海燃气安全稳定供应，而且能促进本市能源储备以及应急保障系统的建设。同时，还可有效改善上海市液化石油气和发展煤基新能源产品的补充和储运条件，提高其安全储备和保障能力。（王　锋）

【临港燃气电厂一期工程】　根据《国家发展改革委关于上海临港燃气电厂新建工程项目核准的批复》（发改能源【2009】1452号文），建设上海临港燃气电厂一期工程项目，规模为4×35万千瓦级燃气－蒸汽联合循环机组。本工程位于上海市浦东新区临港新城西南部的重装备园区，妙香路99号。

工程建成后，将成为新建临港新城一个大的供电电源，缓解上海环境保护压力，缓解上海电网调峰压力、满足电网安全运行，平衡天然气供需需要。

（王　锋）

【崇明燃气电厂一期工程】　崇明三岛是上海21世纪可持续发展的重要战略空间，三岛经济将进入快速发展期，电力需求也将进一步增加，三岛已成为上海供电保障最为薄弱的区域，也是目前全市用电增长最快的区域。在关停上海崇明电力公司堡镇电厂小机组后，迫切需要尽快建设新的支撑电源。崇明燃气电厂项目的建成将更好地满足崇明三岛经济发展对电力的需求，加强岛内电源支撑，确保电网供电可靠性，改善和保护三岛生态环境。

项目位于崇明县城桥镇推虾港村，东靠东平河，西临华润大东船务公司，南依长江南支北岸大堤，北距崇明县主干道团城公路约1.7km、距陈海公路约3.5km。项目规划建设四台423MW9F级燃气-蒸汽联合循环机组，规划占地面积约16公顷。本期工程建设二台，厂区占地面积9.28公顷，总投资约28亿元，

2012年计划投资4.6亿元。与项目同步建设的有天然气和电力线路二个配套工程。天然气管线从江苏海门过江，沿崇明陈海公路敷设主干管道，再经专线支管进厂。（王　锋）

【崇明北沿风电工程】　本项目属于可再生能源开发项目，符合上海市新能源开发规划和节能减排以及调整能源结构的需要。项目位于上海崇明县东北角，东起东旺沙水闸，西至北八滧港，沿“九二塘”和“九八塘”向偏西北方向顺序布置。工程建筑占地面积13200平方米，建设内容主要包括110kV变电站一座和24台2MW风电机组，24台风机发电通过4回集电线路汇流至变电站，升压后并入当地电网。工程计划总投资为50488万元，2012年计划完成投资1000万元。上海崇明北沿风力发电项目的建设，符合我国和上海市的能源发展规划，也是发展循环经济模式，建设和谐社会的具体体现。

本工程装机容量48.0MW，设计年可利用小时数为2260小时，年上网电量为10850万kWh，为上海电网源源不断提供绿色能源。同时，与相同发电量的火电相比，每年可为电网节约标煤约37978t。相应每年可减少燃煤所造成的多种有害气体的排放，其中二氧化硫(SO_2)607.7t，一氧化碳(CO)8.79t，减轻排放温室效应性气体二氧化碳(CO_2)81379.6t。节能减排效益显著。（王　锋）

【皖电东送淮南至上海特高压交流输电示范工程】

皖电东送工程起于安徽淮南变电站，经皖南、浙北变电站、止于上海沪西变电站。线路全长656公里，全线同塔双回路架设。在上海市境内新建沪西1000kV变电站位于青浦区练塘镇，新建1000kV输电线路16.7公里，途经青浦区练塘镇、松江区新浜镇，铁塔40基（练塘镇33基、新浜镇7基）。

该特高压线路是促进区域资源优化配置和华东电网需求的重要工程，对上海电网将起到重要的安全、稳定作用，将大大加强上海电网的受电能力，为上海这个特大城市经济发展提供安全可靠性和坚实的能源支持。同时，一定程度上可缓解华东及上海环保和土地资源压力。（王　锋）

【老港固体废弃物综合利用基地建设】　老港固体废弃物综合利用基地项目计划总投资合计29.5412亿元；其中能源中心13.4922亿元，综合填埋场10.4910亿元，内河4.5520亿元，渗滤液排放管道1.0060亿元。

老港固体废弃物综合利用基地位于上海市浦东新区老港镇东首，上海市中心城东南约70km的东海之滨；0号大堤以西，宣黄公路以北。基地用地总面积约29.5平方公里。其中能源中心工程总建筑面积49805平方米，用地面积约159898平方米，工程主要内容包括新建焚烧厂主厂房、垃圾焚烧系统、储运系统、余热利用系统、烟气处理系统、灰渣处理系统、工业水处理系统、化学水处理系统、废水处理系统等。

老港固体废弃物综合利用基地的建成将满足上海市固废处理处置需求，确保固体废弃物“减量化、无害化、资源化”处置。（王　锋）

【轨道交通形成建设滚动推进格局】　2011年，上海轨道交通网络建设稳步推进，在建项目工程持续推进，规划项目前期工作有序展开，形成建设滚动推进格局。

在建5个项目的前期动迁工作大部分已完成，全年新开工车站11座、累计69座，车站结构封顶31座、累计44座，盾构推进75公里、累计95公里。11号线北段二期、13号线一期、16号线进入铺轨阶段，9号线松江段结构贯通进入冲刺阶段，12号线全面进入土建施工高潮。

至2011年末，上海轨道交通网络线路为11条、运营总长度425公里，运营车站278座。全年客运量21亿人次、日均576万人次，同比增长10.6%，占全市公共交通客运量的比重由2010年的32%上升至34%；单日最高客流量达到710.57万人次。（陈建东）

老港综合填埋场一期工程开工仪式　（程　杰　摄）

2012

上海环境年鉴

生态保护与建设

城市生态建设

【各类绿地新增1000公顷】 2011年，全年新建各类绿地1000公顷，其中公共绿地500公顷。辰山植物园建成亚洲最大展览温室，实现全面开放。外环滨江二期、七宝文化公园、炮台湾公园二期等工程有序推进，嘉定、宝山、青浦等新城的公园绿地陆续开工建设。

继续推进京沪高铁、崇启高速公路沿线等绿色廊道，以及农田林网、农村“四旁林”建设，进一步加强林业“三防”体系建设，推进崇明东滩互花米草生态治理专项工作。全年完成人工造林1.5万亩，森林覆盖率达12.58%。（秦　磊）

滨江森林公园　（程　杰　摄）

【2011年全市绿化种植情况】

2011年全市绿化种植情况　单位：万株

区县	合计	落叶乔木	常绿乔木	花灌木	绿篱
合计	3294.54	54.94	47.61	2279.47	912.53
浦东新区	1101.54	36.89	8.08	416.36	640.22
黄浦区	0.56	0.00	0.14	0.06	0.36
卢湾区	9.31	0.06	0.01	9.24	0.00
徐汇区	34.57	0.22	0.24	26.35	7.77
长宁区	49.29	0.23	0.27	30.66	18.13
静安区	17.14	0.06	0.04	16.26	0.77
普陀区	144.19	0.92	0.51	81.83	60.93
闸北区	45.90	0.14	0.12	43.80	1.85
虹口区	3.36	0.08	0.10	1.42	1.76
杨浦区	33.23	0.17	0.26	30.82	2.00
闵行区	49.85	2.86	2.07	41.48	3.44
宝山区	300.18	4.01	15.75	274.71	5.71
嘉定区	759.40	1.10	1.22	757.08	0.00
金山区	190.35	2.14	4.16	183.73	0.32
松江区	133.71	2.88	3.83	11.23	115.77
青浦区	303.14	0.64	0.53	294.13	7.84
奉贤区	90.89	2.46	10.23	60.19	17.99
崇明县	27.92	0.07	0.05	0.13	27.66

（秦　磊）

【2011年新增林地面积】 单位：公顷

区 县	合计	其 中					
		水源涵养林	沿海防护林	通道防护林	防污染隔离林	经济果林	育苗地
合计	715	1	7	575	22	105	5
浦东新区	0						
闵行区	28			28			
宝山区	38			38			
嘉定区	97			97			
金山区	39		7		32		
松江区	118			115			3
青浦区	41			20	21		
奉贤区	125	1		50	22	52	
崇明县	229			227			2

（秦　磊）

【上海命名首批20条林荫道】 为提高城市道路绿化景观，改善城市生态环境，2011年，市市容绿化局制定下发了《本市林荫道路创建评定办法（试行）》，推进林荫道创建，组织专家完成林荫道评定工作，公示和命名了20条林荫道。（秦　磊）

首批林荫道名单

区 县	道路	树种	道路起讫
黄浦	淮海中路	悬铃木	西藏南路—陕西南路
	瑞金二路	悬铃木	徐家汇路—淮海中路
闸北	保德路	悬铃木	共和新路—阳曲路
虹口	东体育会路	悬铃木	中山北二路—玉田路
徐汇	衡山路（宝庆路）	悬铃木	桃江路—天平路
	余庆路	悬铃木	衡山路—淮海中路
长宁	新华路	悬铃木	番禺路—杨宅路
静安	昌平路	栾树	江宁路—武宁南路
普陀	枣阳路	悬铃木	兰溪路—金沙江路
	花溪路	悬铃木	桐柏路—枫桥路
杨浦	控江路	悬铃木	隆昌路—源泉路
浦东	科苑路	栾树	祖冲之路—高科中路
宝山	团结路	悬铃木	友谊路—漠河路
嘉定	清河路	香樟	博乐路—城中路
青浦	珠溪路	香樟	淀山湖大道—张家圩路
闵行	江川路	香樟	沪闵路—红园路
松江	西林路	悬铃木	乐都路—松汇路
金山	隆平路	香樟	卫零路立交桥—戚家墩路
奉贤	古华路	香樟	解放中路—环城南路
崇明	北门路	悬铃木、香樟	东门路—西门路

【花卉街景实施常态化布置】 重点做好五一、七一、国庆等节日花卉布置，全市共布置花坛花境14万平方米，全年用花量约770万盆。加强花卉常态景观巡查，完成市级重点区域花卉集中采购与配送。编制植物群落结构调整与功能提升相关技术标准，完成虹桥路、太平桥绿地示范点改造项目工可、扩初评审，逐步推进本市绿地群落结构调整与功能提升工作。开展绿化养护概算定额贯标培训，出台定额贯标指导意见、绿地和行道树等级认定办法、绿地本底资料调查细则等相关配套文件，推进各区县启动绿地本底资料调查。 （秦　磊）

华山路花街 （市绿化市容局 提供）

【全民义务植树绿化活动】 2011年全民义务植树绿化宣传活动围绕“植树造林，我们在行动”为主题展开。全市推出全民义务植树活动点30多个，面积30万平方米；全市118块、面积148.5万平方米绿地、约8.9万多株树木供单位团体、市民认建认养。有关部门还推出221株古树名木供认养，数量为历年最多。

2011年正值全民义务植树运动开展30周年，也是联合国大会第61届会议决议通过的国际森林年。3月份植树节期间的较大规模全民义务植树活动主要在位于奉贤区的海湾国家森林公园、普陀区祁连山路绿地、浦东新区张衡路绿地、宝山区滨江绿地、虹口区爱思儿童公园公共绿地、杨浦区渔人码头公共绿地、崇明县崇启高速公路绿化段等植树点开展。

市绿化部门根据全国绿化委的要求，制定全年纪念义务植树30周年系列活动方案；召开专题新闻通气会，宣传和发布全年活动计划，发布全市全年树木绿地可供认建认养的信息；积极推进各区县落实各项义务植树组织发动和绿化宣传工作，策划组织“生命绿缘”和千人植树两项大型义务植树活动，并与宝山区联合组织纪念义务植树30周年暨宝山创建全国绿化模范城区专场演出；应用手机短信群发、网络微博、大型电子信息屏等宣传载体，扩大宣传覆盖面，丰富宣传内容。全年共30余万人参与义务植树，4500余名个人和395家单位参与认建认养，义务植树尽责率达到85%。

3月15日上午，市领导俞正声、韩正、刘云耕、冯国勤、殷一璀等来到上海东方体育中心，参加植树活动。 （秦　磊）

奉贤海湾国家森林公园植树活动 （程　杰 摄）

【屋顶绿化完成10万平方米】 组织完成《立体绿化对节能减排的贡献研究数据收集分析报告》，制定并完善《十二五立体绿化实施方案》；修订《垂直绿化技术规程》，制定《新建屋顶绿化规划管理规定》，尝试拓展立体绿化统计和折算。

策划组织了“节能减排、低碳环保、立体绿化、你我共建”活动；与相关社会团体合作，通过开设“空间绿控”微薄、举办网络沙龙、现场技术展示、立体绿化市民评比等形式加强立体绿化专项宣传。结合文明城区创建、环保三年行动计划收尾、节能减排、审批改革等工作，积极推进各区实施年度立体绿化计划，全年基本完成屋顶绿化10万平方米，其他立体绿化3万平方米。 （秦　磊）

圣普大楼屋顶绿化 （金山区环保局 提供）

【辰山植物园正式对外开放】 上海辰山植物园1月23日起正式对外开放。

1月17日，由上海市绿化和市容管理局组织的上海辰山植物园开园验收工作组对辰山植物园正式开园进行现场评估验收。

1月22日，上海辰山植物园在2号门举行全面竣工仪式。市政府副秘书长尹弘宣布辰山植物园全面竣工，市政府、中科院、市发改委、市绿化市容局、市旅游局、松江区领导及参建单位代表共同出席并剪彩。随后在科研中心举行的市政府新闻发布会宣布，亚洲最大的植物展览温室的建成标志着辰山植物园的全面竣工，并从1月23日起正式对外开放。

辰山植物园展览温室由热带花果馆、沙生植物馆和珍奇植物馆3个单体温室组成，总面积12608平方米，共展示植物3000多种。其中，热带花果馆的主题为“花与果”，占地5521平方米，由风情花园、棕榈广场和经济植物区组成，收集展示了600多种植物，其中花卉100多种；沙生植物馆的主题是“智慧用水”，占地4320平方米，分为美洲、非洲和澳大利亚3个区，展示多肉植物1000多种；珍奇植物馆的主题为“生存与进化”，占地2767平方米，展示1400多种奇特植物。（王静江）

辰山植物园内亚洲最大的绿色温室（刘维光 摄）

【上海加强古树名木保护】 2011年，市绿化部门组织确认10株古树、2株名木、5株古树后续资源，确认注销4株古树。

实施古树防雷设施建设项目，项目涉及10个区、县的53株古银杏，设立避雷塔22个点。实施古树技措项目，主要包括建挡土墙、设立支撑、新建仿木围栏、铺设透气砖、修剪防腐、铺设排水设施、种植地被等内容。

根据2010年的调查资料，开展古树和后续资源名册的修订前期工作，目前已完成名册校对工作。拟新出版《上海市古树名木名册》和《上海市古树后续资源名册》。（秦　磊）

【森林资源管理工作日趋完善】 针对不同林种、不同造林模式，本市分别在青浦练塘，松江叶榭、泖港，崇明陈家镇、港沿镇，原南汇农业园区、奉贤庄行、金山廊下等大型生态片林区各建立1个共8个林地抚育示范点，以点带面加强对林地抚育的技术指导；并对在岗林业养护人员开展专业技能培训，培育了一批社企一体的林地抚育专业队伍。

开展森林生态定位监测，新建监测样地70个，完成5个主要公益林树种和2个经济果林树种活立木生物量及林下植被和土壤碳含量调查与分析，并对林地碳储量进行了估测。

加强对林业政策和项目执行的指导与监管，完成2010年公益林基础设施建设项目、中幼林抚育项目检查验收工作、以及2011年公益林基础设施建设项目、中幼林抚育项目方案评审， 推进林地抚育4.6万亩，林地基础设施建设2.2万亩。完成2011年度公益林生态补偿转移支付考核工作和2010年度新造林验收工作，开展了全市林地水利设施需求调研、生态公益林养护成品油使用情况调查。

运用第七次森林资源调查成果，更新完善了上海市森林资源GIS数据管理系统，为课题研究、业务工作开展、专业调研等提供了所需的各类资源数据。（秦　磊）

【上海推进外环生态专项工程】 2011年，市政府副秘书长尹弘组织召开外环生态专项工程专题推进会议。市发改委、市建交委、市规土局、市绿化市容局、市环城绿带建管处和环城绿带沿线各区区政府分管领导及相关人员出席会议。会议首先由市绿化市容局夏颖彪副局长介绍了外环生态专项总体推进情况及推进中存在的问题，随后沿线各区分别汇报了所在区的情况及需协调的事宜，市相关职能部门就相关问题做了解答。

尹弘要求各区政府要进一步统一思想，按原确定的外环生态专项规划和任务坚定不移的推进，确保十二五期间基本完成；同时要求各区详细梳理本区的外环生态专项项目，就存在的问题进行认真的分析，提出切实可行的实施方案，并表示将牵头对部分区进行专题推进。（王静江）

【林业生态示范点参展全国森林旅游博览会】 充分开发林业景观资源，推进公益林地综合利用，本市2011年遴选出一批有特色，能引领郊区公益林建设管理的林业生态示范点、林业旅游休闲示范点，组织参加全国森林旅游博览会、中国温州森林旅游图片展。同时，相应修订《公益林生态补偿考核办法》，完成全市公益林养护质量等级考核，将公益林生态补偿资金对应到具体田头地块，落实2012年生态补偿转移支付资金5.21亿元。（秦　磊）

【全市推进测报点标准化建设】 按照“装备统一、标识统一、技术统一”的标准，在全市推进林业有害生物标准化测报点标准化建设。目前已建成嘉定安亭、奉贤申亚、松江叶榭、闵行华漕和宝山罗店等5个测报点，并加强了对三级监测预报点的检查考核。

严格执行周巡视监测报告制度和有害生物灾情报告制度，加强对生态敏感区、景观通道与经济果林重点区域常发性林业有害生物的预测预报。筹备建立森林网络医院，加快森防工作信息化建设。

继续加强了对美国白蛾、亚洲型舞毒蛾、橘小实蝇等重点危险性林业有害生物的监测，未发现上海地区有美国白蛾和亚洲型舞毒蛾成虫，橘小实蝇基本处于可控状态；开展了新增补的林业检疫性有害生物——扶桑绵粉蚧的普查工作。（秦　磊）

【林业有害生物防治落实“双线”责任制】 根据全国林业有害生物防治工作会议精神，市政府召开全市首次绿化林业有害生物防治工作会议。会议对“十一五”森防工作进行了总结，部署了“十二五”全市森防工作，并分别由市政府与区县政府、市林业局与区县林业主管部门签订了责任书，将本市重大危险性林业有害生物防治“双线”责任制真正落到实处。（秦　磊）

农村生态保护

【中央农村环保专项资金项目环境成效评估工作全部完成】 根据环保部的要求，市环保局组织相关专家，对2008年、2009年中央农村环保专项资金农村环境综合整治“以奖促治”项目支持上海市的3个环境综合整治项目，进行了环境成效评估。评估结果表明，项目所在村庄环境质量逐步向好，设施后续管理基本到位。（潘　磊）

【农村村庄年度改造任务全面完成】 2011年，农村村庄改造继续列入市政府实事项目，全市共有113个村、3.7万户农户列入改造范围，到年底改造任务全面完成。

2011年上海纳入国务院村级公益事业建设一事一议财政奖补范围，确定了以农村村庄改造为抓手，推进村级公益事业建设一事一议财政奖补的工作方案。上海市相关部门制定下发了《关于本市实行村级公益事业建设一事一议财政奖补推进农村村庄改造的实施意见》等相关文件，为新一轮村庄改造工作的开展打好基础。5月11日，市政府在浦东新区航头镇召开实行村级公益事业建设一事一议财政奖补推进村庄改造现场会。全年郊区9个区县共有118个村、3.5万户农户纳入市级财政奖补范围，批复的市级财政奖补资金（含中央财政奖补资金）达2.29亿元。同时，村庄改造项目建设和资金使用情况纳入上海市涉农补贴资金监管平台，包括项目基本情况、各级政府投入情况、各项建设内容及资金使用情况、村庄改造各项政策，以及各级咨询方式。（汪湖北、汪　琦）

【农业面源污染防治积极推进】 围绕农田化肥、农药减量使用开展农业面源污染防治多项工作，针对不同的种植模式开展了6个千亩核心基地的集成技术示范工作。在粮食蔬菜经济作物等推广商品有机肥20万吨，推广专用配方肥4万吨，为优化肥料三要素结构，控氮、稳磷、增钾，减少单质化肥使用，发挥了重要作用。

加强农作物病虫害预测预报服务，确保防治适期，推荐的农药品种使用面积近45万亩次，农药毒性比例得到合理调整，高、中毒农药数量持续下降；推广绿色植保技术，扩大防虫网覆盖栽培技术、杀虫灯使用技术、性诱剂、黄板等防治技术的应用范围，重视各项技术的集成和综合应用，以达到优化农药品种结构，减少农药使用量的目标。（汪湖北）

【6个规模化畜牧场氨氮排放量同比下降】 2011年，按照国家农业源减排工作要求，本市开展了6个规模化畜牧场粪尿综合治理工作，其中5个顺利通过国家考核，COD、氨氮排放量分别比2010年削减1.24%、0.94%。（汪湖北）

【农作物秸秆禁烧工作落实长效管理机制】 2011年，在世博会期间秸秆禁烧工作的经验基础上，上海市落实长效机制和补贴政策，继续做好秸秆禁烧和综合利用工作。年初，市政府办公厅转发了市发改委、市农委、市财政局、市环保局制定的《关于本市推进农作物秸秆综合利用实施方案》。5月初，市环保局和市发改委、市农委共同召开了2011年秸秆禁烧和综合利用工作部署大会，明确了秸秆禁烧和综合利用相关要求和工作任务。市环保局建立起本市环保系统秸秆禁烧三级巡检工作机制，并将秸秆禁烧工作成效纳入“城考”内容。（潘　磊）

【农作物秸秆机械化还田率达80.6%】 2011年，上海市召开秸秆禁烧和综合利用工作推进会，大力发展循　环农业。开展稻麦二熟秸秆全量还田机械化关键技术的试验示范。

浦东新区、嘉定区、奉贤区和青浦区通过对不同秸秆还田作业方式（深翻作业、联合作业、旋耕作业）、机具配套（犁、复式作业机、旋耕机），开展二麦机械化种植方式对比试验，完善麦秸秆水田机械化还田方式与水稻机插秧、机直播相配套的机械化种植技术，形成了麦子秸秆还田作业方式和机具配套方案，完善了麦子秸秆全量还田机械化技术路线。

加强秸秆禁烧政策宣传和机手技术培训，加快秸秆还田机械的配置和新型机具的推广，联合环保部门开展秸秆禁烧的巡查，设立监督举报热线，保障秸秆机械化还田和综合利用有效实施。

农机推广部门还会同农艺部门在本市西部、中东部及崇明岛三种不同土壤类型为区域，设点开展稻麦秸秆机械全量还田不同作业方式还田质量比较及后茬作物生长跟踪调查试验。全年农作物秸秆机械化还田面积13.33万公顷（含域外农场），还田率达80.6%；秸秆综合利用开始突破，秸秆综合利用率达86%（包括还田）。（胡栋梁）

【农业有害生物预警体系基本建成】 2011年，上海市农业有害生物预警监控网络基本建成，提升了农业有害生物监测、预警预报和控制能力，保障了现代农业发展。预警体系建设根据种植业区域合理布局，科学规划建设预警和控制区域站、点。各区县按照相关规定和要求，加大科技人员的配备和培训，制定农业有害生物监测与控制的相关标准，强化各项制度建设，提升农业有害生物预警监测和控制水平。至年底，农业有害生物预警体系在市郊基本实现全覆盖，为病虫害防治和疫情监测扑控提供了保障，对抵御外来农业有害生物入侵，稳定粮食等主要农产品生产，发挥了重要作用。

2011年上海市农业有害生物预警监控网络建设情况表

项目名称	数值
国家级预警与控制分中心	1
国家级区域站	5
市级区域站	5
观察圃	6
监测点	60
疫情监控点	40

（赵国兴）

【土壤有机质工程全面推进】 2011年，上海市采取商品有机肥推广、绿肥种植、秸秆还田等多项举措，稳定和提升土壤有机质水平，提高耕地地力。2004年至今累计推广商品有机肥106万吨，为土壤有机质提供了重要补充。

通过绿肥补贴政策稳定实施，鼓励农民种植绿肥，全年全市种植冬作绿肥3.32万公顷，发挥绿肥固氮作用，减少后茬作物施肥量，增加了土壤有机质。

大力推进秸秆还田，全年郊区农村推广应用秸秆全量还田、高茬还田、中茬还田、低茬还田技术，全市秸秆全量还田面积占65%以上；利用秸秆腐殖化作用，促进土壤有机碳良性循环，充实土壤的有机质库，稳定农田的生产能力。同时，上海实行粮田冬耕晒垡试点，结合秸秆全量还田，促进土壤养分释放，改善土壤性状。目前，土壤有机质含量减少的趋势得到扭转，基本保持稳定。（林天杰）

【上海保障世游赛农产品质量安全】 从年初开始，为确保世游赛的成功举办，全市农业部门围绕“两个不发生”（即不发生食品安全事件，不发生食源性兴奋剂事件）的目标，针对世游赛农产品安全监管要求高、强度大、源头多的特点，按照世游赛组委会食品安全保障部的要求，保障供赛农产品的充足供应和质量安全。

加强指定农产品供应企业监管。对全部指定农产品供应企业检查。这些企业都签订供赛农产品安全承诺书；对全部驻点监管人员进行食品安全溯源系统培训；对供赛农产品的生产和运输实行规范化管理，主要是实行“五定”（即“定人、定棚、定料、定库、定车”），做到源头控制，全程监控。配合世游赛组委会食品安全保障部做好外来农产品的协调和监管，确保了世游赛所需牛羊肉的充足供应和质量安全。

加大供赛农产品的检测力度。对提供动物产品的指定企业进行了兴奋剂摸底检测，对供赛动物产品实行批批检测；要求指定企业对每批蔬菜和水果在采收前和配送前进行2次定性检测，平均每天检测118批次（见下表）。

举行应急演练，实行值班制度，确保信息畅通。为检查相关区县对供赛农产品进行溯源的能力，举行了农产品安全保障应急演练，相关区县完成了溯源追查任务，达到了演练的目的。从7月15日开始，市、区农业部门实行24小时应急值班，值班人数累计476人次，确保了赛事期间农产品安全保障工作的信息畅通。

2011年上海世游赛农产品供应质量安全保障情况表

项目名称	单位	数值
农产品供应企业	家	11
提供蔬菜	公斤	75596.1

续表

项目名称		单位	数值
水果		公斤	19134
鸡蛋		万枚	56.28
鸡肉		公斤	2015.51
监管人员每天巡查		次	3+
累计巡查		人次	651
对供赛农产品检测		批次	3859
合格率		%	100
其中	动物产品检测	批次	43
	检测样品	个	155
	合格率	%	100
	蔬菜和水果检测	批次	3776
	合格率	%	100
	蔬菜和水果飞行抽检	批次	40
	合格率	%	100

（雷　军）

【上海市自然保护区及野生动植物栖息地】

上海市自然保护区及野生动植物重要栖息地一览表

序号	填报单位	保护区/禁猎区/重要栖息地名称	行政区域	面积（公顷）	边界或面积变化情况	开展执法检查、科研监测、宣传教育次数	栖息地保护成效	主要保护对象	建立/规划时间
一、自然保护区									
1	浦东新区	九段沙湿地自然保护区	浦东新区	42320	无	46	优	水鸟及保持河口滨海湿地	2000年
2	金山区	金山三岛自然保护区	金山区	45	无	2	优	亚热带原始森林生态系统	1992年
3	崇明县	长江口中华鲟自然保护区	崇明县	57600	无			中华鲟等珍稀鱼类	2002年
4	崇明东滩鸟类自然保护区	崇明东滩鸟类自然保护区	崇明县	24155	无	150	优	迁徙鸟类及其栖息地	1998年
二、禁猎区									
1	浦东新区	南汇东滩野生动物禁猎区	浦东新区	12250	无	150	优	水鸟	2007年

自然生态环境保护

【上海落实国家关于自然保护区工作要求】　根据《关于做好自然保护区管理工作的通知》文件和环保部的要求，市环保局会同市有关部门，研究起草了上海市贯彻落实国办文件的实施方案并报市政府审定后发布。省级自然保护区评审委员会完成换届工作，成立了第四届上海市自然保护区评审委员会。

（潘　磊）

【崇明生态岛建设累计完成投资31亿元】　2010—2012年崇明生态岛建设重点项目为101个，计划总投资约159亿元。截至2011年底，已完成项目19个，已启动项目62个，项目启动率超过80%，累计完成投资31亿元。

其中，陈家镇水厂一期工程、村沟宅河整治工程、村庄改造工程等项目相继完成。生态公益林建设、畜禽场标准化养殖基地、秸秆综合利用、环境监测评估体系等项目也按照面上政策和建设计划有序推进。污水处理厂、污水收集管网、农村生活污水处理、推广绿肥有机肥、节能技术改造、产业结构调整、污染企业在线监测等各项工作均已启动建设。

（孙森泉）

续表

序号	填报单位	保护区/禁猎区/重要栖息地名称	行政区域	面积（公顷）	边界或面积变化情况	开展执法检查、科研监测、宣传教育次数	栖息地保护成效	主要保护对象	建立/规划时间
三、重要湿地									
1	金山区	金山三岛湿地	金山区	2502	无		优	水鸟及海岸带湿地生态系统	2000年
2	崇明县	崇明东滩湿地	崇明县	32600	无			水鸟及海岸带湿地生态系统	2003年
3	崇明县	长江口中华鲟自然保护区	崇明县	46300	无			中华鲟及其赖以栖息生存的自然环境	2008年
4	崇明县	崇明岛湿地	崇明县	41188	无			水鸟及海岸带湿地生态系统	2000年
5	崇明县	长兴和横沙岛湿地	崇明县	66034	无			水鸟及海岸带湿地生态系统	2000年
四、野生动植物重要栖息地									
1	浦东新区	高桥镇三岔港生态林	浦东新区	35	无	50	良	林鸟	
2	嘉定区	浏岛鸟类栖息地	嘉定区	67	无	2	良好	鸟类	2009年
3	金山区	查山动植物栖息地	金山区	6.5	无	2	优	貉、獾及多种保护鸟类	2001年
4	金山区	99塘鸟类栖息地	金山区	163	无	36	优	野生鸟类	2005年
5	金山区	张堰玉兰园动物栖息地	金山区	50.4	无	34	优	小型哺乳动物及野生鸟类	2010年
6	金山区	干巷白漾园动物栖息地	金山区	27	无	34	优	小型哺乳动物及野生鸟类	2010年
7	青浦区	北干山鸟类栖息地	松江区	9.7	无		优	鹭类、林鸟等	
8	青浦区	大葑漾鸟类栖息地	青浦区	56.2	无		优	鹭类、林鸟等	
9	青浦区	大莲湖鸟类栖息地	青浦区	92.7	无		优	鹭类、林鸟、水鸟等	
10	青浦区	淀山湖鸟类栖息地	青浦区	4793.5	无		优	鹭类、雁鸭类等	
11	青浦区	汪洋荡鸟类栖息地	青浦区	30.6	无		优	鹭类、林鸟、水鸟等	
12	青浦区	元荡鸟类栖息地	青浦区	1921.3	无		优	鹭类、雁鸭类等	
13	崇明县	东平森林公园	崇明县	650	无	12	良好	猛禽等	2001年
14	崇明县	明珠湖	崇明县	500	无	13	良好	普通鸬鹚，雁鸭类水鸟	2001年

续表

序号	填报单位	保护区/禁猎区/重要栖息地名称	行政区域	面积（公顷）	边界或面积变化情况	开展执法检查、科研监测、宣传教育次数	栖息地保护成效	主要保护对象	建立/规划时间
15	闵行区	华漕镇苏州河水源涵养林鸟类栖息地	闵行区	36.34	无	4	良	林鸟	2009年
16	宝山区	陈行宝钢水库鸟类栖息地	宝山区	275	无	3	好	鸻鹬类、雁鸭类、雀类、鹰鹗类	2006年
17	松江区	天马山动物栖息地	松江区	90.32	无		良	鸟类、爬行类	2010年
18	松江区	泖港片林动物栖息地	松江区	533	无		良	鸟类、兽类	2010年
19	宝山区	罗泾水源涵养林鸟类栖息地	宝山区	32	无	2	较好	燕雀类	

（秦　磊）

【崇明东滩鸟类保护区《2011–2020年总体规划》获得批准】　2月15日，国家林业局正式批复同意《上海崇明东滩鸟类国家级自然保护区总体规划》（2011年–2020年），崇明东滩保护区自此结束了没有总体规划的历史。（崇　明）

【东滩鸟类自然保护区建设顺利推进】　结合城市维护资金项目的组织实施，推进管护基础设施规范化建设，新做界桩15个，更新界桩标识107块，共更新制作、安装各类宣传牌、警示牌88块；完成了崇明东滩湿地生态示范工程建设项目的验收组织工作及北八滧环境教育中心绿化改造；完成了《崇明东滩退化滩涂湿地和人工湿地的修复及示范技术研究》和《崇明东滩白头鹤的迁徙路线及越冬地现状研究》项目研究和结题工作。（崇　明）

【崇明岛实施生态环境预警监测评估】　根据《崇明生态岛建设纲要（2010–2020年）》的要求，市环保局组织编制了《崇明岛生态环境预警监测评估方案》。8月，市发改委批复了评估体系中环保类项目的工程可行性报告。

按照《崇明岛生态环境预警监测评估方案》要求，2011年，对崇明岛生态环境各项指标开展了监测。同时，在各单位的支持和配合下，2010年崇明岛生态环境预警监测评估报告完成编制，并对2010年指标完成情况进行了统计分析，其中单位GDP综合能耗、城镇污水集中处理率、生态保护地面积比例、骨干河道水质达到III类水域比例等8项指标已达到或超过2012年的目标值。（汤凡敏）

【崇明生态岛建设1%水鸟物种监测正式启动】

4月14日，《崇明生态岛建设1%水鸟物种监测工作方案》和《崇明生态岛建设1%水鸟特种监测技术方案》通过专家评审。这标志着作为评估崇明生态岛建设发展水平重要指标之一的“1%水鸟物种”监测工作正式展开。

2010年1月20日，市政府发布《崇明生态岛建设纲要（2010–2020年）》，明确崇明生态岛将聚焦生态发展，建立低碳型经济发展和社会消费模式。崇明生态岛建设指标体系涉及五大领域，其中 “生态文明”包括“占全球种群数量1%以上的水鸟物种数”、“森林覆盖率”、“自然湿地保有率”等指标。（王静江）

“1%水鸟物种”

“1%水鸟物种”指标来源于国家重要湿地、国际重要湿地认定的相关标准：如果一个湿地定期栖息有一个水禽物种或亚种某一种群1%的个体，就应认为具有国际重要意义。

根据研究，水鸟栖息具有混群性，占全球种群数量 1%以上的水鸟物种，往往可以作为同类水鸟的代表物种，反映整个水鸟的丰富程度。因此对“1%

水鸟物种”指标的监测，可以反映崇明生态环境的好坏，对崇明生态岛建设和评估具有重要的意义。

【鸟类环志和迁徙鸟类同步调查有序进行】 全年组织环志鸻鹬类水鸟40种3832只，重捕和回收44只，并首次环志到小滨鹬，是保护区环志的新记录。全年有10个国家和地区回收到崇明东滩的黑白旗标共140笔。组织开展芦苇带鸟类环志16种308只，其中珍稀濒危鸟类震旦鸦雀158只。组织开展水鸟同步调查17次，记录到各种水鸟78种共计67064只次。完成崇明生态岛1%物种调查14次，除保护区外的北八滧—北六滧，堡镇北港至北湖区域共记录到水鸟60种89525只次。（崇　明）

【迁徙鸟类疫源疫病监测防控得到加强】 全年出动监测人员2654人次，监测行程达26100公里，监测时间5200小时，共监测到鸟类80多种443000只。监测数据和信息快报每日按时发送，发送率和及时率均为100%；实施完成团结沙管护站野生动物疫源疫病初检实验室改造，进一步加强疫源疫病监测的初检取样工作，共完成采集并检测鸟类206只，样本25种409份禽流感样品采集及初步处理、保存及运输工作。（崇　明）

【互花米草生态治理初现成效】 财政部、国家林业局中央湿地补助项目支持的捕鱼港区域互花米草生态治理示范项目重点推进，先后完成总长2700米围堰、围堰区内人工潮沟和生境小岛、泵站、排水系统和互花米草刈割等工程，形成了1000亩环境相对封闭，水位可调控管理的优化区，成功控制了项目实施区域内的互花米草生长和扩张。该区域已成为保护区中部区域夏候鸟的繁殖筑巢场地和鹬类、雁鸭类和鹭类等越冬鸟类的重要栖息地。（崇　明）

【崇明西沙湿地公园成为上海首家国家湿地公园（试点）单位】 6月22日，崇明西沙国家湿地公园总体规划完成并征询意见，7月13日，《上海崇明西沙国家湿地公园总体规划》通过市级专家评审，9月16日—17日，国家湿地公园评审小组实地考察上海崇明西沙湿地公园，召开考察论证会议。12月12日，上海市崇明西沙湿地公园顺利通过专家组实地考察评估、集体评审和公示等，成功地被国家林业局批准为国家湿地公园试点单位（林湿发〔2011〕273号）。

崇明西沙国家湿地公园（试点）位于崇明岛西南端，上海明珠湖环岛大堤外侧，绿华镇域内，北至崇明堡湖路，南临长江。地理坐标为31°43′01″−31°44′01″N，121°12′47″−121°15′12″E，南北跨度1.7km，东西跨度3.9km。规划区总面积363.1km^2。崇明西沙国家湿地公园（试点）自然生境保持良好，具有丰富多样的湿地生态系统类型和以湿地为主要栖息环境的野生动植物资源。同时，崇明西沙湿地位于国际候鸟迁徙路线上的重要结点，因此划建崇明西沙国家湿地公园，加强该地湿地生态系统保护，对于改善规划区域湿地自然生境，提供更大范围的鸟类栖息场所，实现生物多样性保护目标以及当地文化挖掘具有十分重要的意义。（秦　磊）

【崇明东滩保护区获“中国生态保护最佳湿地”奖项】 2011年既是《湿地公约》成立40周年，也是“中国湿地保护行动计划”颁布实施10周年。由人民日报社中国经济周刊和湿地国际中国办事处共同举办的“寻找中国最美湿地评选活动颁奖晚会”在北京隆重举行，上海市崇明东滩鸟类国家级自然保护区获得“中国生态保护最佳湿地” 奖项。

本次评选采用网民投票、专家评审、媒体参与等形式，有数以百万计的网民踊跃投票，数十位专家以及媒体代表进行评审。崇明东滩鸟类国家级自然保护区以其生态系统的完整性，巨大的生态、社会、经济功能，物种的丰富多样和在湿地生态保护方面做出的成绩荣获“中国生态保护最佳湿地”奖项。（王静江）

【第二次湿地调查工作启动】 开展上海市第二次湿地资源调查前期工作，组织召开多次协调推进会议。完成编制《上海市第二次湿地资源调查项目预算》、《上海市第二次湿地资源调查工作方案》和《上海市第二次湿地资源调查技术实施细则》。完成《上海市第二次湿地资源调查工作方案》和《上海市第二次湿地资源调查技术实施细则》的评审、修订和报批并获得国家林业局批准。

开展超过100人次参与的一般调查和重点调查的技术培训、野外试调查。组织召开专家委员会会议评审通过8个重点调查技术方案及各区县第二次湿地资源调查实施方案。

组织召开上海市第二次湿地资源调查领导小组办公室会议，研究提出《上海市第二次湿地资源调查工作进度监督和考核办法》和《上海市第二次湿地资源调查质量管理办法及实施细则》。

编印《上海市第二次湿地资源调查工作简报》3期，发布调查信息42条。邀请国家林业局湿地办和国家林业局调查规划设计院的领导、专家两次现场指导和培训。赴国家林业局北京院、西北院对接一般调查遥感判断和质量监督检查工作。（秦　磊）

【长江湿地保护网络国际培训中心落户崇明东滩】

10月15日，由国家林业局湿地保护管理中心、市绿化和市容管理局和WWF（世界自然基金会）共同筹建，“汇丰与气候伙伴同行”项目支持的“长江湿地保护网络国际培训中心”在崇明东滩鸟类国家级自然保护区举行揭牌仪式，开启中国湿地自然保护区能力建设国际合作的新篇章。

当月，“中心”启动“TOT(training of trainers)——湿地管理”培训项目。该项目探索如何发挥崇明岛处于长江和东亚-澳大利亚候鸟迁徙路线上“T”字形格局交界点的重要优势，发挥其对整个东南亚地区湿地保护的示范和辐射作用。

（王静江）

【滩涂资源】 2011年，上海市“3”米线以上滩涂资源面积为117.2平方公里，“2”米线以上滩涂资源面积为189.9平方公里，“0”米线以上滩涂资源面积为630.9平方公里，“-2”米线以上滩涂资源面积为1255.9平方公里，“-5”米线以上滩涂资源面积为2331.8平方公里。

2011年，上海市完成滩涂生物促淤6平方公里，位于崇明岛海塘沿线；实施滩涂圈围约53.33平方公里，主要分布于浦东机场外侧、横沙东滩和崇明北沿等区域，其中，成陆7.53平方公里，为崇明北沿滩涂促淤圈围三期工程。（谷鸿鹤）

【近岸海洋生物多样性】 2011年上海开展近岸海域海洋生物多样性监测，共鉴定出浮游生物、底栖生物、潮间带生物286种，隶属于4个生物界、18个门，以亚热带种和温带种为主。原核生物界只有蓝藻门；原生生物界共有4个门，以硅藻门为主；植物界只有绿藻门；动物界共有12个门，节肢动物门种类最多。

（谷鸿鹤）

野生动植物保护

【野生动植物经营利用情况统计分析】 2011年1-12月，本市野生动植物经营利用事项129项，比上年减少9项，减少7．9%。审核拟不同意或补正材料的31项，占24．03%，其中组织专家评审2项。根据审核记录台账分析，全年出售、收购和利用国家一级重点保护野生动物或其产品33种546头（件）；出售、收购和利用国家二级重点保护野生动物或其产品36种989头（件），动物实验材料340毫升；加工利用国家一级重点保护野生动物或其产品5种57285公斤；加工利用地方重点保护野生动物3种8000公斤；驯养繁殖国家重点保护野生动物37种和地方重点保护野生动物1种；国家重点保护野生动物种源进口免税24种，活体122头；使用中国野生动物经营利用专用标识2种，260．04万个；外国人进入自然保护区科考或摄影3批次7人次。上述活动的经营利用合同金额8981．62万元，比上年减少15902．32万元，减少63．91%。

（秦　磊）

【鸟类监测情况】 2011年，崇明东滩鸟类国家级自然保护区管理处、九段沙湿地国家级自然保护区管理署、上海野生动植物保护协会鸟类专业委员会（上海野鸟会）等单位，继续开展上海市水鸟同步调查、城（郊）区公园绿地野生鸟类监测、南汇东滩野生鸟类监测、横沙东滩鸟类资源调查等多个调查，其中：

上海市水鸟同步调查：对崇明东滩保护区、九段沙保护区、宝钢水库等14处天然湿地区域开展了16次同步调查。同时，也完成了国家林业局、世界自然基金会组织的2011年度长江中下游五省一市的越冬水鸟同步调查。通过调查，共记录到野生水鸟126种318762只次。其中留鸟5种，夏候鸟14种，冬候鸟53种，旅鸟53种，迷鸟1种。共记录到国家级保护鸟类16种，IUCN濒危物种18种，12个物种达到或超过东亚地区水鸟种群数量估计的1%标准，它们分别是罗纹鸭、白头鹤、白腰杓鹬、翘嘴鹬、红颈滨鹬、黑腹滨鹬、长趾滨鹬、环颈鸻、蒙古沙鸻、铁嘴沙鸻、黑脸琵鹭、中杓鹬。记录数量最多的10种水鸟为：黑腹滨鹬、环颈鸻、红颈滨鹬、白鹭、斑嘴鸭、绿头鸭、绿翅鸭、大滨鹬、罗纹鸭和牛背鹭。通过分析发现，冬候鸟的数量和种类相对稳定，春秋过境旅鸟种类和数量则有较大波动。

城（郊）区公园绿地野生鸟类监测：对共青森林公园等4处不同建成年代的大型公园，开展了12次野生鸟类监测工作，共记录到野生鸟类91种11506只次。自5月起，对松江浦南水源涵养林、宝山罗泾水源涵养林、奉贤海湾森林公园等郊区林地开展了鸟类调查，在8次调查中，共记录鸟类107种5538只次。

南汇东滩野生鸟类监测：对南汇东滩禁猎区所栖息的野生鸟类开展了12次监测工作，共记录到野生鸟类187种36208只次。

横沙东滩鸟类资源调查：在16次野外调查中，共记录到野生鸟类164种72553只次，其中水鸟94种68588只次；同时，观测到了小滨鹬、短嘴金丝燕、蝗莺等罕见于上海乃至华东沿海的鸟种，记录到了小青脚鹬、仙八色鸫、黑脸琵鹭等国家级保护动物；观测到了半个多世纪都未曾在上海记录到的小鸥，以及上海鸟类新记录——大凤头燕鸥。华东师大专业人员进行了“横沙东滩底栖动物现状调查”，掌握横沙东滩不同圈围时期内的底栖动物现状，并完成了2次的野外采样工作。（秦　磊）

【上海开展两栖类动物野外放归活动】 8月22日，由市绿化和市容管理局（市林业局）、奉贤区人民政府共同主办，奉贤区农委承办的上海市两栖类动物种群复壮与野外放归仪式，在上海海湾国家森林公园举行。奉贤当地一个蛙类养殖场内繁育的10000只黑斑蛙，被野放到了上海海湾国家森林公园。

本次野放的目的是为了进一步完善野生动物重要栖息地内的物种结构，提升区域生物多样性。管理部门在加强本市野生动物重要栖息地保护与管理的基础上，从上海的若干个野生动物重要栖息地中，选取海湾国家森林公园开展本次两栖类动物的野放增殖试验，把通过人工方式繁育出来的黑斑蛙野放到自然环境中，以期通过人为措施的干预，达到野外局部区域内蛙类种群的增殖与复壮。

本次放归后，管理部门将进一步开展相关的研究与监测工作，掌握这些幼蛙在野外的生存状况与种群数量变化。同时，管理部门将开展本市蛙类的繁育技术研究与野放技术研究，通过对蛙类的培育技术、越冬技术、繁殖技术等关键技术的研究，探索适合上海本地的蛙类繁育技术。同时，通过对两栖类动物野外生存环境的评估，评价环境构成因子，如水质状况、水体结构、水生植物配比、食物资源、种间竞争关系等对两栖类动物生存的影响；通过两栖类与栖息环境相互关系的研究，提出两栖类动物栖息生境营造技术，包括水质控制技术、浅滩环境营造技术、水生植物种植及配比技术、食物丰富技术等，为今后两栖类动物野化放归提供技术支持。（王静江）

【上海对驯养繁殖单位加强日常监管】 截至2011年年底，本市野生动物驯养繁殖单位（个人）97家，比2010年减少9家。其中崇明县增加2家，松江区增加1家，闵行区增加1家，奉贤区增加1家，计增加5家；南汇和浦东合并后减少10家，金山区减少1家，市区减少3家，计减少14家。本市养殖国家重点保护动物的单位有71家，其中65家办理了国家重点保护动物驯养繁殖许可证，办证率为92%，比上年下降1个百分点。

全市现有驯养繁殖野生动物467种，共1777271只。其中，一级保护动物97种，3300只；二级保护动物128种，5130只；非重点保护动物242种，1768841只。

依法开展17类濒危活体标记野生动物调查。对涉及5家驯养繁殖单位重新开展调查，以利于全面掌握上海市17类濒危活体标记动物家底情况，包括动物数量、生老病死情况、动物引进出让情况、驯养繁殖情况和动物谱系等。共有5家驯养繁殖单位涉及17类濒危野生动物标记工作，共有756只17类濒危活体野生动物，已实施标记的有333只。（秦　磊）

【野生动物疫源疫病采样预警工作常态化】 野生动物疫源疫病监测防控是林业部门的重要工作内容。2007年，上海开始探索建立主动预警机制。通过3年的时间，对上海市范围内的野生动物疾病本底情况进行了摸底排查，建立了上海市陆生野生动物疫源疫病监测与预警数据库，对上海地区野生动物疫源疫病的流行状况有了一定掌握。根据上一阶段研究成果，2011年度，上海将采样预警工作常态化，确定年度工作方案，对野生动物进行实时定期主动采样监测。（秦　磊）

海洋灾害

【海水入侵和土壤盐渍化】 2011年，对崇明县的东部滨海地区开展了海水入侵和土壤盐渍化监测工作。结果表明，崇明岛的东北部出现海水入侵，土壤有中盐渍化土和轻盐渍化土的分布。（谷鸿鹄）

【长江口咸潮入侵】 2011年，长江口共发生咸潮入侵9次，出现在2月—5月和10月—12月两个时段。最为严重的一次出现在3月22日—30日，宝钢水库氯化物高达2104毫克/升；持续时间最长的一次出现在4月19日—28日。（谷鸿鹄）

【赤潮】 2011年，上海市及邻近海域未发现赤潮。在长江口赤潮监控区监测发现赤潮生物43种，包括硅藻22种，甲藻17种，金藻2种，蓝藻和动鞭藻各1种，其中有毒藻类5种，密度未超出预警值。（谷鸿鹄）

【赤潮毒素】 2011年，对本市主要海产品市场的12种贝类48个样品开展了赤潮毒素检测，所有贝类均未检出记忆缺失性贝毒，部分海湾扇贝、江珧检出麻痹性贝毒，个别海湾扇贝检出腹泻性贝毒。（谷鸿鹄）

【重点岸段海岸侵蚀】 2011年，对崇明东滩南部典型岸段开展侵蚀监测。结果表明：监测岸段海岸侵蚀速率有所减缓。2009—2011年，崇明东滩海岸（海滩）侵蚀主要分布在南侧的奚家港至团结闸之间岸滩，海岸（海滩）侵蚀长度为5.1公里，平均侵蚀宽度19.0米，最大侵蚀宽度49.0米，侵蚀总面积为0.097平方公里。（谷鸿鹄）

【长江口贫氧区】 8月—9月，在长江口海域开展贫氧区监测，贫氧区距上海约为120公里，面积约为3700平方公里，低氧水团主要分布于海面下20米—30米水层处。贫氧区内海水的溶解氧最低为1.61毫克/升，饱和度为21.8%。贫氧区内外海域的浮游生物和底栖生物群落无明显差异。（谷鸿鹄）

2012

上海环境年鉴

环境管理

行政管理

【全年审批环境影响评价文件13017个】 根据国家和本市相关法律法规和产业政策，继续严格审批建设项目环境影响评价，从源头控制新、改、扩建项目的污染物排放。全年市区两级环保部门共审批各类环评文件13017个，其中报告书573个、报告表6459个、登记表6272个；共审批竣工环保验收项目4533个。 （徐易伟）

【上海实施环境影响评价技术评估试点工作】 根据环保部要求和本市环境影响评价审批工作的需要，市环保局结合本市实际制定了试点工作方案，并发布了《关于2012年开展环境影响评价技术评估试点工作的通知》（沪环保评[2011]517号），正式实施环境影响评价的技术评估试点工作。 （徐易伟）

【上海实施新的“批项目，核总量”制度】 根据“十二五”期间国家和本市总量控制的要求，市环保局在“十一五”工作基础上，制定了《关于本市十二五期间建设项目主要污染物总量控制的实施意见》（以下简称《实施意见》）。

《实施意见》明确了“十二五”期间本市在新、改、扩建项目环境影响评价中主要污染物总量控制的实施范围、总量指标的来源途径、环评审批和竣工环保验收阶段对总量控制的要求，严格核定COD、NH_3-N、SO_2和NOx四种主要污染物的排放总量，从源头控制主要污染物的排放量。 （徐易伟）

本市“十二五”期间建设项目主要污染物总量控制的实施意见（试行）（摘要）

一、实施主要污染物总量控制的建设项目

凡含有下列内容的新建、改扩建项目（以下简称“建设项目”），均列入本市“十二五”主要污染物总量控制范围：

（一）涉及二氧化硫（SO_2）、氮氧化物（NOx）总量控制方面：凡排放二氧化硫（SO_2）、氮氧化物（NOx）的工业项目，使用天然气、轻质柴油、人工煤气、液化气、高炉（转炉）煤气等清洁能源作为燃料的设施除外。

（二）涉及化学需氧量（COD）、氨氮（NH_3-N）总量控制方面：凡向地表水体直接排放或者向污水管网排放生产废水的工业项目，排放的生活污水除外。

二、建设项目主要污染物指标控制总体要求

（一）建设项目主要污染物排放总量控制应遵循以下原则：控制总量、削减存量；指标平衡以块为主、兼顾行业；重点支持发展战略性项目。具体要求如下：

1、建设项目新增的主要污染物总量指标原则上应在项目所在区（县）内平衡，迁建项目主要污染物总量指标可通过原所在区（县）指标转移获得。

2、宝钢股份有限公司、中石化上海石化股份有限公司、中石化高桥石化分公司、上海电力股份公司、华能华东分公司、申能股份有限公司新增主要污染物总量指标应在企业（集团）内部或者行业内实施平衡，并控制在市政府下达的总量控制指标内。

3、长兴岛造船基地和临港产业区内由国家及市投资主管部门审批、核准、备案的先进制造业类项目，经批准后，其新增主要污染物总量指标可在全市实施平衡。

4、位于上海化工区现有企业实施改扩建项目时，应通过提高清洁生产和资源综合利用水平、加大污染治理力度等措施进一步削减总量；上海化工区（不含金山、奉贤分区）改扩建项目削减存量后仍有增量或者新建企业的新增主要污染物总量指标可在全市实施平衡。

（三）结合本市主要污染物总量控制具体情况，“十二五”期间，分别先给予金山区、奉贤区、青浦区、浦东新区化学需氧量（COD）100吨、氨氮（NH_3-N）20吨周转量，分别先给予松江区、嘉定区、宝山区、崇明县、闵行区化学需氧量（COD）50吨、氨氮（NH_3-N）10吨周转量。

摘自：沪环保评〔2012〕6号 关于印发《本市“十二五”期间建设项目主要污染物总量控制的实施意见（试行）》的通知

【“未批先建、久拖不验”项目专项整治基本完成】

根据本市工程建设领域突出环保问题专项治理、整治规范建筑市场等工作要求，市环保局下发了“未批先建、久拖不验”项目整治工作方案，启动了专项整治。年底前完成了2001－2009年环保部审批环评、尚未验收建设项目的专项检查，基本完成了2005年以来市环保局审批久拖不验项目的专项治理。

（徐易伟）

【上海实施水环境功能区划（2011年修订版）】

4月，市政府批复同意《上海市水环境功能区划（2011年修订版）》。

《上海市水环境功能区划》于1995年编制，经市政府批准实施，2003年市环保局会同市水务局对该区划进行了修订，形成了《上海市水环境功能区划（修编）》。

2007年，市环保局依据崇明三岛总体规划目标和功能定位，对《上海市水环境功能区划（修编）》有关崇明岛的环境功能区作了局部调整。2011年4月，完成《上海市水环境功能区划（2011年修订版）》，经市政府批复实施。“修订版”由全市河网水环境功能区划、全市主干河道、湖泊功能区划、长江口、杭州湾水域功能区划及饮用水源区及水质控制标准四部分组成。（张向敏）

【上海推进辐射安全许可管理】 根据国家辐射安全监管有关要求，市环保部门对辐射安全许可、转让放射性同位素的审批等事项的办事规程进行了修订与发布，制订了《辐射安全许可证延续实施细则》、《放射性豁免备案工作程序》。2011年市、区两级环保部门共颁发、换发辐射安全许可证500余份，转让审批放射性同位素400余份。

与市卫生局、市安监局建立联席会议制度，共同强化对辐射工作人员管理与放射性职业病的防治工作；与上海出入境检验检疫局签订《上海出入境检验检疫局和上海市环境保护局关于上海口岸应对入出境放射性有害物质合作协议》，强化对通过本市口岸进出口放射性物质的监管。（陈继亮）

【水务行政审批】 2011年，市水务局累计受理办理行政审批事项2856项（水利671项、供水397项、排水1581项、海洋207项）、办结2503项（其中，累计受理了93个并联审批项目、办结86项），36项水务行政审批事项已“全部上网”，11项审批事项试行“单轨流转、全程上网”。

2011年，以落实行政审批标准化管理为主线，以编制业务手册、加强规划研究、深化服务创新为重点，着重加强行政审批能力建设。根据市行政审批改革工作要求，从编制行政审批业务手册入手，试点启动并完成了“核发《排水许可证》”、“建设项目节水设施设计方案的审核”、“核发《河道临时使用许可证》”、“废弃物海洋倾倒普通许可证签发”等四项行政许可事项的业务手册编制工作，启动了水务行政审批标准化管理。

编制了《上海市水务海洋行政许可“十二五”规划》并通过专家评审，进一步提升行政许可工作站位；开展了《海洋倾倒废弃物综合利用的相关研究》、《建设项目排水接纳方案编制导则》、《穿河工程行政许可技术控制标准研究》等课题研究，进一步加强行政审批的技术支撑。

深化行政审批网上办事功能，抓好并联审批和告知承诺审批，通过了行政审批ISO9001质量管理认证，进一步深化服务创新、提高服务质量。（谷鸿鹄）

【港口建设项目严格执行环境影响评价制度】 2011年，上海港港政管理中心完成港口建设项目环评报告预审4项，坚持以新带老、控制增量、削减存量的原则，从源头上控制污染物的产生。强化港口规划、设计、建设、运营等重点环节的监管，同时加强对工程建设期环境保护和“三同时”的监督管理。（俞　晓）

【重点企业清洁生产单位审核】 市环保局、市经信委联合公布本市2011年度重点企业清洁生产审核单位名单，共249家。截至2011年底，本市共有382家重点企业列入环保部发布的实施清洁生产审核并通过评估验收的重点企业名单公告中。（沙剑波）

【上海建立市区两级固废管理联动机制】 2011年，市环保局建立了市区两级固废联动机制。形成了定期例会制度，研究以五区一县为试点推动危险废物备案及联单管理的事权下放工作，进一步提升区县监管成效。青浦、闵行、松江、嘉定四个区环保局设立了集辐射环境与固体废物管理于一体的独立核算、财政全额拨款正科级事业单位。（程　宾）

【绿化部门依法受理行政审批事项】 完成中心城区沪太路和闵行区办证点标准化建设。截至12月底，全市受理木材运输证136737份，受理检疫证130747份，检疫木材4994090方，检疫苗木15963700株，检疫包装箱3683件，托盘28294件，电缆盘2424只；受理国外引种审批192批次，涉及14个国家（地区）的84个品种，引进苗木854893株、种球6108457只、种子86900公斤，开展风险评估42批次；复检工程654家，补检110家，补检率16.82%。

加大对上海东方体育中心、奉贤世纪森林以及顾村公园等植树造林点用苗的复检力度，销毁苗木31批次，销毁樱花474株，销毁加纳利海枣37株；查处了上海园林集团下属上海花木公司伪造检疫专用章和变造检疫凭证案件，对违规企业和相关责任人进行了行政处罚，并将部分情节严重的案件移交公安机关处理，维护了上海城市生态安全。（秦　磊）

区域管理

【长三角地区环保合作持续推进】 2011年，苏浙沪皖三省一市环保部门认真贯彻落实2010年度长江三角洲地区主要领导座谈会精神，继续合作加强长三角地区环境保护工作。市环保局积极牵头推进区域大气污染联防联控专题，同时参与其余专题，主要进展如下：

一、组织推进区域大气污染联防联控专题合作

（一）有序推进长三角区域大气污染联防联控规划编制及课题研究

根据环保部统一部署，会同苏浙两省，按时上报两省一市长三角区域大气污染联防联控规划，认真参与环保部召开的规划初稿研讨会及后续一系列意见征求工作，共同编制形成了长三角区域大气污染联防联控规划（征求意见稿）。

组织开展灰霾、臭氧等复合型污染形成机理与防治技术以及区域联防联控措施的课题研究。上海市环保重大科研项目《长三角区域环境空气质量联动机制研究—2010年上海世博会环境空气质量联合观测及保障效果跟踪评估》于2011年12月通过验收。专家组认为，该项目创新建立了集环境监测—科研—管理三位一体互动对接的新型工作机制，建立了区域性大气复合污染研究的新模式，为后世博上海市乃至长三角区域全面开展大气复合型污染科学研究起到了示范作用。

（二）稳步推进高架源污染防控

以全力推进“十二五”污染减排启动工作为抓手，出台了上海市主要污染物总量控制“十二五”工作方案，明确责任分解和项目落地，稳步推进各项重点工程。宝钢电厂3#机组脱硫工程、吴泾第二电厂1#机组脱硝示范工程建成投运，外高桥第一电厂1#机组布袋除尘器改造项目完成环保验收；上海石化5#6#机组脱硫工程开工；宝钢分公司烧结机脱硫改造等重点工程有序推进；重点化工企业（区）VOCs控制试点、中小燃煤（重油）锅炉清洁能源替代工作启动。

同时，抓紧制订减排相关政策，会同市发展改革委、市财政局制定了《关于鼓励本市燃煤机组脱硝减排的配套政策》，提高了脱硝设施的投运率和脱硝效率。

（三）继续开展环境监测工作经验交流和合作机制探讨

依托世博会空气质量区域合作建立的合作机制和工作基础，苏浙沪皖环境监测部门在美国环保署的支持下，继续探讨推进后世博区域空气质量联合预报及信息共享合作工作。

一是以AIRNow-I系统推广应用至长三角区域为契机，开展后世博空气质量区域合作和数据共享工作。江苏省、浙江省、南京市、苏州市、宁波市等地监测中心（站）先后派员来市环境监测中心学习调研；市环境监测中心也应江苏省环保厅邀请，派员赴南京交流授课。历经5个多月的协调沟通，8月2日，苏浙沪环境监测部门代表在杭州市讨论并共同起草了《长三角区域空气质量联合预报系统建设工作方案》；会后，苏浙两省环境监测中心即开展了AIRNow-I系统的安装、调试和培训工作，至年底系统已进入试运行。

二是借鉴世博空气质量保障工作经验，拟选取泛长三角城市群部分试点城市，进行空气质量联动监测和预报会商试点工作。市环境监测中心会同苏浙皖环境监测部门，探索研究工作方案。

此外，搭建平台，持续开展监测系统经验学习和交流。2011年初，上海市环保局和亚洲城市清洁空气行动中心联合主办了第三届“上海清洁空气论坛”，苏浙两省及8个世博会期间长三角联动监测城市的环保技术人员参会交流；2011年11月，由上海市环保局主办、上海市环境监测中心承办的华东六省一市环境监测工作座谈会暨华东六省一市分管环境监测厅（局）长第一次联席会议在上海召开，进一步增进了华东六省一市环保厅（局）的交流和了解，相互学习、相互借鉴，同时为联席会议长效机制的形成奠定了基础。

二、积极参与环境经济政策创新

（一）继续开展企业环境行为信息评价工作

市环保局根据区域统一标准和要求，完成了本市国控重点企业2010年度环境行为评价工作，并向社会公布了评价结果。结果显示，83家参评企业中，绿色企业14家，黑色企业1家，分别占总数的16.9%和1.2%，较上年度评价结果水平有明显提高。

（二）探讨“绿色供应链”相关实践与政策

自我加压求创新，在中国环境与发展国际合作委员会绿色供应链专题项目组指导下，参与了旨在促进和实现国家“绿色转型”战略的“绿色供应链”项目的研究工作，与美国环保协会（EDF）签署了“绿色供应链合作备忘录”，协议为期两年，将在上海及长三角地区合作推广绿色供应链的企业最佳实践，开展绿色供应链试点工作，促进环境管理创新，为长三角地区提升产业经济竞争力，完善区域环境保护合作机制提供借鉴。协议签署后，相继成功举办了绿色供应链创新研讨会及绿色供应链能力建设的首次培训。

三、全力配合其他合作专题

在其他合作专题中，市环保局全力配合牵头单位，深入实施《国家太湖流域水环境治理总体方案》及《上海市太湖流域水环境综合治理实施方案》，推进太湖流域水环境综合治理，依托上海市2009—2011年环境保护和建设三年行动计划，一批重点项目按时建成；同时配合水利部太湖流域管理局开展“太湖流域水环境综合治理信息共享平台”建设，至年底该平台已基本建成，开始试运行。积极研究完善跨界污染应急联动机制和区域危险废物环境监管机制，与苏浙两省交流了各地落实环保部《关于进一步加强危险废物、医疗废物监管工作的意见》的实施方案，提议研究制定长三角共同的危险废物利用处置行业准入标准。 （李系蕴）

【长三角地区研究危险废物处置准入区域联动机制】

2011年，苏、浙、沪三省市环保固体废物管理中心分别在江苏、上海召开联席会议，重点研究了危险废物处理处置行业准入区域联动机制，明确了在未来三年至五年的时间里，针对区域危险废物处理处置热点、难点问题，分批制定相关行业准入标准，逐步统一三地危险废物处理处置准入门槛，以提升长三角地区危险废物处理处置和监管水平。会议还对危险废物监管区域联动，加大危险废物转移监控力度等进行了研讨。 （程　宾）

【上海开展国控重点企业环境行为评估】 2011年，根据长三角企业环境行为信息评价工作总体部署，市环保局印发了《本市国控重点企业2010年度环境行为评价工作实施方案》。按照告知、初评、反馈、复核等程序，本市环保部门对国控重点企业2010年度的环境行为进行了评价，参评企业共83家。对评出的14家绿色企业，1家黑色企业在“上海环境”网站上予以公布，评价结果将作为本市环保部门日常监督管理和环保诚信体系的重要依据。 （陈　华）

【太湖流域水利宣传座谈会召开】 3月25日，为隆重纪念第十九届“世界水日”、第二十四届“中国水周”，深入宣传中央一号文件，深入宣传太湖流域的社情、水情和工情，太湖局在上海召开太湖流域水利宣传座谈会。

会议就抓好太湖流域贯彻落实最严格的水资源管理制度、《太湖流域管理条例》立法以及新《水土保持法》等宣传工作作了部署，并希望流域内各省市与各新闻媒体密切配合、共同努力切实组织做好太湖流域贯彻落实中央一号文件，落实最严格的水资源管理制度等各项宣传工作，为太湖流域水利改革发展营造良好的舆论氛围。 （成　新）

【太湖流域加强水环境综合治理水利工作协调】

为贯彻落实国务院《关于太湖流域水环境综合治理总体方案的批复》和太湖流域水环境综合治理省部际联席会议精神，扎实推进太湖流域水环境综合治理各项水利工作，3月27日，太湖流域水环境综合治理水利工作协调小组第三次会议在江苏省无锡市召开。水利部副部长矫勇主持会议并作总结讲话，江苏省副省长黄莉新、浙江省副省长葛慧君、上海市人民政府副秘书长尹弘及太湖流域水环境综合治理咨询专家组、水利部领导参加会议并讲话。江苏、浙江、上海水利（水务）厅（局）负责同志分别汇报了本省（市）的工作。 （周小平）

【太湖流域水环境综合治理省部际联席会议召开第四次会议】 3月31日—4月1日，国家发改委在浙江湖州组织召开太湖流域水环境综合治理省部际联席会议第四次会议。省部际联席会议成员、办公室成员以及有关专家参加了会议。国家发改委副主任、联席会议召集人杜鹰出席会议并讲话。水利部副部长矫勇、省部际联席会议办公室、太湖流域管理局领导出席会议。

2011年是“十二五”开局之年，也是实现《太湖流域水环境综合治理总体方案》近期目标的关键一年。会议确定了2011年太湖流域水环境综合治理工作的目标是“两个确保、两个进一步”，即：确保饮用水安全、确保太湖水体不发生大面积湖泛，流域主要污染物排放量进一步下降、水质进一步得到改善。工作重点是做到“三个坚持”、“三个强化”，即坚持把确保饮用水安全放在全部工作的首位、坚持把控源截流作为关键环节、坚持重点环节和整体推进相结合，强化技术支撑、强化标准和法规建设、强化责任制。 （周小平）

【引江济太流域供水安全】 2011年引江济太严格按照国家防总批复的《太湖流域洪水与水量调度方案》进行调度。在引江济太过程中，先从长江引水入望虞河，抬高望虞河水位，待水质满足Ⅲ类标准后，再开启望亭立交枢纽，引水入湖，确保望虞河入太湖水质满足Ⅲ类水要求。

2011年引江济太调水分为两阶段开展，全年望虞河常熟水利枢纽累计引水31.9亿立方米，望亭水利枢纽引水入湖16.1亿立方米，引江水量和入湖水量规模均创历年之最；太浦闸向下游泄水18.4亿立方米，其中增加供水8.0亿立方米。

针对2011年上半年流域降雨偏少的情况，太湖流域管理局会同两省一市水行政主管部门全面加大引江济太调水力度，3月下旬至6月上旬日均入湖水量基本维持在1000万立方米以上，最大达到1452万立方米。

本次引江济太始自2010年10月，为首次跨年度调水，至2011年6月9日，连续引水达237天。春节期间，太湖局和调水沿线各级水利部门仍坚守岗位、连续奋战。年初至6月9日，望虞河常熟水利枢纽累计引水22.7亿立方米，望亭水利枢纽引水入湖12.4亿立方米，相当于抬高太湖水位0.53米。汛后流域降雨偏少，太湖水位下降较快，为保障流域冬春期供水安全，于10月31日再次启动引江济太，至12月31日，太湖水位维持在3.00米以上。

引江济太有效减缓了太湖水位下降趋势，促进了太湖水环境的改善，满足了太湖周边地区用水需求，最大程度地减轻了气象干旱对流域经济社会发展的不利影响，实现了大旱之年无大灾。（孙海涛）

行业管理

【环保应急热线完善管理制度】 2011年，根据“民有所呼，我有所应”的工作宗旨，“12369”环保应急热线修订完善了《上海市环境保护应急热线管理办法》和《上海市环保应急热线服务窗口应急处理办法》，通过进一步梳理工作程序，制定了《12369环保热线接听程序》、《上海市环保应急热线投诉受理员工作制度》、《上海市环保应急热线指挥长工作制度》和《上海市环保应急热线系统维护工作制度》。在此基础上，市环境检察总队还制定修订了《上海市环境保护应急热线服务规范》、《12369环保热线投诉受理员工作规范》、《电话接听规范》及《环保应急热线双语服务实施方案及规范》等。为抓好相关制度和规范的落实工作，总队还建立了热线工作人员月度考核制度，提升了热线工作人员窗口服务水平。（周斌辉）

【环境应急管理加强能力建设】 根据环保部《国家“十二五”环境应急管理能力规划》、《全国环保部门环境应急能力建设标准》等要求，2011年市环保系统开展了应急管理决策支持系统项目前期准备工作，该项目实施将涵盖应急指挥、风险源档案库、化学品处置信息库、污染物在水质、大气中扩散模式等相关指挥、决策支持系统。

通过加强环境应急监测体系建设，初步建成布局合理、分工协作、各有侧重的本市快速应急监测网络体系，进一步提升了本市环境应急监测能力，特别是针对微量有机化合物等难以检测物质的侦检能力。

为了进一步提高环境应急事件的应对能力，在2010年上海市重点行业企业环境风险及化学品检查工作的基础上，进一步开展重点企业信息化工作，对重点企业、重点环境风险单元进行信息化入库工作。为下一步修订本市总体应急预案打下了坚实的基础。（钱文戎）

【上海市环境应急与事故调查中心成立】 为了进一步提高应急管理工作水平，3月，市环保局筹建成立上海市环境应急与事故调查中心（筹）。该机构设在市环境监察总队，下辖热线指挥科和应急处置科，现有专业管理人员11名、外聘投诉受理员14名。调查中心配合市环保局全面负责本市环境应急管理工作，从应急预警、应急准备、环境应急、事后处置等四个方面全面开展环境应急管理工作，基本形成市、区县两级的应急响应体系。（钱文戎）

【上海加强对污水委托外运处理企业监管】 为加强对污水委托外运处理企业的监管，逐步改变外运处理现象，进一步保障水环境安全，2011年，市环保局制定发布了《关于加强污水委托外运处理企业监管工作的通知》，要求新建企业必须具备纳管条件，建设必要的污水处理设施，依法达标排放或纳管；现有企业要逐步推进污水纳管。

在过渡期间，污水委托外运企业要完善相关管理和台账，对其污水产生、运输及处置过程中产生的问题负相关责任。市环保局还对企业进行现场检查，通过对企业车辆出入清单、进出资金账目、设备运行情况等方面的检查，确定企业运营和设备运行状况，杜绝资质企业私自接受委托处理污水的现象。

（张向敏）

【“环评”审批后验收管理进一步强化】 2011年初，市环保局制定下发了《关于加强辐射建设项目中后期管理的通知》，布置市、区两级环保部门开展对核技术利用单位的监管与辐射建设项目中后期管理的督查，全年完成161个辐射项目的验收工作。

（朱　毅）

【建设工程夜间施工审批管理规范化】 一是出台审批管理规范性文件。发布《上海市建设工程夜间施工许可和备案审查管理办法》，规范了本市房屋建筑类工程夜间施工的行政审批和市政道路管线工程的行政备案行为。

二是建立了重点区域市、区多部门联合审查机制。在内环线以内地区实现区环保局受理和初审、市环保局审批的联合审批机制，并形成建设管理部门、拆房管理部门提前核定施工量，环保部门具体办理的联合审查机制。

三是试点开展夜间施工网上审批和公告。内环线以内地区的建设工程夜间施工审批基本实现了网上审批和公告同步，书面办理和网上办理同步。

（何　赟）

【上海建立市区两级固废管理联动机制】 2011年，市环保局建立了市区两级固废联动机制，形成了定期例会制度，研究以五区一县为试点推动危险废物备案及联单管理的事权下放工作，进一步提升区县监管成效。

目前，青浦、闵行、松江、嘉定4个区环保局设立了集辐射环境与固体废物管理于一体的独立核算、财政全额拨款正科级事业单位。（程　宾）

【危废产生及处理处置单位规范化管理】 一是组织危废规范化管理专项核查。核查11个区县309家危废重点产生单位和46家危废经营许可证单位，整体合格率79%，年内再次抽查了不合格单位的整改情况。

二是开展规范化管理培训。制作《危险废物规范化管理工作手册》并下达各危废产生和经营许可证单位。

三是有序推进危废防治规划。处理处置单位的搬迁调整工作正有序推进，确保到2012年危废防治规划任务目标基本完成。

四是确定“十二五”期间危废规范化管理内容。结合环保部核查指标，确定了本市考核内容、指标体系和考核机制。（陈　炜）

【在用机动车年检建立长效管理机制】 实施在用机动车环保定期检验，加强机动车排放控制系统维护保养，是确保在用机动车在日常使用过程中尾气排放稳定达标的重要保障。2011年本市环保部门加强对机动车检验机构的环保管理，发布了《关于进一步加强机动车环保检验机构管理的通知》，明确相关管理要求，建立了长效管理机制，并于第四季度在全市机动车定期检验机构中首次开展了环保检验委托审核工作，根据审核结果，委托55家检测机构（62个检测站）从事机动车环保定期检验，对经专家组核查评审不合格的26家检测机构（27个检测站）发出整改通知，促进了机动车检验机构环保检验工作的规范化，提高了环保监管水平。（黄伟明）

【核技术利用单位台账实行规范管理】 为贯彻落实《上海市放射性污染防治若干规定》等有关要求，规范核技术利用单位的台账管理，在走访和征求上海欣科药业有限公司、上海原子科兴药业有限公司、上海医疗器械厂有限公司等具有代表性的20多家单位以及广泛收集资料的基础上，上海市辐射环境监督部门制定了“上海市放射性同位素和射线装置台账管理技术规范”，并分别草拟了放射性同位素和射线装置生产单位、销售单位、使用单位、源库管理、废物（液）处理单位等各类台账表格，推行试用收集反馈意见后，进一步完善台账表格，讨论定稿后正式推行实施。（戴继伟）

【辐射项目受理窗口服务能力逐步提升】 2011年，辐射项目受理窗口重在提升窗口服务能力，受理窗口的工作逐步走向了制度化、程序化、规范化、人性化。“全国核技术利用辐射安全申报系统”、“全国核技术利用辐射安全监管系统”，以及2011年9月15日的“环保系统综合业务平台”等网络化的受理方式逐步完善并得以正常运行，全年共完成149份辐射安全许可证申办资料受理、技术审核和现场核查，实际办结110家(含新增、变更、重新申请和延续等)；330份放射性同位素转让审批资料受理和技术审核；460份各类备案；接听来电咨询约4000次，接待来访约2000次。全年受理窗口实现零投诉。（戴继伟）

【上海推进内河船舶污染责任保险】 根据上海市6个委办局联合发布的《关于本市开展船舶污染责任保险试点工作的实施意见》（沪环保规〔2010〕398号），市交通港口局将发展船舶污染责任保险纳入船舶防污染管理工作项目，要求地方海事部门结合日常管理工作加强宣传，鼓励引导航运企业（船东）投保。

2011年，本市内河辖区已有278艘船舶投保了年度保险，其中油船66艘，散装化学品船3艘；2848艘次的船舶投保了航次保险，其中油船115艘次，散装液体化学品船61艘次；保费共计118.7万元；共保体承担责任限额累计达到31.58亿元。（屠伟峰）

【上海开展港区环保监督性监测】 2011年，上海港港政管理部门对码头单位进行了环保监督性监测，开展排放水水质监测79家次，噪声监测189家次，环境空气监测92家次，扬尘（TSP）污染监测120家次，挥发性有机物监测52家次。完成洋山环保专项监测，包括环境空气监测36家次，噪声监测24家次和排放水监测16家次。

监测结果表明，上海港港区排放水水质总体状况良好，港区环境空气首要污染物为可吸入颗粒物，干散货港区、集装箱港区环境空气质量较差。对江轮渡受到社会噪声和交通噪声影响，声环境质量较其他港区略差。（俞　晓）

【港口建设向“资源节约型、环境友好型”转型】

为贯彻落实交通运输部“资源节约型、环境友好型”港口建设的工作部署，上海港港政中心积极协同市交通港口局有关部门开展上海港“两型”港口建设的推进工作。其间，专程拜访交通运输部寻求支持，并走访沿海港口主管部门、上港集团技术部门和本市液化、干散货等基层货主单位，实地了解企业环境保护、节能减排现状。结合上海港实际，从目标、任务及评价指标等方面提出《上海港“资源节约型、环境友好型”港口建设指导意见》及评价指标，并积极配合市交通港口局召开上海港“两型”港口建设推进会。（俞　晓）

市交通港口局召开"两型"港口推进会 （市交通港口局 提供）

【海域使用管理】 2011年，上海市海洋局共完成审核海域使用项目4宗，确权用海面积116.6公顷。审批海底电缆管道路由调查勘测申请1起、海底电缆敷设施工申请1起。全年共征收市管项目海域使用金708万元。 （谷鸿鹄）

【海洋倾废管理】 2011年，上海市海洋局共受理并签批许可证正本153份，副本818份。其中，批准骨灰撒海许可证正本6份，副本15份，总量合计2178盒；批准疏浚物倾倒许可证正本147份，副本803份，疏浚物总量约569.4万立方米，收取倾倒费约170.82万元。 （谷鸿鹄）

【农村能源行业协会成立】 8月30日，上海市农村能源行业协会成立，填补了上海农业能源社会团体组织空白。行业协会为本市从事农村能源建设、生产管理、科研设计、专用设备生产行业企事业单位自愿组成的跨部门，跨所有制的非盈利的行业性社会团体法人。协会现有各种所有制会员单位81家，占行业企业的90%左右，具有较广泛的行业覆盖面和代表性。协会现有副会长单位5家，理事单位24家。 （汪湖北）

【上海市通过国家环保部批准建设的工程技术中心】

工程技术中心名称	依托单位	批准文号	批准时间
纺织工业污染防治工程技术中心	东华大学	环函[2011]224号	2011年8月19日

（王一和）

【上海市通过国家环保科技成果登记的企业】

登记号	成果名称	完成单位
20110026	"印染碱性废水"150t/h以内燃煤锅炉二氧化硫与烟尘集成治理技术开发与工程应用	上海绿澄环保科技有限公司
20110029	医废高温焚烧系统关键技术研究和示范工程	上海市固体废物处置中心
20110080	浦东新区环境监测发展规划	上海市浦东新区环境监测站

（王一和）

【上海市环境污染治理设施运营资质获证单位名单】

序号	单位名称	申请类别
1	上海市环境监测技术装备有限公司	自动连续监测（水）正式
2	上海摩特威尔自控设备工程有限公司	自动连续监测（水、气）临时
3	上海中耀环保实业有限公司	生活污水乙临、工业废水乙临
4	上海天成环境保护有限公司	生活污水甲级、工业废水甲级
5	上海金山联合环境工程公司	工业废水甲级
6	上海富程环保工程有限公司	生活污水乙级、工业废水乙级
7	上海公用事业自动化工程有限公司	自动连续监测（水）正式
8	上海南涛环保设备有限公司	生活污水乙级、工业废水乙级
9	上海亚同环保实业有限公司	生活污水甲级
10	上海同济建设有限公司	生活污水甲级、工业废水甲级
11	上海同济建设科技有限公司	工业废水甲级

续表

序号	单位名称	申请类别
12	上海立昌环境工程有限公司	工业废水乙级
13	上海明方环保工程有限公司	生活污水乙级
14	上海环境节能工程有限公司	工业废水乙级
15	中冶宝钢技术服务有限公司	除尘脱硫甲级
16	上海浦泽环保科技有限公司	生活污水乙级、工业废水乙级
17	上海闵欣环保设备工程公司	工业废水乙级
18	上海新金桥环保有限公司	工业固体废物乙级
19	上海皓锋保洁有限公司	工业固体废物乙级
20	中泽技鑫环保科技（上海）有限公司	工业废水乙级
21	上海绿邹环保工程有限公司	工业固体废物乙级

（王一和）

【地震安全性评价行业收费和执业资格管理进一步规范】 为进一步规范地震安评行业收费行为，上海市地震局与市发改委共同对2003年制定的《上海市地震安全性评价收费项目和收费标准》进行了修订，联合印发了《关于加强本市建设工程地震安评收费管理的通知》（沪价费（2011）011号），对上海市地震安评收费工作提出了具体要求和收费标准。根据《防震减灾法》和相关文件精神，出台了《上海市二级地震安全性评价工程师注册实施办法》，进一步规范了上海市二级地震安全性评价工程师注册管理工作。

（田　甜）

【社会绿地推进长效管理】 制定《关于加强社会绿地工作的管理意见（试行）》；推动各区通过建档梳理、加强责任告知、检查考核、托底处置等方法，加强对社会绿地的行业监管；加强对道路沿线社会绿地以及重要公共设施区域（公路、铁路、河道、机场）的巡查考核，制定并实施《社会绿地巡查考核细则》。

市绿化部门与市房管部门联合发布《关于加强住宅小区绿化管理的通知》，进一步明确住宅小区绿化调整改造、绿化日常养护管理的要求，并下发至各区绿化房管部门和全市8000多个小区；制定《居住区绿化调整技术规范》，加强对居住区绿化管理的指导和服务。

建立园林式居住区复查监管机制，对日常管理不善，明显不符合标准住宅小区进行摘牌。开展花园单位复查工作、合格单位创建工作和园林式小区创建工作，以创建、复查引导、带动单位和居住区的绿化管理。

（秦　磊）

【监督指导野生动植物管理】 组织实施“獾类生态恢复与扩繁研究”二期项目，完成发情、交配、产仔、育幼等重要生命过程，为生态恢复与扩繁研究打下基础。配合组织小种群野生动物生态恢复及相关项目实施，完成极度濒危物种扬子鳄引入东滩湿地项目总结。

（秦　磊）

质量管理

【地方标准《水务信息管理　第4部分：河流（湖泊）编码》正式发布】 9月1日，由市水务局提出的上海市地方标准《水务信息管理　第4部分：河流（湖泊）编码》经市质量技术监督局审查批准，予以正式发布，标准编号为DB31/T362.4—2011，自2012年1月1日起实施。

该系列地方标准的第1、2、3部分为《信息分类与编码》、《属性数据定义》和《图式符号》。第4部分《河流（湖泊）编码》由市水务信息中心、市水利处和市标准化研究院起草，规范了河流（湖泊）编码原则和编码方法，确立了6层17位的编码结构，完成了2500条（个）市管、区（县）管、镇（乡）管河流（湖泊）实体代码的编制，体现了河流（湖泊）分级管理以及是否跨省（市）和区（县）的特点，已在水务公共信息平台、行业基础数据库等工作中得到一年以上的使用。此外，市水务局相关局属单位基本编制完成了水利、供水、排水、堤防、海塘设施编码，作为市地方标准《水务信息管理》的附件，初步形成了分层次、成体系、面向应用的信息标准体系。

（谷鸿鹤）

【生态乡镇申报及管理技术规范】 市环保局发布了《上海市生态乡镇申报及管理规定（试行）》（沪环保自〔2010〕432号）和《上海市生态村申报及管理规定（试行）》（沪环保自〔2010〕431号）两项技术规范，对促进上海市村镇环境保护工作具有积极作用。

（胡　颂）

科学与技术

科技成果应用

【崇明生态岛水资源合理调度关键技术研究与综合示范】 6月29日，上海市水务规划设计研究院牵头负责承担的“崇明生态岛水资源合理调度关键技术研究与综合示范”项目通过市科委专家验收。

项目取得了一系列成果：建立了崇明岛河网水量水质模型；完成了崇西等5座水闸的自动监控调度运行综合示范；研究制定了不同水情的水资源综合调度优化方案和实施细则；课题研究提出的改善水质与防汛安全切换调度方案、极端天气和突发水污染事件等非常规情况下的水资源调度预案，对保障崇明岛防汛安全、供水安全、生态安全具有重要的实用价值；课题研究提出的水闸调控精细化模拟和崇明生态岛河网水量水质模型等关键技术具有创新性和实用性，为水资源综合调度管理提供了先进的科技手段和支持系统。（蔡五三）

【瀛东村生态人居建设工程关键技术研究与示范】 9月1日，上海市建筑科学研究院（集团）有限公司牵头负责承担的“瀛东村生态人居建设工程关键技术研究与示范 ”项目通过市科委专家验收。

项目取得了一系列成果：针对乡村既有住宅采暖空调能效低、炊事耗能高污染大等情况，结合沿海岛屿气候特点，实施了52幢民居生态化改造示范工程，符合崇明地域人文风格，改善了室内环境，形成低成本生态节能综合改造技术体系，应用效果良好；提出岛屿乡村民居建筑建造理念和营造技术，并结合生态化改造示范工程的实践，编制了《崇明乡村民居建筑建设技术规程》（草案），为设计与施工提供了技术支撑；根据崇明的自然资源，开展了风光互补路灯的系统设计与工程应用研究，实施了1.5km新型能源高效利用照明示范工程，应有效利用了当地的太阳能和风能可再生能源。（蔡五三）

科研学术活动

【长江河口系统监测和综合研究院士咨询会】 受上海市水务局委托，上海院士中心于1月28日组织召开“长江河口系统监测和综合研究院士咨询会”，邀请了翁史烈、陈吉余、郑守仁、孟伟、冯士筰、张经等多位院士以及上海市水务局等有关部门领导出席。

近年来随着长江干流的蓄、拦、引、调水力度的加大，以及全球气候变化和海平面上升的影响，长江口的情况发生了许多变化。加强长江口的系统监测和综合研究，对推动长江口的开发治理和保护至关重要。

与会院士专家针对长江河口监测和研究现状，建议统筹水务、海洋、海事、航运等各部门力量，充分发挥上海在该领域科技优势，就长江河口“新格局”下的动态变化机制开展前瞻性和综合性研究。同时通过加强科学观测，完善监测站网布局，建立起完整的长江河口数据库，为上海市经济社会的可持续发展提供科学依据和技术支撑。（蔡五三）

长江河口系统监测和综合研究院士咨询会（市科委 提供）

【“核能的安全与利用”讲座】 3月19日，由市科技党委和市科委主办，上海院士中心等单位承办的上海科普大讲坛——“核能的安全与利用”科普讲座在上海科技馆开讲。

乔登江院士等4位专家，通过深入浅出、生动形象的科普讲座与互动问答方式，为申城市民答疑解惑。院士专家们围绕核能安全与利用这个主题，分别从核污染物进入大气后发生的三个重要过程、核能技术的基本概念、反应堆与核电站技术、福岛发生核泄露事故的原因、核辐射的防治等不同角度，为200余名现场观众普及有关核原理以及核防护等方面的科学知识。（蔡五三）

上海科普大讲坛——“核能的安全与利用”（市科委 提供）

【以人为本，建设宜居易行的生态型城市】 4月8日，由上海院士中心主办的第49期院士沙龙“建设生态城市的创新规划理念”在科学会堂召开。本次会议由上海院士中心主任、上海交通大学翁史烈院士和同济大学项海帆院士共同主持。江欢成、魏敦山院士及来自同济大学、上海市城市综合交通规划研究所、上海市环境科学研究院、上海市规划和国土资源管理局等单位专家代表20余人应邀出席会议。

专家们针对上海生态城市建设提出四点建议：一是控制城市的发展规模。当城市规模超过其最佳负担规模仍继续无限制地扩大时，必将产生严重的城市问题，只有有效地控制住城市规模，才能更好地履行城市的功能，实现城市的可持续发展。二是城市发展坚持以人为本。城市发展的核心价值目标是城市居民的福祉，即只有在城市发展中坚持“以人为本”的理念，我们才能在城市规划中不迷失方向，才能确保弱势群体能够分享城市发展的成果。三是城市规划坚持生态理念。生态型城市的建设需在生态学规律的指导下，使人与自然能够和谐共生。四是加强政策引导，平衡资源配置。资源节约型城市的建设需要政策的引导，需要合理的规划，特别是城市基础资源的平衡配置，因此进行城市规划时须有全局意识，减少城市建设中的资源浪费，建设宜居易行的生态型城市。

（蔡五三）

第49期院士沙龙“建设生态城市的创新规划理念”

（市科委 提供）

【“植物园与城市发展”院士沙龙】 5月5日，上海院士中心与上海杨浦知识创新区院士服务中心（上海院士风采馆）共同组织近40位在沪两院院士参观了辰山植物园，并在园内举办了“植物园与城市发展”院士沙龙。

院士们参观了通过对现有深潭、坑体、迹地及山崖的改造，形成以低矮灌木和宿根植物为主要造景材料，构造景色精美、色彩丰富、季相分明的沉床式花园——矿坑花园。随后，在“植物园与城市发展”院士沙龙中，中科院上海生科院植生所陈晓亚院士、辰山植物园科研中心马金双副主任为院士们介绍了植物园的建园目的、目标以及科研合作、学术交流等方面的情况，使院士们对植物园有了进一步深入的了解。

（蔡五三）

在沪院士参观上海辰山植物园 （市科委 提供）

【崇明岛智能电网建设助推生态岛迈向“零碳岛”】

9月24日，由上海院士中心主办的“崇明岛建设智能电网综合集成示范”院士专家咨询会在崇明召开，咨询专家由翁史烈、饶芳权、卢强、程时杰、褚君浩等院士及来自相关领域的教授共14人组成，国家科技部、上海市科委、市发改委、市经信委、崇明县有关部门领导，上海电力公司、上海交通大学、同济大学、上海电气集团等项目牵头和参与单位代表共50余人出席会议。

崇明岛地理位置相对封闭、大小适中、电网相对独立、生态资源和环境好，岛内风能、太阳能、生物质能、潮汐能等可再生能源丰富，是高比例可再生能源智能电网综合集成示范的理想场所。按照远期规划，崇明岛2020年可再生能源装机总量可达约3200−4200MW，全岛饱和负荷约1200−1500MW，客观上具备实现“零碳输入”的条件。

与会专家围绕崇明岛智能电网建设的基础、优

“崇明岛建设智能电网综合集成示范”院士专家咨询会

（市科委 提供）

势、困难、措施等各抒己见，展开热烈讨论。专家们强调，推进崇明岛智能电网建设是一个长期而艰巨的任务，不仅有大量技术问题需要攻关，还需要克服一些体制、政策上的障碍。（蔡五三）

【第十六次全国海岛联席会议】 11月10日，由崇明县人民政府和上海市海洋局主办的第十六次全国海岛联席会议在崇明县举行。来自全国14个海岛县的代表围绕“海岛法与海岛经济发展”主题，就海岛经济建设和社会发展，海岛开发、保护和管理等方面进行深入交流探讨，共同推动海岛地区经济社会可持续发展。

会议指出，上海拥有崇明岛、长兴岛、横沙岛等26个岛屿和多种珍贵的海洋资源，上海将做好海岛地区发展规划，开发和保护并重。全国海岛联席会议是传递海岛工作信息和加强地区协作的桥梁，是各地方展示本地区海岛特色和海岛建设成就的重要舞台，要充分发挥这一交流平台的重要影响力，团结奋斗、开拓创新，加快推进海岛经济社会可持续发展，为上海经济社会发展做出新的贡献。（谷鸿鹄）

【新形势下长三角能源面临的新挑战和新对策】

由中国工程院能源与矿业工程学部、上海院士中心以及上海市能源研究会共同主办，浙江省能源研究会和江苏省能源研究会承办，上海电力技术与管理学院支持的“第八届长三角科技论坛——新形势下长三角能源面临的新挑战和新对策”于11月17日—18日在沪召开。

我国“富煤、少气、缺油”的资源禀赋决定能源结构以煤炭为主，专家们在会上建议大力发展符合我国国情的洁净煤利用技术，逐步提高油气燃料在我国一次能源消费中的比例，大力发展可再生能源和新能源，从而优化能源结构。

论坛就长三角地区因地制宜发展风能、太阳能、生物质能和地热能等可再生能源的策略展开了讨论。专家们指出长三角有比较丰富的风能资源，但风电的发展受到上网的制约，一些专家提出，结合制氢、提水、海水淡化等技术发展非并网运行风力发电，是当前长三角地区发展风电的一条有效途径。（蔡五三）

【农村水环境治理与保护学术论坛】 12月9日，上海市水利学会在科学会堂举办“上海市农村水环境治理与保护学术论坛”。论坛围绕“农村水环境的治理与保护”这一主题，重点针对农村生活污水处理现状、工艺技术、运行管理、成效评估等方面作专题研究，通过分享管理经验、介绍科研成果、探讨技术问题，为本市农村水环境治理与保护工作集思广益、凝聚共识。（谷鸿鹄）

【2011·上海海洋论坛】 12月17日，“2011·上海海洋论坛”在上海浦东新区临港新城举行。本届海洋论坛的主题是“科技兴海与产业转型”。论坛由国家海洋局、科技部、上海市人民政府共同主办，市海洋局、市科委、市经信委、浦东新区、临港产业区管委会承办。

国家海洋局，市政府、市政协、浦东新区，市经信委、市科委，市海洋局，临港产业区管理委员会党组书记、同济大学等领导，以及来自国家部委、上海市政府有关部门领导和涉海企事业单位、大专院校以及科研院所的专家学者、国外专家代表等共160余人出席论坛。

本届海洋论坛在内容和形式上都有新的变化。主要包括“三个仪式和一个专题论坛”。三个仪式分别为：“国家科技兴海产业示范基地”授牌仪式，国家海洋局向上海临港海洋高新技术产业化基地授牌，标志着全国首家“国家科技兴海产业示范基地”正式落户浦东新区；海洋高新技术项目正式签约仪式，标志着浩思国家海洋生物疫苗研发中心等九家企业正式进驻临港海洋高新基地；项目开工仪式，同济大学国家重点试验室暨海洋地质海底观测基地启动建设。

（谷鸿鹄）

环境科技关键技术研究

【黄浦江上游水源地水源安全保障研究】 该课题通过对黄浦江上游水源地水文水质分析和污染资料的调研，结合模型研究成果，初步摸清了水源地主要污染因子及其成因，构建了水源地水质安全预警监测方案，开发了基于WEB-GIS的水源地突发水污染事故预测模型系统，提出了饮用水源风险评估指标和水源地综合评估指标体系，提出了世博期间水源地风险控制对策，并对黄浦江上游水源地建设的初步规划方案进行了环境可行性分析。

该课题构建了适用于开放式水源地的水质安全保障技术体系，为黄浦江上游水源地水环境风险管理和水质安全保障提供了技术手段和模型系统，研究成果将对黄浦江饮用水水源近期保护和远期规划起到关键支撑作用，并将为中国类似水源地的水质预警、治理和饮用安全保障提供技术支持和有益借鉴。

（李富生）

【城市河流滨岸带生态恢复研究】 由于城市的不断扩张及人类活动的干扰等因素，上海市大多河流滨岸带生态系统退化严重，生态功能逐渐丧失。2008年上海市科委立项开展“上海城市河流滨岸带生态恢复研究”。该课题通过2年多的研究，摸清了以青浦地区为典型代表的平原河网地区河流滨岸带生态系统退化机制及成因；筛选形成了适宜的河流滨岸带生态恢复技术，并进行了现场试验，评估和验证结果，显示了滨岸带生态系统恢复效果良好；构建了评价河流滨岸带生态恢复过程和效果的指标体系，应用于苏州河滨岸带生态恢复评估，并根据评价结果提出了苏州河滨岸带生态恢复管理策略。该研究成果可为上海市河流滨岸带生态系统恢复、建设和管理工作提供技术支撑。（李富生）

【淀山湖蓝藻水华控制技术评估平台建设研究】

该课题是淀山湖蓝藻水华控制跨省机制研究与技术评估平台建设项目子课题之一。该课题采用资料调研和现场调研的方法收集了历史上水污染治理和蓝藻水华控制技术的相关资料，分析了技术应用情况和实施效果，运用系统工程学中的层次分析法（AHP）建立了淀山湖蓝藻水华预警技术评估体系和淀山湖蓝藻水华控制技术评估体系。以淀山湖蓝藻水华预警监测和预报技术、千墩浦生态浮床试验工程为例进行了预评估。在淀山湖蓝藻水华相关课题研究成果的基础上建立了淀山湖蓝藻水华预警和控制技术评估平台，评估平台由环境基础数据库、控制技术评估、预警技术评估和全湖应用四大部分组成。平台可实现监测点位和工程技术点的水质和生物学监测数据查询、分析、导入与导出等功能。实现权重计算和指标评价，并针对功能层的各指标实现综合评估。还设计了淀山湖蓝藻水华控制方案，即以改善水动力为入手点的全局控制方案和在必要的区域实施生态修复的局部控制方案。该研究成果可为淀山湖蓝藻水华预警和控制中相关技术的筛选应用和效果评估提供技术支持。

（李富生）

【淀山湖蓝藻水华预警监测和预报技术研究与示范】

该课题通过综合机理研究，数值模拟并结合野外观测和实验，对淀山湖水文、气象、营养盐等因子对蓝藻水华暴发的驱动作用及相互影响进行了深入研究。建立了淀山湖三维水动力与生态动力学数值模型，探讨了淀山湖典型风场驱动的湖流特征，为研究淀山湖营养盐和藻类的垂直输移和扩散机理提供了必要的基础，通过对淀山湖蓝藻水华各种成因和条件的分析和反演，确定了蓝藻水华的控制因素和预警阈值，研发了蓝藻预警模式和优化预警监测网络，建立了淀山湖蓝藻水华预测预报示范平台。

该课题主要关键技术：（1）、水文气象和湖貌特征等因素对淀山湖藻类水华的驱动机理。（2）、反映藻类空间聚集机制的浅水湖泊水华预警的生态动力学模式、以及基于“特征时间指数法”的淀山湖藻类水华暴发的风险评估技术。（李富生）

【大莲湖农业面源污染防治技术体系研究及其湿地生态系统净化效果】 该课题在收集大莲湖区域农业生产情况、当地水文土壤情况、国内外有关农业面源污染特征及影响的相关研究报告等大量数据资料的基础上，通过现场试验，研究了区域种植最主要的两种种植模式茭单作和茭稻轮作的面源流失规律特征，以及占农业用地面积77.1%的水产养殖面源污染特征，采用等标污染负荷评价方法，分析了区域内主要污染来源及其污染物，通过春夏秋冬定点监测，探讨了大莲湖区域水系水质季节变化规律及区域农业面源污染对水系水质的季节性影响规律。

该课题根据当地农业面源污染特征，从工程性技术措施和宏观政策措施两个层面构建了适合该区域农业生产特点的面源污染防治技术体系。同时，结合大莲湖湿地生态系统重建工程建设，开展了湿地生态系统对污染物净化作用与效果监测评估工作。出版了专著《上海内陆湖泊湿地湖滨带污染控制及生态修复》，其研究成果对淀山湖区域乃至环太湖流域农业面源污染防治和水环境质量改善具有重要的指导意义。

（李富生）

【水量水质在线监测技术】 市水文总站浦东新区水文水资源管理署与黄河流域水资源保护局共同完成的水利部科技成果重点推广计划项目“水质自动监测技术推广与应用”的研究成果——“经济环保水质自动监测新技术研究”，通过专家鉴定，达到国际先进水平。浦东新区水文水资源管理署承担了其中核心成果——“水量水质在线监测技术”的研发，该技术包含多项专利，具有较大推广应用价值。（谷鸿鹄）

【城市供水管理设立行政许可项目的必要性和可行性研究】 “城市供水管理设立行政许可项目的必要性和可行性研究”课题于2010年由建设部下达，课题组在广泛调研的基础上，从城市供水水源、城市供水工程建设、城市供水经营、经营许可（资质审查）和城市供水设施维护等方面分析研究了城市供水管理中设立行政许可项目的现状及存在的问题，并提出对策和建议。

由市建设交通委科技委、浦东新区水务局、市供水行业协会和同济大学等有关专家、学者组成的专家评审组，对《城市供水管理设立行政许可项目的必要性和可行性研究》课题进行了评审。专家组对本课题研究成果给予了充分肯定，一致认为，课题成果观点明确，论据充分，提出的对策和建议可为城市供水管理制度和行政许可项目的设立提供参考，可为现有法规制度的修订完善、调整优化供水行政许可项目和建设部《城市供水管理条例》的修订提供借鉴。

（谷鸿鹄）

【农村生活污水处理技术评估研究】 为科学评判本市农村生活污水处理项目的实施成效，进一步规范和加强农村生活污水处理项目建设和后续运维管理工作，市水务局于2009年联合华东师范大学启动了农村生活污水处理项目技术评估研究工作。课题组对2008年以来建设的处理系统进行监测，并按不同工艺、不同规模、不同运行年限对典型样本进行深入分析，取得了阶段性的成果。

会议指出，下阶段课题研究要进一步深化三方面工作：一是着重对各种处理技术的工艺特点、适用条件等进行比选，推荐出适合上海实际的处理技术；二是继续对现有样本进行监测，形成长序列监测数据，为后续研究提供基础数据资料；三是相关部门抓紧出台推荐技术的设计规程、养护规程等指导文件，规范农村生活污水处理项目的设计、建设与养护。

（谷鸿鹤）

【长江口水源地咸潮控制和保障体系研究】 1月21日，市科委主持召开市科委攻关项目“长江口水源地咸潮控制和保障体系研究”（编号08231200100）课题验收会。

该项目综合考虑长江口水源地水库的蓄水能力、河口径流量、河口整治规划、供水调度等因素，提出了有效应对长江口咸潮入侵的综合保障措施；首次明确了通过流域水资源配置保障上海市水源地供水安全的分月控制临界流量的标准，建立并应用统计模型和数值模型的平行研究，综合分析确定了长江口咸潮控制分月临界流量过程，提出了流域特枯水情调度的优化建议，使临界流量在流域水资源分配和特枯水情调度中具有较好的可操作性；首次开展了北支咸潮倒灌盐通量现场监测，并进行了北支整治盐通量变化对南支水源地影响的评估；首次全面规划了长江口咸潮监测系统，设计构建了咸潮入侵数据库，为长江口咸潮入侵的预警预报提供了信息平台。

会议在听取课题组汇报、审阅相关资料和质询讨论的基础上，认为该项目研究技术路线正确、资料翔实，研究技术手段先进、有创新，研究的理论依据充分，研究结果合理可信，一致同意通过验收，项目成果总体达到国内领先水平。（谷鸿鹤）

【临港基地通过国家科技兴海产业示范基地认定评审】 10月28日，国家海洋局在上海主持召开上海临港海洋高新技术产业化基地（以下简称临港基地）认定“国家科技兴海产业示范基地”专家评审会。由国家海洋二所金翔龙院士领衔的评审专家组经过现场实地考察，与入驻基地企业负责人座谈调研，一致同意通过“国家科技兴海产业示范基地”认定评审。

会议要求：示范基地的建设要纳入国家科技兴海宏观体系中，结合上海科技兴海特点，做好引领示范作用；要体现更加鲜明的特点特色，聚集海洋高端制造业、海洋生物产业等发展方向，培育高新技术战略新兴产业和经济支柱产业；要创新管理体制机制，注重培育和强化企业主体创新能力；国家海洋局将坚定支持临港基地产业化发展，各级管理部门要支持、宣传和鼓励基地的建设发展。（谷鸿鹤）

【“长三角区域环境空气质量联动机制研究”】

“长三角区域环境空气质量联动机制研究”项目通过专家验收，项目由上海市环境监测中心、上海市环科院、复旦大学、中科院合肥物质科学研究院等八家单位共同承担，主要完成世博会期间污染日联合会商与预警信息发布、大气复合型污染控制机制和区域联防联控效果跟踪评估等工作。

依托该项目，上海市建立了以监测—预警—保障三大体系为基础的世博会空气质量预警监控系统。由8家单位11个子课题组约170余位专业技术人员组成的联合观测团队，应用近500台套环境监测仪器设备，连续奋战200天，获得87个监测站点、近500万条（个）监测数据，圆满完成了世博环境空气质量保障联合观测以及保障措施效果跟踪评估的科研任务，为上海市政府成功开展世博会空气质量保障提供了至关重要的技术支持。

该项目还创新建立了集环境监测-科研-管理三位一体互动对接的新型工作机制，建立了区域性大气复合污染研究的新模式，为后世博上海市乃至长三角区域全面开展大气复合型污染科学研究起到了示范作用。（魏海萍）

【室内环境污染控制与改善技术途径研究】 该课题为2007年国家环境保护部环保公益性研究专题项目。该课题主要从文献调研、现场调查、实验室测试、净化技术筛选和评估四方面展开了研究。该课题收集、消化了大量的文献、文件和标准，对国内外相关研究和文献也做了全面综述；并对中国不同地区（如东北地区、华北地区等）的室内空气污染现状进行了调研、分析和比较；对市场销售人造板、墙体涂料产品、装修用石材、内墙瓷砖甲醛和其他污染物的散发情况做了测试，并对国内建筑室内装饰装修材料散发标识体系的建立进行了研究，提出了“绿色呼吸”评价体系概念设计，还研究了空气净化技术和装置性能，探讨了中国室内空气污染控制的综合对策。

该课题通过研究明确了中国室内空气污染物的主要来源和污染水平，深化了对其影响因素的认识，提出了“室内装饰装修材料散发标识体系”、“室内空气净化产品考核指标体系”等建议稿，出版了专著《室内空气污染来源与防治》，研究成果可为国家有关部门制定改善室内空气质量的政策提供技术支持。（李富生）

【抗风浪浮床围隔内植物种植模式和系统净化技术研究】 该课题是“淀山湖蓝藻水华控制和湖区生态修复、内源控制示范工程”项目子课题六。课题结合千墩浦前置库试验工程的实施，围绕淀山湖特定环境条件，开展淀山湖风浪特征及浮床抗风浪能力、浮床植物筛选及配制模式、浮床设计参数对净化效率影响等三方面的研究。

该课题研究和发展了风浪要素观测及拟合技术、浮床植被生态系统及景观评价技术、浮床净化效率评价技术等关键技术，取得了许多创新性成果，主要有：1、通过现场观测和拟合，确定了淀山湖千墩浦水域风浪要素公式，明确了浮床的抗风浪设计要求。2、综合考虑植被生物量、污染去除效率和景观效果，推荐再力花和美人蕉作为淀山湖浮床植被适合植被，种植方式推荐为混种模式。3、通过对静态和动态浮床系统的观测和研究结果，确立了一系列浮床设计参数，包括美人蕉浮床系统污染去除效率高，浮床设计时停留时间推荐为1-2天、覆盖度定为30%左右。该课题研究成果可为淀山湖将来大规模浮床系统工程运用提供科学设计依据。（李富生）

【三酰甘油结构变异筛选地沟油特异性指标研究】

从地沟油中筛选出1-2个相对稳定的特征性物质（非氧化聚合物）作为鉴别指标，筛选出的新指标与已有的地沟油内源性特征指标——氧化聚合物相互支撑，进一步完善现有的地沟油检测技术体系。（蔡五三）

【生活垃圾全程分类收运设施与生物质垃圾就地生化处理技术研究】 为了减少生活垃圾末端处理量、提高生活垃圾资源化利用水平，有效控制生活垃圾收运处理过程中的臭气、渗沥液污染，研究以厨余垃圾等湿垃圾分类为核心的生活垃圾源头分类收运系统物流路径，提出分类收运设施设备优化技术；评估和研发生物质垃圾就地处理关键技术，明确本市生物质垃圾就地处理的技术方向和适用条件，建成直运、转运模式的全程分类示范区，示范区居民不少于500户，生活垃圾处理量减量达15%，形成生物质垃圾处理示范区（居民区、集贸市场），日处理能力不少于200公斤，生物质垃圾减量化率达80%。（蔡五三）

【青草沙水库浮泥特性及清淤技术研究】 为了保证水库库容不受影响并正常运行，通过动态跟踪监测和数值模拟计算，分析研究青草沙水库泥沙淤积分布规律、淤积强度、泥沙运动特性及底泥污染物含量对水库水质的影响，使青草沙水库在运行中始终处于库区、自然、环境和市民生活用水的和谐统一。（蔡五三）

【城市污水处理厂氨氮减排新技术研究与工程示范】

课题总体目标是通过氨氮减排新技术研究，结合新型功能材料的研发和应用，形成城市污水处理厂硝化效果提升关键技术与设备，在不影响污水厂正常运行、不停产、不减少其他水污染物（COD、TP等）减排量前提下实现城市污水处理厂冬季低温（水温低于12℃）条件下氨氮浓度比现状降低2-5mg/L的目标，为上海市完成国家 “十二五”期间氨氮减排要求提供技术支撑。（蔡五三）

【复合型大气污染预测预报及决策支持平台研究】

基于上海市复合型大气污染综合观测网，利用气溶胶和光化学污染在线高分辨率观测手段，结合高分辨率动态清单技术，通过国际先进的多维空气质量数值模拟系统，辅以空气污染观测数据同化技术，研究开发细粒子（$PM_{2.5}$）及臭氧（O_3）等关键因子的预测预报技术；针对典型气溶胶及臭氧的污染事件，利用在线高分辨率观测、大气污染输送通道聚类分析、颗粒物源追踪技术、臭氧源追踪技术及高污染过程分析等研究方法，解译气溶胶及臭氧污染的生成途径和关键来源；搭建复合型大气污染预测预报及决策支持平台，为本市复合型大气污染的预测预报及污染防控提供科技产品。（蔡五三）

【工业用地地质环境风险与土地利用绩效综合评价关键技术研究】 通过研究工业用地开发利用时间和行业类型对土壤环境质量的影响，开展工业用地不同转型用途的地质环境风险评价，构建工业用地利用状况和产业转型发展的综合绩效评价指标体系和评价模型，为上海优化土地利用结构和促进发展方式转型提供保障。（蔡五三）

【城市林荫道建设关键技术集成研究及示范】 围绕上海城市生态化建设的要求，以提升林荫道生态、景观、游憩等功能与林荫道构建模式关系为重点，开展城市林荫道固碳释氧、降温增湿、节能、空气污染物扩散与吸收等生态环境效应与林荫道类型和空间结构直接的关系研究，获得基于林荫道生态环境综合效益的低碳优化模式，实现道路林荫率提高20%；围绕林荫道树木生境条件差等问题，以优化林荫道树木生境为重点，开展林荫道树木长势与城市林荫道水肥供给技术、根冠比等关系研究与示范，获得林荫道生境构建技术参数；围绕林荫道树木适生性差、遮荫效果低等问题，以筛选适生性强、遮荫效果好的树种为重点，开展林荫道树种筛选与配置、形态控制等养护管理技术研究与示范，获得8-10种适生性强、遮荫效果好、景观效果佳的林荫道树种及相关养护管理技术。通过以上研究，建立林荫道建设（树木栽培）、养护管理关键技术和相关标准技术参数，为本市十二五期间"林荫大道"工程的顺利推进提供切实可行的技术支撑。（蔡五三）

衡山路林荫道（华毅文　摄）

【赤潮应急监测平台建设及示范应用】　以长江口赤潮多发区为目标海区，开展上海市赤潮灾害应急监测平台建设，具备对河口赤潮多发区不同尺度赤潮灾害快速、及时、准确监测的技术能力，增强地方政府对赤潮灾害的应急处置能力，为其他海域的赤潮灾害快速监测提供示范。（蔡五三）

【长江河口横沙东滩成陆机制及其近海海洋开发研究】　从流域—河口—海洋联动系统角度出发，既关注当前流域出现的水沙巨大变异、也重视海洋动力的驱动作用，并将焦点放在河口局部工程，注重横沙区域的抛泥以及泥沙输运机制，剖析长江河口横沙及其邻近海岸的冲淤及环境响应，综合评估分析长江河口横沙东滩的形成及其演变过程，探讨横沙东滩的成陆机制，提出适合上海近海海洋开发的横沙东滩规划及其发展战略，为上海土地资源的深度开发打下基础。（蔡五三）

【上海港外来入侵生物监控技术体系的构建与应用】　课题总体目标是针对上海港外来物种入侵现状和船舶压载水外来生物状况，构建上海港物种数据库，建立上海港外来入侵生物监测技术体系，形成港口外来物种业务化监测运行机制，提高地方海洋管理和监测部门履行海洋外来物种监测和防控的能力，为保障上海港海域的生态安全提供技术支撑。（蔡五三）

【极端海洋气候环境下的保障技术】　在极端海洋气候环境下，研发适宜西沙群岛海岛环境的可控节能温室，实现自动灌溉、环境监测及自动控制；开发适应南极极端气候条件下的太阳能电池板和风力发电机，建成中国南极中山站新物理观测楼能源微网，实现60%以上的能源自给。（蔡五三）

节能减排与低碳科技关键技术应用研究

【重点区域节能关键技术系统集成研究和示范】

围绕世博园场地后续利用、迪士尼乐园、虹桥商务区建设，开展有区域特点的集能源供应、节能建筑、智能交通、绿色建造等为一体的综合技术研究与示范，为重点区域节能建设提供技术保障。（蔡五三）

【智能配电网、钠硫电池产品关键技术与系统集成应用】　针对智能配电网、钠硫电池产品技术难点，开发直流配电网、10kV电阻型超导限流器和低频振荡治理等输配电关键技术；建成年产能10MW的钠硫电池生产线，为提升智能配电网功能、形成钠硫电池产品提供技术支撑。（蔡五三）

【新能源车辆关键技术研发】　围绕高性能车用燃料电池辅助系统、增程式混合动力公交客车、车用柴油机颗粒物处理开展关键技术研究，研制基于中高压技术的高性能车用燃料电池辅助系统关键技术；开发满足欧Ⅳ排放标准，节油率≥30%、排放减少40%的城市增程式混合动力公交客车；开发满足欧V排放标准的车用柴油机颗粒物排放技术，为新能源车辆研发提供技术支撑。（蔡五三）

【新能源车辆应用与示范】　以国际电动汽车及港口重型电动牵引车示范为重点，建立嘉定国际电动汽车示范城新能源汽车示范运行核心数据平台，研究新能源汽车安全可靠性，形成示范运行保障体系；研发以超级电容为主要动力电源的港口重型电动牵引车，并建立由20辆车、3座充电站组成的示范运营线。（蔡五三）

【建筑节能改造关键技术研究】　针对上海建筑节

能改造技术需求，开展夏热冬冷地区居住小区建筑节能改造技术体系、商住建筑太阳能光伏建筑一体化及污水源二氧化碳热泵热水器研究与应用，形成相关技术、标准及示范。（蔡五三）

【太阳能和风能发电装备与检测关键技术】 针对风力发电、光伏发电技术难点，重点开展25kW斯特林碟式太阳能热发电装置、3.6MW高压永磁直驱海上风力发电系统研制工作，掌握太阳能光伏板故障诊断、风电设备并网检测等关键技术，为风力、光伏产业发展提供技术支撑。（蔡五三）

【清洁燃料替代与重点行业节能减排技术开发与应用】 围绕清洁燃料替代与重点行业节能减排技术开发与应用，开展工业锅炉清洁燃料替代、电站锅炉富氧燃烧、聚四氟乙烯生产工艺整体能耗优化及焦炉荒煤气显热利用等关键技术研究，形成相关技术、工艺、标准及示范，为钢厂、化工等重点行业节能减排提供技术支撑。（蔡五三）

崇明生态科技（环境部分）

【新能源利用关键技术研究】 以大型风电场储能与接入、零排放超级电容公交示范线及区域有机固废生物质能利用为重点，开展新能源利用关键技术研究，完成东滩风电场储能与接入示范工程；建成崇明10辆零排放超级电容新能源汽车公交示范线；形成一套处理能力30t/d的干式厌氧消化反应器及配套设施，构建沼气、沼渣利用循环产业新模式，为崇明新能源利用提供技术支撑。（蔡五三）

【智慧社区建设关键技术集成与示范】 针对智慧社区建设关键技术需求，开展崇明岛智能电网整体建设、陈家镇镇域智慧社区、东滩智能交通建设规划和方案研究，完成相关设计、规划、标准及示范，指导崇明岛智慧社区建设。（蔡五三）

【环境监控关键技术研究】 围绕崇明岛生态环境监控平台建设与国际评估科技需求，开展崇明岛全要素环境监测网络与技术体系研究，建立一套环境监控平台，对生态岛建设进行国际评估，为崇明环境监控提供技术支撑。（蔡五三）

【污染削减关键技术研究】 以东风西沙水库建设、垃圾填埋场污染物消减及东滩湿地土壤修复与植物筛选为重点，开展相关技术研究，综合防控和削减水源地的面源污染，使水质达到Ⅱ－Ⅲ类；对分散式污水处理技术进行评估应用，编制崇明污水处理技术指南；研究精细化填埋关键技术，提升崇明垃圾填埋场污染消减能力；建立东滩湿地低碳型生态系统，筛选耐盐湿高碳汇植物，适生高碳汇景观植物增加30种，为崇明污染削减发挥科技引领和支撑作用。（蔡五三）

科研项目获奖

【国家科技进步奖】

二等奖项目（与环境有关的）

获奖号	项目名称	完成人	完成单位
J-213-2-05	大型精对苯二甲酸装置节能降耗的优化运行技术	钱　锋　邢建良　王振新　钟伟民　李维新　杜文莉　沈品德　王铭松　赵　玲　彭昌军	华东理工大学，中国石化扬子石油化工有限公司，中国石油化工股份有限公司天津分公司
J-217-2-02	百万千瓦超超临界机组系统优化与节能减排关键技术	冯伟忠　俞兴超　王立群　张　岭　姚　进　陈仁杰　陈模嘉　潘　峰　金　峰　姚　峻	上海外高桥第三发电有限责任公司，申能股份有限公司，中国电力建设工程咨询公司，中国电力工程顾问集团华东电力设计院，上海电力建设启动调整试验所，上海明华电力技术工程有限公司

续表

获奖号	项目名称	完成人	完成单位
J-239-2-01	盐湖钾镁资源高效与可持续开发利用关键技术	于建国 宋兴福 李小松 路贵民 谢康民 孙淑英 李辉林 刘够生 孙 泽 刘生福	华东理工大学，青海盐湖工业集团股份有限公司
J-217-2-03	实现无燃油燃煤电厂的成套技术研究与应用（原名称：等离子体无燃油燃煤电厂技术）	王雨蓬 高 嵩 米树华 苗雨旺 牛 涛 于 龙 唐 宏 顾玉春 张永红 周 铭	上海锅炉厂有限公司等
J-223-2-05	车辆轮轨诱发的环境振动与噪声控制关键技术及产业化	雷晓燕 尹学军 徐增堂 刘林芽 丁树奎 任 静 冯青松 罗 锟 王建立 王 晨	中铁上海设计院集团有限公司等
J-232-2-03	重大滑坡减灾防灾关键支撑技术	殷跃平 吴树仁 李铁锋 宋 军 张 青 李晓春 石菊松 李 滨 曹修定 邢爱国	上海交通大学等

（蔡五三）

【上海科技进步奖】

一等奖项目（与环境有关的）

获奖等级	项 目 名 称	完成单位	完成人
20114013	中国2010上海世博园绿地规划与建设中的关键生态技术创新与集成应用	上海市园林科学研究所，上海园林（集团）有限公司，上海世博会事务协调局，同济大学，华东师范大学，上海市绿化和市容管理局	张 浪 陈伟良 崔心红 吴人韦 张青萍 朱卫峰 蔡永立 朱 义 朱协军 王铁飞 李婷婷 吴 成 付喜娥 张莹萍 徐 英
20114382	长江口及临近水域渔业资源保护和利用关键技术研究与应用	中国水产科学研究院东海水产研究所，中国水产科学研究院淡水渔业研究中心，上海海洋大学，上海市水产研究所，华东师范大学，上海市长江口中华鲟自然保护区管理处	庄 平 徐 跑 张根玉 唐文乔 沈新强 赵云龙 乔振国 刘 健 张 涛 施炜纲 周文玉 施永海 顾若波 郭弘艺 周 凯

续表

获奖号	项目名称	完成单位	完成人
20114069	大型污水处理厂节能减排技术与工程示范	上海市政工程设计研究总院（集团）有限公司，同济大学，华东理工大学，上海白龙港污水处理有限公司，上海市政工程设计科学研究所有限公司，上海市水资源开发利用国家工程中心有限公司	张　辰　周　琪　姚重华　谭学军　王智勇　陈　嫣　高陆令　沈昌明　严媛媛　许　洲

二等奖项目（与环境有关的）

获奖号	项目名称	完成单位	完成人
20113015	高效节能冷却塔产品开发关键技术及应用	上海理工大学，浙江金菱制冷工程有限公司，上海同驰换热设备科技有限公司，上海易源节能科技有限公司，南京大洋冷却塔股份有限公司，上海金日冷却设备有限公司，山东格瑞德集团有限公司	章立新　欧阳新萍　何仁兔　王企鲲　刘　妮　杨　茉　苏永秋　陈永胜　沈　艳　高　明
20114371	WSORZ屋顶全开型温室	上海都市绿色工程有限公司	周　强　丁国祥　陆　乐　郑丽芳　方瑞纲　芮　娟　杨　贵　张　鹏　陈　玮　沈恩德
20114048	菜田主要病虫监测预警及生态控害关键技术开发与应用	上海市农业科学院，鹤壁佳多科工贸有限责任公司，上海市农业技术推广服务中心，上海健绿花菜专业合作社	蒋杰贤　季香云　贺　丽　蒋耀培　赵树英　万年峰　徐建陶　华正国　高　慧　陈晓斌
20114147	世博园区直接饮用水与排水安全保障集成技术	上海城市水资源开发利用国家工程中心有限公司，上海浦东威立雅自来水有限公司，上海市城市排水有限公司，上海市自来水市南有限公司，同济大学，苏州立升净水科技有限公司，上海城投污水处理有限公司	戴　婕　乐林生　颜晓斐　张　东　李伟英　任汉文　周新宇　潘　晓　张鹏飞　丁　敏

续表

获奖号	项目名称	完成单位	完成人
20114366	电子束辐照处理工业废水中难降解有机污染物关键技术及应用	上海大学	吴明红 焦 正 万 皓 徐 刚 傅家谟 雷 勇 丁国际 顾建忠 程伶俐 马 静
20114109	高炉及COREX渣粉磨生产线成套技术装备开发和COREX渣应用研究	宝钢工程技术集团有限公司,宝钢发展有限公司,宝山钢铁股份有限公司	宋进军 刘建生 马义祥 刘百臣 孟晓强 王彩英 徐 骏 赵玉静 李健成 曾 粤
20114146	内循环分段高级氧化法处理含芳香族化合物工业有机废水的研究与示范工程	上海交通大学,上海市政工程设计研究总院(集团)有限公司,上海美境环保工程有限公司	朱南文 王国华 贾金平 谷 麟 陈和谦 孙同华 严 青 楼紫阳 袁海平 寿宗奇
20114334	微污染饮用水源的处理关键技术研究与应用	同济大学,上海市政工程研究设计总院(集团)有限公司,上海市自来水闵行有限公司	高乃云 徐 斌 楚文海 郑国兴 钱庆玲 周建平 夏圣骥 隋铭皓 张永吉 唐玉霖
20114027	世博园区精细化气象预报预测技术研究与应用	上海市气象局	汤 绪 谈建国 姚志展 冯 磊 许建明 杨礼敏 崔林丽 周广强 陈葆德 许晓东
20114338	大型石化装置高效长周期运行节能技术及装备	华东理工大学,中国石化扬子石油化工有限公司,江苏中圣高科技产业有限公司	张 莉 夏翔鸣 徐 宏 朱瑞松 郭宏新 奚冬兴 王元华 范根芳 侯 峰 徐 鹏
20114101	上海世博会永久场馆绿色建筑技术系统集成应用	上海世博(集团)有限公司,华东建筑设计研究院有限公司,上海市第七建筑有限公司,同济大学,上海太阳能工程技术研究中心有限公司,上海植物园	戴 柳 高文伟 张俊杰 宁 风 李庆来 李 田 张伯仑 傅海聪 郝国强 费跃忠
20114110	基于料面综合判断方法的高炉节能技术	宝山钢铁股份有限公司	储 滨

三等奖项目(与环境有关的)

获奖等级	项 目 名 称	完成单位	完成人
20114357	大型燃煤电站锅炉烟气脱硫系统优化技术研究与应用	上海电力学院,上海电气石川岛电站环保工程有限公司	潘卫国 金 强 郭瑞堂 徐宏建 豆斌林 丁承刚 王文欢
20114355	大规模海上风电场集电系统优化与并网特性分析	上海电力学院,上海东海风力发电有限公司,上海勘测设计研究院	符 杨 李东东 黄玲玲 张开华 尹金华 边晓燕 魏书荣

续表

获奖号	项目名称	完成单位	完成人
20114314	高温高压自然循环干熄焦余热锅炉研制及应用	上海理工大学,苏州海陆重工股份有限公司	郁鸿凌 李瑞阳 李国俊 杜艳艳 黄海苏 程竹静 张德莉
20114117	多维度电网安全风险防控系统研究和应用	华东电网有限公司,国网电力科学研究院,华东电力试验研究院有限公司	张 磊 励 刚 汪德星 曹 路 李建华 王 强 凌 平
20114565	太阳能及定日镜技术在世博建筑中的开发应用	上海久能能源科技发展有限公司,上海世博土地控股有限公司,上海新产业光电技术有限公司,上海上锦机械制造有限公司,上海山晟太阳能科技有限公司	李钊明 缪同群 褚君浩 胡海燕 林 东 赵良华 宣海峰
20114102	上海世博会永久场馆光伏建筑一体化技术系统集成应用	上海世博(集团)有限公司,上海太阳能工程技术研究中心有限公司,同济大学建筑设计研究院(集团)有限公司,上海建工集团股份有限公司,华东建筑设计研究院有限公司	戴 柳 高文伟 宁 风 李红波 李庆来 施建培 曾 群
20114535	低反射高效遮阳低辐射镀膜玻璃	上海耀华皮尔金顿玻璃股份有限公司,上海耀皮工程玻璃有限公司	吴 斌 安吉申 李志军 陈海嵘
20114613	高效节能环保无内胎卡客车轮胎	双钱集团股份有限公司	蒋 琦 苏红斌 许晓晶 方之峻 方存荣 钱瑞瑾 王文浩
20114378	可再生生态纤维材料应用关键技术研究	上海三枪(集团)有限公司,东华大学	曹春祥 沈 为 程隆棣 归晓鸣 蔡再生 赵士龙 张佩华
20114047	上海世博会中国馆水稻活体展工艺流程	上海市农业科学院,中国水稻研究所,中国科学院南京土壤研究所,上海市农业生物基因中心	宋祥甫 邹国燕 陈桂发 周昌艳 章秀福 杨林章 余新桥
20114280	上海世博园水体生态景观系统关键技术研究与应用	上海海洋大学,上海园林(集团)公司,上海园林绿化建设有限公司,北京大学,同济大学	张饮江 何培民 陈伟良 何文辉 朱协军 俞孔坚 陈立婧
20114495	大型城市污水处理厂自适应曝气控制系统	上海市城市建设设计研究院,上海基础设施建设发展有限公司,上海工业自动化仪表研究院,美尚生化环境技术(上海)有限公司,上海水务建设工程有限公司	陈 洪 蒋隽睿 戴孙放 钱志斌 徐鸿德 丁蓟羽 周一军

续表

获奖号	项目名称	完成单位	完成人
20114150	长江口深水航道治理工程水生生态修复关键技术研究及示范	交通运输部长江口航道管理局,中国水产科学研究院东海水产研究所,上海市环境监测中心,上海绿意生物科技有限公司	陈亚瞿　冯　俊　张锦平　朱剑飞　全为民　施利燕　李备军
20114551	长江口水源地污染物通量与水源保护区划分关键技术研究及应用	上海城投原水有限公司,上海市环境科学研究院,上海青草沙投资建设发展有限公司,上海勘测设计研究院,上海城市水资源开发利用国家工程中心有限公司	顾玉亮　林卫青　李　巍　申一尘　卢士强　乐　勤　王晓鹏
20114151	超大型国际会展环境卫生关键技术集成与世博园区示范	上海环境实业有限公司,上海市环境工程设计科学研究院有限公司,上海美申环境设施设备有限公司,上海海事大学	梁　超　夏苏湘　冯　蒂　张明成　王涤平　邰　俊　袁述民
20114670	智能化环保型循环冷却水处理技术在世博地铁等公共场所中央空调中的应用	上海轻工业研究所有限公司	冷忠民　李德良　董培庆　邱真真　陈明吉　沙尚之　胡诞康
20114567	节能减排关键材料——聚四氟乙烯纤维的研发及产业化	上海市凌桥环保设备厂有限公司	黄斌香　黄　磊　陆妹华　苏韵芳
20114316	大型商业中心废水处理与回用平板膜-生物反应器装备研发与产业化	同济大学,上海城投污水处理有限公司,上海子征环境技术咨询有限公司	王志伟　麦穗海　张　杰　王　旭　周　骅　何　磊　马金星
20114322	低能耗NOx选择性催化还原处理技术及工程应用	同济大学,上海同济科蓝环保设备工程有限公司,宝山钢铁股份有限公司特钢事业部,山西太钢不锈钢钢管有限公司,山西太钢工程技术有限公司	范建伟　李光明　杨　飏　孙　宇　张　杰　王立群　傅秋生
20114022	环境氡测量计量标准装置研究	上海市计量测试技术研究院,东华理工大学	唐方东　汤　彬　王振基　周书民　王仁波　黄　凡　何林锋
20114083	MCSS节能电控系统在大中型液压挖掘机的应用与产业化	龙工（上海）挖掘机制造有限公司	郑可文　王彦章　龚润弘　李锋伟　钟国华　庞天成　丁鲁建
20114304	环保节能型钢制汽车车轮平衡块及其制造技术	上海工程技术大学,上海新明源汽车配件有限公司	徐新成　宋哲夫　钱嘉明　张阿虎　王淑新

续表

获奖号	项目名称	完成单位	完成人
20114140	建筑施工中的节能减排关键技术	上海建工集团股份有限公司,上海市第四建筑有限公司,上海市第一建筑有限公司,上海市第二建筑有限公司,上海市第五建筑有限公司	卞家骏 曹建忠 毕炤伯 谷志旺 黄玉林 赵 伟 王正平
20114507	世博城市最佳实践区"沪上•生态家"技术展示和运营评估	上海市建筑科学研究院(集团)有限公司,上海建科检验有限公司,上海建科建设监理咨询有限公司	韩继红 张 颖 陈勤平 范宏武 李 阳 廖 琳 章 颖
20114318	建筑垃圾多途径再生利用技术及应用	同济大学,上海市政工程设计研究总院(集团)有限公司,上海市废弃物管理处,上海华威环保技术有限公司	何品晶 肖建庄 赵建新 唐家富 李如燕 孙振平 章 骅

【环境保护科学技术奖上海市获奖项目】

获奖等级	项 目 名 称	完成单位	完成人
二等奖	上海市大气污染物排放清单的动态更新及其在AIRNow-I中的应用	上海市环境监测中心	伏晴艳 吴迓名 陆 涛 王 茜 王汉峥 林陈渊 刘 娟 包 权 刘启贞
	大型化工企业遗留污染场地全过程环境风险控制及修复工程示范	中国环境科学研究院、上海伊世特科技管理有限公司、重庆利特环保工程有限公司、重庆市固体废物管理中心、重庆市环境保护局	李发生 郭观林 龚宇阳 廖世国 田 军 李东明 曹云者 罗 健 颜增光
三等奖	4×75t/h燃煤锅炉印染废水除尘与脱硫集成技术开发与工程应用	上海绿澄环保科技有限公司、浙江航民实业集团有限公司、上海市环境保护科学研究院设计所	徐万君 尤政辉 王方杰 张心良 周伯明

(王一和)

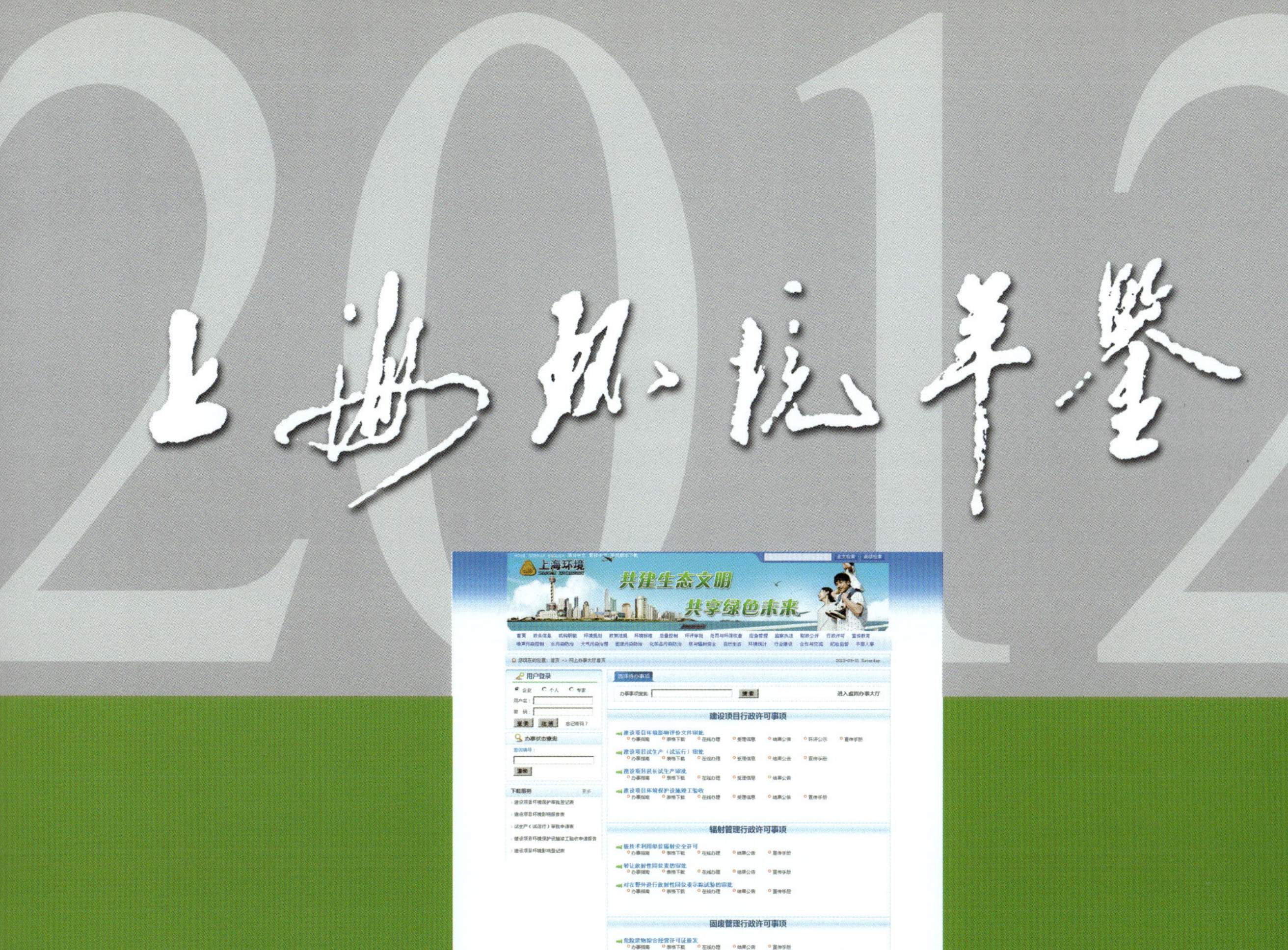

信息化建设

环境信息建设与运用

【东方明珠移动电视空气质量信息发布平台启动】

5月27日，市环保局与东方明珠移动电视共同打造的东方明珠移动电视空气质量信息发布平台正式开通。

本市环保部门借助2010年上海世博会空气质量保障工作的契机，搭建起了覆盖全市的空气质量监测网络，建立了“一周滚动预报—48小时预报—24小时预报—临近预警”较为完整的空气质量预报体系，为本市空气质量信息发布提供了有力的技术支撑。东方明珠移动电视作为沪上唯一采用无线数字电视广播传输技术的移动电视平台，每天向1500万申城市民播出各类新闻资讯，具有覆盖面广的明显优势。

为进一步拓展空气质量信息发布渠道，市环保局与上海东方明珠移动电视发挥各自的优势，充分利用东方明珠移动电视这一公共信息平台，实时发布本市环境空气质量信息。市民在出行过程中可方便地通过公共交通、楼宇、水上巴士等32000个东方明珠移动电视收视终端，实时了解本市空气质量日报和预报信息，空气质量信息的覆盖面从室内的固定人群延伸到了户外的流动人群。除了户外移动电视，市环保局还与中国移动12580生活播报合作，通过手机报的形式每天发布空气质量信息，并及时发布污染天气或重要环境新闻等信息。（市环保局）

东方明珠移动电视空气质量信息发布平台启动仪式

（华毅文 摄）

【环保综合业务平台建设】 建立环保综合业务平台旨在加强环境管理与公共服务相结合、深化应用与数据共享相结合，促进系统发展与保障信息安全相结合。平台建设内容包括“两级门户、两大集成、三方消息渠道、十大公共服务应用”。 至2011年底，整个综合业务平台除工作指挥调度应用以外，其余功能都已进入试运行阶段。

“两级门户”：两级门户包括公共门户以及个人门户。公共门户集中展现市环保局内工作动态、空气质量、行政审批动态等公共信息；个人门户则提供更好的个性化服务。“两大集成”：平台实现对公共服务及多项业务应用的全面集成，包含权限集成、界面集成。“三方消息渠道”：建设统一的消息平台，实现短信、邮件、即时通讯三方消息渠道并行发送。“十大公共服务应用”：包括信息发布、全文检索、会议安排、共享日历、通讯录、电子邮件、即时通讯、短信平台、消息中心、工作指挥调度。

（王 勤）

【环保行政许可事项网上办理服务】 上海市环境保护局从9月15日起，正式建成使用上海市环保局行政许可事项网上办理平台，实现了14项行政许可事项网上“一办到底”的服务。

“上海环境”行政许可事项网上办理页面

网上办事服务 （市环保信息中心 提供）

上海市环保局行政许可事项网上办理平台分内外网两个层次，外网依托上海市环境网站，实现行政许可事项的在线受理、结果公示、状态查询和审批信息政务公开功能；内网（政务外网）与环保综合业务平台整合，实现行政审批许可事项内部审批全过程控制；内外网之间，构建了数据交换平台，实现内外网实时互动。

目前，行政许可事项已实现网上一办到底。截至12月底，已申请成功项目932项，准予受理624项，办结602项。上海市环保局行政许可事项网上办理平台的建成使用，大大方便了企业、公众办事，提高了审批工作的规范性和效率，增强了审批工作的透明度。

（王　勤）

【“上海市主要污染物排污许可证申请审批系统”建立】　该系统的建设旨在加强上海市重点环保监管企业日常管理，对上海市的节能减排、重点污染源管理提供了信息化管理决策支持。

上海市主要污染物排污许可证申请审批系统共包括许可证申请、变更、撤销、注销和补办五项内容，通过不同的工作流程进行审批流转。系统采用“外网申请，内网审批，外网公示”的模式，通过数据交换进行内外网的数据共享，保障数据安全。

上海市主要污染物排污许可证申请审批系统纳入上海市环保局网上办事的统一框架，采用预制企业的模式，每个企业设置一个唯一的、一次性使用的串码进行登录申请，企业通过“上海环境”的“网上办事大厅”中的“排污许可证办理事项”进行一站式申请，在线填写申请表格和上传相关附件（工业企业类共13张申请表和20项相关附件，污水处理厂类共11张申请表格和14项相关附件）。审批人员通过“一门式”综合业务平台的排污许可证申请事项进行审批，并通过短信平台将审批过程及结果发送给企业联系人，通过数据交换将补正通知、公告等发送到外网，在上海环境公布排污许可证审批结果，接受公众监督。

（刘东胜）

【“上海市饮用水源保护区信息系统与水质分析管理系统”开发建设】　上海市饮用水源保护区信息系统及水质分析管理系统是在上海市饮用水源地边界划分的基础上，利用上海市人口、道路、河流、水文、政区等测绘地理信息数据，以及取水口、监测点等环保要素的地理信息数据，以 GIS为平台建立和开发的，实现了对上海市饮用水源地的分布以及黄浦江上游、青草沙、陈行、东风西沙4个水源保护区和全市中小水源地饮用水源保护区数字化管理。同时在全市所有水源地的水质自动监测、常规监测和监督性监测的基础上，建立了水源地水质数据库，并实现动态更新；

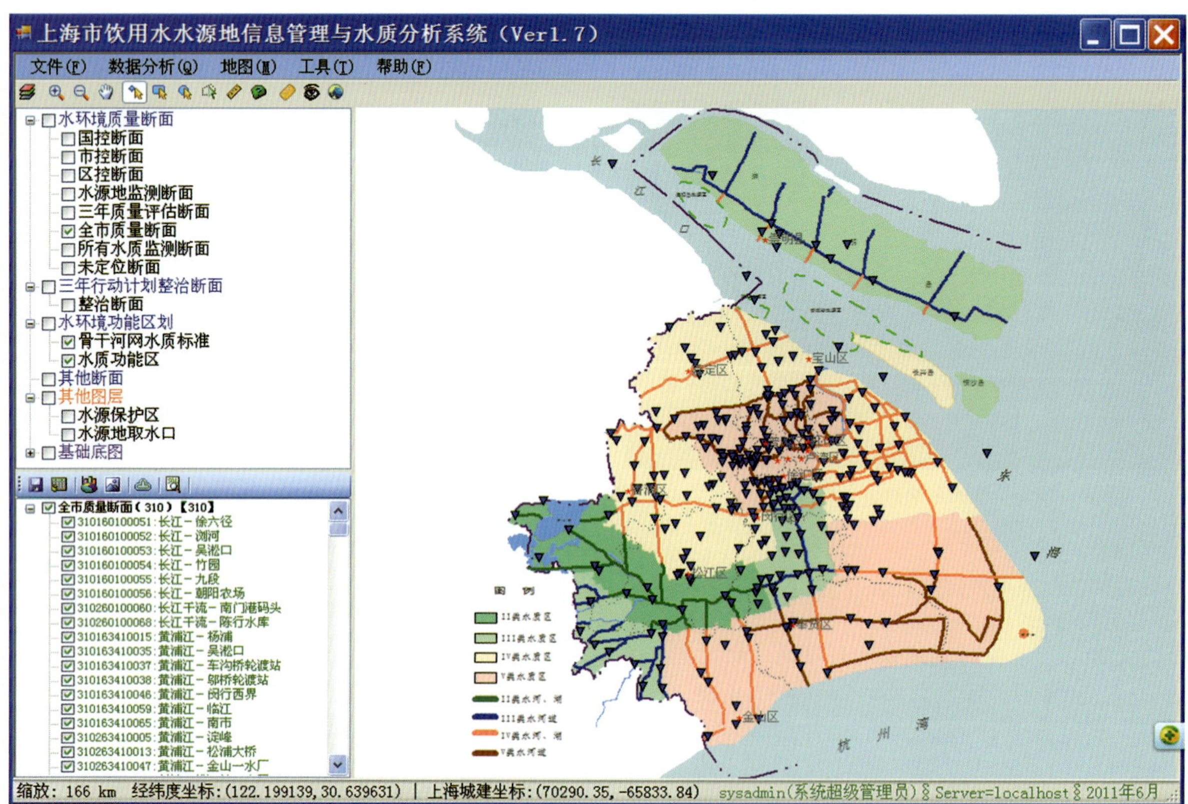

全市质量断面分析　　（市环保信息中心　提供）

开发水质分析模块，对水源地水质监测数据库进行统计分析；通过软件系统，判断水质特征、主要问题以及产生原因。

系统软件平台具有先进性、开放性、可扩展性和实用性的特点，管理人员可以利用上海市饮用水源保护区信息系统直观的浏览编辑上海市饮用水源地保护区信息，对饮用水源地的空间要素和属性数据进行综合分析和信息处理，并以专题图、表格、统计图等各种方式进行展示，具有实用性、交互性、智能化等特点。（刘东胜）

【“苏州河综合管理信息平台”通过项目验收】

11月29日，苏州河综合管理信息平台项目通过验收。该项目进一步完善了苏州河综合管理数据库，实现了水务数据从汇聚到发布的全过程，为市水务部门推进河道综合管理积累了经验，也为探索水务信息系统集约化建设起到了示范作用。

苏州河综合管理信息系统作为水务信息化集约建设、分层管理的试点项目，将充分整合局属单位的项目和信息资源，通过优化管理流程，整合管理力量，实现苏州河管理“信息互通、资源共享”。

（谷鸿鹄）

【生活垃圾物流信息系统项目通过验收】 3月17日，上海市生活垃圾物流信息系统项目通过由市经信委组织的验收。

市经信委验收组对项目作出了较高评价，认为该项目的提出和建设是一项创新和有益尝试，也是信息技术和传统行业有效结合的一个典范，通过项目的推广应用，一是解决了生活垃圾物流统计分析，实现了当日实时称重汇总图表、月度和年度生活垃圾量分析及物流情况分析；解决物流平衡监控，实现了全市中转和处置企业物流信息的实时监控和超计划量报警；解决物流调度管理，实现了物流调度预案的添加和维护。二是建设了物流综合监管系统，实现了物流车辆轨迹实时监控及历史轨迹回放，实现了中转站及处置场所生活垃圾物流及处置信息的实时监管。三是研究开发物流应急调度系统，实现了突发事件接警及应急预案方案的编辑，实现调度指令的管理以及应急调度报告的编辑和维护。（王静江）

【防汛“一网四库”应急管理信息化取得阶段性成果】 3月30日，《上海市防汛“一网四库”应急管理系统》（2008−2010年度）项目通过验收，水利部太湖局防汛办、同济大学、市经信委、市防汛办、市水务局等单位的专家参加验收。

按照市领导提出的进一步完善“一网四库”规范化建设的要求，市防汛信息中心完成了三个年度全市防汛应急管理数据的收集与梳理，形成了规范的数据收集模板和流程，应用WebGIS等技术开发了防汛工作联络网、基础资料信息库、防汛专家资源库、预警预案管理库、抢险队伍物资库、水务热线灾情上图和城市网格化管理信息（水务部分）等实用的功能模块。项目成果为市、区县多级防汛指挥决策提供了直观、快捷的信息支撑，对于加强防汛基础管理、提高应急响应能力和提升抢险救灾水平具有重要作用。

（谷鸿鹄）

【“数字水务”一期工程通过完工验收】 10月24日，由市水务信息中心建设的“数字水务”一期（上海市水务地理信息应用系统）工程通过完工验收。验收组一致认为该项目完成了合同约定的各项建设任务，工程管理规范、投资控制有效、会计核算清晰、工程档案齐全、符合设计要求、工程质量合格、技术先进，同意通过验收。

该项目于2008年12月启动至2011年9月建成，建设内容包括水务数据中心、水务公共信息平台和水务地理信息应用系统（包含基于WebGIS的水务信息服务系统、防汛保安决策支持系统和水资源管理信息系统）。项目的建成实现了全市水务系统多源、异构、海量数据的统一交换和集中管理，对防汛保安、水资源管理等专业应用提供了有效支撑。系统运行至今，在多次台风、暴雨、高潮位期间，特别是在台风期间及短历时暴雨的防汛指挥调度工作中发挥了显著效益。（谷鸿鹄）

【地质信息服务城市建设】 2011年，市规划和国土资源管理局认真组织实施《上海市地质资料信息服务集群化和产业化工作三年行动计划（2009.7−2012.6）》。市政府规章《上海市实施〈地质资料管理条例〉规定》已完成起草，并已正式提交市政府法制办。

在深化地质信息服务城市安全试点工作方面，在加强轨道交通地面沉降监测基准网建设的基础上，完成了基准网首次联合监测工作；加强轨道交通沉降监测和综合研究，编制了轨道交通沉降监测数据入库技术标准，完成了轨道交通网沉降监测与综合分析报告初稿的编制。在完善地质信息服务土地管理工作方面，开展全市土地质量动态监测工作，完成了滩涂地形测量、表层沉积物取样等野外工作。（侯宏江）

环境信息网站

【“上海环境”网站改版】 根据上海市环境保护信

息化建设规划，在两大平台建设的基础上，2011年，市环保局对“上海环境”网站进行了改版，实现了信息发布在公共服务平台和综合业务平台两大平台之间的实时数据交换，以及全部行政审批事项上网办理。自网站改版以来，“上海环境”网站访问人次有了大幅提升，增幅为改版前60%。

“上海环境”网站在改版中建立了网上办事大厅，通过办事指引和页面链接提供“一站式”服务入口，按照“一点受理、抄告相关、并联审批、限时反馈”的工作机制，并开展信息查询、政策解答、结果公告等便民功能，切实提高了网上办事和服务能力。

网站改版中还将网上互动服务进行了细分，领导信箱、咨询、投诉和举报均建立网上反馈机制。继续开展“环保大家谈”访谈栏目，推出十期专题进行网上解答和讨论。同时，围绕政府重要决策和与公众利益密切相关的事项，开展网上调查、网上听证、网上评议等工作，征集公众的意见和建议，及时分析汇总。

2011年，“上海环境”网站持续扩充公众服务功能，提供便民地图指引、网站手机版等，加强对外宣传。8月开始推出分段空气质量预报栏目，为市民提供更为精确的环境质量信息。（刘　敏）

【“上海环境”网站系统通过三级等保测评】 根据市经信委员下发的《关于开展本市2011年度公共信息系统》通知，为提高网络和重要信息系统的信息安全保护能力和水平，上海市环保局积极开展信息系统安全等级保护工作，严格按照《信息系统安全等级保护实施指南》等相关要求对“上海环境”政府网站依照等级保护中三级保护的要求进行建设，并于12月底通过了上海市信息安全测评认证中心的安全测评。（刘　敏）

【上海环境热线受众面继续扩大】 上海环境热线2011年首页访问数增加3181614人次，日均8717人次。发布新闻6740条。发布了环境影响评价网上公众调查40个，发布环评公示、环评报告书简本2256项。绿色论坛栏目新增文章122篇。制作了专题“六五”世界环境日、拜耳青年环境特使及空气质量实时报等栏目。完成了网络防火墙升级工作。（沈　为）

历年网站首页访问人数统计表

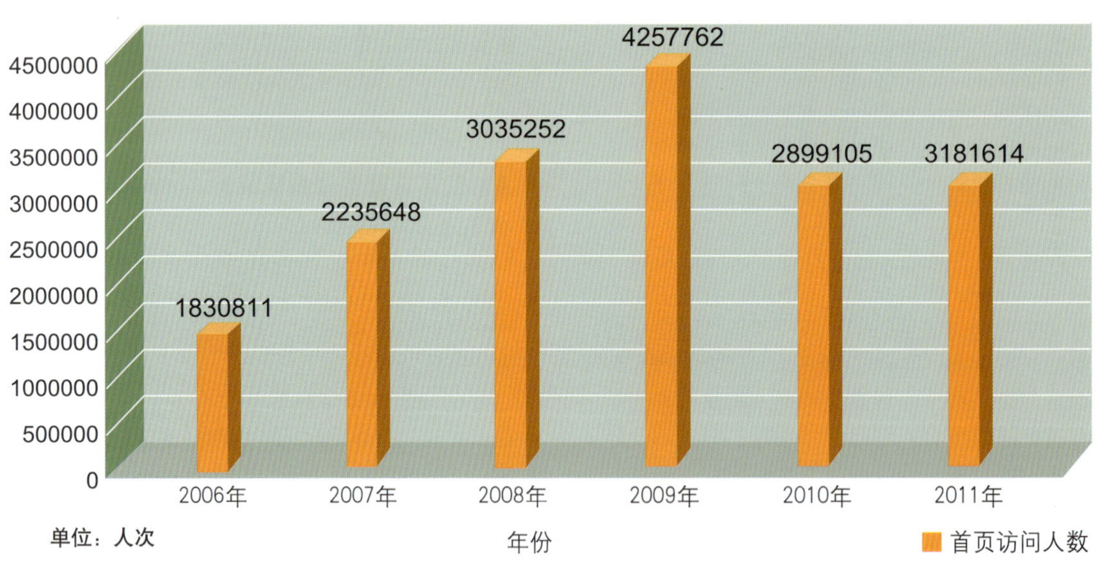

【上海市野生动植物网站全新改版】 2011年，上海市野生动植物网站进行全新改版。此次改版以“服务、互动、宣传”为宗旨，大大提升网站实用性，增加可看性，网站增加了更多的资讯栏目，提供全面的法律法规和物种名录、资源监测状况等公众服务信息，开设网上咨询、网上物种鉴定等服务项目。同时，根据行业和宣传需要，增设了协会会员、志愿者网上申报、活动申请等栏目。运用网络，首次启动了网络版“爱鸟周”宣传活动，与市民共建网上互动平台，取得良好反响。（秦　磊）

2012

上海环境年鉴

资源保护与利用

可再生资源开发利用

【长兴风电场正式并网发电】 1月29日19点18分，长兴风电场正式并网发电。该项目是本市“十二五”首个并网发电的风电项目，也是上海电气2兆瓦风电机组首次大规模在本市使用。该项目的建成投产将为崇明绿色能源县和长兴海洋装备产业基地建设发挥积极作用。

长兴风电场项目位于长江隧桥工程长江大桥东侧，由上海申能长兴风力发电有限公司投资建设，项目总投资2.2亿元，安装10台单机容量2兆瓦的风力发电机组，总装机容量20兆瓦。电站投入运营后，年上网电量约4000万度，年减排二氧化碳3.5万吨，节约标准煤1.2万吨，此外还可节约用水12194吨，减少水力排灰废水和温排水等对水环境的污染。

（王静江）

【钠硫电池行业开创高新技术产业化合作模式】

10月13日，上海电气集团、上海电力公司、中国科学院上海硅酸盐研究所三方签约，共同投资组建钠硫电池产业化公司，落户嘉定工业园区。该公司成立后，上海钠硫电池产业有望形成从研发到生产到应用的产业链。

新能源发电的电能怎么储存，如何平稳、智能地接入电网，成为新能源产业亟需突破的瓶颈。以钠硫电池为代表的大规模储能技术被认为是支撑可再生能源普及的战略性技术。钠硫电池结构紧凑容量大、能量储存和转换效率高、寿命长，是今后储能领域和智能电网发展的重点技术之一。

新成立的钠硫电池合资企业注册资本为4亿元，上海电气现金出资2.4亿元占60%，上海电力、中科院无形资产分别作价0.8亿元，各占20%。上海电气依靠在产业化制造方面的优势，与上海电力、中科院上海硅酸盐研究所强强联合，开创技术—产业化—用户“三位一体”的高新技术产业化合作模式；中科院上海硅酸盐研究所作为全球第二家掌握钠硫电池陶瓷管核心技术的科研机构，此前已与上海电力共同建设了钠硫电池中试基地，为钠硫电池产业化公司奠定良好基础。（王静江）

【上海开展农村可再生能源统计工作】 2011年，按照农业部统一部署，本市开展了农村可再生能源统计工作，全面了解掌握上海农村可再生能源实际情况，为制定方针、政策和编制发展规划、年度计划以及节能减排等决策提供依据，也为农村可再生能源的科学研究、生产运用，发展循环经济提供有力的基础支持。农村可再生能源统计制度是国家基础统计的一部分，统计报表由农业部编制，由国家统计局备案并进入统计系统。（汪湖北）

节能与能源结构调整

【天然气供应能力稳步提高】 2011年，本市天然气供应能力稳步提高，能源供应保障程度进一步增强。上海燃气集团供应天然气54亿立方米，同比增长20.7%。其中，洋山LNG供应20.7亿立方米，同比增长29.1%；西气（包括新增的西气二线）供应28.6亿立方米，同比增长18.4%。（邵　君）

【研究制定清洁能源替代政策】 一是开展“十二五”上海市燃煤锅炉及窑炉清洁能源替代实施方案及政策研究。基本摸清了本市现有工业锅炉和窑炉的数量、空间分布、用能类型和能源使用量等基础信息，市环保局与市发改委、市燃气集团等单位制定了全市“十二五”中小燃煤（重油）锅炉清洁能源替代工作计划。

二是研究制定配套政策。市环保局制定了新的清洁能源替代补贴政策（征求意见稿），参与研究制定《关于推进上海市燃煤（重油）锅炉清洁能源替代工作的意见》。

三是调整本市“基本无燃煤区”区划范围。制定了《上海市“基本无燃煤区”区划和实施方案（修订稿）》（征求意见稿），增加低碳示范区、郊区新城和燃煤（重油）密度较高的重点街道（镇），共划定2388平方公里“无燃煤区”、779.4平方公里“基本无燃煤区”。（胡国良）

【燃煤锅炉清洁能源替代任务超额完成】 为进一步加大节能减排力度，优化本市能源结构，在完成计划内的30台燃煤锅炉清洁能源替代任务的基础上，11月底，超额完成11台燃煤锅炉清洁能源替代。

（胡国良）

【第五轮三年行动计划锅炉清洁能源替代目标确定】

在巩固第四轮环保三年行动计划清洁能源替代成果的基础上，为进一步扩大和深化清洁能源替代工作，结合“十二五”清洁能源替代政策研究，第五轮三年行动计划中确定，本市将推进实施1000台燃煤（重油）锅炉清洁能源替代，并配套加快天然气管网建设。（胡国良）

【首批私人购买纯电动汽车挂牌上路】 4月11日，上海首批私人购买纯电动汽车共8辆正式在嘉定国际汽车城挂牌上路。上海已被确认为电动汽车国际示范城市，嘉定区是电动汽车国际示范区，电动汽车国际示范的各项工作已经紧锣密鼓展开。2011年已启动包括充电站和充电桩的首批配套充电设施建设。现阶段将先于示范区内先兴建130个充电桩，充电站也计划能在年底前于示范区内建好3座；兴建完成后，电动车的驾驶人只要买1张类似上海交通卡的充电卡，在充电完成后用刷卡的方式，机器就会自动从充电卡扣款。 （王一和）

【干混砂浆散装率逾80%】 预拌砂浆，尤其是散装的干混砂浆推广应用，既防止了传统现场搅拌砂浆的生产模式对环境造成的严重污染，又在砂浆的生产、运输和使用等各个环节基本解决了扬尘污染。

1、预拌砂浆使用量稳步增加

上海是我国最早研究开发预拌砂浆技术和建设工程推广使用砂浆的城市，从2003年起，本市就开始在建设工程中逐步推行使用预拌砂浆工作，至2007年全市建设工程年使用预拌砂浆量已突破100万吨，2011年达到了300万吨，干混砂浆散装率也已超过80%（详见下图）。上海环球金融中心、世博场馆等一批标志性建筑使用预拌砂浆后，工程质量明显提高、工地环境得到改善、施工进度显著加快。

2、节能减排效果明显

据统计，2003—2011年，上海因禁止现场搅拌，使用预拌砂浆而节约水泥53.88万吨(其中2011年13.06万吨)，节约石灰42.60万吨(其中2011年10.33万吨)，节约砂62.65万吨(其中2011年15.19万吨)，利用粉煤灰106.51万吨(其中2011年25.81万吨)，节约标煤12.31万吨(其中2011年2.74万吨)，减少二氧化碳排放112.77万吨(其中2011年27.33万吨)。若上海建设工程全面禁止现场搅拌砂浆，使用预拌砂浆，则每年可节约水泥65万吨，节约能耗14万吨标煤，利用粉煤灰127.5万吨。 （邱志青）

上海市预拌砂浆使用情况

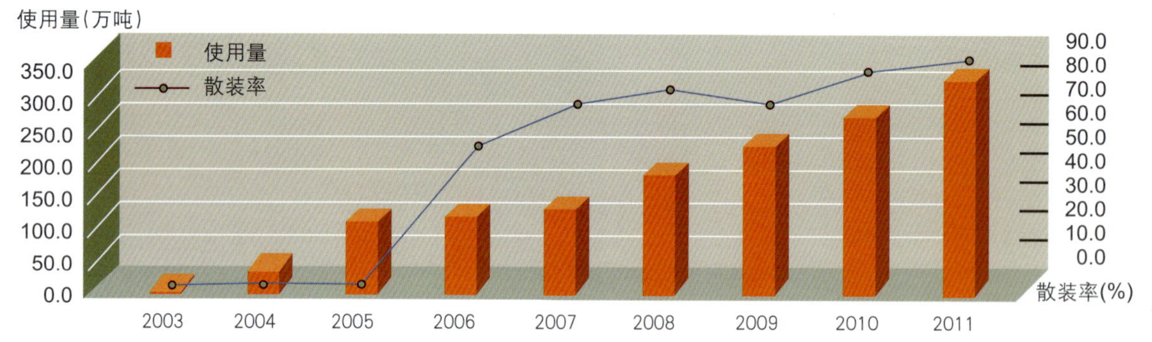

土地资源保护与利用

【产业用地节约集约利用政策试点显效果】 2011年，市规划和国土资源管理局积极探索产业用地节约集约利用和转型利用，形成了相应的研究成果和操作方案。结合张江国家自主创新示范区建设，制定下发了《关于在张江国家自主创新示范区试点进一步开展产业用地节约集约利用的若干意见》（沪规土资地[2011]1056号），推动产业用地节约集约利用的相关政策在张江高科技园区、金桥出口加工区进行试点。试点政策主要包括鼓励企业分割转让节余土地、鼓励工业用地转型为园区科研用地、支持园区开发主体利用存量工业用地建设公共租赁房等，目前已取得积极效果。 （郭发产）

【2011年全市核发“一书两证”情况表】

项目名称	单位	数值
核发建设项目选址意见书	件	1920
用地面积	平方米	147376391
核发建设用地规划许可证	件	1929
用地面积	平方米	146811472.8
核发建设工程规划许可证	件	2530
建筑面积	平方米	61645899

【14个住宅项目列入市建筑节能专项扶持范围】 2011年，围绕住宅产业现代化，以“节能、节地、节水、节材和环保”为目标，各项工作得到有力、有序、有效推进。市政府转发了市建设交通委、市住房保障房屋管理局等部门制定的《关于“十二五”期间本市加快推进住宅产业现代化，发展节能省地型住宅的指导意见》；继续利用“建筑节能项目专项扶持资金”鼓励政策，共14个、约138万平方米住宅项目列入市建筑节能专项扶持范围。

（方　蕾、姚卫萱）

【45个小区完成“四高”优秀小区创建】 2011年，本市继续落实“节能、节地、节水、节材和环保”要求，住宅建设领域注重资源节约与再利用，提升住宅的综合性能，着力推进节能省地型住宅建设。以创建节能省地型“四高”（高起点的规划、高水平的设计、高质量的施工、高标准的管理）优秀小区为载体，全年共完成45个“四高”创建项目，共计754.30万平方米。（方　蕾、姚卫萱）

嘉定区嘉宝紫提湾城“四高”优秀小区　（市房地局 提供）

2011年创建上海市节能省地型“四高”优秀小区项目名单

序号	区域	小区名称
1	黄浦	露香园(一期）
2	松江	西郊百丽苑
3	松江	新凯家园（三期A地块）
4	松江	新凯家园（三期B地块）
5	闵行	保利浦江镇项目
6	闵行	合生城邦城（四街坊）
7	徐汇	华悦家园
8	徐汇	绿地海珀・旭晖
9	徐汇	东航金叶苑（一期）

续表

序号	区域	小区名称
10	青浦	新城忆华里
11	闸北	大宁瑞仕花园
12	闸北	明园森林都市・涵翠苑
13	奉贤	恒盛湖畔豪庭（南一期）
14	嘉定	远香舫（二期）
15	嘉定	江桥大型居住社区（绿地新江桥城D地块）
16	嘉定	朗诗绿色家园
17	嘉定	绿洲香格丽花园
18	嘉定	嘉宝紫提湾城
19	金山	枫泾镇（H3、H4地块）
20	金山	海滨新城
21	金山	上实锦绣花城
22	宝山	绿地宝里
23	宝山	中冶祥腾宝月花园
24	宝山	中冶尚园
25	宝山	罗店新镇（D1-2地块）
26	宝山	金地艺境城（一期）
27	普陀	荣和家园
28	长宁	虹桥绿郡公馆
29	浦东	川沙新镇杜坊（C02-21地块）
30	浦东	五隆・高东铭府（高东镇10-1地块）
31	浦东	曹路大型居住社区（G-2-1地块）
32	浦东	创新家苑（唐镇E5-4、E6-2a地块）
33	浦东	万科五玠坊
34	浦东	绿地富强新苑（3号地块）
35	浦东	航头拓展大型居住社区2街坊
36	浦东	川杨新苑（六期）
37	浦东	仁恒森兰雅苑（一期）
38	浦东	上海曹路大型居住社区（F-1-1地块）
39	浦东	上海曹路大型居住社区（E-2-1地块）
40	浦东	川沙新镇军民村（D3-1-1地块）
41	浦东	祝桥二期（2#地块）
42	杨浦	中环和润苑
43	杨浦	香景园
44	杨浦	九龙仓玺园
45	杨浦	仁恒怡庭

（市房地局）

地质资源保护与利用

【全市平均地面沉降量约为6.0毫米】 2011年，本市全面推进地面沉降防治工作，全市平均地面沉降量约为6毫米，完成了2011年度将全市平均地面沉降量控制在7毫米以内的工作目标。

一是《上海市地面沉降 “十二五”防治规划》经市委常委会和市政府常务会审议通过。

二是开展了《上海市地面沉降防治管理条例》（草案）的前期调研论证和起草工作，将《上海市地面沉降管理办法》（市政府令第62号）上升为地方性法规。

三是贯彻实施《上海市地面沉降 “十一五”防治规划》，按计划完成了2011年度地面沉降监测站建设、地面沉降生命线工程监测网建设、地下水监测井建设任务。

四是加强地下水开采与回灌监督管理，编制并实施了《上海市2011年地下水开采与回灌方案）》。

五是与生命线工程单位建立了信息共享机制，将生命线工程沉降监测基准网建设纳入地面沉降监测体系，建成了全球首个轨道交通沉降监测基准网。见下表：

项目名称	数值（毫米）
全市平均地面沉降量控制目标	小于7
全市平均地面沉降量	6
其　中	
中心城区地面沉降量	3.8
郊区地面沉降量	6.2

2011年地面沉降防治工作内容

项目名称	单位	数值
地下水开采	万吨	1350.54
同比减少	万吨	620.43
地下水回灌	万吨	1861.04
同比减少	万吨	31.68

地面沉降监测设施建设	单位	数值
完成地面沉降监测站	个	3
生命线工程分层标	组	11
水准点	个	154
地下水监测井	口	27

（侯宏江）

【浅层地热能开发利用扎实推进】 2011年，根据《上海市推进浅层地热能开发利用工作实施方案》，市规划和国土资源管理局扎实推进各项工作。

一是全面完成本市浅层地热能调查评价初步成果报告的编制工作与新江湾城专项浅层地热能调查评价方案设计工作。二是完成浅层地热能数据库系统设计与数据录入工作，并将该数据库纳入上海城市三维地质信息系统。三是编制了浅层地热能开发利用规划编制大纲，并根据专家咨询意见，开展规划研究工作。四是完成崇明、奉贤、青浦三个浅层地热能科学实验场的立项审批、选址、房地产权属调查（土地勘测定界)及动拆迁工作，完成设计单位、可研报告编制单位和招标代理单位的初选和询价工作。五是基本完成《地源热泵系统工程技术规程》征求意见稿的编制工作。六是为规范本市浅层地热能开发利用行为，保护地质环境，进行开发利用管理政策研究，按计划完成《上海市浅层地热能开发利用管理政策研究》课题的研究工作，形成了《上海市浅层地热能管理暂行规定》（建议稿）。

2011年度上海市浅层地热能完成工作量

项目名称	单位	数值
钻孔	个	83
总进尺	米	11619.8
常规室内试验	个（组）	2248
热物参数室内测试工作	个（组）	1995
原始地温测试	个	83
地下水监测井温度测量	个	2
热响应试验孔测试	个	53

（侯宏江）

【《上海市海岸带地质调查与监测预警示范》项目正式启动】 9月5日，《上海市海岸带地质调查与监测预警示范》项目领导小组第一次会议在上海召开。该项目被纳入海洋地质保障工程和市规划和国土资源管理局年度工作计划。

一是组织了该项目总体工作方案的评审、编制、咨询及评审工作，编制了1/25万海岸带地质调查设计、海岸带地质环境监测与预警设计、2012年度工作设计。二是开展了2011年度海岸带地质环境监测工作。完成2011年度海岸带地质环境监测报告(初稿)，正在整合编制2011年度海岸带地质环境变化图。三是开展湖苏断裂（上海段）综合地质调查与评价。完成调查评价方案评审，对阶段成果进行了综合研究，基本厘定了区内断裂构造格架，推断了垂向地层，初步明确验证钻孔靶区。完成下阶段深层地层勘查测线、微动测深点和剩余高精度磁力测线部署。

2011年《上海市海岸带地质调查监测与预警示范》项目完成工作量

项目名称	单位	数值
单波束水深测量	km	4437
潮滩地形测量	km	323
综合剖面测量	km	659
表层沉积物采样	站位	222
海堤地面沉降测量（浏河口至沪浙界）	km	375
大地电磁测深（CSAMT）勘查	km	63
高精度地面磁力测量	km	18
区域重磁数据处理和面积反演	km^2	1800
重磁剖面反演	条	15

（侯宏江）

【新建两座综合深井地震台】 2011年继续推进上海市综合深井地震观测系统建设第一阶段项目实施，项目建设获得重要进展，6月和11月，崇明长江农场综合深井地震台和浦东张江综合深井地震台分别建设完成并通过单位工程验收，投入试运行。（朱 寅）

【地震烈度速报系统进一步完善】 12月30日，市地震局科研计划项目《上海地震烈度速报的研究与应用》研究项目通过了市科委组织的验收。该项目完成了任务书的各项研究内容及考核指标，地震烈度速报系统能在地震发生后数分钟内提供该次地震对上海的影响，为政府管理部门决策提供依据。

该项目是上海市科委下达的科研计划项目，项目将强震观测数据通讯方式由电话拨号改为SDH专线实时传输，完成了20个强震台站的通讯改造。研制了地震烈度速报软件系统，能实时处理强震观测数据，提供各个台站的水平地震加速度最大值、绝对加速度反应谱、地震动特征周期Tg，自动绘制上海行政区域加速度等值线分布图和地震烈度等震线分布图。结合上海城区建筑分布数据库，对上海17.4万栋房屋进行了分组整理，根据地震动特征周期和建筑物的自振周期，首次提出了有感地震对不同建筑影响的计算方法、给出不同组别结构的影响分布图。（刘 欣）

渔业资源保护与利用

【渔业生态资源养护水平继续提升】 2011年，上海市水生生物增殖放流工作规范化、科学化、社会化水平进一步提高。全市各级渔业管理部门在长江上海段水域、淀山湖水域、黄浦江上游水域、杭州湾上海沿岸以及内陆主要自然水域实施水生生物增殖放流；启动青草沙水库及邻近水域生态修复专项工作，将用5年时间对工程涉及水域进行生态修复。

2011年上海市水生生物增殖放流完成情况

项目名称	单位	数值
投入总资金	万元	999.28
放流鲢、鳙、鲤、鲫等鱼种	万尾	933.52
常规品种夏片	万尾	10833.86
特有品种鱼种	万尾	470.22
虾类	万尾	3000
背角无齿蚌、螠蛏、河蚬等底栖生物	万尾	485
中华鲟、胭脂鱼等珍稀濒危品种	尾	2242

（田青霄）

【内陆水域和黄浦江实行禁渔期制度】 2月16日12时至5月16日12时，本市内陆水域和黄浦江实行禁渔期制度。各郊区县渔政部门统一思想、认真贯彻禁渔期管理的各项工作要求，形成了一批具有较好管理效果的工作措施。

崇明渔政全县范围内开展了为期一周的科普宣传周，重点宣传禁渔期制度和电捕鱼行为危害性。浦东渔政结合水生生物增殖放流活动，在川沙镇通过发放告知书、悬挂横幅等多种形式大力宣传；在老港镇水域开展了整治，共清除地笼网99条，清除拦网1道。这些举措得到了当地市民群众的支持和肯定。青浦渔政重点加强夏阳湖水域的渔政执法工作，针对该湖花白鲢数量较多，违法者利用破旧轮胎、自制小木筏、泡沫筏子进行捕捞等情况，重点加强了巡查次数和夜间检查，共查处案件5起（其中电捕鱼1起），没收捕捞网具30条和电捕鱼工具1套，取得了良好的整治效果和社会效益。（王静江）

【长江非法捕捞专项整治行动】 为维护长江口渔区和谐稳定，严厉查处各类违法捕捞行为，根据农业部办公厅关于开展长江非法捕捞作业专项整治行动通知的相关部署，市渔政处于11月1日至23日，组织开展了两次长江非法捕捞专项整治行动，有效地维护了渔场生产秩序，保护了合法渔民生产权益，确保了长江口渔业生产有序。

11月1日至3日，市渔政处出动中国渔政31001、

31002、31101、31201、31502五艘渔政船，共检查各类渔船14艘，查处各类非法捕捞案件4起，罚没款1800元。

11月21日至23日，市渔政处出动中国渔政31002、31101、31201、31502四艘渔政船，共检查各类渔船16艘，查处各类非法捕捞案件9起，罚没款2260元，清除各类违规网具90顶。同时对近期接到涉及鳗苗生产桁地的举报也到现场予以查实。

（王静江）

【黄浦江上游查处非法捕捞专项行动】 为保护黄浦江上游水域生态环境，整治非法捕捞行为，11月25—26日，市渔政处组织闵行区、松江区渔政管理检查站开展了黄浦江上游查处非法捕捞专项行动。此次行动共出动渔政、公安执法人员47人次，出动渔政船艇3艘，查处电捕鱼违法案件5起，查没电捕鱼工具5台(套)，罚款2800元。

本次行动是中国渔政31009自11月14日进驻黄浦江上游执勤点以来首次多区域联合行动，也是市渔政处、闵行区农业行政综合执法队与闵行水上派出所三方签署共建协议以来首次多方联合整治，标志着渔政、水上公安之间在内陆渔业水域渔政执法管理、水上治安执法等方面联勤联动机制进一步得到完善。行动中，公安人员随渔政船出航，渔政船队开展了编队巡航、拉网式检查、多区域联动等多种整治形式。通过登临捕捞船只、开展宣传教育、清理非法网具、查处电毒炸等捕鱼行为，有力地彰显了渔政力量，提高了执法效率。（王静江）

节水型社会建设

【取水量、用水量、自来水供应量情况】 1、取水量 2011年上海市取水总量124.50亿立方米，比上年下降1.4%；其中地表水取水量为124.36亿立方米，比上年下降1.4%；地下水取水量为0.14亿立方米，比上年下降31.5%。

2、用水量 2011年上海市用水总量124.50亿立方米，比上年下降1.4%。按用水性质分，农业用水16.81亿立方米，占总用水量的13.5%；火电工业用水71.64亿立方米，占用水总量的57.5%；一般工业用水11.00亿立方米，占用水总量的8.8%；城市公共用水12.15亿立方米，占用水总量的9.8%；居民生活用水12.90亿立方米，占用水总量的10.4%。与上年比较，全市用水总量减少1.79亿立方米。其中，农业用水减少0.28亿立方米，火电工业用水减少2.13亿立方米，一般工业用水减少0.07亿立方米，城市公共用水增加0.58亿立方米，居民生活用水增加0.11亿立方米。

3、自来水供应量 2011年底，上海市共有自来水厂90座，比上年减少15座。全市自来水厂供水能力为1150万立方米/日，比上年增长1.7%。年供水总量为31.13亿立方米，比上年增长0.7%。售水总量为24.41亿立方米，比上年下降0.1%。其中一般工业用水5.60亿立方米，比上年下降3.5%；城市公共用水9.11亿立方米，比上年增长3.0%；居民生活用水9.70亿立方米，比上年下降1.0%。2011年全市最高日供水量达967万立方米。（刘虹昕）

【集约化供水建设完成目标任务】 2011年，“供水管网改造104公里，关闭中小水厂10家”被列入上海市政府为民办实事工程和市重大工程项目。全年关闭浦东新区、松江、崇明等区（县）10家小水厂，新建DN500以上集约化输水管网111.2公里，改造DN300以下小口径管网489公里，圆满完成目标任务。

（刘虹昕）

【自来水厂深度处理改造确保供水安全】 2011年，本市供水行业积极开展供水水质达标建设。其中，采用黄浦江上游原水的水厂积极推进深度处理工艺改造。中心城区闵行二水厂开展深度处理建设，郊区松江、金山、青浦等一批新、扩建工程项目正在顺利推进中。同时，为有效应对突发性水污染事件，确保供水安全，本市建有集中式取水头部的水厂都建设了粉末活性炭投加装置。（刘虹昕）

【节水工作形成有效工作格局】 2011年，本市建成第四批28家节约用水示范小区、4家节约用水示范学校（校区）、4家节约用水示范单位、4家节水型工业园区、406家节水型小区、36家节水型学校（校区）和50家节水型企业。初步形成节水工作“多管齐下、条块联动”的有效工作格局。（刘虹昕）

【青浦区节水型社会建设试点通过中期评估】

5月，按照全国节约用水办公室要求，太湖局组织评估组，对青浦区节水型社会建设试点进行中期评估。

评估组考察了试点地区工业、农业、生活等节水示范点，听取了试点工作汇报，查验了有关资料，并对照节水型社会建设33项评估指标进行评分。截至2010年底，试点地区万元GDP用水量、农业灌溉水利用系数、万元工业增加值取水量、工业用水重复利用率等主要节水指标均达到了试点阶段目标。

水利部、青浦区、市水务和流域片有关水利（水务）厅（局）主管部门负责人、各试点地区代表参加了有关地区的中期评估。（孙　志）

环保产业与市场

环保标志产品、绿色食品、优质农副产品

【上海市通过环保产品认证名录】

序号	产品名称	获证单位	证书号	有效期
1	FKE型静电式饮食业油烟净化设备[风量（m^3/h）：≥6000-≤20000]	爱优特空气技术（上海）有限公司	CCAEPI-EP-2011-206	2011年11月-2014年11月
2	NSA-3080A型烟气（颗粒物、SO_2、NO_X、O_2、流速、温度）连续监测系统	岛津企业管理（中国）有限公司	CCAEPI-EP-2011-009	2011年1月-2014年1月
3	TNP-4110型总磷水质在线监测仪	岛津企业管理（中国）有限公司	CCAEPI-EP-2011-010	2011年1月-2014年1月
4	NHN-4200型在线氨氮水质分析仪	岛津企业管理（中国）有限公司	CCAEPI-EP-2011-117	2011年7月-2014年7月
5	IM-1000E型烟气（颗粒物、SO_2、NO_X、O_2、流速、温度）在线连续监测系统	堀场贸易（上海）有限公司	CCAEPI-EP-2011-075	2011年5月-2014年5月
6	LMS181型烟气（颗粒物、O_2、流速、温度）连续监测系统	佩戴美仪器（上海）有限公司	CCAEPI-EP-2011-080	2011年6月-2014年6月
7	Model 1500型环境空气质量（SO_2、NO_2、O_3、CO）自动连续监测系统	赛默飞世尔科技（中国）有限公司	CCAEPI-EP-2011-101	2011年7月-2014年7月
8	Model 600型烟气（SO_2、NO_X、O_2、流速、温度、湿度）连续监测系统	赛默飞世尔科技（中国）有限公司	CCAEPI-EP-2011-102	2011年7月-2014年7月
9	Model 200型烟气（SO_2、NO_X、O_2、流速、温度）连续监测系统	赛默飞世尔科技（中国）有限公司	CCAEPI-EP-2011-103	2011年7月-2014年7月
10	SCGD型静电除尘器	三川科技集团有限公司	CCAEPI-EP-2011-167	2011年9月-2014年9月
11	LFSF型反吹袋式除尘器	三川科技集团有限公司	CCAEPI-EP-2011-168	2011年9月-2014年9月
12	SCMD型低压脉冲袋式除尘器	三川科技集团有限公司	CCAEPI-EP-2011-169	2011年9月-2014年9月
13	SCFC型静电布袋复合除尘器	三川科技集团有限公司	CCAEPI-EP-2011-170	2011年9月-2014年9月
14	CAS51D型紫外（UV）吸收水质自动在线监测仪	上海恩德斯豪斯自动化设备有限公司	CCAEPI-EP-2011-222	2011年12月-2014年12月
15	JK型静电式饮食业油烟净化设备[风量（m^3/h）：≥6000-≤20000]	上海工二空调设备有限公司	CCAEPI-EP-2011-210	2011年11月-2014年11月
16	M6000型烟气（颗粒物、SO_2、NO_X、O_2、流速、温度）连续监测系统	上海华川自动化科技有限公司	CCAEPI-EP-2011-025	2011年2月-2014年2月
17	J4型静电式饮食业油烟净化设备[风量（m^3/h）：≥2000-≤20000]	上海江秀净化设备厂	CCAEPI-EP-2011-209	2011年11月-2014年11月
18	JT型机械式饮食业油烟净化设备[风量(m^3/h)：≥6000-＜12000]	上海玖通风机有限公司	CCAEPI-EP-2011-124	2011年7月-2014年7月

续表

序号	产品名称	获证单位	证书号	有效期
19	QLHB-U型静电式饮食业油烟净化设备[风量（m^3/h）：≥2000-≤20000]	上海群琳环保设备有限公司	CCAEPI-EP-2011-115	
20	SFR-JD型静电式饮食业油烟净化设备[风量(m^3/h)：≥6000-＜12000]	上海赛芙荣环保设备有限公司	CCAEPI-EP-2011-149	
21	CCTL型湿式脱硫除尘装置（4T）	上海三卿环保科技有限公司	CCAEPI-EP-2011-125	
22	CODmax Plus sc型化学需氧量水质在线自动监测仪	上海世禄仪器有限公司	CCAEPI-EP-2011-159	
23	CODmax II型化学需氧量水质在线自动监测仪	上海世禄仪器有限公司	CCAEPI-EP-2011-160	
24	Amtax Compact 型氨氮水质在线分析仪	上海世禄仪器有限公司	CCAEPI-EP-2011-162	
25	XHJ-PD型声屏障	上海新华净环保工程有限公司	CCAEPI-EP-2011-003	
26	DLZ型静电式饮食业油烟净化设备[风量（m^3/h）：≥2000-≤20000]	上海知瀚环保科技发展有限公司	CCAEPI-EP-2011-131	

（王一和）

【上海市国家重点环境保护实用技术项目名录】

编号	项目名称	技术依托单位
2011-017	智能化环保型循环冷却水处理设备	上海市轻工业研究所有限公司
2011-023	镀镍废水资源化技术与设备	上海轻工业研究所有限公司
2011-053	“印染碱性废水”150t/h以内燃煤锅炉二氧化硫与烟尘治理技术	上海绿澄环保科技有限公司 浙江航民实业集团有限公司 上海市环境保护科学研究院设计所
2011-065	纯聚四氟乙烯覆膜滤料	上海市凌桥环保设备厂有限公司
2011-071	烟草离子洗涤异味处理系统	上海梅思泰克生态科技有限公司
2011-086	废弃电路板及含重金属污泥(渣)的微生物法金属回收工艺和成套设备	惠州市雄越保环科技有限公司 上海第二工业大学
2011-087	废纸回收生产中的固体废弃物再回收工艺与装备	上海逸清环保工程设备有限公司

（王一和）

【上海市通过国家重点环境保护实用技术示范工程公示名录】

序号	项目名称	工程所属单位	技术依托单位
68	污水处理厂异味控制工程投资发展有限公司	上海友联竹园第一污水处理工程有限公司	上海野马环保设备
69	上海市固体废物处置中心72吨/天医疗废物回转窑焚烧处置工程	上海市固体废物处置中心	上海市固体废物处置中心
80	电子废物拆解处置项目	鑫广再生资源（上海）有限公司	鑫广再生资源（上海）有限公司

（王一和）

【上海市通过《中国环境标志认证》的企业名单】

序号	企业名称	产品种类	批准日期	有效期	证书编号	认证类型
1	上海中塑管业有限公司	建筑用塑料管材	2011-1-30	2014-1-29	05511P1014065R0S	初次
2	上海誉丰实业有限公司	人造板及其制品	2011-1-11	2014-1-10	05507P1010353R1M	复评
3	上海天璐化工有限公司	水性涂料	2011-1-11	2012-3-8	05509P1002680R0S	年检
4	上海宏星建材有限公司	人造板及其制品	2011-1-30	2012-9-10	05509P1010417R0S	年检
5	上海奥可斯涂料有限公司	水性涂料	2011-1-6	2012-9-10	05503P1002143R2S	年检
6	紫荆花制漆(上海)有限公司	水性涂料	2011-1-14	2012-5-17	05503P1002207R2M	增项
7	上海长润发涂料有限公司	室内装饰装修用溶剂型木器涂料	2011-2-22	2014-2-21	05511P1058074R0S	初次
8	上海和黄白猫有限公司	家用洗涤剂	2011-2-25	2012-11-9	05506P1003056R2M-1	年检
9	理光(中国)投资有限公司	数字式一体化速印机	2011-2-25	2012-9-10	05509P1073002R0M	年检
10	理光(中国)投资有限公司	数字式多功能复印设备	2011-2-12	2012-11-9	05507P1026002R1M-3	年检
11	理光(中国)投资有限公司	数字式多功能复印设备	2011-2-12	2012-11-9	05507P1026002R1M-4	年检
12	乐意涂料(上海)有限公司	水性涂料	2011-2-15	2012-12-16	05503P1002168R2S	年检
13	上海奥宇纳米净化技术有限公司	水性涂料	2011-2-15	2013-4-6	05506P1002544R1S	年检
14	汉高粘合剂有限公司	水性涂料	2011-2-15	2012-6-21	05508P1002633R1M-2	年检
15	汉高粘合剂有限公司	胶粘剂	2011-2-15	2012-6-21	05502P1008036R2M-2	年检
16	汉高粘合剂有限公司	胶粘剂	2011-2-15	2012-6-21	05502P1008036R2M-3	年检
17	汉高粘合剂有限公司	防水涂料	2011-2-15	2012-6-21	05509P1069007R0M-2	年检
18	立邦涂料(中国)有限公司	室内装饰装修用溶剂型木器涂料	2011-2-18	2011-8-13	05508P1058008R0L	增项
19	紫荆花制漆(上海)有限公司	水性涂料	2011-2-25	2012-5-17	05503P1002207R2M	增项
20	理光(中国)投资有限公司	打印机、传真机和多功能一体机	2011-2-12	2011-8-6	05506P1044003R1M-9	增项
21	理光打印系统设备商贸(上海)有限公司	打印机、传真机和多功能一体机	2011-3-18	2014-3-17	05511P1044030R0M	初次

续表

序号	企业名称	产品种类	批准日期	有效期	证书编号	认证类型
22	立邦涂料(中国)有限公司	水性涂料	2011-3-18	2014-3-17	05502P1002080R3L	复评
23	理光(中国)投资有限公司	打印机、传真机及多功能一体机	2011-3-31	2014-3-30	05506P1044003R2L-3	复评
24	上海梅盛企业发展有限公司	水性涂料	2011-3-18	2013-3-4	05510P1002731R0S	年检
25	爱康企业集团(上海)有限公司	建筑用塑料管材	2011-3-25	2012-8-31	05509P1014037R0M	年检
26	北京东方雨虹防水技术股份有限公司	防水涂料	2011-3-25	2013-2-2	05510P1069012R0M-2	年检
27	北京东方雨虹防水技术股份有限公司	刚性防水材料	2011-3-25	2013-2-2	05510P1071005R0M-2	年检
28	北京东方雨虹防水技术股份有限公司	防水卷材	2011-3-25	2013-2-2	05510P1070010R0M-2	年检
29	德家朗涂料(上海)有限公司	水性涂料	2011-3-28	2011-7-20	05503P1002267R1M	增项
30	阿克苏诺贝尔太古漆油(上海)有限公司	水性涂料	2011-3-18	2013-11-11	05501P1002060R3M	增项
31	飞生(上海)电子科技有限公司	微型计算机、显示器	2011-4-8	2014-4-7	05511P1007020R0L	初次认证
32	上海松宇液体壁纸涂料有限公司	水性涂料	2011-4-20	2014-4-19	05504P1002342R2S	复评认证
33	理光(中国)投资有限公司	打印机、传真机和多功能一体机	2011-4-27	2014-3-30	05506P1044003R2L-8	复评认证
34	理光(中国)投资有限公司	打印机、传真机及多功能一体机	2011-4-27	2014-3-30	05506P1044003R2L-2	复评认证
35	上海志邦涂料有限公司	水性涂料	2011-4-20	2011-11-30	05504P1002363R1S	年检认证
36	亚士漆(上海)有限公司	水性涂料	2011-4-8	2012-9-2	05503P1002027R2M	增项认证
37	理光(中国)投资有限公司	数字式多功能复印设备	2011-4-20	2012-11-9	05507P1026002R1M-1	增项认证
38	理光(中国)投资有限公司	数字式一体化速印机	2011-4-18	2012-9-10	05509P1073002R0M	换证认证
39	理光(中国)投资有限公司	数字式多功能复印设备	2011-4-18	2012-11-9	05507P1026002R1M-3	换证认证
40	理光(中国)投资有限公司	数字式多功能复印设备	2011-4-18	2012-11-9	05507P1026002R1M-2	换证认证

续表

序号	企业名称	产品种类	批准日期	有效期	证书编号	认证类型
41	理光(中国)投资有限公司	数字式多功能复印设备	2011-4-18	2012-11-9	05507P1026002R1M-4	换证认证
42	理光(中国)投资有限公司	数字式多功能复印设备	2011-4-18	2012-11-9	05507P1026002R1M-5	换证认证
43	理光(中国)投资有限公司	数字式多功能复印设备	2011-4-18	2012-11-9	05507P1026002R1M-6	换证认证
44	理光(中国)投资有限公司	鼓粉盒	2011-4-18	2013-7-11	05510P1079001R0L-1	换证认证
45	理光(中国)投资有限公司	鼓粉盒	2011-4-18	2013-7-11	05510P1079001R0L-2	换证认证
46	理光(中国)投资有限公司	鼓粉盒	2011-4-18	2013-7-11	05510P1079001R0L-3	换证认证
47	理光(中国)投资有限公司	数字式多功能复印设备	2011-4-18	2012-11-9	05507P1026002R1M-7	换证认证
48	理光(中国)投资有限公司	数字式多功能复印设备	2011-4-21	2012-11-9	05507P1026002R1M-1	换证认证
49	星庄园化工(上海)有限公司	水性涂料	2011-5-3	2014-5-2	05511P1002809R0S	初次认证
50	上海亚峰化工有限公司	水性涂料	2011-5-17	2014-5-16	05511P1002811R0S	初次认证
51	上海雷帝建筑材料有限公司	防水涂料	2011-5-17	2014-5-16	05511P1069022R0S	初次认证
52	上海雷帝建筑材料有限公司	胶粘剂	2011-5-17	2014-5-16	05511P1008221R0S-1	初次认证
53	上海雷帝建筑材料有限公司	胶粘剂	2011-5-17	2014-5-16	05511P1008221R0S-2	初次认证
54	上海欣旺壁纸有限公司	壁纸	2011-5-27	2014-5-26	05511P1060007R0M	初次认证
55	上海烟草包装印刷有限公司	平版印刷	2011-5-30	2014-5-29	05511P1083001R0M	初次认证
56	上海汇丽地板制品有限公司	人造板及其制品	2011-5-3	2014-5-2	05501P1010009R3M	复评认证
57	上海雅蒂欧涂料有限公司	水性涂料	2011-5-3	2014-5-2	05508P1002641R1S	复评认证
58	铃鹿复合建材(上海)有限公司	水性涂料	2011-5-3	2014-5-2	05505P1002437R2M	复评认证
59	迪爱生投资有限公司	胶印油墨	2011-5-3	2014-5-2	05508P1052005R1L-1	复评认证
60	迪爱生投资有限公司	胶印油墨	2011-5-3	2014-5-2	05508P1052005R1L-2	复评认证

续表

序号	企业名称	产品种类	批准日期	有效期	证书编号	认证类型
61	迪爱生投资有限公司	胶印油墨	2011-5-3	2014-5-2	05508P1052005R1L-3	复评认证
62	迪爱生投资有限公司	胶印油墨	2011-5-3	2014-5-2	05508P1052005R1L-4	复评认证
63	迪爱生投资有限公司	凹印油墨和柔印油墨	2011-5-3	2014-5-2	05508P1053005R1L-1	复评认证
64	迪爱生投资有限公司	凹印油墨和柔印油墨	2011-5-3	2014-5-2	05508P1053005R1L-2	复评认证
65	上海震旦办公自动化销售有限公司	数字式多功能复印设备	2011-5-17	2014-5-16	05508P1026008R1L-1	复评认证
66	上海震旦办公自动化销售有限公司	数字式多功能复印设备	2011-5-17	2014-5-16	05508P1026008R1L-2	复评认证
67	上海震旦办公自动化销售有限公司	数字式多功能复印设备	2011-5-17	2014-5-16	05508P1026008R1L-3	复评认证
68	上海震旦办公自动化销售有限公司	数字式多功能复印设备	2011-5-17	2014-5-16	05508P1026008R1L-4	复评认证
69	中兴投资(中国)有限公司	生态纺织品	2011-5-24	2014-5-23	05502P1009015R3M	复评认证
70	理光(中国)投资有限公司	打印机、传真机和多功能一体机	2011-5-24	2014-3-30	05506P1044003R2L-6	复评认证
71	理光(中国)投资有限公司	打印机、传真机及多功能一体机	2011-5-24	2014-3-30	05506P1044003R2L-7	复评认证
72	理光(中国)投资有限公司	打印机、传真机和多功能一体机	2011-5-24	2014-3-30	05506P1044003R2L-9	复评认证
73	震旦(中国)有限公司	家具	2011-5-3	2011-7-31	05508P1042089R0M-1	年检认证
74	震旦(中国)有限公司	家具	2011-5-3	2011-7-31	05508P1042089R0M-2	年检认证
75	上海玉清涂料有限公司	水性涂料	2011-5-3	2012-11-9	05509P1002717R0M	年检认证
76	上海玉清涂料有限公司	室内装饰装修用溶剂型木器涂料	2011-5-3	2012-11-9	05509P1058037R0M	年检认证
77	上海大众汽车有限公司	轻型汽车	2011-5-18	2012-12-7	05506P1019007R1L	年检认证
78	庞贝捷漆油贸易(上海)有限公司	水性涂料	2011-5-27	2013-3-14	05506P1002129R2M	年检认证
79	兄弟(中国)商业有限公司	打印机、传真机和多功能一体机	2011-5-31	2012-3-17	05509P1044020R0M	年检认证
80	上海圣丹化工涂料有限公司	水性涂料	2011-5-31	2013-5-6	05510P1002742R0S	年检认证
81	上海中南建筑材料有限公司	水性涂料	2011-5-31	2012-4-23	05506P1002121R2M	年检认证
82	上海中南建筑材料有限公司	胶粘剂	2011-5-31	2012-4-23	05506P1008039R2M	年检认证

续表

序号	企业名称	产品种类	批准日期	有效期	证书编号	认证类型
83	北京东方雨虹防水技术股份有限公司	水性涂料	2011-5-3	2013-6-11	05504P1002303R2M-2	增项认证
84	联想(北京)有限公司	微型计算机、显示器	2011-5-9	2013-11-29	05508P1007005R1L-1	增项认证
85	方正科技集团股份有限公司	微型计算机、显示器	2011-5-18	2013-11-25	05507P1007004R1M-4	增项认证
86	方正科技集团股份有限公司	微型计算机、显示器	2011-5-18	2013-11-25	05507P1007004R1M-1	增项认证
87	上海和黄白猫有限公司	家用洗涤剂	2011-5-18	2012-11-9	05506P1003056R2M-1	增项认证
88	富士施乐实业发展(上海)有限公司	打印机、传真机和多功能一体机	2011-5-19	2011-12-24	05508P1044019R0M-3	增项认证
89	富士施乐实业发展(上海)有限公司	打印机、传真机和多功能一体机	2011-5-19	2011-12-24	05508P1044019R0M-4	增项认证
90	柯尼卡美能达办公系统(中国)有限公司	打印机、传真机及多功能一体机	2011-5-19	2013-3-10	05507P1044008R1L-4	增项认证
91	柯尼卡美能达办公系统(中国)有限公司	数字式多功能复印设备	2011-5-19	2013-3-10	05507P1026005R1L-5	增项认证
92	理光(中国)投资有限公司	数字式多功能复印设备	2011-5-19	2012-11-9	05507P1026002R1M-1	增项认证
93	乐意涂料(上海)有限公司	水性涂料	2011-5-24	2012-12-16	05503P1002168R2S	增项认证
94	方正科技集团股份有限公司	微型计算机、显示器	2011-5-25	2013-11-25	05507P1007004R1M-6	增项认证
95	方正科技集团股份有限公司	微型计算机、显示器	2011-5-25	2013-11-25	05507P1007004R1M-8	增项认证
96	方正科技集团股份有限公司	微型计算机、显示器打印机、传真机和多	2011-5-25	2013-11-25	05507P1007004R1M-7	增项认证
97	富士施乐实业发展(上海)有限公司	功能一体机	2011-5-27	2011-12-24	05508P1044019R0M-2	增项认证
98	立邦涂料(中国)有限公司	水性涂料	2011-5-27	2014-3-17	05502P1002080R3L	增项认证
99	上海大众汽车有限公司	轻型汽车	2011-5-27	2012-12-7	05506P1019007R1L	增项认证
100	立邦涂料(中国)有限公司	室内装饰装修用溶剂型木器涂料	2011-5-31	2011-8-13	05508P1058008R0L	增项认证
101	上海庄臣有限公司	气雾剂	2011-6-21	2014-6-20	05511P022007R0M	初次认证
102	上海济众化学高分子技术有限公司	水性涂料	2011-6-29	2014-6-28	05511P1002818R0S	初次认证

续表

序号	企业名称	产品种类	批准日期	有效期	证书编号	认证类型
103	上海余龙钢家具有限公司	家具	2011-6-29	2014-6-28	05511P1042306R0S	初次认证
104	上海赛敏环保科技有限公司	消耗臭氧层物质替代品	2011-6-21	2014-6-20	05503P1012004R2S	复评认证
105	上海上丰集团有限公司	建筑用塑料管材	2011-6-16	2012-6-1	05503P1014008R2M	年检认证
106	紫荆花制漆（上海）有限公司	室内装饰装修用溶剂型木器涂料	2011-6-16	2012-5-17	05509P1058025R0M	年检认证
107	紫荆花制漆（上海）有限公司	水性涂料	2011-6-16	2012-5-17	05503P1002207R2M	年检认证
108	上海汽车商用车有限公司	轻型汽车	2011-6-1	2013-11-29	05507P1019032R1L	换证认证
109	上海元平建材有限公司	胶粘剂	2011-7-30	2014-7-29	05511P1008227R0S	初次认证
110	优成优氏建筑材料（上海）有限公司	胶粘剂	2011-7-22	2014-7-21	05502P1008053R2M	复评认证
111	圣戈班石膏建材（上海）有限公司	轻质墙体板材	2011-7-8	2013-1-10	05510P1038027R0M	年检认证
112	圣戈班石膏建材（上海）有限公司	水性涂料	2011-7-8	2013-1-10	05510P1002726R0M	年检认证
113	上海昆昊木业有限公司	人造板及其制品	2011-7-13	2012-5-19	05509P1010404R0M	年检认证
114	上海佳乐美木业有限公司	人造板及其制品	2011-7-15	2013-6-27	05507P1010310R1M	年检认证
115	上海劳格化工涂料有限公司	水性涂料	2011-7-22	2013-5-19	05503P1002273R2S	年检认证
116	上海富慧企业发展有限公司	家具	2011-7-22	2012-7-6	05509P1042143R0M	年检认证
117	庞贝捷涂料（上海）有限公司	水性涂料	2011-7-30	2013-6-16	05504P1002304R2M	年检认证
118	庞贝捷涂料（上海）有限公司	室内装饰装修用溶剂型木器涂料	2011-7-30	2013-11-9	05510P1058064R0M	年检认证
119	紫荆花制漆（上海）有限公司	水性涂料	2011-7-8	2012-5-17	05503P1002207R2M	增项认证
120	理光（中国）投资有限公司	数字式多功能复印设备	2011-7-20	2012-11-9	05507P1026002R1M-1	增项认证
121	上海赛格实业集团有限公司	水性涂料	2011-7-1	2012-7-6	05503P1002201R2S	换证

续表

序号	企业名称	产品种类	批准日期	有效期	证书编号	认证类型
122	飞生（上海）电子科技有限公司	微型计算机、显示器	2011-7-14	2014-4-7	05511P1007020R0L	换证
123	上海庸助贸易有限公司	胶粘剂	2011-8-1	2014-7-31	05511P1008229R0S	初次认证
124	上海汇丽涂料有限公司	防水涂料	2011-8-24	2014-8-23	05511P1069026R0M	初次认证
125	上海汇丽涂料有限公司	刚性防水材料	2011-8-24	2014-8-23	05511P1071009R0M	初次认证
126	上海中华印刷有限公司	平版印刷	2011-8-24	2014-8-23	05511P1083024R0M	初次认证
127	上海庄臣有限公司	杀虫气雾剂	2011-8-4	2014-8-3	05504P1021009R2M	复评认证
128	孚睿世界涂料（上海）有限公司	水性涂料	2011-8-15	2014-8-14	05508P1002640R1S	复评认证
129	上海汇丽涂料有限公司	水性涂料	2011-8-24	2014-8-23	05502P1002087R3M	复评认证
130	上海宝缦家用纺织品有限公司	生态纺织品	2011-8-4	2013-11-11	05507P1009103R1M	年检认证
131	立邦涂料（中国）有限公司	胶粘剂	2011-8-15	2012-3-12	05506P1008133R1L-1	年检认证
132	立邦涂料（中国）有限公司	胶粘剂	2011-8-15	2012-3-12	05506P1008133R1L-2	年检认证
133	立邦涂料（中国）有限公司	胶粘剂	2011-8-15	2012-3-12	05506P1008133R1L-3	年检认证
134	上海东冠华洁纸业有限公司	再生纸制品	2011-8-15	2013-3-4	05510P1034005R0M	年检认证
135	上海庄臣有限公司	家用洗涤剂	2011-8-4	2012-3-25	05509P1003073R0M	增项认证
136	上海中华商务联合印刷有限公司	平版印刷	2011-9-26	2014-9-25	05511P1083033R0M	初次认证
137	上海丽佳制版印刷有限公司	平版印刷	2011-9-28	2014-9-27	05511P1083035R0M	初次认证
138	上海新华印刷有限公司	平版印刷	2011-9-28	2014-9-27	05511P1083036R0M	初次认证
139	上海针织九厂	生态纺织品	2011-9-20	2014-9-19	05501P1009014R3M	复评认证
140	亚士漆（上海）有限公司	水性涂料	2011-9-26	2012-9-2	05503P1002027R2M	年检认证
141	上海华生化工有限公司	水性涂料	2011-9-26	2013-8-15	05503P1002203R2S	年检认证

续表

序号	企业名称	产品种类	批准日期	有效期	证书编号	认证类型
142	上海阿帝兰实业发展有限公司	水性涂料	2011-9-28	2012-3-17	05502P1002099R2M	年检认证
143	上海卫杰胶粘剂有限公司	胶粘剂	2011-9-28	2013-1-21	05510P1008183R0S	年检认证
144	立邦涂料(中国)有限公司	水性涂料	2011-9-26	2014-3-17	05502P1002080R3L	增项认证
145	上海市北印刷(集团)有限公司	平版印刷	2011-10-13	2014-10-12	05511P1083043R0M	初次认证
146	上海美雅延中印刷有限公司	平版印刷	2011-10-13	2014-10-12	05511P1083045R0M	初次认证
147	上海四维数字图文有限公司	平版印刷	2011-10-13	2014-10-12	05511P1083046R0M	初次认证
148	上海油墨泗联化工有限公司	胶印油墨	2011-10-17	2014-10-16	05511P1052012R0M	初次认证
149	上海书刊印刷有限公司	平版印刷	2011-10-24	2014-10-23	05511P1083057R0S	初次认证
150	上海伟佳家具有限公司	家具	2011-10-27	2014-10-26	05511P1042334R0M	初次认证
151	上海伟佳家具有限公司	人造板及其制品	2011-10-27	2014-10-26	05511P1010482R0M	初次认证
152	立邦涂料(中国)有限公司	室内装饰装修用溶剂型木器涂料	2011-10-8	2014-10-7	05508P1058008R1L	复评认证
153	上海曹杨建筑粘合剂厂	胶粘剂	2011-10-13	2014-10-12	05505P1008117R2S	复评认证
154	上海曹杨建筑粘合剂厂	水性涂料	2011-10-13	2014-10-12	05505P1002411R2S	复评认证
155	上海宝鸟化工有限公司	水性涂料	2011-10-17	2014-10-16	05505P1002410R2S	复评认证
156	上海高桥-巴斯夫分散体有限公司	胶粘剂	2011-10-17	2014-10-16	05598P1008021R4M	复评认证
157	上海庄臣有限公司	家用洗涤剂	2011-10-24	2014-10-23	05509P1003073R1M	复评认证
158	上海申得欧有限公司	水性涂料	2011-10-24	2014-10-23	05501P1002042R3M	复评认证
159	上海美卡涂料有限公司	水性涂料	2011-10-8	2012-4-16	05505P1002430R1S	年检认证
160	阿姆斯壮世界工业(中国)有限公司	轻质墙体板材	2011-10-8	2013-6-3	05507P1038002R2M	年检认证
161	乐意涂料(上海)有限公司	水性涂料	2011-10-13	2012-12-16	05503P1002168R2M	年检认证

续表

序号	企业名称	产品种类	批准日期	有效期	证书编号	认证类型
162	上海靓彩实业有限公司	水性涂料	2011-10-24	2013-4-26	05510P1002739R0S	年检认证
163	鳄鱼制漆(上海)有限公司	水性涂料	2011-10-24	2012-7-2	05502P1002018R2M	年检认证
164	上海奥可斯涂料有限公司	水性涂料	2011-10-24	2012-9-10	05503P1002143R2S	年检认证
165	上海三银制漆有限公司	室内装饰装修用溶剂型木器涂料	2011-10-27	2013-11-29	05510P1058068R0S	年检认证
166	理光(中国)投资有限公司	打印机、传真机及多功能一体机	2011-10-17	2014-3-30	05506P1044003R2L-1	增项认证
167	飞生(上海)电子科技有限公司	微型计算机、显示器	2011-10-25	2014-4-7	05511P1007020R0L-2	增项认证
168	飞生(上海)电子科技有限公司	微型计算机、显示器	2011-10-25	2014-4-7	05511P1007020R0L-1	增项认证
169	迪爱生投资有限公司	胶印油墨	2011-10-27	2014-5-2	05508P1052005R1L-2	增项认证
170	飞生(上海)电子科技有限公司	微型计算机、显示器	2011-10-27	2014-4-7	05511P1007020R0L-3	增项认证
171	立邦涂料(中国)有限公司	水性涂料	2011-10-27	2014-3-17	05502P1002080R3L	增项认证
172	上海墙因美工贸有限公司	水性涂料	2011-11-22	2014-11-21	05511P1002835R0S	初次认证
173	华硕电脑(上海)有限公司	微型计算机、显示器	2011-11-24	2014-11-23	05511P1007024R0L-1	初次认证
174	华硕电脑(上海)有限公司	微型计算机、显示器	2011-11-24	2014-11-23	05511P1007024R0L-2	初次认证
175	华硕电脑(上海)有限公司	微型计算机、显示器	2011-11-24	2014-11-23	05511P1007024R0L-3	初次认证
176	上海富士施乐有限公司	打印机、传真机和多功能一体机	2011-11-10	2014-11-9	05511P1044032R0L-1	复评认证
177	上海富士施乐有限公司	打印机、传真机和多功能一体机	2011-11-10	2014-11-9	05511P1044032R0L-2	复评认证
178	上海富士施乐有限公司	打印机、传真机和多功能一体机	2011-11-10	2014-11-9	05511P1044032R0L-3	复评认证
179	上海富士施乐有限公司	打印机、传真机和多功能一体机	2011-11-10	2014-11-9	05511P1044032R0L-4	复评认证
180	上海富士施乐有限公司	打印机、传真机和多功能一体机	2011-11-10	2014-11-9	05511P1044032R0L-5	复评认证

续表

序号	企业名称	产品种类	批准日期	有效期	证书编号	认证类型
181	上海富士施乐有限公司	数字式多功能复印设备	2011-11-10	2014-11-9	05511P1026016R0L-1	复评认证
182	上海富士施乐有限公司	数字式多功能复印设备	2011-11-10	2014-11-9	05511P1026016R0L-2	复评认证
183	上海富士施乐有限公司	数字式多功能复印设备	2011-11-10	2014-11-9	05511P1026016R0L-3	复评认证
184	德家朗涂料（上海）有限公司	室内装饰装修用溶剂型木器涂料	2011-11-21	2014-11-20	05508P1058007R1M	复评认证
185	德家朗涂料（上海）有限公司	水性涂料	2011-11-21	2014-11-20	05503P1002267R2M	复评认证
186	上海浦东建筑涂料厂有限公司	水性涂料	2011-11-28	2014-11-27	05505P1002435R2S	复评认证
187	理光（中国）投资有限公司	鼓粉盒	2011-11-7	2013-7-11	05510P1079001R0L-2	年检认证
188	理光（中国）投资有限公司	鼓粉盒	2011-11-7	2013-7-11	05510P1079001R0L-3	年检认证
189	理光（中国）投资有限公司	数字式多功能复印设备	2011-11-7	2012-11-9	05507P1026002R1M-6	年检认证
190	上海瑞河管业有限公司	建筑用塑料管材	2011-11-10	2013-8-30	05510P1014056R0S	年检认证
191	上海立先胶粘剂有限公司	胶粘剂	2011-11-10	2013-6-11	05510P1008192R0S	年检认证
192	上海拜伦化工有限公司	水性涂料	2011-11-14	2012-8-9	05502P1002104R2L	年检认证
193	上海三银制漆有限公司	水性涂料	2011-11-14	2012-11-1	05503P1002142R2S	年检认证
194	上海傲胜木业有限公司	人造板及其制品	2011-11-18	2013-7-22	05507P1010325R1S	年检认证
195	上海红魔涂料有限公司	水性涂料	2011-11-18	2013-9-18	05504P1002297R2S	年检认证
196	上海新冠美家具有限公司	家具	2011-11-21	2012-11-2	05509P1042164R0M	年检认证
197	理光（中国）投资有限公司	鼓粉盒	2011-11-22	2013-7-11	05510P1079001R0L-1	年检认证
198	理光（中国）投资有限公司	数字式多功能复印设备	2011-11-22	2012-11-9	05507P1026002R1M-1	年检认证
199	上海大众汽车有限公司	轻型汽车	2011-11-22	2012-12-7	05506P1019007R1L	年检认证

续表

序号	企业名称	产品种类	批准日期	有效期	证书编号	认证类型
200	上海通用汽车有限公司	轻型汽车	2011-11-22	2012-12-29	05506P1019008R1L	年检认证
201	方正科技集团股份有限公司	微型计算机、显示器	2011-11-28	2013-11-25	05507P1007004R1M-4	年检认证
202	方正科技集团股份有限公司	微型计算机、显示器	2011-11-28	2013-11-25	05507P1007004R1M-7	年检认证
203	理光(中国)投资有限公司	数字式一体化速印机	2011-11-28	2012-9-10	05509P1073002R0M	年检认证
204	方正科技集团股份有限公司	微型计算机、显示器	2011-11-28	2013-11-25	05507P1007004R1M-8	年检认证
205	方正科技集团股份有限公司	微型计算机、显示器	2011-11-28	2013-11-25	05507P1007004R1M-6	年检认证
206	上海宏星建材有限公司	人造板及其制品	2011-11-28	2012-9-10	05509P1010417R0M	年检认证
207	紫荆花制漆(上海)有限公司	水性涂料	2011-11-10	2012-5-17	05503P1002207R2M	增项认证
208	理光(中国)投资有限公司	鼓粉盒	2011-11-18	2013-7-11	05510P1079001R0L-4	增项认证
209	理光(中国)投资有限公司	数字式多功能复印设备	2011-11-28	2012-11-9	05507P1026002R1M-1	增项认证
210	上海汽车集团股份有限公司	轻型汽车	2011-11-28	2013-7-29	05507P1019030R1L-2	增项认证
211	上海汽车集团股份有限公司	轻型汽车	2011-11-28	2013-7-29	05507P1019030R1L-3	增项认证
212	上海汽车集团股份有限公司	轻型汽车	2011-11-28	2013-7-29	05507P1019030R1L-1	增项认证
213	华硕电脑(上海)有限公司	微型计算机、显示器	2011-11-30	2014-11-23	05511P1007024R0L-4	增项认证
214	柯尼卡美能达办公系统(中国)有限公司	数字式多功能复印设备	2011-11-30	2013-3-10	05507P1026005R1L-4	增项认证
215	上海上塑控股(集团)有限公司	建筑用塑料管材	2011-12-19	2014-12-18	05511P1014080R0M	初次认证
216	上海木臣装饰材料有限公司	人造板及其制品	2011-12-8	2014-12-7	05508P1010386R1S	复评认证
217	上海富臣化工有限公司	水性涂料	2011-12-20	2014-12-19	05503P1002282R3S	复评认证
218	上海广日地板有限公司	人造板及其制品	2011-12-8	2013-1-10	05510P1010426R0M	年检认证

续表

序号	企业名称	产品种类	批准日期	有效期	证书编号	认证类型
219	阿克苏诺贝尔太古漆油(上海)有限公司	水性涂料	2011-12-12	2013-11-11	05501P1002060R3M	年检认证
220	上海震旦办公自动化销售有限公司	数字式多功能复印设备	2011-12-20	2014-5-16	05508P1026008R1L-4	增项认证
221	上海富士施乐有限公司	打印机、传真机和多功能一体机	2011-12-27	2014-11-9	05511P1044032R0L-1	换证认证
222	上海富士施乐有限公司	打印机、传真机和多功能一体机	2011-12-27	2014-11-9	05511P1044032R0L-2	换证认证
223	上海富士施乐有限公司	打印机、传真机和多功能一体机	2011-12-27	2014-11-9	05511P1044032R0L-3	换证认证
224	上海富士施乐有限公司	打印机、传真机和多功能一体机	2011-12-27	2014-11-9	05511P1044032R0L-4	换证认证
225	上海富士施乐有限公司	打印机、传真机和多功能一体机	2011-12-27	2014-11-9	05511P1044032R0L-5	换证认证
226	柯尼卡美能达办公系统(中国)有限公司	数字式多功能复印设备	2011-12-28	2013-3-10	05507P1026005R1L-1	换证认证
227	柯尼卡美能达办公系统(中国)有限公司	数字式多功能复印设备	2011-12-28	2013-3-10	05507P1026005R1L-2	换证认证
228	柯尼卡美能达办公系统(中国)有限公司	数字式多功能复印设备	2011-12-28	2013-3-10	05507P1026005R1L-3	换证认证
229	柯尼卡美能达办公系统(中国)有限公司	数字式多功能复印设备	2011-12-28	2013-3-10	05507P1026005R1L-4	换证认证
230	柯尼卡美能达办公系统(中国)有限公司	打印机、传真机及多功能一体机	2011-12-28	2013-3-10	05507P1044008R1L-1	换证认证
231	柯尼卡美能达办公系统(中国)有限公司	打印机、传真机及多功能一体机	2011-12-28	2013-3-10	05507P1044008R1L-2	换证认证
232	柯尼卡美能达办公系统(中国)有限公司	打印机、传真机及多功能一体机	2011-12-28	2013-3-10	05507P1044008R1L-3	换证认证

(王一和)

【无公害农产品抽检合格率达100%】 2011年，上海市为推进无公害整体认证工作，在2010年整体认证试点成功的基础上，加大了推进无公害蔬菜园艺场整体认证的力度。至11月底，全市完成了对各区县上报的79家蔬菜园艺场1600多个产品申报材料的审查、环境检测、现场检查、产品检测工作；12月初，组织召开了2011年蔬菜园艺场无公害整体认证专家审查会。

目前，全市已有57家企业的1113个产品通过了无公害认证，在此过程中累计培训相关人员约200人。年内，有关部门对已通过整体认证的22家园艺场进行了覆盖所有计划种植大类产品的市级、区级和镇级3级抽检，分别抽检了82个、184个、21504个产品，合格率为100%。

(雷　军)

【上海市实施地产农产品质量安全整治】 2011年，上海市制订《2011年上海市农产品质量安全整治行动实施方案》，在全市范围内开展了八大整治行动，即：蔬菜农药残留超标问题专项治理、“瘦肉精”等违禁药物监控检测、生鲜乳中违禁添加物专项监测、兽药质量安全专项整治、水产品质量安全专项整治、假劣农资问题专项治理、种子执法年活动、植物生长调节剂经　营使用专项整治，有效推动了地产农产品质量安全水平的提升。

2011年上海市地产农产品质量安全监测情况表

项目名称	单位	数值
出动执法人员	万人次	2.3
检查生产经营企业	万家次	1.25
查处违法违规经营行为	起	363
罚没款	万元	100.68
蔬菜农药残留定量检测	份	5240
快速检测	万份	128.7
合格率	%	99.9
抽检地产水产品	份	733
合格率	%	99.8
地产生猪出栏前“瘦肉精”及其替代品监测	批	73919
检测结果	阴性	
动物产品中兽药残留监测	批	817
合格率	%	100
检测生鲜乳	批次	7350
合格率	%	100

同时，有关部门对突发的质量安全事件，有效处置；针对“健美猪”事件，强化“瘦肉精”监管力度，组织专项检查，加强对生猪养殖环节和屠宰环节“瘦肉精”的协管，严把市境道口外来生猪“入沪关”，对3876家次养殖单位的4678份样品的“瘦肉精”检测结果均为阴性；针对日本核辐射事故，强化海捕水产品质量安全监测；会同水产行业协会对本市水产品流通领域的情况进行调查，及时了解市场动态，制定主要水产批发市场海捕水产品信息周报制度，做好应急预案；加强对海捕水产品的抽样检测，共计检测6批次35份样本，均未检出碘－131和铯－137；针对“爆炸西瓜”事件，组织相关领域专家，通过样本展示，对西瓜各个生长阶段的细节进行解释，对西瓜“爆炸”的原因进行分析，通过新闻媒体及时向消费者传达地产西瓜安全的信息，保障上海市农业产业稳定发展。

2011年上海市“瘦肉精”检查监管情况

项目名称	单位	数值
出动检查人员	人次	5099
车辆	车次	3176
检查相关单位	家次	4535
养殖单位	家次	3876
屠宰企业	家次	108
市境道口	个次	156
饲料生产企业	家次	243
其他单位	家次	152

（雷　军）

上海市2011年农产品质量安全整治行动实施方案（摘要）

根据国务院食品安全委员会和农业部的要求，按照《国务院办公厅关于印发2011年食品安全重点工作安排的通知》（国办发[2011]12号）以及《农业部关于印发2011年农产品质量安全整治工作重点的通知》（农质发[2011]3号）的部署，市农委决定在前两年整治工作和世博农产品质量安全保障工作的基础上，2011年继续深入开展农产品质量安全整治，全面提升本市农产品质量安全监管能力和水平，特制订以下实施方案。

一、工作目标

深入开展农产品质量安全整治行动，切实规范农业投入品生产、经营和使用活动，加大对假劣农资和违法案件的查办力度。通过整治行动，杜绝在地产蔬菜生产过程中使用禁用高毒农药行为，使蔬菜农药残留例行监测合格率保持在98%以上，农药、肥料等农资监测合格率提高5个百分点，饲料产品监测合格率保持在95%以上，兽药产品市场抽检合格率达到90%（其中本市产品的抽检合格率达到95%以上），对辖区内猪场监测应做到100%的覆盖率，不留死角。通过开展蔬菜农药残留超标问题专项治理、“瘦肉精”等违禁药物的监控检测、生鲜乳中违禁添加物专项监测、兽药质量安全专项整治、水产品质量安全专项整治、假劣农资问题专项治理、种子执法年活动等专项行动，进一步提高本市地产农产品质量安全，确保本市不发生重大地产农产品的质量安全事件。

二、工作重点

（一）蔬菜农药残留超标问题专项治理。以绿叶菜、豆类蔬菜为重点产品，突出鸡毛菜、青菜、芹菜、韭菜、豇豆、刀豆等蔬菜品种，重点检测甲胺磷、对硫磷、甲基对硫磷、磷胺、克百威、甲拌磷、特丁硫磷、氧乐果、水胺硫磷等农药残留是否超标。以绿叶菜、豆类生产种植基地，特别是种植散户多的地区为重点区域。农业生产经销企业，蔬菜生产企业、农民专业合作、蔬菜标准园和种植户为重点单位。进一步强化源头管理，加大推广应用高效低毒低残留农药的力度，减少和取代禁限用农药在蔬菜生产过程中的使用。进一步加强农药市场监管，严厉查处农药中非法添加高毒农药的行为。结合农药产品抽查，对近两年发现涉嫌添加禁限用高毒农药生产企业的产品进行重点抽查，证据确凿的，依法吊销农药登记证。建立健全农药经营单位档案，对非法经营的，联合工商等部门依法取缔。在全市有农业生产的区县推行高毒农药定点经营管理，做到实名购药，掌握高毒农药销售流向。进一步加强农药残留监测，继续开展蔬菜农药残留监测工作，保证完成今年5000份的市定量检测和全市80万份的快速检测。

（二）兽药质量安全专项治理。各区县要将贯彻实施兽药GSP作为专项整治的重点工作。加大兽药GSP宣贯力度，增强社会影响力和认知度；完善工作机制，规范兽药GSP检查验收活动；加强监督和指导，全面开展兽药GSP检查验收工作，确保按时完成兽药GSP实施任务。严格落实兽药产品确认制度，切实加强兽药经营监管和执法检查，确保检查覆盖率达100%；组织开展兽药经营资质的清理活动，依法查处和取缔无照经营、超范围经营疫苗等违法经营行为；严厉查处进货渠道混乱、购销渠道记录不完整等违规经营行为；对非法从事兽药经营活动的单位和个人要依法严厉查处；对非法经营的兽药产品实施清缴销毁。整顿和规范兽药使用环节，在全市范围内组织开展对养殖场、兽医诊疗机构兽药使用的现场监督检查；宣传兽药安全合理使用的有关规定，研究兽药安全使用的有关制度建设，加强安全用药知识普及和技术指导，提高养殖用药水平。

（五）水产品质量安全专项整治。对养殖过程中已禁用的硝基呋喃类、氯霉素、环丙沙星、磺胺噻唑、磺胺脒、喹乙醇等抗菌药物进行整治。以水产苗种场、标准化水产养殖场、无公害养殖基地、出口基地和农业部标准化养殖示范区(场)为重点单位。以三环一带重点区县的优势水产品为重点区域。积极开展水产养殖场普查登记，全面摸清水产养殖场基本情况。开展水产苗种场生产检查，要严格许可制度，对具备生产条件但尚未领取生产许可证的苗种生产单位要限期领取水产苗种生产许可证，逾期未办理的按非法生产处理。开展水产苗种抗菌药物检测。开展放心渔资推介行动，大力普及渔资识假辨假和渔用药物使用常识，重点推荐非限制使用的抗菌药物。开展水产品抗菌药物等药残抽检，开展水产品违禁药物监管和执法，重点加强养殖场生产日志和生产、销售情况以及病害、用药、水质检测等原始记录的检查。

三、工作要求

（一）加强组织领导。按照农业部的统一部署，市农委仍按照2009年整治方案的要求执行，成立本市农产品质量安全整治工作小组及办公室，进一步加强组织领导，保障工作顺利开展。各区县农业部门也要在巩固两年整治成果的基础上，结合当地实际情况制定具体实施方案，突出工作重点，继续抓好农产品质量安全整治工作。

（二）加强协调配合。各区县农业部门要加强与发改、财政、卫生、公安、工商、质检等部门的沟通，要加强系统内的配合，建立有效的沟通协调机制，形成监管合力，确保整治工作取得实效。

【上海积极落实蔬菜质量安全监管措施】 2011年，上海市高度重视地产蔬菜质量安全监管工作，积极落实蔬菜生产监管措施。

明确工作责任。市农委从2009年开始在市郊菜区建立安全监管网格化管理制度，市郊蔬菜质量安全监管网络体系和人员队伍基本形成。

做好宣传告知。利用新闻媒体、宣传画、宣传册等方式，开展蔬菜质量安全生产的宣传活动。安全使用农药告知书发放率和种植专业户蔬菜质量安全承诺书签订率达到100%。

开展技术培训。指导蔬菜生产上选用和推广高效、低毒、低残留农药新品种，年内，推荐农药品种46个。推行以杀虫灯、防虫网、性诱剂、色板为主的绿色防控技术。开展以安全使用农药为重点的技术指导，市、区、镇三级培训基本实现菜农全覆盖。

健全监测网络。市、区县定量检测机构和人员队伍逐年完善，市、区县、乡镇、村、基地的快速检测网络基本建成，实现了快速检测范围全覆盖。全年完成快速检测128.7万份，合格率99.99%，农业部和市农委组织的蔬菜农残监督抽检合格率达99.9%。

建立可追溯制度。要求蔬菜园艺场、专业合作社、种植大户对蔬菜生产过程中各项农事操作进行档案记载。建立了200家规模化生产基地或龙头企业质量可追溯制度，其中有30多家单位实现上市蔬菜条形码质量可追溯。

开展监督检查。组织各级农业执法部门加强对农药经营市场的执法力度，控制不合格农药进入生产环节，重点检查蔬菜种植散户农药安全使用情况。

（翟　欣）

环境技术研讨与装备展览会

【环保相关论坛、研讨会】

编号	日　期	名　称	内　容	主办方
1	2011年4月18日	上海国际车展高峰论坛	以创新、未来、新形式下的产业展望为主题，汇聚中外集团高管、行业学者专家、聚焦节能环保，新材料、新技术等产业发展热点	第十四届上海国际车展组委会
2	2011年6月1日	2011(第四届)国际节能环保论坛	新型节能产品、技术、产业发展讨论	上海市人民政府
3	2011年6月2日	“核能、安全、环境”专题科学讲座	核能与环境安全相关讨论	上海市环保局主办、上海原子核学会、上海市环境科学学会协办
4	2011年月15日	2011上海·环保院长论坛	以“城市水资源的综合管理与利用”为主题，就雨水污染的防治与暴雨管理问题，以及非常规水资源的综合利用问题进行探讨	上海市科技创业中心 建设部水处理新技术产业化基地 上海市环境科学学会
5	2011年8月25日—26日	第三届中欧国际太阳能光伏产业发展论坛	关注中国光伏产业全球新市场与新投资机会，中欧智能电网发展及亚洲光伏并网发电市场机遇	中欧新能源委员会
6	2011年10月13日—14日	2011（第二届）上海国际新能源汽车高峰论坛	上海市新能源汽车产业发展规划与最新政策介绍 上海嘉定区新能源汽车及关键零部件产业基地的规划及探索实践介绍	上海市嘉定区人民政府
7	2011年11月16日	2011上海国际风能产业论坛	新型风能环保技术、产品讨论	全国新能源委风能专业委员会
8	2011年11月16日	“发展新能源，造福全人类”主题论坛及全球风能产业投资发展峰会	世界新能源、清洁能源技术及产品讨论	全国创新委新能源专业委员会 全国新能源委风能专业委员会

（王一和）

【环保相关展览会】

编号	日　期	名　称	内　容	主办方
1	2011年2月22日—24日	第五届(2011)国际太阳能光伏大会暨展览会	光伏生产设备、光伏相关零部件、光伏应用产品、光伏工程及系统	上海市发展和改革委员会 上海市经济和信息化委员会
2	2011年5月5日—7日	2011中国国际环保、废弃物及资源利用展览会	环保相关、废弃物及资源循环利用技术产品展示	德国慕尼黑国际博览集团、中贸慕尼黑展览（上海）有限公司
3	2011年5月5日—7日	2011第五届中国（上海）国际室内通风系统及净化产品展览会	通风净化环境系统 新型技术和产品展示	中国建筑金属结构协会 地面供暖委员会 上海市室内装饰行业协会
4	2011年5月17日—19日	2011第五届上海国际环保购物袋、包装袋展览会	各种环保购物袋、材料及加工机械类产品展示	上海皮革技术协会

续表

编号	日期	名称	内容	主办方
5	2011年5月21日–23日	2011上海国际地能空调技术产品展览会	地源热泵产品、热泵技术及系统集成、地源热泵空调系统等	中国人居环境发展研究会 中国国际贸易促进委员会建设行业分会
6	2011年5月21日–23日	第三届现代人居水环境展览暨高峰论坛	展示各类用水、饮水、清洁水技术及产品	中国国际贸易促进委员会建设行业分会 中国环境科学学会室内环境与健康分会
7	2011年8月16日–19日	2011第7届上海国际建筑节能及新型建材展览会	节能保温材料、节水技术及设备、新能源利用、节材产品及节能设备等展示	上海市建筑材料行业协会
8	2011年8月17日–20日	第三届中国（上海）国际木制环保住宅博览会	智能建筑、居室集成设施等新型环保相关住宅技术展示	上海市建筑材料行业协会
9	2011年9月15日	2011上海国际生态生活方式展	打造城市低碳生活的新科技	上海国际贸易促进委员会上海浦东分会 上海浦东国际展览有限公司
10	2011年11月1日–5日	2011中国国际工业博览会环保技术与设备展	废弃物处理和回收利用技术及设备、水处理技术与设备、节能技术与设备、新能源技术与设备等展示	国家发展和改革委员会 商务部 上海市人民政府
11	2011年11月16日 –18日	2011上海国际太阳能光伏、光热博览会	光伏、太阳能工程及系统、光热产品和技术 等展示	全国创新委新能源专业委员会 全国新能源委光伏专业委员会
12	2011年11月16日 –18日	2011上海国际风能博览会	风力发电机、海上风电设备及技术展示	上海世博(集团)有限公司 全国新能源委风能专业委员会
13	2011年11月22日–24日	2011第二届中国(上海)国际节能环保、资源利用展览会	节能节电节水、节能与改造技术与设备，节能与改造技术，环保技术与设备等展览	中国资源综合利用协会 地温专业综合资源利用专业委员会
14	2011年11月14日–17日	2011中国国际全印展	展出的一批高效节能、绿色环保印刷新技术	中国印刷技术协会、杜塞尔多夫展览(中国)有限公司
15	2011年11月23日–25日	2011第九届中国（上海）国际保温材料与节能技术展览会	新型保温材料、技术、装备展览展示	中国绝热节能材料协会
16	2011年11月28日–30日	2011年中国光伏发电与系统集成技术研讨会暨展示会	中国国内唯一针对光伏发电技术与系统集成技术的行业顶级盛会	中国电力科学研究院新能源研究所 中国电工技术学会 教育部光伏系统工程研究中心

（王一和）

国际合作与交流

国际地区合作项目

【第三届上海清洁空气论坛暨世博会空气质量保障成果总结国际研讨会】 1月13日，由上海市环保局与亚洲城市清洁空气行动中心（CAI-Asia）联合主办，市环境监测中心、市环境科学研究院和市环境科学学会等单位承办的“第三届上海清洁空气论坛暨世博会空气质量保障成果总结国际研讨会”在上海召开。该研讨会旨在回顾和总结上海世博会空气质量保障成果和国内外有关城市交流重大活动举办过程中在空气质量管理方面的成果和经验，进一步促进本市在空气质量管理方面能力和水平的提升。（施 敏）

研讨会现场 （华毅文 摄）

【上海世博会“绿色出行”项目】 5月5日，《2010年上海世博会绿色出行报告》在沪正式发布，为上海世博会“绿色出行”项目画上圆满的句号，环境保护部部长周生贤专门为《报告》作序。

2009年5月，上海市环保局、上海世博局和美国环保协会共同启动了上海世博“绿色出行”项目。该项目旨在借助世博会平台，向公众传达绿色环保理念，提倡绿色出行游世博，并在日常生活中践行绿色环保的生活方式。2011年项目组对项目的实施情况和取得的成效进行了总结和评估。（黄丽华）

【中意环保高级培训项目】 2011年中意环保合作高级培训项目由两部分组成：其一为组织两批上海方面的环境管理和技术人员赴意参加“低碳经济”培训；其二为在上海本地举办“大气污染监测技术”培训。

6月和10月，上海市环保局分别组织两批学员赴意参加了由意大利威尼斯国际大学组织的“低碳经济”高级培训，学习欧盟和意大利在低碳经济方面最前沿的理论知识和实践经验。

“大气污染监测技术”培训于10月21日在上海举办。培训围绕交通污染监测技术与趋势、大气汞污染监测技术与研究进展进行。此次培训有助于提升上海环保系统在交通污染监测和大气汞污染监测方面的技术和能力。（黄丽华）

【中意合作“上海柴油车污染控制技术项目”】

在中意环保合作的框架下，国家环保部于2010年7月启动了中意合作柴油车污染控制技术项目。上海被选为四个示范城市之一，参与了本项目。项目针对上海市柴油车尾气污染问题进行调研分析，引进意大利倍耐力公司的先进技术对柴油公交车进行改造示范，为上海市柴油车污染治理提供借鉴。2011年7月该项目举行了中期总结会，11月完成了项目总结报告。（黄丽华）

【中意合作“上海交通空气污染排放监测、模拟和对策研究项目”】 在中意环保合作框架下，上海市环保局于2009年12月启动了为期18个月的上海交通空气污染监测项目。项目针对上海市快速增长的机动车和拥堵的交通尾气排放所引起的局部空气污染问题，通过引进意大利先进监测和模拟技术，对上海市中心地区交通污染的时空分布进行研究，为上海市尤其是世博会期间的交通管理决策提供技术支撑。2011年9月，项目通过了专家组的评审。该项目成果也得到了环保部对外合作中心和中意项目办的认可。（黄丽华）

【世博会环保国际合作大事记】 为总结2010年世博会期间上海市环保局在国际合作和交流方面的丰硕成果，为今后相关工作提供借鉴，2011年，上海市环保局组织编写了《2010年上海市环保局国际合作和交流大事记》。该书以时间为主线，以图文并茂的形式展示了市环保局在世博会期间组织或参与的主题论坛、研讨会等各类活动，记录了外国政要、企业高管对市环保局的访问活动。（唐 炜）

【市环保局与美国环保协会签署“绿色供应链合作备忘录”】 10月26日，上海市环保局同美国环保协会（EDF）签署了“绿色供应链合作备忘录”。该项目协议期两年，将在上海及长三角地区合作推广绿色供

2011绿色供应链备忘录签约仪式 （市环保局 提供）

应链的企业最佳实践，开展绿色供应链试点工作，促进环境管理创新。中国环境与发展国际合作委员会（国合会）已将“绿色供应链的实践与创新”研究列为2011年的专题政策研究课题之一。（王一和）

【与联合国环境规划署合作“2010年上海世博会环境后评估项目”】 2010年7月，上海市市长韩正在沪会见联合国环境规划署（UNEP）执行主任施泰纳先生时，施泰纳先生提出在双方已有的世博会环保合作的基础上，开展上海世博会环境后评估工作，韩市长表示支持。一年多来，市环保局及本市其他相关部门密切配合UNEP，开展上海世博会环境后评估工作。2011年11月，“2010年上海世博会环境后评估项目”的编写工作完成并由UNEP正式发布。（黄丽华）

国际地区学术交流

【上海—北九州环保教育交流促进项目】 在日本国际协力机构的支持下，上海市环保局、上海科普教育发展基金会和日本北九州环境局于2010年共同启动了为期两年的“上海-北九州环保教育交流促进项目”，通过互相派遣人员，交流彼此在环保宣传教育方面的做法和经验，进一步促进两市的环保教育事业。按照项目计划，北九州和上海分别于2011年1月和8月互派人员进行了交流和考察。2011年11月，北九州市政府派遣了3位专家来沪，分别在两所小学和科技馆同小朋友们展开互动，实践环保宣传小课件。中日专家在对整个项目进行回顾和总结中均表示此次交流项目很成功，增进了双方在环保宣教领域工作的了解，有助于双方互相学习，取长补短。（黄丽华）

【国际港口大厦小组会议】 2011年4月18-19日，由上海市交运港口管理局轮值主办的“国际港口大厦小组会议”在上海召开，会议主题为“低碳经济和港口发展”。与会的五个港口——中国上海港、荷兰鹿特丹港、新加坡港、美国纽约/新泽西港、长滩港的近30位代表出席了本次会议。市交通港口局领导出席会议并作主题发言。

与会代表分别介绍了各自港口最新的发展情况、港口节能减排的措施及规划、并围绕会议主题开展了讨论。市交通港口局代表上海港介绍了港口的发展概况，并以“全力推进‘两型’绿色港口建设，实现港口又好又快发展”为题介绍了港口的环保政策及规划，上海港务集团公司以“低碳经济和港口发展”为题介绍了上海港的节能减排措施等。与会代表还参观了外高桥二期码头，考察船舶使用岸电、“油改电”项目技术。（尚 磊）

国际港口大厦小组会议在上海召开 （市交通港口局 提供）

【中澳环境修复与水资源管理交流会】 6月29日，上海市环保局同澳大利亚贸易委员会共同举办“中澳环境修复与水资源管理交流会”，旨在推动澳中万物生态计划在上海的进展，促进两国环保领域交流。此次交流会上，澳方邀请了7家澳大利亚在土壤修复和水资源管理领域的公司介绍他们的技术和在华项目。市环保局以及基层单位、上海环境科学学会、有关企业参与了交流。（唐 炜）

【瑞典国际开发合作署（Sida）国际培训项目区域研讨会】 瑞典国际开发合作署（Sida）国际培训项目之一“气候变化减缓与适应2011区域研讨会”于11月在上海举办。这是Sida培训项目第一次在上海举办。上海市环境科学学会作为地方合作伙伴协办本次研讨会。此次为期一周的研讨会取得了圆满成功。（唐 炜）

【绿色供应链能力建设培训】 12月23日，上海市环保局与美国环保协会（EDF）共同举办绿色供应链能力建设的首次培训。此次培训邀请国家环保部环境认证中心、通标标准技术服务有限公司和普华永道公司的技术专家分别就企业绿色供应链合规性建设、企业能效管理评估和审计以及温室气体企业价值链标准等三个方面作了介绍。此次培训是上海市环保局同EDF开展的为期2年的“绿色供应链合作项目”中的重要内容。（王一和）

外事接待

【重要外宾来访】 2011年，上海市环保局共接待外国政府、企业、研究机构代表团48批次，共计282人次。重要团组包括美国俄勒冈州长代表团，日本川崎市副市长三浦淳等。

同时，上海市环保局和上海的友好城市在环境领域也开展了交流活动，如荷兰鹿特丹市、德国汉堡市、加拿大蒙特利尔市等。（唐 炜）

2012

上海环境年鉴

公众参与与环境宣传

公众信访处理

【“12369”环保应急热线投诉受理】 12369环保应急热线共接到来电39415件，与2010年同期相比增加18.9%；受理环保投诉35523件，同比增加44.8%。其中转至区县处理20091件。在35523件环保投诉中，废水1510件、废气12296件、噪声4978件、固体废物75件、电磁辐射95件、危险化学品67件、核辐射咨询175件、咨询类来电16327个。夏令期间，环境应急热线共受理环保投诉4770件。

全市全年共发生突发环境事件213件。按事件类型划分：火灾及安全事故35件、不明气体及少量化学品泄露62件、河道污染27件、车祸造成化学品泄漏14件、生产导致化学品泄漏19件、误报20件、其他事故36件。

影响较大的突发环境事件有：嘉定西鲍塘河道黑臭事件、浦东新区高桥石化公司疑似气体泄漏事故、松江区车墩镇米市渡东侧发生沉船事故；浦东新区垃圾处理场异味扰民事件；上海巴斯夫聚氨酯有限公司二硝基甲苯装置现场发生硝烟泄漏事件；上海赛科石油化工有限责任公司发生爆炸事故等。对于这些突发性环境事故，市环境检察总队和相关区县支队快速响应，积极应对，并与消防、公安等部门相互配合，确保了每一起突发性事故均得到妥善处置。（周斌辉）

【交通噪声信访同比下降】 2011年，市公安局共收到群众反映交通噪声污染的信访件87件。同比下降73.6%。其中涉及机动车违法鸣喇叭影响居民休息的10件；涉及货运车闯禁令标志区域影响居民休息的1件；涉及非法增大发动机排量、改装排气管等设施而引发噪音的7件，涉及机动车飙车2件，涉及车辆超载引发噪声的3件。（杜京阳）

【辐射环境信访处理率达100%】 全年及时处理来信来电来访800余次。其中，群众来信95件500人次，市环保局转来信件23件97人次，区县环保局、街道等转来信件16件144人次，处理率达100%。

来信来电来访主要反映公用移动基站、高压输电线、变电站等引发的电磁环境问题。市辐射环境监督站积极配合各级人民政府和电力、通信等公司，多次前往浦东、长宁、杨浦等地进行现场查处。对未发现异常的，信访工作人员均在查处现场告知信访人，也得到了信访人满意的答复；对发现确实存在不足之处的，要求业主进行整改，整改后再进行复查，并将整改后的结果告知投诉人。（戴继伟）

绿色创建活动

【金桥出口加工区被批准为国家生态工业示范园区】

4月，国家环保部、商务部和科技部联合发文批准上海金桥出口加工区为国家生态工业示范园区；11月，漕河泾新兴技术开发区通过国家生态工业示范园区建设的市级验收；市北高新技术服务产业园区的创建规划也在年内通过了市级评审。（沙剑波）

【青浦区被正式命名为国家环境保护模范城区】

青浦区自2006年起全面开展创建国家环境保护模范城区工作以来，先后通过市级预评估，环境保护部的技术评估和验收。2011年，环境保护部发布公告，正式命名上海市青浦区为国家环境保护模范城区。

经过多年不懈努力，青浦区在水环境治理、大气环境治理、固体废物处置、工业企业管理和环保宣传等方面达到了“创模”的各项指标要求，环境面貌得到全面提升。（王秀臣）

【“十二五”区县“城考”工作正式启动】 2011年，市环保局召开“十二五”区县城市环境综合整治定量考核（以下简称“城考”）工作推进会，本市“十二五”区县“城考”工作正式启动。会议明确了“十二五”区县“城考”方案、指标解释和实施细则及填报要求，介绍了环保部对2011年“城考”结果开展现场审核的有关情况。各区县环保局还就如何做好这项工作提出了很多建设性建议，

“城考”工作自1989年开展以来历时已二十三年，对促进各级城市人民政府推进区域环境整治，改善本辖区环境质量发挥了重要作用。（王秀臣）

【上海新增17个“全国环境优美乡镇”】 10月，环保部命名上海市17个镇为“全国环境优美乡镇”。具体名单是：奉贤区庄行镇、浦东新区康桥镇、惠南镇、川沙新镇、青浦区练塘镇，崇明县港沿镇、建设镇、三星镇、竖新镇、新村乡、中兴镇、向化镇、庙镇、城桥镇、港西镇、堡镇、新河镇。

（潘　磊）

【崇明县顺利通过国家生态县部级技术评估】 崇明创建国家生态县工作启动于2007年年初，经过几年来全县人民的共同努力，2011年10月25日，崇明县创建国家生态县工作迎来了环保部的技术评估。评估会在怡沁园会议中心报告厅举行，由国家环保部9位专家组成的评估组和县委、县政府领导出席了会议，评估

组通过听取汇报、现场考察、资料审核和民意测评后，一致认为崇明县5项基本条件和22项建设指标达到国家生态县创建考核要求，群众对本县环境质量的满意率、对生态建设的认知率和对领导重视环境保护工作的认可率均达到95%以上，崇明创建国家生态县工作通过技术评估。（张莉敏）

【上海新增11个“上海市生态村”】 2011年底，市环保局命名11个村为“上海市生态村”。具体名单是：浦东新区新场镇新南村、川沙新镇纯新村、合庆镇青四村、曹路镇启明村、六灶镇汤店村、嘉定区南翔镇曙光村、松江区泖港镇黄桥村、新浜镇胡家埭村、奉贤区庄行镇潘垫村、金山区廊下镇万春村、枫泾镇中洪村。截止2011年全市共有39家“上海市生态村”。（潘　磊）

【第二批市级绿色社区授牌】 第二批“市级绿色社区”评选工作在2010年12月正式启动，截至2011年3月1日，全市18个区县共推荐了32个社区参加申报。3月至5月，市环保宣教中心组织专家对申报社区从组织实施、环境建设、环境管理、环境宣传与公众参与四个方面进行评审，并将评审结果在“上海环境热线”进行了一周公示。

为不断提高本市社区环境管理水平，增强公众环保意识，上海市环境保护局与上海市精神文明建设委员会办公室自2009年起，将绿色社区创建工作纳入市文明社区、文明小区考核评选指标中，并在全市范围内开展市级绿色社区评选表彰活动。市级绿色社区每两年评选表彰一次，获区、县级绿色小区命名两年以上的社区可申报市级绿色社区。2009年，市环保局命名了首批18个“市级绿色社区”。6月5日世界环境日，市环保局、市文明办对被命名的23个第二批“市级绿色社区”进行了表彰和授牌。（冯　缨）

第二批“市级绿色社区”授牌仪式　（殷淑荣　摄）

相关链接

第二批“市级绿色社区”名单

区域	单位
黄浦区	福海小区　新昌小区
徐汇区	武康社区　鑫国家园
长宁区	纺大一村　龙柏花苑
静安区	壹街区　华山小区
普陀区	沙田新苑（沙溪园）　星风花苑
闸北区	绿色丽园小区　广盛苑小区
虹口区	景明花园
杨浦区	鞍山四村第3小区
闵行区	春申花园　沪江小区
嘉定区	德华社区　嘉泰花园
浦东新区	彩虹园　海上国际花园　香榭丽花园
金山区	玲桂花苑
青浦区	大豪公寓/华源别墅

（冯　缨）

绿色志愿者行动

【“酷中国—全民低碳行动”抵达上海】 12月21日下午，上海市环保宣教部门与普陀区环保局组织近千名来自学校、企业和社区的学生和群众聚集在普陀区朝春中心小学，参与酷中国项目举办的低碳生活巡览。该项目自10月16日在天津启动以来，已历经沈阳、保定、西安等城市，上海是第14站。

酷中国项目全称为“酷中国——全民低碳行动”，以国家发改委确定的低碳试点5省8市以及北京、上海等地为核心举办地。项目由国家发展和改革委员会应对气候变化司和环境保护部宣传教育司指导，环保部宣教中心和美国环保协会主办。

酷中国项目2011－2012年重点围绕中小学校开展活动。学生自愿报名成为“低碳小管家”，负责记录家庭每月的碳排放相关数据，并通过网络提交到活动指定平台，系统将自动生成分析图表，对家庭排碳情况进行定位和分析。2011年全国有600余所绿色学校加入该活动，本市普陀、长宁的30所中小学参加了该活动。

酷中国项目作为中国公众参与应对气候变化的重要行动，被写进《中国应对气候变化的政策与行动（2011）》白皮书。项目阶段性成果也由中国谈判代表团带到南非德班的联合国气候变化峰会，在“中国角”展区展出。项目的阶段性成果已提交给联合国气

候变化大会秘书处。（冯　瓔）

志愿者向学生讲解低碳知识（华毅文　摄）

中国7个降碳承诺

由于化石燃料的大量使用，森林的减少，生态的破坏，地球大气层中二氧化碳浓度日益增加，打破了地球系统吸热与散热平衡，引发了气候变化。

气候变化已经带来了很多极端性天气和灾难性事件，并越来越严重地威胁到我们的未来。

酷中国，救地球，不仅仅是科学家的事，不仅仅是国家政府的事，更需要每一个人从自身做起，寻找解决问题的答案。

我们每一个人，只要每周做出7个简单的行动，就可以减少22公斤二氧化碳。如果坚持下来，养成一种习惯，一年365天，就可以为地球减少一吨二氧化碳了！

所以，我承诺：

每周绿色出行一天

每周素食一天

每周手洗一次衣服

每周少看一小时电视

每周少搭一次电梯

每周收集一次洗澡水冲厕所

每周少喝一个瓶装水

有研究表明，一个行为，重复三星期就会变成习惯。让我们把减碳变成生活中的好习惯。

酷中国，救地球，履行7个降碳承诺，大家一起行动吧！（冯　瓔）

主题宣传

【世界环境日宣传活动】　6月3日，“6·5”世界环境日宣传活动在闸北区大宁灵石公园举行，市人大常委会副主任胡延照出席。

2011年世界环境日的主题为“森林：大自然为你效劳”，中国确定的主题是“共建生态文明，共享绿色未来”。结合上海环境保护实际，本市提出了“百万市民低碳行，垃圾分类要先行”的主题，旨在传承世博会绿色理念，推进垃圾分类，践行低碳生活。

在闸北区大宁灵石公园主会场现场，上海市环保局和市文明办向获得第二批“市级绿色社区”称号的单位授牌，上海市副市长、中华环保世纪行（上海）组委会主任沈骏向2010年中华环保世纪行好新闻奖的获奖者颁奖，活动现场还安排了环保题材的文艺演出。配合环境日活动，组委会还在闸北区彭浦镇佳宁小区开展了社区居民垃圾分类现场宣传。（李惠芳）

【世界环境日主要宣传活动】

序号	活动项目	活动内容	时间地点	主办单位	承办单位
1	“6·5”世界环境日主题宣传活动	世纪行组委会领导讲话，向世纪行好新闻、绿色出行先进社区、低碳绿色世博征文获奖者颁奖，文艺演出等	6月3日上午 闸北大宁绿地公园	中华环保世纪行（上海）组委会 上海市环保局 闸北区政府	世纪行办公室 市环保宣教中心 闸北区环保局
2	“6·5”世界环境日区县分会场宣传活动	各区县围绕世界环境日主题和低碳世博主线，结合本区县的实际，组织开展形式多样的环保宣传	6月5日前后 各区县	各区县环保局	
3	辐射科技论坛	邀请核辐射专家赴论坛交流辐射环境科学技术，宣传辐射环境安全知识，普及核安全知识。	6月2日 科学会堂	市环保局 市核学会	市环保局辐射处 市辐射站
4	市政府新闻发布会	环保“十二五”规划特点和重点内容	5月底	市政府新闻办	市环保局规划处 市环保局办公室
5	世界环境日新闻通气会	介绍今年上海市“6·5”世界环境日宣传活动总体安排，通报上海市环保重点工作开展情况	5月30日	上海市环保局 交通广播台	市环保局办公室 会同相关部门

续表

序号	活动项目	活动内容	时间地点	主办单位	承办单位
6	官方微博开通	与东方网合作， 开通官方微博， 发新闻稿， 培训及现场手机开通等仪式	6月1日	市环保局	市环保局办公室污防处 市环境监测中心 市环保宣教中心 市环保局团委等部门
7	环保DV大赛	与优酷网合作开展环保摄像比赛，通过视频的形式寻找环保达人，鼓励更多的人享受绿色生活。	5月下旬启动	市环保局， 市学指中心	市环保局办公室 会同相关部门
8	青少年环保 嘉年华	市少年宫举办盛大 青少年环保游园活动	6月份	市环保局， 中福会	市环保宣教中心 少年宫
9	中国移动12580 手机播报	每天发布上海市空气质量信息，对重要环境新闻和突发事件发布消息	5月中旬	市环保局	市环保局办公室 会同相关部门
10	“十一五” 环保成就展	组织筹备能反映上海市“十一五”期间环境保护工作成果的文字、图片等素材，参加国家“十一五”环保成就展	6月7日— 10日	环保部于北京	市环保局办公室 市环保宣教中心
11	报纸环境日 专版专栏	配合《新闻晨报》、《东方早报》等刊物做好环境日专版专栏编写工作，帮助记者挖掘上海市环保工作亮点和先进典型事迹	6月5日前后	相关平面媒体	
12	网上宣传 世界环境日专栏，	在《上海环境》和《上海环境热线》两个网站上，调整充实“6·5”并开设网民留言板等互动栏目	5月下旬	局办，信息中心， 宣教中心	
13	世界环境日 宣传画	制作2011世界环境日主题宣传画	5月20日前 制作完成	市环保局	市环保宣教中心
14	节能环保 博览会	参与节能环保博览会的筹办，展示上海在节能减排方面取得的成果。	6月中旬	市经信委等 十七个委办局	市环保宣教中心
15	触动传媒 环保广告	在触动传媒所辖出租车后座 显示屏上播出2011世界环境日 主题公益广告	6月5日前后	市环保局 触动传媒	市环保宣教中心
16	奥特斯青少年 环保绘画比赛	环保绘画比赛	5月推进， 月初颁奖	市环保局， 中福会	市环保宣教中心 少年宫

（王一和）

【世界湿地日纪念活动】 2月2日是第15个世界湿地日，2011年的主题是“森林关乎水与湿地”。

1月29日，由上海市野生动植物保护管理站、市野生动植物保护协会、青浦区林业站和上海绿洲生态保护交流中心联合主办的“徒步青西，赏湿地风光，护森林野鸟” 2011年世界湿地日市民体验活动在青浦区开展。

1月30日，上海市野生动植物保护协会、上海市野生动植物保护管理站携同青浦区野生动物保护管理站、上海绿洲生态保护交流中心，以“湿地与森林”为主题，组织一批关注野生动物保护的热心市民前往淀山湖大莲湖湿地进行实地参观考察，并沿途举行了16公里的“漫游青西，赏湿地、森林”徒步宣传活动。

2月1日，市野生动植物保护管理站、市野生动植物保护协会、绿洲生态交流保护中心等在外滩举办宣传活动，并现场指导路人如何观鸟。 （秦　磊）

【世界水日和中国水周纪念活动】 3月22日是第19届“世界水日”，3月22日–28日是第24届“中国水周”。结合上海水资源管理及城乡公共供水情况，市政府确定2011年上海纪念活动的宣传主题为“严格水资源管理，推进城乡统筹供水”，并以此为契机召开郊区集约化供水推进大会，对郊区集约化供水进行部署，印发《关于加快推进郊区集约化供水的实施意见》，并与各区分管区长签订了集约化供水目标责任书，纪念第19届“世界水日”和第24届“中国水周”。（谷鸿鹤）

【世界海洋日宣传活动】 6月3日，由市海洋局、市科协和新疆维吾尔自治区科协共同主办的“携手看海去”——2011年世界海洋日沪、新青少年海洋知识传播行动之世界海洋日宣传活动在卢湾区青少年活动中心举行。本市中小学200多名师生代表参加。进入决赛的卢湾、长宁中小学选手们在岛屿拼图、知识抢答、主题辩论、看图抢宝四大竞赛环节中展开激烈角逐。市科协领导向优胜学生代表授予“携手看海去”暑期主题夏令营营旗。

本次活动历时9个月，分海洋科普知识竞赛、国际海洋日宣传活动和暑期主题夏令营三大板块。在海洋科普知识竞赛中脱颖而出的15名上海学生及10名新疆学生携手探访中国极地研究所、上海海洋水族馆、上海科技馆，亲临东海大桥，参观“雪龙号”极地科考船。

本次活动为上海与喀什地区青少年架起了一座友谊的桥梁，有助于两地青少年进一步树立重视海洋发展的观念、培育探索海洋奥秘的兴趣，养成学习海洋知识的习惯。（谷鸿鹤）

【“地球一小时活动”】 3月26日，上海第三次参与“地球一小时”活动。该活动由全球最大的独立性非政府环境保护组织之一的世界自然基金会（WWF）在全球发起。

本市于3月26日20时30分至21时30分，人民广场地区（主要有市政府大楼、上海博物馆、城市规划展示厅、喷水池等）关闭景观灯一小时，同时积极倡议全市市民、社区、学校、社会团体和机关企事业单位以多种形式积极加入“地球一小时”全球行动，上海国际贵都大饭店 、上海越洋国际广场、上海环球金融中心 、上海扬子江万丽大酒店等众多沪上单位也加入了活动。（王静江）

【“全国城市节约用水宣传周”活动】 5月15日至5月21日是国家住房和城乡建设部确定的第20个“全国城市节约用水宣传周”，上海宣传周主题是“严格水资源管理，建设节水型社会”。5月15日，2011年上海“全国城市节约用水宣传周”在闵行区莘庄北广场开幕。

开幕式上，为闵行区启动节水型社会建设试点揭牌，并对第四批节约用水示范小区、示范学校、示范校区、示范单位和节水型工业园区进行了命名和颁奖。

节水宣传周期间，市水务部门分别针对工业企业、学生和居民开展了园区水资源梯级利用课题研究、节水科普讲座和居民小区设摊宣传等形式丰富多样的节水宣传活动。（谷鸿鹤）

【第30届“爱鸟周”系列活动】 4月9日，上海市第30届“爱鸟周”活动启动仪式在崇明东平国家森林公园举行。上海首支林业专业巡查队伍—崇明林业专业巡查队伍同时成立。

为纪念“爱鸟周”30周年，全市共开展宣传活动65项，其中市级活动9项，区级及相关单位活动56项。其中展板展示13场；举办各类征文、绘画、演讲等竞赛活动5场；组织野外观鸟等实践活动5场；开展各类讲座、咨询活动11场；发放宣传资料、调查问卷等2万余份。参与公众8万余人，各大媒体报道50余篇。活动还特别组织编写了30周年回顾画册《历程》。（秦　磊）

爱鸟周活动（程　杰　摄）

【“拜耳环保嘉年华”活动】 3月11日，由市环保局、中国福利会主办，中福会少年宫及市环保宣教中心承办，拜耳材料科技（中国）有限公司赞助的“环保心绿色情，垃圾分类减量要先行”2011年拜耳环保嘉年华活动在中国福利会少年宫举行。

“拜耳环保嘉年华”自2010年10月启动以来，已在全市范围内举办了20多场活动。活动主办方设计了系列旨在向孩子和家长们介绍上海即将推行的垃圾分类、垃圾减量相关知识的活动，并希望通过形式新颖有趣的体验活动，让少年儿童在活动中掌握垃圾分类的方法，感受垃圾回收再利用的价值。活动现场还推出了“变废为宝小制作展示”、“环保时装秀”、“垃圾分类减量要先行宣传展”，并向参加活动的家庭派发了生动有趣的垃圾分类办法宣传折页。（王一和）

【百万市民学环保活动表彰先进】 1月12日，上海市环保局、市学习型社会建设服务指导中心隆重召开“上海市百万市民学环保”总结表彰大会，对两年来在市民环保培训活动中作出突出贡献的25家先进单位，62所社区学校，80位先进工作者，109位先进教师和103位优秀志愿者进行表彰。

百万市民学环保活动自2009年2月实施以来，通过全市社区教育系统组织发动18个区县社区学院、200余所社区学校、数千个居民教学点，以面授、网络、远程教学收视、参观等为培训形式，结合各区县的实际情况，有针对性地制定培训计划，分类型、分层次、分区域对百万市民进行环保知识培训。截至2010年底，培训人数已达到125万。

（王一和）

【10万份新版《上海市绿化地图》免费发放】 11月1日，市绿委办组织相关公园、各区县绿委办，集中发放十万份新版《上海市绿化地图》。发放活动点分布在地铁、公园、商业区、居民区、写字楼、创业园区、学校等近570个点。

《上海市绿化地图》首次将城区绿化与郊区绿化整合于一张图上，集中、全面展示了在全社会共同努力下形成的上海国土绿化成果，提供了上海全市153座城市公园以及国家森林公园和国家植物园的地址、电话、交通等便民信息，方便市民了解绿化、走进绿色空间、享受生态自然。（王静江）

【防震减灾宣传】 2011年上海市地震局与上海市教育委员会大力推进防震减灾科普示范学校建设工作，对首批审查通过的全市30所科普示范学校进行了授牌。在2011年度国家防震减灾科普教育基地评审中，由上海市地震局推荐参选的市科普教育基地——青浦区青少年实践中心被认定为国家防震减灾科普教育基地。上海市地震局和曹杨街道共同建设了具有示范意义的首个社区科普体验馆——上海市曹杨社区防灾减灾科普体验馆。2011年开展了上海地震科普网建设，现已上线试运行。同上海市公务员局协商，确定将防震减灾知识和地震应急管理培训教育工作纳入各级领导干部和公务员培训内容。为加强网络舆论引导，快速权威发布地震信息，在新浪网、腾讯网、东方网、新民网开通了“上海市地震局官方微博”。2011年共发布微博800多条，粉丝数量达10万余人。

（田　甜、刘子一）

媒体宣传

【中华环保世纪行宣传活动】 5月18日，2010年度上海市中华环保世纪行宣传活动好新闻评审会在兴华宾馆举行。世纪行宣传活动组委会主任、市人大常委会副主任胡延照和部分组委会成员单位领导及专家参加评审。评审会由世纪行宣传活动组委会副主任、市人大城建环保委主任委员甘忠泽主持。会议从参选的52件作品中共评选出特别奖1名、一等奖3名、二等奖6名、三等奖10名和提名奖若干名。

胡延照指出，随着经济社会的发展转型，环境保护将成为上海最主要的工作之一，会受到越来越多的关注。做好环保工作关键是要让环境保护成为公众的一种社会责任，成为市民群众的一种生活方式，中华环保世纪行宣传活动在这方面应起到一种重要的导向作用，要高度关注水、大气、垃圾，以及城郊结合部市容环境等与市民群众关系密切的环境问题，多做一些深度的报道，在揭露问题的过程中提出解决问题的思路和办法，不断提高舆论监督的水平，使舆论监督与人大的立法和监督工作形成合力，共同促进上海环保工作的提升，推动市民群众生活质量的改善和城市文明程度的提升。（李惠芳）

【市环保局政务微博开通】 6月，市环保局政务微博“我爱环保”正式在东方网开通，发布内容主要为本市空气质量日报预报、临近污染提示、环保工作动态及科普知识等，并对网友提问作回复或解答。截至年底，共发布微博700余条，拥有3800余名粉丝。

为办好官方微博，市环保局在系统内组织了微博培训会，通报官方微博的相关情况，现场讲解微博基本用法，并邀请来自各区县环保局、各直属单位、机关各处室及环保志愿者加入到官方微博的建设和发展。

为真正做到沟通民意、服务于民，官方微博工作小组建立微博反馈机制，将网民的相关评论或提问反馈至相关业务处室后及时回答网民，并就一些空气质量方面的专业知识用通俗语言做出解释，为扩大官方微博影响力起到积极的效果。（市环保局）

“上海环境”政务微博开通　（华毅文　摄）

环境教育

学校环境教育

国际生态学校授旗仪式 （华毅文 摄）

【新增4所国际生态学校】 10月17至18日，由环保部宣教中心率领的国际生态学校项目评审专家组来沪，对本市2011年申报国际生态学校绿旗荣誉的上海市普陀区曹杨第二中学、上海市延安中学、上海市第三女子中学以及上海市普陀区曹杨小学进行现场评审。四所学校均通过验收，荣获国际生态学校最高荣誉——绿旗。至此，上海已有9所学校荣获了国际生态学校绿旗荣誉。

10月19日上午，环保部宣教中心在上海长城假日酒店举行“2011年第二期国际生态学校项目培训班暨国际生态学校授旗仪式”。上海市环保局领导出席开幕式并致辞，环保部宣教中心主任与汇丰中国企业传讯部的代表共同向上海市普陀区曹杨第二中学、上海市延安中学、上海市第三女子中学以及上海市普陀区曹杨小学的师生代表授予国际生态学校绿旗。

授旗仪式上，曹杨二中通过生态学校创建、校园节水节能等案例，向参会代表介绍了国际生态学校项目及其主要实施方法——“七步法”，获得了参会人员的一致好评。 （赵才欣、冯 缨）

上海市国际生态学校名单

上海市向明中学
上海市格致中学
上海市宜川中学
上海市普陀区金洲小学
上海市普陀区曹杨新村幼儿园
上海市普陀区曹杨第二中学
上海市延安中学
上海市第三女子中学
上海市普陀区曹杨小学

附：国际生态学校七项标准（“七步法”）

第一步：建立生态学校委员会
第二步：开展环境评审
第三步：制定行动计划
第四步：监测和评估
第五步：与课程建立联系
第六步：社会宣传和参与
第七步：生态规章

（冯 缨）

【青少年生态文明教育活动】 截至2011年底，本市已有野生动物保护特色教育学校138所，涉及学生20余万人，覆盖全市所有区（县）。上海市中小学野生动物保护俱乐部和上海市青少年爱鸟俱乐部会员人数达8万余人。

一是加强专业教师队伍建设：举办了第七届上海市未成年人生态道德教育研讨会、开展特色学校项目主管教师专业培训班。同时，对全市的野生动物保护特色教育学校进行评估，评选出杨浦区民星路小学等十五所2010年度“十佳野生动物保护特色教育模范学校”。

二是丰富中小学生生态教育实践：连续五年在英特尔上海市青少年科技创新大赛上设立“生态道德教育实践奖”，鼓励更多的青少年开展形式多样内容丰富的生态实践活动。2011年，在全国第26届全国青少年科技创新大赛上，上海报送参赛6个关于青少年开展野生动物及生态环境保护的项目全部获奖。在闵行颛桥小学组织开展上海地区“我随鸟儿去旅行—爱鸟护鸟南北行活动”，新颖活泼的活动形式得到中国野生动物保护协会的肯定。同时，通过开展“生物限时寻”活动、“康健 樱花”杯爱鸟识鸟活动等，增加青少年生态实践活动能力，提升生态道德素养。10月，在全市范围内首次启动“自然笔记”活动，让学生通过笔墨描绘，从观察自然到激发探索自然的兴趣。

三是构建生态教育联盟模式：积极推广“管理部

大学生暑期实践活动开幕式 （程 杰 摄）

门+学校”的青少年野生动植物保护生态教育联盟模式，鼓励区县野生动物保护管理部门与区域内野生动物保护特色学校建立长期良好宣传合作关系，整合优势，扩大宣传效果。闵行区野生动物保护管理站与闵行区青少年活动中心签署了共建合作意向书，目前18个区县的管理部门基本与区域内的特色学校挂钩。（秦 磊）

【第九届“拜耳青年环境特使”活动】 3月至6月，以“绿色科技，低碳生活”为主题的第九届“拜耳青年环境特使（BYEE）”评选活动，经过北京、上海、杭州、成都四地高校400多名学生的参与，为期三个月的初评和面试，最终评选出20位环境特使。

7月，市环保宣教部门和拜耳（中国）有限公司组织由20名高校学生组成的第九届“拜耳青年环境特使”在杭州开展为期一周的环保生态营活动。其主要内容有：参观拜耳作物科学杭州工厂、杭州四堡污水处理厂、杭州天子岭垃圾填埋场、浙江省自然博物馆等，并就气候变化、节能减排等环保主题进行讨论。

10 月16日至21日，四川农业大学资源环境学院姜蓉、浙江大学环境与资源学院周辰、中国矿业大学（北京）化学与环境工程学院谭俊雄3位特使代表中国参加了在拜耳公司总部德国勒沃库森举行的国际环保交流活动。

“拜耳青年环境特使”项目是上海市环境保护宣传教育中心和拜耳（中国）有限公司联合开展的青年教育项目，活动面向18—23周岁热心环保事业的高校学生，以环保主题征文和生态营等形式，在青年人群中选拔和培养一批具有表率作用的环保新生力军。在九届“拜耳青年环境特使（BYEE）”评选活动中，已有158名大学生荣获“拜耳青年环境特使称号”。（冯 缨）

特使们在拜耳（中国）有限公司总部接受颁奖 （韩忠年 摄）

相关链接

2011年第九届拜耳青年环境特使名单 （按姓氏笔画排列）

四川外语学院成都学院	王宇心
东华大学环境科学与工程学院	叶文婷
浙江中医药大学管理学院	江 啸
北京大学外国语学院	张 露
成都理工大学环境与土木工程学院	邵丽萍
浙江大学环境与资源学院	周 辰
同济大学环境科学与工程学院	周 烺
上海应用技术学院外国语学院	范春群
华东理工大学机械与动力工程学院	郑 阳
北京理工大学管理与经济学院	金海鑫
四川农业大学资源环境学院	姜 蓉
上海交通大学环境科学与工程学院	郝 喆
上海大学环境与化学工程学院	徐醇之
西南交通大学地球环境科学与工程学院	银 洲
复旦大学环境科学与工程学院	黄 劼
上海外国语大学国际工商管理学院	黄韶韵
中国政法大学政治与公共管理学院	程 玉
浙江中医药大学药学院	程佳祎
上海海洋大学信息学院	董瑞婷
中国矿业大学（北京）化学与环境工程学院	谭俊雄

（冯 缨）

【科普教育基地为环境教育提供课程资源】 上海市众多科普教育基地从2006年起与中小学课程相整合，支持中小学生开展科普教育活动，至2011年已建成37个。这些科普教育基地按课程科目化的要求，设计项目活动，配有学习作业单，其中不乏环境教育主题，成为上海市中小学环境教育的社会大课堂。

比如坐落在苏州河畔的“梦清园—苏州河展示中心”，联系苏州河的变迁，学生可利用该馆资源开展和环境工程技术知识相关的探究学习，进一步了解环境保护的科学技术。崇明县前卫村“生态农业基地”及分布在浦东、宝山、奉贤、松江、金山等地一批现代农业园，是开展环保与生态实践活动的开放课堂。上海城市规划展示馆、上海风电科技馆、上海石油化工科技馆等一批科普场馆，则从绿色生活、绿色能源、绿色企业等方面，引导学生探究环保科技。（赵才欣）

【青少年环境科学爱好者协会活动】 2011年，上海市青少年环境科学爱好者协会提出了“整合社会各方资源，发挥小协会对外交流这一窗口优势，结合社会热点、加强国际交流、提升活动品质”的指导思想。年度重点工作如下：1.以“低碳科技和新能源”为主题的“2030，成长和畅想——中国儿童绿色驰骋之旅”系列活动。本项系列活动于年初正式启动，通过双语演讲比赛、新能源车模赛、儿童讲坛、专题片拍摄等活动，已吸引上海、长三角地区及国外近10000名青少年科技爱好者及进城务工人员随迁子女的积极参与，30余家新闻媒体的热情关注，社会反响踊跃。2. “环保心·绿色情，垃圾减量分类我能行”活动。以倡导垃圾减量垃圾分类为突破口，开展垃圾减量垃圾分类宣传实践活动，树立环保低碳理念，构建绿色生产生活方式，并期望建立长期有效的活动机制。3.各国青少年科技交流系列活动：2011少儿国际艺术节——“同一个地球，我的低碳生活”儿童讲坛，来自15个国家和地区200来名少年儿童用生动的语言、精彩的图片、模拟实物和富有想象力的新颖设计，传递环保理念和对低碳生活的期待；2011年中德文化周，开展了“中德儿童环保摄影巡展活动”，促进了两地青少年的文化交流。中德儿童优秀摄影作品除在德国汉堡展出外，还在市少年宫及上海各区青少年活动中心巡回展出。得到了德国领事馆、汉堡驻上海办事处及摄影爱好者们的好评。（郑思晨）

【中小学生壳牌美境行动】 2011年，“壳牌美境行动”第12届方案实施和第13届方案设计评审在上海市各中小学举行。

长宁实验小学的“绿色出行，我能行”、上海教科院豫英实验学校的“践行低碳环保理念 创建‘后世博’校园”、上海市第四中学的“校园低碳生活新理念推广活动”等10个项目获第12届方案实施一等奖，另有18个项目获二等奖。世界环境日活动期间，壳牌（中国）有限公司北京总部项目主管来上海参加颁奖典礼，并为获奖者颁发奖品与证书。上海市南汇中学“老港环境污染的调查与分析”等10个方案获第13届方案设计评审一等奖。在壳牌（中国）有限公司资金资助下，一等奖和二等奖项目进入实施阶段。（赵才欣）

【“海洋，我们的家园”海洋科普活动】 6月25日，由市海洋局、市科协、上海科技发展基金会等单位共同主办的“海洋，我们的家园”——苏浙沪青少年动手做大赛在中国航海博物馆举行。

2011年的活动首次延伸至江苏、浙江等地，活动围绕世界海洋日上海纪念活动“建设国际航运中心，推动海洋事业发展”的宣传口号，开展了航海模型竞赛和“未来船舶畅想”科学幻想绘画比赛。苏浙沪三地120多所学校、15000多名青少年参与了先期进行的基层选拔赛，脱颖而出的10所学校代表队近450名青少年选手参加了活动当天的决赛比拼，200余幅获奖的“未来船舶畅想”科学幻想绘画优秀作品参加了现场展示。

自2003年创办以来，该项活动已在上海成功举办了八届，成为上海市青少年海洋科普教育的品牌内容。（谷鸿鹄）

【“庄臣杯”青少年环保达人秀活动】 2011年，由上海庄臣青少年环境教育基金资助，上海市举办了“绿色风采——‘庄臣杯’上海市青少年环保达人秀”活动。该活动围绕主题，通过摄影创作活动和情景剧表演活动，展示学生对低碳生活、绿色理念及可持续发展观的认识和理解，以及对美好未来生活的追求与展望。其中，摄影作品以低碳生活为主题，用镜头记录孩子们眼中的绿色生活。有300幅作品参选，长宁区绿苑小学高欣佳同学的“幼苗初长成”等10幅作品获一等奖，另有10幅作品获二等奖、37幅作品获三等奖。情景剧作品展演以低碳生活为主题，通过小品、课本剧、歌舞、戏曲等艺术形式来体现绿色生活。小学组的“‘巧刷乐’诞生记”和中学组的“一条老鱼的故事”等8个情景剧的编剧及表演获综合一等奖，另有27个节目获二等奖。有10名学生获得2011年度庄臣绿色生活“环保达人”。（赵才欣）

【“我心中的绿色”少儿绘画大赛】 由奥特斯（中国）有限公司资助，上海市环保宣教中心、上海市环境教育协调委员会中小学办公室和中国福利会少年宫联合承办的“我心中的绿色”少儿绘画大赛于4月至6月举办。上海各级绿色学校和青少年环境科学爱好者协会分会的一千多幅作品参赛。上海市光新学校孙雅婷的“绿色照亮生活”、长宁区娄山中学王恒灏的“可燃探测艇”、上海市徐汇中学朱迪的“黑色磁能”等20幅作品获一等奖；另有50幅绘画作品获二等奖、77幅作品获三等奖。这些绘画作品真实反映了中小学生对“绿色”这一主题的理解，指向呵护环境、低碳生活、节约能源、美化家园等内容，布局设计比较合理，手法有一定的创意，具有相应的宣传价值。（赵才欣）

【“绿箱子”环保公益活动】 12月24日，以“举手做环保，生活更美好”为主题的校园“绿箱子”环保公益活动颁奖仪式在卢湾青少年活动中心举行。首批“绿箱子”环保联盟的50家学生社团，经过课题申报、专家结对、暑期社区实践、课题总结、专业评审等一系列活动及探究，围绕“环保水资源、爱绿护绿、节能减排、低碳生活、垃圾分类”五大主题，从中评选出南洋模范中学、友爱实验中学、玉华中学、新中高级中学、亭新中学五家“明星环保社团”及复兴高级中学、进才中学等10家“优秀环保社团”获奖。

2011年的“绿箱子”环保公益活动还在中小学、幼儿园开展环保知识竞赛、绿色家庭环保DV秀、“爱绿护绿”、“少开一天车”环保主题月等一系列活动。中国移动上海公司还向荣获“明星环保社团”、“优秀环保社团”称号的学生社团颁发环保课题探究资助奖金。（王一和）

【海洋大学校园节能减排活动】 4月11日－5月29日，上海海洋大学Round-Earth环保协会在教学楼，图书馆，学院楼，寝室楼等处开展节能减排活动。协会将志愿者分成若干组，通过每周一次走访调查，把自己负责地点的一些情况填写到调查表中，然后交由负责人汇总。每周二下午，环协会组织志愿者对学院楼，教学楼，图书馆的用电用水情况进行调查。在活动现场对漏水的水龙头报修，对用电浪费的情况拍照后及时上报。并将汇总数据向后勤管理中心反馈，并作出数据的统计。（朱俏道）

【第十四届大学生绿色营】 2011年第十四届上海市大学生绿色营以上海市推行垃圾分类为契机，将主题定为“探绿色经济，建生态之城——垃圾分类调研”。上海市大学生环保社团联盟将营员分为两个组，分别选择了闵行区古美街道和静安区曹家渡街道两个垃圾分类试点街道，并在每个街道中选择一个已经开展垃圾分类的小区和一个未开展垃圾分类的小区进行调研。本次绿色营活动形成了垃圾分类调研报告，获得了上海市微行动计划支持，并入选“青年影响社会”十大公益项目20强。（朱俏道）

【上师大城市小组开展环境状况满意度民意调查】

中华文化促进会发起，上海师范大学城市小组承办了“2011年中国公众对环境状况满意度和核与辐射安全环境质量状况满意度民意调查”。上海师大城市小组志愿者于10月15日赴黄浦区、卢湾区、徐汇区、长宁区、静安区、普陀区、闸北区、虹口区、杨浦区等九个区对“中国公众对环境状况满意度和核与辐射安全环境质量状况满意度”进行民意调查，志愿者在不同的地点，采取抽样调查的方式，对不同的人群进行问卷调查。（朱俏道）

【“绿色小超人”活动】 2011年，12所高校环保社团参与环保实践类项目——“必胜客绿色小超人成长记”。通过必胜客给予的适当资金帮助、人员指导和能力培训，以《必胜客绿色小超人成长记》游戏手册为基础，由各个社团自行创意课程。用1年时间为1030名小学三、四年级学生依次完成6阶段的环保课程，使小学生们成为掌握低碳生活知识、自觉宣传绿色家园生活理念，拥有环保创意的“绿色小超人”。（朱俏道）

环境类出版物

【2011年上海环境、科学类图书】

出版社名称	书名	作者
复旦大学出版社有限公司	城市生态学	王祥荣
复旦大学出版社有限公司	先秦时期的三峡人居环境	潘碧华
华东师范大学出版社	城市生态学	宋永昌、由文辉、王祥荣主编
上海大学出版社有限公司	水利枢纽库区环境治理研究——以珊溪水利枢纽库区为例	陈国胜
上海交通大学出版社有限公司	人工湿地工程	秦　明
上海交通大学出版社有限公司	安全教育知识读本	唐永富　许　平
上海交通大学出版社有限公司	清洁能源与技术转移	张乃根　马忠法
上海交通大学出版社有限公司	船舶溢油应急处置组织因可靠性评估研究	王立坤
上海交通大学出版社有限公司	船舶溢油应急处置人因可靠性评估研究	张　欣
上海科学技术出版社	科技，支撑崇明生态岛发展	上海市科学技术委员会 编
上海科学技术出版社	上海环境科学集（第7辑）	上海环境科学编辑部 编
上海科学技术出版社	上海环境科学集（第6辑）	上海环境科学编辑部 编
上海文化出版社	天灾——威胁人类生存的16大自然灾难(人文书房)	陈鸣华　匡志强　策划　刘学礼

（蔡维隆）

2012

上海环境年鉴

区县环境保护

浦东新区

【区域经济发展与环保投入】 2011年，浦东新区经济发展呈现“运行平稳、转型加快、功能提升”的良好态势，发展转型效应明显，经济实现平稳较快增长。经核算，全年实现地区生产总值5484.35亿元，占全市比重达28.6%，比2010年提高了0.7个百分点。经济增长率为11.1%，高于全市2.9个百分点。

浦东新区环境保护投资为116.65亿元，环境环保投资指数为2.13%。其中，污染源控制6.13亿元，生态保护和建设4.06亿元，城市环境基础设施建设100.23亿元，环境管理能力建设（环保管理、监测、监理、信息、科技、宣传等）0.04亿元，环保设施运转费6.19亿元。

2011年浦东新区GDP构成情况

指标	绝对数(亿元)	增长（%）	比重（%）	贡献率（%）
GDP	5484	11.1	100	100
第一产业	34	–0.9	0.6	–0.1
第二产业	2306	9.5	42.1	36.9
工业	2154	10.2	39.3	36.9
建筑业	152	0.0	2.8	–
第三产业	3144	12.4	57.3	63.2
交通运输、仓储邮政业	196	12.3	3.6	4.0
信息传输、计算机服务和软件业	294	18.4	5.4	8.7
批发和零售业	763	16.6	13.9	19.8
住宿和餐饮业	58	7.8	1.1	0.8
金融业	992	10.8	18.1	17.3
证券业	286	3.4	5.2	1.7
银行业	603	14.3	11.0	13.5
保险业	103	13.3	1.9	2.2
房地产业	230	–8.9	4.2	–4.1
其他服务业	610	17.9	11.1	16.7
#商务服务业	254	18.2	4.6	7.0

【完成第四轮环保三年行动计划】 浦东新区第四轮环保三年行动计划共安排项目366个（工程性项目128个，管理性项目238个），至本轮计划结束，项目均启动，全面完成358个（工程性项目123个，管理性项目235个），基本完成4个（工程性项目3个，管理性项目1个）；因规划、土地、动迁等原因，有4个项目进度滞后，启动不能完成（工程性项目2个，管理性项目2个）。全区项目启动率100%，完成率98.9%（工程性项目完成率为98.4%，管理性项目完成率99.2%）。其中市下达给浦东的31项任务全面完成。

如诗如画的浦东环城绿带　　（浦东新区环保局 提供）

计划完成总投资超过105.44亿元，环境成效显著。一是环境基础设施进一步完善，城镇污水收集管网基本实现全覆盖，城市污水集中处理率达到81.9%；生活垃圾无害化处置率达到95%以上。二是环境质量进一步改善，中小河道整治效果显著，地表水污染趋势有所遏制，重点河道黑臭全面消除，环境空气质量优良率连续三年达到90%以上。三是环境监管体系进一步健全，环境管理信息系统全面建成，污染源监控和环境质量监测持续加强。

【环保基金推进清洁生产进而推动新区低碳经济】

2011年浦东新区环保基金项目，坚持以环境建设为导向，以减排为主线，以创建生态为抓手，在基金理事会的具体指导下，基金补贴项目落实情况较好，是基金计划执行率最高的一年。经2011年5月25日环保基金理事会批准立项环保基金补贴预算3500万元，实际完成基金补贴预算3453.43万元，计划执行率98.67%。

2011年度环保基金在环境治理和生态创建中发挥了积极作用，推动实施低碳经济。全年完成污染治理的工程性项目（废水、废气）18项，完成10T以下锅炉的脱硫改造34台，实施清洁生产补贴22家，创建区级绿色社区133个，市级、区级生态村18个，安静小区2个，节水型小区76个，绿色学校10个，绿色医院5家，新增2个环保教育基地建设。

2011年度浦东新区实际推进33家企业开展清洁生产审核工作，连同2010年推进审核还未验收的36家企业，2011年共有32家企业通过验收，剩余企业预计2012年完成验收。

根据通过验收的32家企业相关数据统计，共提出无/低费方案455项，中/高费方案82项。共投入资金2.531亿元，预期取得经济效益2.289亿元。在环境效益方面，经统计每年节水111.51万吨，减少废水排放100.36万吨；节电4316.9万度，节约蒸汽2.5万吨、天然气62.7万立方米等，折合节约标煤10.66万吨，减少二氧化碳排放26.64万吨，减少二氧化硫排放1710.49吨。

【浦东新区和川崎市就循环经济发展相互合作】

7月26日，浦东新区召开了“浦东·川崎低碳循环经济研讨交流会”，交流会由浦东新区人民政府和日本川崎市政府联合主办，浦东新区环保局承办，浦东环保协会、NPO亚洲创业者村推进机构和财团法人川崎市产业振兴财团协办。新区政府和区环保局有关领导等出席了会议，60余名企业代表参加了会议。

会上，日本川崎市环境局、新区环保局、日本JFB上海公司伊藤秀树和浦东产业代表金桥再生资源公司分别作演讲。日本5家企业和中方3家企业作各自领域技术介绍，并与中方企业进行了积极交流沟通。自2010年2月浦东川崎签订合作备忘录以来，双方已进行了一系列卓有成效的交流活动，2月16、17日，新区政府组团参加了日本川崎市国际环境技术展，集中关注在企业与企业之间的交流与互动。中日双方本着在互相尊重、互相学习、互惠互利、平等协商的基础上取得双赢。

【“十二五”主要污染物总量控制与污染源管理】

制定了浦东新区“十二五”主要污染物总量控制工作方案，同时制定COD、氨氮、SO_2、NOx约束性指标减排计划。结合占总量85%重点排污企业　，将减排目标落实到工业企业园区、街镇考核目标，具体明确了各街镇园区的污染减排任务和总量控制目标。

2011年，完成新区四家重点排污企业的排污许可证试点的前期工作。同时抓住重点，着力推进工程治理和关停并转工作，关闭区域内8家主要污染物排放企业，完成了新先锋药业有限公司锅炉烟气脱硫工程。2011年削减化学需氧量（COD）70.14吨，氨氮（NH_3-N）8.59吨，二氧化硫（SO_2）389.28吨，氮氧化物（NOx）24.04吨。

2011年，浦东新区污染源普查动态更新工作实行南北片“统一培训、统一调查、集中录入、共同审核”的方式开展。根据职责分工，环境监察支队全面负责筛选调查企业、开展人员培训、组织现场调查和调查资料的初审、复审、会审工作。全年共计完成污染源更新调查544户，其中：重点工业企业350户；集中式污染治理设施11户；规模化养殖场183户。同时，在2011年9月，环境监察支队组织有关人员对动态更新调查工作进行了回顾，形成了技术报告编写提纲，于2011年10月形成了《浦东新区2010年度污染源普查动态更新调查技术报告》，该份报告于同年11月通过了新区级的专家组评审验收。

【浦东新区环境质量状况】　2011年浦东新区地表水监测断面包括35条河流65个监测断面，监测结果显示，水质较2010年有所改善，川杨河、大治河、张家浜、浦东运河等主要河流水质有不同程度改善，65个断面中，根据单因子评价结果，共有17个断面达到相应水环境功能区标准，达标率为26.2%（上年为14.7%）。地表水的污染特征没有明显变化，氨氮仍是主要超标因子。

2011年，浦东新区空气质量状况总体良好，污染仍以尘污染为主。环境空气总体处于二级标准水平，主要污染物二氧化硫、二氧化氮和可吸入颗粒物年均浓度均达到国家环境空气二级标准，环境空气质量总体水平有所改善，全年监测总天数为365天，其中综合一级天数为173天，二级天数为171天，三级以上天数为21天，优良率为94.2%；与上年相比优良率上升1.6个百分点。

2011年，区域环境噪声、道路交通噪声、功能区噪声各类声级值昼间基本达到相应标准，但夜间有超标现象，特别是道路交通噪声，超标5dB(A)以上，各类噪声与上年相比基本稳定。

【环境执法力度加大】 2011年浦东新区环保局为完成“全国文明城区”创评、“国家环保模范城区”复验等环境安全保障任务，加大了行政处罚力度。全年共行政处罚违法企业194家，处罚金额达732.05万元，与2010年同期的658.75万元相比，增加了11.13%，继续高居全市各区县之首。行政处罚实施网上运行，确保了“权力在阳光下运行”。全年行政处罚网上运行共计办理115件。

为保障群众安全健康、整治违法企业，按照环境保护部、市局要求，新区环保部门加大了对辖区内水源地、危废、重金属等215家环境风险企业的监察力度。开展“三监”联动，不定期开展专项执法行动，加大对违法企业的打击力度。对区域内616家重点污染企业保持高压态势，加强监管，对超标排放等违法行为予以处罚，行政处罚案件实行全部网上流转，提高时效和水平。进一步加强三级网络建设，充分发挥街镇环保网络队伍作用。

【环保专项行动圆满完成】 按照国家环保部、市环保局和新区环保市容局的统一部署，2011年新区环境监察部门开展了对铅蓄电池企业的专项检查，共检查企业4户，出动监察人员34人次；开展了对涉重金属危险废物的专项检查和对电镀等涉重金属污染行业的专项检查，共检查企业45户，出动监察人员152人次；继续开展了城镇污水处理厂污染减排的专项检查，共检查企业36户次，出动监察人员90人次；开展了对饮用水源保护的专项检查，共检查企业276户次，出动监察人员618人次；开展了对利用槽罐车等方式运输污染物的专项检查，共检查企业7户，出动监察人员20人次；开展了危险化学品环境管理和危险废物的专项检查，涉及化学品企业108户、危险废物企业272户、污水处理厂6户、铬盐企业1户、多晶硅企业1户、污泥处置单位1户，共计出动检查人员1164人次。

【做好建设项目的管理工作】 新区环保部门2011年度完成建设项目环评审批674个、试生产及环保设施竣工验收403个。建立了新区招商引资考核制度。每季度召开建设项目管理平台工作例会，采取重大事项通报、沟通机制。在新区大型居住社区建设、固定资产投资建设等方面，环保部门做好服务工作的同时，对建设项目审批基础管理工作也提出了精细化管理的要求，审批系统信息化建设进一步完善，加强了各审批窗口间的业务交流和作风监督，提高服务意识和行政办公的透明公正，力争审批无拖沓、零投诉。

【有序推进九段沙湿地自然保护区生态保护工作】

基础保障能力建设取得新进展，到3月上旬，九段沙浦东码头基本建成，并在5月16日通过了预验收，10月11日，上海港口质监站会同相关部门及施工相关单位对码头进行了竣工验收。

九段沙浦东基地建设项目于3月初结构封顶并转入内部设施的配套建设，与此同时，牵头相关单位积极应对政策性调整给九段沙浦东基地带来的施工资金瓶颈问题，调整建设方案、施工组织和施工计划，确保了九段沙浦东基地施工的正常进行。九段沙水生生物资源监测保育试验站于10月底正式完工并交付使用。严格依法审批进入保护区许可，一年来没有发生一起因审批不慎而进入保护区的案件。在建立地质地貌、植被、昆虫、大型底栖动物、鱼类、鸟类等六大基础监测体系的基础上，学科牵头、项目负责的机制逐步形成，研发平台不断得到完善，5月底前，完成并定稿《九段沙湿地生态系统基础监测年报（2010年）》，完成了《九段沙2010年环志工作汇总表》、《明细表》及《总结》，依次展开了2011年基础监测工作。首次发现了狼尾草、旋覆花植物物种，确定了这两个物种的分布。鸟类调查14次，累计调查鸟类17498只。

【全民义务植树主题宣传活动】 3月14日，由新区绿委办、新区环保市容局主办的浦东新区2011年全民义务植树宣传活动在此隆重举行，市绿化市容局、新区人大、政协、新区文明办、新区环保市容局及各相关单位的领导和嘉宾共500多人出席了宣传活动。

2011年是国家森林年，也是全民义务植树活动开展30周年，又恰逢浦东新区创评全国文明城区和迎接国家环保模范城区复查。作为“文明+生态，浦东飞起来”主题实践宣传活动的重要组成部分，此次“保护和发展森林资源，促进人与自然和谐发展”主题宣传活动，为浦东新区的创评活动营造出浓厚的宣传氛围。

【新区绿化建设工作有序推进】 2011年浦东新区新建各类绿地344.76公顷。截至2011年底，浦东新区建成区绿地总面积12518.9公顷，公共绿地5951.4公顷，人均公共绿地面积23.94平方米/人，建成区绿化覆盖率为36.1%。

2011年浦东新区继续推进立体绿化工作，全面完成2011年三年环保行动计划的任务指标和“十二五”

第一年立体绿化的计划，其中：完成上海金桥股份有限公司川桥路地块、联芯科技有限公司、证大喜马拉雅等屋顶绿化12800平方米、中环线浦东段桥柱绿化4000米。

位于张江集镇玉兰香苑动迁基地南侧的张衡公园于2011年建成开放。张衡公园西至马家浜，南至华益路，东至创新河，北至在建张衡路。公园总面积达6.7700平方米，区财力投资2157万元。

【推进生活垃圾分类减量】 以“小分类、大分流”的模式促进源头减量，严格控制生活垃圾末端处置量。北片机扫垃圾大分流试点工作于2月底启动，截至12月底，累计转运机扫垃圾4769吨，日均分流量约16吨。

集贸市场垃圾专项收运处工作于4月10日正式启动，截至12月底，北片地区已有165家集贸市场纳入试点，覆盖率86%，总量40187吨，日均收运量151吨。

居住区垃圾分类试点稳步推进，自第一批居住区分类试点工作自4月1日在陆家嘴街道开展以来，截至12月底，105个小区及“一港二村”垃圾分类试点工作得到稳步推进，共收集厨余果皮垃圾3133吨（11吨/日）。

特种垃圾分类收运覆盖面逐渐扩大，至今已覆盖中心城区848个小区、450家企事业单位，并在南片地区初步形成中转站桶装式分类中转体系，截至12月底，共收集废电池19吨，废玻璃30吨，灯管6736根，油漆桶4730只。

电子废弃物回收进社区工作不断深化，1000个电子垃圾回收箱放置全部落实到位，至12月底共回收电子垃圾25789吨；绿化垃圾、建筑垃圾资源化处置接口打开，各郊区中转站增设绿化垃圾、建筑垃圾仓位，至12月底共分流建筑垃圾19025吨，绿化垃圾也实现了初步资源化处置。

【有效保障世界游泳锦标赛期间周边环境】 围绕第十四届世界游泳锦标赛的举办，新区环保部门对东方体育中心周边2.83平方公里市容环境进行了综合整治。累计清除河床坡岸各类垃圾1140立方米，防汛墙粉刷约8725平米，打捞水面漂浮垃圾23吨，安装绿化用浮岛及种植浮岛绿化1271.2平方米，布置湿地绿化885平米，在黄浦江口建造1座镀锌围栏30米；

累计种植道路绿化总面积约21100平方米（其中临时绿化约4500平方米）。在场馆周边4条主干道路灯杆上挂花，行道树之间花箱摆花，共摆放花箱196组、灯杆挂花280组、隔离带组合花球98组、花塔16个，布置角堇矮牵牛、天竺葵、美女樱等草花10万余株；对影响黄浦江沿江景观的杨思水厂、浦江漂染厂、南市料瓶仓库3家企业进行搬迁，同时对搬迁场地、闲置地块进行平整、绿化，累计种植绿化面积约10.2万平方米。经过近半年的努力，顺利完成小黄浦江整治、架空线入地，推进地块动迁、整治美化楼房，绿化地块、安装灯光等，形成了“河洁、地绿、景美、灯靓、有序”的优美环境；在此基础上，市容管理部门全力做好赛事运行保障并取得了积极成效，为赛事的成功举办提供了有力保障。

【国家环保部领导专题听取浦东新区国家环保模范城区复核工作准备情况汇报】 7月14日，国家环境保护部副部长张力军同志到上海调研节能减排等环保工作，专题听取浦东新区国家环保模范城区复核工作准备情况汇报。张力军同志指出，两区合并后国家环保模范城区创建工作在南片地区属于新创，新区必须加大环境保护和环境建设力度，确保全区所有创模复核指标全部达标，于2011年年底前完成市环保局预验收，并向国家环保部申请复核，于2012年7月前接受国家环保部复核验收。

【加大环境保护宣传力度】 为推动浦东新区创建全国文明城区和国家生态区，在第40个“6·5”世界环境日到来之际，浦东新区举行了“创建国家生态区，共筑浦东美好家”——浦东新区纪念“6·5”世界环境日暨首届金桥生态文化节开幕式。

4月10在南汇观海嘴公园举行了主题为“同一片天空，同一个家园”新区“爱鸟周”宣传启动仪式，宣传鸟类保护、普及野生动物法律法规。浦东新区人大、区政府、市林业局、市野生动植物保护协会等有关领导及志愿者、学生社团、市民代表等约200余人参加活动，发放宣传资料1000余份，并通过短信平台把爱鸟知识送进社区和学校。

【生态创建活动深入各个领域】 绿色系列创建工作是环境保护生态建设引导社会、发动社会、宣传社会的重要载体，在全区范围内全面开展生态镇、生态村、绿色社区、生态工业园区、绿色学校、绿色家庭、绿色宾馆（饭店）等绿色系列创建活动，把绿色、环保、生态、低碳理念渗入到社区、学校、企业等各个领域。

——生态镇（环境优美镇）创建，2011年10月，川沙新镇、惠南镇、康桥镇3个镇创建成全国环境优美镇；完成区级生态村创建84个。

——国家级生态工业示范园区创建，金桥出口加工区始终把创建国家生态工业示范园区作为开发区的特色和亮点工作，国家环保部、商务部、科技部三部委联合发文，批准上海金桥出口加工区为国家级生态工业示范园区；张江高科技园区、外高桥保税区创建国家级生态工业示范园区持续推进。

——节水型工业园区，2011年5月，外高桥保税区、张江高科技园区相继被上海市水务局、上海市经济和信息化委员会评为上海市节水型工业园区。

——绿色社区创建，2011年6月，彩虹园等3个小区创建成市级绿色社区，区级绿色小区创建完成137个。

——绿色学校创建，完成区级绿色学校创建14所（其中4所复评）。

——绿色家庭创建，完成区级绿色家庭创建1000户。

——安静小区创建，2011年度中邦、贝越水岸名邸和江南山水3个小区被评为上海市安静小区。自2003年起本市开展该项评选，目前已累计创建市级安静居住小区132个。

【文明城区创评环境保障工作顺利完成】 2011年浦东新区创建全国文明城区。在创评工作中，新区环保部门以“确保新区范围内不发生重大环境污染事件”为首要工作目标，并承担全区重大环境污染事件防范专项整治工作，重点开展了重点化工企业、环境安全风险企业、饮用水源地周边企业、重金属企业等专项监察工作，监察企业5505户次，取得了预期的效果。进入冲刺阶段后， 新区环保部门及时调整计划，重点加强了对29家重点污染源企业、信访热点投诉企业等监管，每日开展对S20浦东段和S2沪芦高速等路段“冒黑烟”巡查；并强化应急值班、快速处置机制，较好处理了垃圾处置企业恶臭气体大范围污染等问题。

【三级网络建设取得重大进展】 2011年，新区环保部门继续加大人力、财力投入力度，分期分批开展了对各街镇环保干部的培训工作，并依托三级网络平台，加强对小型污染企业、农村畜禽养殖等污染源的监管，将影响较小的环境信访矛盾及时化解在基层。同时，经过2009年、2010年两年的实践，对各街镇环保网络工作的年度考核机制也日趋成熟，2011年的环保网络考核工作已全面完成。

【环境突发事件得到妥善处置】 2011年，新区环保部门共及时处置环境突发事件21起，涉及高桥石化地区“1·28”异味扰民事件、高桥石化“9·23”火灾事故、市化工物品汽车运输有限公司车载盐酸泄漏事故、夏普电器有限公司火灾事故等。特别是2011年3月20日，新区环保部门通宵奋战、成功处置了市领导高度关注的高桥石化3号硫磺装置酸性气体高空泄漏事故；2011年8月15—24日间，连续出动8组应急人员，成功排查到浦东大范围臭味扰民的污染源头。

【严谨处置血铅事件以高压态势监管辖区内涉铅企业】 江森自控国际蓄电池有限公司是新区用铅量最大的企业。两区合并后，新区环保部门将其作为重中之重的对象进行监管，自2010年起按重金属排放企业每月一次的频次进行监察。2011年4月1日从申报中得知其用铅量超出环评批复规定，局领导亲自带队赴该厂检查相关审批批复材料和生产、排污情况。2011年6月该企业排放超标，环境监察部门在最短时间内对其做出罚款3万元并责令停产整治的行政处罚。2011年7月，迫于压力该企业不得不停止一条生产线生产，并按要求每月上报用铅量。2011年9月血铅事件发生后，鉴于该厂2011年用铅指标已用完，新区环保局做出该厂暂时停产的决定，为血铅事件的处理奠定了基础。

【区人大、政协议案和提案有效快速办理】 2011年，浦东新区环保市容局共收到的市、区“两会”人大议案、书面意见和委员提案共170件（主合办件91件、会办件79件）。其中，涉及环境保护和污染防治的主办件3件，会办件6件。人大书面意见第035号（关于进一步加强对高污染企业排放监管的书面意见）、第T002号（关于进一步推进再生资源平台建设的议案）、第T003号（关于张江生物医药基地废弃物回收情况及操作建议）等被区政府列为重点办件。

“两会”一结束，新区环保局即召开“两会”办理推进会，建立“主要领导亲自抓、分管领导具体抓、相关处室协同抓”的目标责任制，对办理工作进行全面部署，并坚持每周召开一次办理推进例会，及时掌握进展情况，及时解决存在问题。春节后，又召开局长办公会，专题听取“两会”办理工作进展情况，为办理工作顺利开展提供了坚实的领导保证。按照时间节点，这些重点书面意见和提案都已办复，代表委员对办理态度和目前的办理结果均表示满意。

【信访调处总量保持平稳】 2011年，新区环保部门共处理环境信访3083件，大气污染、噪声污染、油烟污染位居信访投诉的前三位。在全市环境信访总量持续激增的情况下，与2010年同期的3259件相比减少176件，降幅为5.4%。新区环保部门继续做到了及时率100%，办复率100%，满意率基本达到90%。

（顾　萍 供稿）

徐汇区

【区域经济发展与环保投入】 徐汇区区域综合经济实力显著增强。2011年，全区生产总值完成1000亿

组织创建“环保绿色特色小区”的居委干部参观学习　　（徐汇区环保局 提供）

元，财政总收入269.7亿元，其中区级财政收入100.1亿元。经济结构不断优化，第三产业占生产总值的比重上升到82%。徐汇区聚焦结构转型，围绕上海“四个中心”建设总体目标，大力发展服务经济，初步形成以现代服务业为主导的产业格局。2011年实现现代服务业营业收入1045亿元。聚焦生物医药、电子信息、软件和信息服务以及新能源、新材料等高新技术产业化重点领域，实现总产值625亿元。

2011年，徐汇区环保投入的资金达8.543亿元，占地区生产总值的0.89%，其中市财政拨款0.0138亿元，占环保总投入的0.16%；区财政拨款5.440亿元，占环保总投入的63.68%；社会投资3.089亿元，占环保总投入的36.16%。从投资项目分类来看，污染源控制方面，用于执行“三同时”项目环保投资24402.59万元；城市环境基础设施建设方面，用于污水收集处理工程93万元，园林绿化26786.37万元，河道整治工程1975.74万元，垃圾处理设施11831.02万元；环境管理能力建设（环境管理、监测、监察、信息、科技、宣传等）2088.88万元，环保设施运行费用18250.59万元。

【节能减排工作成效显著】　徐汇区节能减排工作取得阶段性成果，2011年，徐汇区节能降耗计划指标为：单位增加值能耗计划下降3.0%，区能耗总量控制在144万吨标准煤。

据市统计局反馈，2011年徐汇区单位增加值能耗下降4.52%，能耗总量135.96万吨标准煤。其中，工业能耗28.93万吨标准煤，工业单位增加值能耗同比下降5.0%（规模以上工业能耗21.28万吨标准煤，单位增加值能耗同比下降5.95%；规模以上工业单位产值能耗同比下降4.05%）；高新技术产业产值占区工业产值比重39.6%，较2010年上升0.8%；第三产业能耗总量107.03万吨标准煤，第三产业单位增加值能耗同比下降4.16%。超额54%完成二氧化硫减排任务。关停并转18家高能耗、高污染的企业，推广建筑节能改造、合同能源管理等节能新机制。推进滨江地区低碳发展实践区试点，在徐家汇、漕河泾开发区开展绿色低碳项目建设，创建成国家可持续发展实验区。据此，完成“十二五”节能进度的24.82%，并顺利完成既定的年度节能工作目标。

徐汇区经过各相关部门、各责任单位的共同努力，通过结构减排、清洁能源替代等措施，实现了消化增量、削减存量、控制总量的目标，COD排放量减少了5.77吨，削减率为3.38%；氨氮排放量减少了1.22吨，削减率为2.6%。燃煤锅炉台数减少了2台，由“十一五”期末的13台减少为11台，由此产生的SO_2、NO_X排放量也实现了下降。

【全年空气质量优良率达93.4%】　徐汇区环保局制定《关于进一步加强扬尘控制长效管理工作的实施意见》，明确职责分工、管理措施和工作流程，深入推进渣土运输规范化和出土工地视频监控全覆盖工作，加强现场检查和联合执法行动，并及时上传至建设工地文明施工诚信管理网上平台，加强降尘监测数据分析，明确属地化管理目标，积极推动污染源企业宣传教育和扬尘污染有奖举报工作，深入基层社区开展扬尘污染控制宣传。2011年1—12月，月平均降尘量7.4吨/平方公里，全年空气质量优良天数341天，空气质量优良率93.4%。

【2011年日常环境监察工作】　2011年，徐汇区环保局共作出行政处罚决定27起，处罚金额242500元，申请法院强制执行11起，未发生当事人因不服具体行政行为申请行政复议和提起行政诉讼的情况。全年，徐汇区环境监察支队完成污染源年度计划现场监察1940户次，其他单位现场监察300户次，建设项目现场监察329户次，全面完成2011年环境监察各项任务。同时，完成徐汇区171家排污单位的排污申报工作，征收排污费219万元。

【2011年日常环境监测工作】　2011年，徐汇区环境监测站共获取监测数据33176个，其中各类大环境质量监测数据12581个，污染源监测数据20595个。获取地表水监测数据4350个、大气环境监测数据5671个、噪声监测数据2560个。污染源监测完成废水监

测273厂次（其中监督193厂次+34医院、验收9厂次、委托26厂次、抽查10厂次、矛盾1厂次）取得数据8190个，烟尘监测14厂次（其中监督7厂次、验收7厂次），取得数280个，工艺废气监测54厂次（其中监督38厂次、验收10厂次、委托3厂次、矛盾3厂次），取得数据540个，油烟气监测35个厂次，取得数据350个，固定源噪声502厂次（其中监督监测176厂次、验收监测263厂次、委托监测18厂次、矛盾监测54厂次），取得数据7665个，完成机动车尾气检测1692辆，获取机动车尾气检测数据3570个。完成《2006—2010年徐汇区环境质量报告书》和《徐汇区环境监测站环境监测能力建设"十二五"规划》编制工作，完成应急监测典型案例设计方案。

【各类专项治理】 2011年，徐汇区环保局完成建设项目"未批先建、久拖不验"专项整治工作。根据市总量控制要求，在建设项目审批中逐步实施"批项目核总量"。配合规划局实行建设工程设计方案并联审批制度。结合环保要求配合区有关部门开展建设领域突出问题整治。2011年，完成建设项目审批近666项，验收、清理项目486项。

自6月份开始，徐汇区环保局每季度开展国控企业污染源自动监测设备现场核查工作。对徐汇区龙华水质净化厂和长桥水质净化厂两家国控企业的污染源自动监测设备日常运行情况开展现场核查工作，并完成了危险废物规范化管理情况专项核查。成立专门的核查小组，查看工作车间、危废临时堆放处和危废贮存点等，对相关单位的危险废物规范化管理情况进行打分。6月，徐汇区环保局完成铅蓄电池经营企业复核。经复核，确认辖区内两家企业不属于铅蓄电池生产、组装、回收利用企业范畴。其中，上海市徐汇区大华蓄电池厂只从事铅蓄电池的销售；上海恒新电源有限公司从事镁铜原电池的生产，生产过程不涉及铅蓄电池的生产、组装或回收利用。

【漕河泾开发区顺利通过国家生态工业示范区市级验收】 经过三年努力，徐汇区环保局协助漕河泾开发区初步实现"产业高端、资源高效、生态安全、机制创新"的创建目标。漕河泾开发区的26项国家生态工业示范区考核指标全部达标，17个定量指标中的9个指标优化提升率超过20%。其中，单位工业增加值新鲜水耗指标为1.38m^3/万元人民币；工业用水重复利用率指标达90.37%；较创建前年节约能源5899吨标准煤；单位工业增加值二氧化碳排放较2007年下降22%，均明显领先于已验收的国家生态工业示范区。2011年9月，国家商务部公布2010年国家级经济技术开发区投资环境综合评价情况，漕河泾开发区总指数排名继续保持第八，其中4类分项指标排名进入前十名，发展与效率指数继续保持第一。

【推进区域特色绿化建设】 2011年，徐汇区结合世游赛完成了枫林路（斜土路—零陵路）特色绿化建设。通过枫林路上布置了网格片的垂直绿化，种植了常春藤、凌霄等爬藤植物，并在沿线的仿老弄堂拱窗形式的木头花窗种植了铁线莲等植物，让人眼前一亮。在屋顶绿化建设方面，协调区教育局，启动徐汇区实验幼儿园、启新小学等7处单位的屋顶绿化建设工作，共建造屋顶绿化5156平方米。

【提升区属公园硬件品质】 2011年，徐汇区对8座区属公园改造绿地面积共计8000平方米，花坛、花镜种植面积8500平方米，并对8座公园进行了整治，维修、改造项目 7个，主要对公园破损的建筑、道路地坪、桥梁、围墙、拦杆油漆以及其他零星设施进行改造和修缮，总面积8800平方米。

【圆满完成世游赛市容整治保障工作】 徐汇区完成世游赛定点服务区周边道路沿线、徐汇滨江沿岸建筑和堤岸清洁整新10万平方米，维护店招店牌2.5万平方米，立面粉刷11万平方米，滨江新增9处景观灯光。对全区近7万套灯具逐一进行检查，对道路景观区、定点服务区、窗口出入区周边的公共绿地、单位附属绿地，进行整治和美化。同时加强绿地保洁的频率，确保整洁、美观、有序。形成有绿、有花、有灯、有景的城区环境。

【全面推进生活垃圾分类试点】 徐汇区在斜土街道5个小区、1825户居民区中启动生活垃圾分类试点。逐步推广斜土先行先试的有效经验，并结合区域特点挖掘试点工作亮点。如田林街道主动与万科物业协商，在万科华尔兹小区试行以物业为主导模式的试点工作。凌云街道结合"凌云生态家"品牌创建，在环保绿色小区开展试点，并将社区学校作为培训基地和废弃物再利用的展示基地。全年落实试点小区112个、居民45094户，在全区全覆盖。

【完善建筑渣土长效管理机制】 徐汇区完成新一轮渣土运输企业资质招投标工作，确定6家具备运输资质的企业，通过签订监管协议，规范中标企业运输行为，明确违规企业的退出机制。完善渣土申报审批对接工作，引入申报告知制度，把建设方、施工方、运输方自律承诺作为申报要件。2011年共申报出土量849.96万吨，比2010年增加488.79万吨。每天日夜两班对全区出土工地进行巡查，巡查结果输入区建交委工地诚信管理平台。

【加大水域保洁力度】 徐汇区针对绿萍对下游河道的威胁，制订打捞计划，特别是对西上澳塘、北潮港、浸木港等重点打捞，整个夏季，出动专门打捞绿萍的保洁船30次，保洁人员60人次，打捞绿萍24吨，确保了徐汇区水域环境和景观的干净整洁。并建立河道长效管理机制，建立业务科和保洁组长成立的河道日常巡查监督小组，加强督查力度。

【各类绿色创建】 2011年，徐汇区环保局与区文明办共同组织评定，命名“华康居委106弄”等10个小区为徐汇区“环保绿色特色小区”，299户家庭为区“环保家庭”。于2011年“6·5”世界环境日期间，对获得命名的小区和家庭授牌，并予以奖励。

【“6·5”世界环境日主题宣传活动】 6月5日，徐汇区环保局以“共建生态文明 共享绿色未来”为主题，结合漕河泾经济技术开发区创建国家生态工业园区工作，举办了本年度“6·5”世界环境日主题宣传活动。活动介绍了徐汇区开展的以生活垃圾减量化为代表的低碳小区创建工作，并对2010年度徐汇区“环保绿色特色小区”进行表彰和授牌。此外，还向徐汇区300余个居委和部分学校发放宣传画400余份。

【开展“地球一小时”活动】 2011年“世界地球日”期间，徐汇区环保局在太平洋百货大型电子显示屏上发布公益广告，并向漕河泾开发区、各街镇以及部分居委、学校和企业赠送宣传海报和宣传光盘。此外，还通过《徐汇报》、徐汇区公务网发布活动倡议书。并与北京地球村环境教育中心共同在8个社区试点开展“垃圾减量——零废弃回收”活动，垃圾减量成果显著。

【信访矛盾处置化解能力稳步提升】 2011年，共处理人大代表书面意见1件、政协提案3件（其中主办1件、会办3件），1件人大代表书面意见中已经列入计划解决，3件政协提案中采纳2件，留作参考1件。2011年，办理领导包案7件，均全部化解。化解、缓解了中远船务噪声、粉尘扰民、和记酒家油烟排放扰民、歌莉咖啡噪声扰民等重大、疑难信访矛盾。全年，共受理信访件335件，已办结335件，办结率100%。

（黄海涛 供稿）

长宁区

【区域经济发展与环保投入】 2011年，长宁区实现生产总值（GDP）720.7亿元，按可比价格计算，比上年增长8.1%。全年完成全社会固定资产投资总额64.7亿元，比上年增长8.1%。现代服务业实现税收142.5亿元,比上年增长29.4%,占全区税收的68.2%。

2011年长宁区环保投资总金额9.471亿元，其中区财政拨款7.646亿元，占环保总投资的80.73%；市财政拨款0.108亿元，占总投资的1.14%，社会投资额1.717亿元，占总投资的18.13%。从投资项目分类来看，用于污染源控制投入1.458亿元，占总投资的15.39%，用于城市环境基础设施建设7.464亿元，占总投资的78.81%，用于环境管理能力建设（环保管理、监测、监理、信息、科技、宣传等0.111亿元；用于环保设施运转费0.228亿元；用于其他0.028亿元。

【继续推进第四轮“环保三年行动计划”】 2011年，长宁区加大二级生化改造惠民工程实施力度，确定9座生化处理设施的改造，9个小区均改造完成。完成虹港大酒店和红双喜股份有限公司2台共8蒸吨燃煤锅炉烟气脱硫除尘设施改造，经监测全部达标，全年削减二氧化硫排放量10吨。全区共有各类处于土建阶段的建筑工地27个，每月开展建筑工地巡查，动态掌握全区建筑工地的防尘降噪情况，对部分防尘措施不到位工地及时提出整改要求，大部分工地均配备冲洗、清扫、覆盖等防尘设施。共开展餐饮油烟治理171户次，共梳理餐饮污染企业50

工作人员在进行机动车尾气路检

（杨 杰 摄）

家企业，对部分合法不合理、居民投诉集中的企业，通过“三个一点”（既：企业出一点、街镇拿一点、环保部门补一点）方法筹措整改资金，加快推进餐饮企业进行油烟净化设备改造。全年完成机动车尾气抽检2153辆，其中达标2113辆，达标率98.1%，对于超标的40辆机动车由交警部门暂扣行驶证，责令日常维修复查。创建程家桥街道虹桥机场新村为市级安静居住小区，复验市级安静居住小区4个。审批建筑工地夜间施工许可392次，未发生因夜间施工而产生的重大信访案件，两个工地自行安装了隔声屏，施工噪声污染得到有效控制。全区所有医疗废物纳入集中收集处置系统，各医疗机构内部建立医疗废物收集、贮存、处置管理制度，固体废物资源化、固体废物综合利用率100%。

在市下达的10项任务基础上，长宁区进一步细化补充，共安排了水、大气、生态、环境监管等领域共32项任务，计划总投入达到34亿元以上。目前，市下达的10项任务中，外环生态建设项目处于已开工阶段，环境保护能力建设3项任务处于基本完成，其余6项已全面完成；纳入区级环保三年行动计划的任务均全面完成。

【对企业能耗实行预警预测】 全面梳理全区能源考核范围的行业企业，加强培训和调研，进一步夯实能源统计基础。积极探索改善区能源统计工作方法制度，交流能源统计工作方法；在完成能源报表之后，第一时间对所有监测企业能耗情况开展汇总，分析能耗变动较快企业的原因，预判这些企业全年变动趋势。

【低碳经济工作实现良好开局】 长宁虹桥地区被列入上海低碳实践区之一，修订《长宁区节能减排专项资金管理办法》。制定《关于鼓励长宁区存量楼宇开展节能改造的实施办法》（初稿），组织开展2010年长宁区节能专项资金政策兑现工作。开展世界银行全球环境基金（GEF）二期项目申报的各项工作。继续加强与国家相关部委、市相关部门以及国内外机构的联系与沟通，赠款项目获得GEF理事会批准，贷款项目被国家发改委列入世界银行新一轮备选项目计划。做好低碳示范区建设各项推进工作。研究制定《长宁虹桥地区低碳发展实践区建设方案》；开展减排成本曲线与情景分析、建筑能效政策与商业模式等软课题研究；推进区域内建筑能效监控平台二期66幢建筑的分项计量装置安装工作。

【建立健全后世博环境保障机制】 建立环保综合协调机制，形成环保局牵头协调，职责部门共同参与环保的联动工作格局。建立联防联控机制，相关责任部门建立统一规划、建设、监管、评估、协调的环境污染联防联控工作机制。建立督办考核机制，将环境保护内容纳入政府各部门年度工作目标和年度绩效考核体系，纳入企业环保诚信体系中，实行环境问责制，定期督察、督办及考核。

加强源头控制，对不符合产业布局、不符合功能定位、不符合环保政策的项目拒绝落户，优化全区环境布局，促进产业结构升级和发展方式转变。加强污染控制，实现污染排放总量达标、排放浓度达标、环境功能区达标。加强风险源控制，实现风险源使用到位、管理到位、应急预案到位，确保区域发展和人民生活环境安全。

开展影响环境内涵品质的河道水质、大气烟尘、交通噪声综合整治。对餐饮油烟、噪声、扬尘、污水等环境污染进行动态排摸，拟定项目、拨出资金重点改造。滚动排摸辐射源、医疗废物、电子废物、加油站废油气、有毒有害物质等安全隐患，保障环境安全。

【提升城市绿化生态环境水平】 年内，完成公共绿地基础设施修缮工程121项，增设衣帽架、挂鸟笼等便民服务设施68项，修复、增设地坪5757平方米，更新、补种花灌木、地被79657平方米（其中居住区集中绿地30440平方米），加装各类网片、栏杆4466米，修复侧石1035米，补种行道树92株，修复、铺设各类树穴盖板1016副，增设花箱354组，完成北翟路25米绿化带（一期）、虹桥枢纽动迁房（北块）10米绿化带等大型共公共绿地。制定《长宁区屋顶绿化建设实施意见》和《破墙透绿实施办法》，完成屋顶绿化17102平方米、垂直绿化1472.3米、窗阳台绿化230米。

【加强环卫公共设施建设和改造】 全区不断完善环卫基础设施布局，提升服务水平，共新建公共厕所2座，改建公共厕所8座、倒粪站6座。稳步推进长宁区废弃物综合处置中心试运行，生活垃圾、粪便、餐厨垃圾、通沟淤泥和大件垃圾中转处置设备运转正常，全年共消纳压缩中转生活垃圾18.3万吨、处理粪便12.8万吨、通沟污泥3726吨、餐厨垃圾7205吨、大件垃圾2427吨。

【建成苏州河景观灯光带】 完成苏州河景观灯光工程（二期）建设，新建楼宇景观灯光56幢、沿河绿地灯光带1050米、烟囱灯光1个、防汛墙景观灯光3200米，完成虹桥河滨公园内绿化灯光建设。

【建立景观灯光养护管理机制】 通过市场化手段，落实3家社会企业承揽本区11处绿地及158幢楼宇景观灯光设施养护、抢修工作，达到一般区域12小时内修复、重点区域4小时内修复。景观灯光开灯率达到100%，亮灯率、完好率达到98%以上。

【加快全区绿色创建工作】 全年创建市级绿色小区2个，区绿色低碳示范小区9个，区绿色低碳示范家庭13户，区绿色示范学校4个。开展环保达人征集比赛活动。组织完成共计500户重点企事业单位和辐射源单位法人或企业负责人业务培训工作。

【“6·5”世界环境日纪念活动】 开展主题为“共创全国文明城区、同享环保绿色未来”，“1+10”纪念2011年“6·5”世界环境日主题宣传系列活动，活动安排环保企业经验交流、志愿者招募、活动倡议，文艺演汇、环保展示等内容。

【人大代表政协委员意见提案和环保信访受理率达100%】 2011年，对百姓反映强烈的餐饮油烟、固定噪声源、铝合金加工店、小吃店等环境污染源的精细化管理，每周安排人员轮流抽查，全年联合整治30次，召开各类协调会101场开展夜间抽查执法20次，各类绿色护考10批次，共派驻考点人员92人次，及时处理了6起突发噪声事件，确保考生安静的迎考环境。共办理人大政协意见、提案2件，处理率100%、满意率100%。全年环境信访投诉量为375件，基本持平，处理率达100%，满意率达89%以上。

（张　婧、甘县辉、唐国妹、杨　杰 供稿）

普陀区

【经济发展与环保投入】 经济平稳较快发展。全年实现地区生产总值（区域GDP）现价619.98亿元，按可比价格计算，比上年增长7.9%。其中，第二产业实现增加值117.42亿元，增长2.8%；第三产业实现增加值502.56亿元，增长9.1%。全年二、三产业增加值结构比重为18.94:81.06，第三产业增加值比重比上年提高0.31个百分点。全年实现区属增加值（按“税收属地”口径计算）239.87亿元，比上年增长9.5%。其中，第二产业增加值68.96亿元，增长7.5%；第三产业增加值170.91亿元，增长10.3%。第三产业增加值占区属增加值的比重为71.3%。

全区环保投入为4.13亿元，比上年减少54.36%。其中区财政拨款28031.76万元，占环保总投入的67.83%；市财政投入1379.04万元，占环保总投入的3.34%；社会投资11913.44万元，占环保总投入的28.83%。

污染源控制合计完成投资9158.04万元，占环保总投资的22.16%。其中废水治理1319.00万元；废气治理417.40万元；固体废物治理1099.50万元；噪声治理120.00万元；其他治理90.00万元；执行环保“三同时”项目投资6112.54万元。城市环境基础设施建设合计完成投资20539.79万元，占环保总投资的49.70%。其中园林绿化18436.00万元；河道整治工程1723.79万元；垃圾收集处理380.00万元。环境管理能力建设合计完成投资1835.40万元，占环保总投资的4.44%。环保设施运行费9791.00万元，占环保总投资的23.69%。

【大力推动环保三年行动计划】 基本完成了第四轮环保三年行动计划的各项任务。第四轮的任务涉及八大领域共123个项目，完成121个，完成率为98.4%。其中，市重点项目16个，完成15个，完成率为93.8%。

超额完成上海市下达的污染减排目标。2011年，全区工业源化学需氧量和二氧化硫的排放量较第三轮期末的2008年削减了59.7%和35.0%。2010年全区工业源化学需氧量、二氧化硫的排放量分别比2005年削减60.7%和63.1%，超额完成了上海市下达的“十一五”减排目标。2011年，工业源化学需氧量、氨氮、二氧化硫、氮氧化物的排放量在2010年基础上分别削减了38.3%、49.3%、6.6%和23.5%，其中工业源化学需氧量、氨氮、氮氧化物均提前完成“十二五”污染总量控制目标。

环境基础设施建设进一步完善。加快推进真南、真江东、大光复、新师大四大排水系统建设，合计服务面积计达1157公顷，进一步完善了区域雨、污水收集系统，提高污水输送能力；加大了垃圾压缩站的新建、改建力度，投入600万元，新建8座，改建10座垃圾压缩站；新建4个废旧物资回收交投站，使全区交投站总量达到30个，年回收量6万吨。全区生活垃圾无害化处理率达到100%，在曹杨路山华果品批发市场，成功建设了全区第一座有机垃圾处理厂，日处理有机垃圾100吨，能产出有机肥料30吨左右。

环境综合整治取得明显成效。投资1亿多元进行河道综合整治，全面提升区域河道环境面貌，共整治中小河道20条（段）13.19公里，其中消除黑臭河道14条（段）8.22公里；完成全区28座加油站油气回收改造工程；扬尘污染控制、中小燃煤锅炉清洁能源替代、餐饮业规范化管理等取得积极进展。

产业结构调整和循环经济试点。三年内搬迁、关闭、调整24家不符合都市型工业要求的劣势企业；上海古井假日酒店等2家企业成功申报成为国家循环经济试点企业；推进43家企业节能技术改造，开展节

"6·5"世界环境日宣传活动　　　　（普陀区环保局 提供）

个、监测报告505份、监测报表112份，空气质量日报362期，环境质量季报3份，编制《2006–2010年普陀区环境质量报告书》，为区域环境监督管理提供科学依据。

绿色创建继续处在全市前列。在第四轮环保三年行动计划实施期间，全区共创建了4个市级绿色社区、5所国际生态学校、18个区级环保绿色小区、16所区级绿色学校、20个绿色家庭、18个绿色工地及5个绿色饭店。并以各类绿色创建活动为载体，加大环保宣传力度，提高公众环保理念，为区域环境管理营造良好氛围。

编制并启动第五轮环保三年行动计划，积极推进外环林带和楔形绿地建设。完成长寿公园调整改造。加强环境监测能力和环境污染事故应急处置能力建设，保持扬尘防治工作成果。继续开展重点河道综合整治，进一步完善污水收集处理系统。逐步推进生活垃圾分类，深化垃圾资源化、减量化工作。深入开展节能工作，淘汰7家劣势企业，对年耗能5000吨标煤以上的企业严格实施能源利用状况监管。推广利用节能产品和清洁能源。

能产品研发、绿色饭店创建，累计投资金额12102.49万元，改造后每年节约标准煤2.61万吨；完成上海印钞有限公司、上海牡丹油墨有限公司实施清洁生产审核；完成2009–2011年全区综合单位能耗下降10%的计划目标。

生态环境质量进一步改善。区域水环境质量保持稳定，2011年全区水环境功能区达标率为58.1%，较2008年的51.4%略有上升；大气环境质量逐年提高，二氧化硫年日均值浓度0.032毫克/立方米，二氧化氮年日均值浓度0.053毫克/立方米，可吸入颗粒物年日均值浓度0.084毫克/立方米。区域降尘情况由原来的中心城区排序下游上升到中游，区域空气质量优良率连续多年高于85%，2010年和2011年均高于90%；区域声环境质量保持稳定，达到国家二类标准，并于2009年通过"环境噪声达标区"复验。2011年，区域环境噪声昼间时段平均等效声级为56.8dB（A），夜间时段平均等效声级为47.7dB（A），达到二类标准。道路交通噪声昼间时段平均等效声级为71.0dB（A），夜间时段平均等效声级为65.9dB（A），未达到四类标准；新增公共绿地48公顷，绿地调整改造50公顷、老公园调整改造5座，全区绿化覆盖率从2008年的22.4%提高到24.1%，人均公共绿地面积从5.5平方米提高到6平方米。全年共产生医疗废物1148.2吨，全部得到集中处置。

环境保护能力建设取得突破。完成了区环境监察支队和环境监测站的办公场所置换，大大改善办公环境。信息标准化、宣教标准化以及辐射环境监管标准化能力建设，除人员编制与办公用房方面外，基本能达到标准要求。完成空气自动监测站的设备升级和搬迁工作，完成应急监测车辆配置，部分大型监测仪器已进场安装、调试，计划于2012年上半年申请市环保局的验收。2011年，完成各类环境监测数据74837

【节能减排工作有序推进】 加快淘汰高能耗行业的落后工业、技术、设备和产品，对上海悦欣健身器材有限公司等6家进行了搬迁。有步骤地实施淘汰高污染、高能耗、低效益的企业，完成对上海方大药业股份有限公司等6家单位的搬迁工作。为降低COD和氨氮的排放，对上海大地木业有限公司、南杨家具厂等12家单位实施了搬迁。积极组织重点用能企业申报上海市节能技改项目，5家企业已成功申报上海市节能技改项目，组织实施14项区级节能技改项目，涉及总投资额达1.6亿元，节约标准煤1.4万吨。完成对申报2010年区级节能技改项目的上海市曹杨商城等5家企业的项目跟踪、核查工作。

做好医疗机构的节能技改工作，区中心医院安装锅炉烟道烟气余热回收系统，区人民医院投资55万元安装太阳能热水系统，在区属20家医疗卫生单位中开展节能灯改造替换。进一步推进节能建筑项目，全年完成节能住宅29个，建筑面积18万平方米，节能公建项目18个，建筑面积14万平方米。推动建筑领域的节能工程，全年申报市级节约型工地4个，区级节约型工地13个，申报4个建筑节能示范项目。完成普陀区10台锅炉能效测试工作，完成普陀区74台15年梯龄以上的老旧住宅电梯安全节能风险评估，推进督促节能改造。支持万里居民区的低碳节能项目，在绿化方面和环卫方面给予指导，并为该居民区的低碳节能项目投入350万元的经费保障。大力推进“绿色照明工程”，向居民推广368426支高效节能灯。

加强监督管理，督促企业开展污染物减排工作。重点加大对桃浦热力公司、上海汽车有色铸造总厂、高斯图文印刷系统（中国）有限公司3家使用燃煤锅炉单位的烟气脱硫设施的管理力度。通过每季度的现场检查，督促企业保证烟气脱硫设施正常运转，控制二氧化硫排放。年内采取各种措施，督促桃浦污水厂开展COD、氨氮的减排工作，减少污染物排放，督促12家单位实施搬迁，共计减少COD排放34.09吨，占“十二五”COD减排量的134%；减少氨氮排放6.525吨，占“十二五”氨氮减排量152%，已提前完成市政府下达的减排指标。同时，对4家单位开展VOC减排工作的前期调研，为将要开展的VOC减排工作做准备。

【区域平均降尘量持续下降】 年初，区环保局制定并由区府办发文转发《普陀区2011年扬尘污染控制计划》，根据市环保局对各区县扬尘防治工作绩效考核的要求，确定对各街道、镇的考核目标，同时对区相关职能部门在执法检查、污染源更新、监督整改和宣传培训等四个方面提出工作要求。全年平均区域降尘量6.68吨/平方公里·月，比上年度下降8.4%。

【新建绿地20.13万平方米】 完成新建绿地20.13万平方米，新种行道树1567棵。调整改造公共绿地近12万平方米，对曹杨地区的杏山路、兰溪路等沿线7000余平方米绿地进行景观优化、提升；完成金鼎路南侧清涧林带三期绿地调整改造3.3万平方米、新村路（灵石路至沪太路）绿地调整改造7257平方米。完成宜川公园整体改造。完成垂直绿化4864米，屋顶绿化1.15万平方米。

【市容环境建设和管理持续加强】 改造新村路、金沙江路、曹杨路等路段店招店牌1000块。完成1万平方米景观围墙改造，其中大渡河路绿地景观围墙、新村路科普主题景观围墙、延长西路金属浮雕景观围墙、管弄路文化休闲街等亮点纷呈。全年对全区范围内近40万平方米的围墙立面进行了粉刷。

继续完善苏州河沿线景观灯光建设，完成宝成桥西侧等六处绿地景观灯光的配电工程，完成梦清园至昌化路桥南侧的绿地景观灯光安装；完成长风生态园区13幢楼宇和1—4号绿地的灯光建设。同时，定期对所有在建和已建成的景观灯光设施进行检查，确保重点地区亮灯率100%，其他地区亮灯率98%以上。

进一步强化街道（镇）责任区管理，抓好源头监管。曹杨街道成功创建为上海市市容环境综合管理示范街道。在责任区管理的基础上，街道、镇依托第三方企业整治市容管理难症“乱设摊”迈出坚实步伐，真如、长寿“集市尾巴”管理和桃浦的设摊疏导均纳入市场化管理。与此同时，全区“三乱”管理市场化运作顺畅，全年全区清除乱涂写46.3万处，乱招贴165.3万处，乱刻画13.8万处，处理“三乱”违法行为人1126人次，实现全区道路基本无“三乱”现象。

【环保专项行动】 2011年，区环保局与区政府相关部门一起，分别进行了扬尘污染控制联合执法、餐饮业规范化管理及联合执法、河道黑臭专项整治等25次环保专项行动，其中与城管大队、建交委、绿化市容局、食品药品卫生监督所等部门联合执法检查35次，共出动3876人次，检查单位2398户（次）。对20家环境违法较为严重的单位做出责令限期改正的决定，并给予行政处罚，处罚金额共计37.7万元；对46家一般环境违法单位开具责令限期改正建议书。

2011年，区环保局在公务员录用考试、高中考、国家司法考试期间开展“绿色护考”环保行动。共出动90人次，检查学校和单位165户次，对2起噪声扰考事件当场予以劝阻，确保考场环境安静。

【机动车尾气排放监测】 2011年，普陀区首次开展机动车尾气排放监测工作。在区交警支队、行政执法总队六支队的配合下，采取路检、大卖场抽检、公交车目测等方式，共监测机动车2192辆/次，其中超标82辆/次，超标率3.7%，区交警支队对8辆超标车辆给予暂扣行驶证的处罚。

【规范建设项目环保审批】 全年共完成行政许可项目984个，其中，环境影响报告书（表）270个，登记表253个，试生产29个，竣工验收432个，总量比上年上升11.69%，年度建设项目验收率90.70%。

【辐射安全监管】 2011年，区环保局对69家从事使用或销售放射源、非密封放射性同位素、射线装置的单位进行严密监管；4家医疗单位因增加射线装置重新申请辐射安全许可证；为4家新增单位办理辐射安全许可证。

【创建活动覆盖各个方面】 年内，圣骊澳门苑通过市环保局验收，成功创建为“安静居住小区”。按照“安静居住小区”复验工作要求，对2008年创建的槎浦新家园进行第一轮复验，对2005年创建的长风星风花苑、长征真华路295弄小区、桃浦新家园3个小区进行第二轮复验。通过3年一轮的复验工作，使“安静居住小区”的创建成果得到巩固。

2011年，普陀区创建国际生态学校2所、上海市绿色社区2个，2个社区获得国家环保部授予的“首届社区环保公益奖”，其中知音苑社区荣获最高奖项——月季花社区环保范例奖。

【开展丰富的环保宣传】 6月3日上午，普陀区举行2011年世界环境日宣传活动，市环保局、区政府、上海印钞有限公司的有关领导出席活动。活动中，有7个环保绿色小区、3所绿色学校、10户绿色家庭以及2位环保绿色创建和宣传教育工作先进个人受到表彰。

7月2日上午，“上海市2011年英特尔科技环保进社区活动”在曹杨社区文化中心正式启动，主题是“为了家园更美丽，垃圾分类我做起”。中国福利会、上海市精神文明建设委员会、上海市环保局、上海市妇女联合会等有关领导出席活动，并在启动仪式结束后参观了曹杨社区文化中心、社区学校，视察了2011年英特尔科技环保进社区的有关活动。来自沙田学校、朝春中心小学和曹杨新村第六小学的共计300多名中小学生参加了当天的活动。

启动仪式由浦东世博家园小学的环保乐器演出《赛马》开场，梅川幼儿园的小朋友们表演的环保话剧《放错了地方的小白象》，为现场的嘉宾和学生们上了生动的一课，赢得阵阵掌声和欢呼声。

英特尔科技环保进社区活动已在上海市连续开展多年，不仅丰富了学生们的假期生活，还提高了他们的实践经验。该活动通过厨余堆肥数字游戏体验、垃圾分类知识擂台赛、变废为宝作品秀等游艺活动内容，以寓教于乐的形式向广大青少年宣传普及科技环保和垃圾分类知识，让学生们欢享健康、快乐、环保的暑假。

【环境信访总量基本持平】 年内，办理人大代表书面意见2件，受理环境信访450件，与上年基本持平，其中，废气133件，餐饮业油烟气92件，废水24件，噪声172件，其他29件。其中，噪声和油烟气投诉分别占信访总量的38%和20%，全年办复率100%，答复率100%。“夏令热线”期间，通过“12319”、“12369”等多种渠道受理环保信访92件，占全年信访总数的20.4%，通过“党员包案”，成功解决11件老、疑、难信访问题。

（龚　珑　供稿）

闸北区

【区域经济发展与环保投入】 2011年，完成增加值129.84亿元，同比增长13.8%；完成区级财政收入60.01亿元，同比增长29.6%。四个重点产业实现区级税收50.64亿元，同比增长34.6%，占区级财政收入比重达到84.4%。街镇实现区级税收12.24亿元，占区级财政收入比重达到20.4%，5个街道、镇实现区级税收超亿元；科技企业实现区级税收10.92亿元，同比增长29.5%；市北高新园区区域企业实现区级税收8.05亿元，占区级财政收入比重达到13.4%。

2011年共完成环境保护投入15.69亿元，其中市财政投入0.27亿元，区财政投入6.37亿元，其他投入9.05亿元。在这些投资中，用于污染源控制的1.17亿元，用于生态保护和建设的0.63亿元，用于城市环境基础设施建设的13.86亿元，用于环境管理能力建设及其他方面的0.03亿元。

【继续加强各类环境管理】 年内，闸北区环境保护局严格执行环境影响评价制度，加强对污染源的源头控制，共审批建设项目环境影响评价372项，试运行32项，竣工验收213项。加强对污染源的监管，全年共出动2588人次现场监察1294户次。对违反环保法律法规的行为立案处罚10件，处罚金额10.5万元。不断提高环境质量监测和污染源监测水平，共提供环境监测数据106074个，其中污染源方面的数据15644个，环境质量方面的数据90430个，为环境管理提供了客观、公正、科学的监测依据。

【全面完成第四轮环保三年行动计划】 第四轮环保

市领导参观2011年世界环境日主题宣传活动　（闸北区环保局 提供）

三年行动计划市政府下达的重点任务共9项，全面完成8项，结转1项；区安排五个专项领域共23项重点任务，全面完成21项，基本完成2项。通过扎实推进第四轮环保三年行动计划，闸北区污染减排成果显著，环境质量稳中趋好，水环境治理成效逐步显现，主要河道水质继续保持稳定，大气环境质量稳步提升，环境空气质量优良率连续3年保持在90%以上，区域声环境质量保持稳定，全区通过“环境噪声达标区”复验，机动车鸣号率控制在3%以下，环境安全有效保障，医疗废物集中收集率、危险废物无害化处理处置率均达100%，其间未发生重大环境安全事故。

【继续推进污染减排工作】 将排污企业搬迁或产业结构调整作为污染减排的重要措施。对列入调整或搬迁名单的企业定期上门，敦促企业加快产业结构调整步伐，同时了解企业在实施产业结构调整过程中遇到的问题与困难，并尽可能帮企业解决。年内，上海旗篷厂有限公司、上海北益热处理有限公司、上海三益实业公司、上海本特勒汽车零部件有限公司已完成搬迁或产业结构调整，4家企业搬迁后，每年削减化学需氧量排放1.00吨、二氧化硫排放1.22吨、氮氧化物排放1.17吨、危险废物排放2.796吨。

【开展整治违法排污保障群众健康专项行动】 编制闸北区2011年整治违法排污企业保障群众健康环保专项行动方案；开展了铅蓄电池企业的专项检查、对涉重金属危险废物的专项检查、对电镀等涉重金属污染行业的专项检查、加强建设工程项目环保管理专项检查、近年来发现的非法处置危险废物等突出环境问题的后督察、医疗废物集中处置工作的专项检查、危险废物规范化管理专项检查、建设项目“未批先建、久拖不验”等违法行为的专项整治、燃煤、燃重油锅炉专项检查等整治工作。对专项行动中发现的9家违反环保法律法规的企业作出行政处罚。

【“6·5”世界环境日主题活动】 6月5日，中华环保世纪行（上海）组委会、上海市环境保护局、闸北区人民政府在闸北区大宁灵石公园举行了大型主题宣传活动，市人大副主任、中华环保世纪行（上海）组委会主任胡延照、市政府副市长沈骏等领导出席。在仪式上，胡延照主任作“6·5”世界环境日致词，举行了市级绿色社区的授牌和“中华环保世纪行好新闻奖”颁奖。在文艺演出中，专业演员和社区环保志愿者表演了舞蹈、独角戏、戏曲联唱等环保宣传节目；活动现场，百名小学生以“我心目中的森林”为主题现场绘画；环保工作者开展了现场咨询，同时进行了废弃物艺术品展示、环保知多少触摸屏与网游等活动。市、区有关部门领导，新闻媒体代表，社区居民代表500余人参加了本次主题宣传活动。

【青春畅想、绿色生活，举办“安利环保嘉年华”】 9月24日、25日，由中华环保基金会、上海市环境保护局、共青团上海市委员会、上海市绿化和市容管理局、安利（中国）日用品有限公司主办，上海市环保宣教中心、闸北区环保局、闸北区团委承办的“青春畅想　绿色生活——2011安利环保嘉年华上海站”在闸北大宁灵石公园举行。中华环保基金会、上海市环保局、团市委、上海绿化和市容管理局以及闸北区区政府等单位的有关领导出席，并亲手摇动发电机，点亮了“碳梦之旅”口号的LED灯；来自安利、上海大学及闸北区街道和红领巾的志愿者代表发表了各自的环保宣言；进行了 “垃圾分类问不倒”等20余项互动活动，约30000名市民参与。

【河道治理】 2011年，全区有河道11条段，其中市管河道5条，长17.814公里；区管河道6条，长5.878公里，水域面积约50万平方米。另有湖泊一个，水面积6.8万平方米。北上海物流园区内胜利河因水系规划调整被填埋，长度为245米，水面积约1225平方米。年内，全区共建薄弱段防汛墙350米，疏浚河道6500立方米，新建护栏128米，改建河道景观绿化近1.6万平方米，对37995米防汛墙进行清洁、勾缝、修补，对45956平方米的河道绿化进行修剪、施肥、养护，对5896米护栏进行油漆除锈除尘，修复破损护栏50多米。对近50万平方米水域进行保洁，打捞水面垃圾240吨，清除陆域垃圾近50吨。对72块河道铭牌进行除尘油漆，对3座水闸泵站进行维修养护，并对高压设备进行年检。完成彭越浦、走马塘引清调水3400万立方米。

【绿化建设】 年内，新增各类绿地8.09公顷，其中公园绿地3.3公顷，居住区绿地1.58公顷，单位附属绿地3.21公顷，新种行道树80余株，建设屋顶绿化3200平方米，区绿地总面积达到610.02公顷，人均公园绿地面积达到3.28平方米/人，绿化覆盖率达到23.2%。继续完善公共绿化管理机制，通过多种形式，开展绿化服务进社区活动和树木认建认养活动；在重点区域道路布置各类花卉景观；保德路创建成为全市首批林荫道；社会公众满意度稳步提升。

【环保信访处理工作】 年内，闸北区共受理环境信访件503件686人次，均按时受理、办结。根据投诉内容分析，反映大气问题199件，占39.5%；油烟问题49件，占9.7%；噪声问题198件，占39.4%；水问题15件，占3.0%；固体废弃物2件，占0.4%；建设项目7件，占1.4%；其他问题33件，占6.6%。办理

“两会”政协提案2件，经积极沟通，认真答复，办结率与满意率均为100%。（陈民强、徐 皓 供稿）

虹口区

【区域经济发展与环保投入】 2011年，区政府积极应对宏观形势的发展变化，坚决贯彻国家和本市各项调控政策，全面落实创新驱动、转型发展各项措施，区域经济呈现增长加快、结构优化、质量提升的态势。实现三级税收收入123.6亿元，同比增长13.5%。完成区级财政收入53.81亿元，同比按期增长10.6%，增幅高于年初计划目标2.6个百分点。全区社会消费品零售总额完成228.7亿元，同比增长6.3%。外商直接投资合同金额完成8.18亿美元，同比增长16%。海关口岸进出口总额完成34.7亿美元，同比增长29%。

2011年，环保投入的资金达2.21亿元。投资来源上，区级财政投入15287.87万元，占环保总投入的69.1%，较2010年区财政投入14977.16万元增加了311.71万元；市级财政投入2076.63万元，占环保总投入的9.39%；其他资金投入4760.45万元，占环保总投入的21.51%。

从投资项目分类来看，资金投入主要集中在城市环境基础设施建设，主要用于污水收集处理、园林绿化、河道整治和垃圾收集处理，计14382.81万元，占环保总投入的65.01%，其中，垃圾收集处理投入最大，计7852.23万元，园林绿化投入位其次，计2709.98万元，污水收集处理和河道整治投入分别为1983.39万元和1837.21万元；环保设施运转方面，用于生活垃圾、污水处理厂，计4403.23万元，占环保总投入的19.9%。污染源控制方面，用于执行“三同时”项目，计3000.86万元，占环保总投入的13.56%；环境管理能力建设方面，用于监察能力建设、监测能力建设、环境宣传和监测站办公用房建设，计338.05万元，占环保总投入的1.53%。

【节能减排工作】 根据《虹口区2011年节能减排重点工作安排》，以年耗能400吨标准煤以上为标准，确定本区2011年节能监控单位57家。完成商务中心、嘉杰国际广场等25家用能单位的能源审计工作，积极推进合同能源管理项目。2011年区单位增加值能耗下降3.70%，超额完成年初确定的单位增加值能耗下降3.6%目标。完成市政府下达的能耗总量增幅目标。修订出台《虹口区节能减排专项资金使用管理办法》及实施细则，全年累计对近30个项目给予节能减排专项资金扶持。

创新节能工作，加强公共机构节能。支持上海富大同诺环境科技有限公司等7家单位实施节能环保创新项目建设，上海同济建设科技有限公司垃圾渗滤液废水处理系统等项目获得国家创新基金支持。全年落实推广节能灯33万余只。探索节能创新模式，创建浦江国际金融广场为国内首家全生命周期合同能源管理的新建楼宇，第一家通过购买减排量实现“零碳”的楼宇。以区机关办公大楼为重点，加强公共设施设备、主要耗能区域的定期巡查，通过电耗的差异化控制，逐步形成节能管理长效机制。实施中空双层玻璃、节能灯等节能改造措施，完成市公共卫生学校、四川北路社区卫生服务中心等节能改造工程。

以节能环保服务业为重点，推动战略性新兴产业发展，共有企业330家，其中节能环保252家，新材料51家，新能源27家。共完成三级税收2.24亿元，同比增长24.5%，区级税收7437.0万元，同比增长23.5%，销售收入54.6亿元，同比增长34.1%。具有产业发展速度增快、企业创新实力加强、功能要素集聚度提高以及低碳产业影响力不断扩大的特点。

推进建筑节能。要求本区新建的公共建筑和居住建筑严格执行国家节能50%节能率标准要求。全年开展建设工地质量抽巡查工地246个/次，开展建筑节能专项检查3次，综合大检查4次。区内多个项目被评为市级节能示范项目：浦江国际金融广场获得美国绿色

垃圾分类试点工作宣传点 （虹口区环保局 提供）

建筑委员会LEED评估体系预认证金奖，东方海港国际大厦获得住建部三星级绿色建筑设计标识和上海市可再生能源与建筑一体化应用示范项目，瑞虹三期四号地块获得住建部二星级绿色建筑设计标识。开展节能主题观摩活动2次，文明施工、绿色施工现场观摩活动1次，配合市、区有关部门开展“节能宣传周”主题宣传活动。

3月14日，国家发改委、财政部发布节能服务公司（第二批）备案名单，虹口区上海申能能源科技有限公司、上海宸新节能科技有限公司、上海安悦节能技术有限公司和上海耀铨节能科技发展有限公司4家企业成功通过国家节能服务公司（第二批）备案。这4家企业主要在工业、商业等领域提供节能服务。年底，虹口区节能服务类企业已达198家。

6月11日，2011年上海市节能宣传周开幕式在花园坊节能环保产业园隆重举行。市人大常委会副主任杨定华、市政协副主席蔡威、市政府副秘书长肖贵玉、市经信委等18个联合举办单位负责人以及来自全市部分节能环保企业参加了开幕式。开幕式上，本区青少年代表全市学生发出“大手牵小手，节能我行动，低碳新生活”的节能倡议。市领导以及吴清区长为上海市第二批备案的合同能源管理节能服务公司颁发备案证书，并为“节能超市”开幕剪彩。

【环保三年行动计划实施】 2011年，在全体成员单位的共同努力下，圆满完成第四轮环保三年行动计划的各项任务。其中完成市推进办下达虹口区的1项建设类项目和6项管理类七项任务。本区自行安排的水环境保护、大气环境保护、噪声和辐射污染控制、固体废物控制利用和处置、重点区域建设、环保创建活动、绿化建设以及环保能力建设八大类共三十二项已全部完成。

6月起，根据“十二五”环保专项规划和市政府下达虹口区的“十二五”污染减排各项指标，高标准、高起点、高质量地开展第五轮环保“三年行动计划”编制工作。通过召开环保三年行动计划领导小组会议、与市推进办主动沟通、听取成员单位意见反馈、走访部门听取意见等方式，对“计划”进行广泛论证与讨论，进行反复修改，实行科学编制。

【浦江国际金融广场实行全生命周期合同能源管理】
11月13日下午，区商务委与上海市合同能源管理指导委员会办公室、上海鸿泰房地产有限公司共同主办的 “浦江国际金融广场全生命周期合同能源管理创新模式签约仪式”在上海市能效中心举行。浦江国际金融广场与霍尼韦尔、江森自控、施耐德电气等世界知名的专业节能技术公司签署战略合作协议，成为国内首家全生命周期合同能源管理的新建楼宇，即由多家节能技术公司为其从设计到运营的全生命周期内，提供系统化、节能化、全过程化的能效管理方案。此外，浦江国际金融广场还采用了虹口区节能功能性机构自主研发的自愿碳减排标准，在上海环境能源交易所与我区一家制造业企业实现了碳中和交易，成为第一家通过购买减排量实现“零碳”的楼宇。

【建立低碳经济生产性服务业功能区】 2011年5月20日，花园坊和上海灯具城被认定为上海低碳经济生产性服务业功能区，列入市重点推进的生产性服务业功能区，已有节能环保功能性机构和企业270余家，成为全市节能环保服务业要素最集聚、功能最齐全的区域之一。其中，花园坊节能环保生产性服务业功能区位于花园路171号，占地3.24公顷，功能区内已入驻上海能效中心、环境能源交易所等一批节能环保功能性机构。现代照明生产性服务业功能区位于柳营路125号，占地1.7公顷，以发展新材料、新能源及节能环保技术研发设计、检验检测、应用推广为核心为产业定位，以照明节能灯具、照明环境工程总集成总承包为主导，力争打造低碳照明的新亮点。

【中英低碳技术交流会召开】 12月19日，区中小企业发展促进中心与亿尔姆节能咨询公司共同在花园坊节能环保产业园召开了“中英低碳技术交流会”。会议邀请了中英两国低碳经济领域专家及企业代表围绕节能环保产业发展和商业街区节能改造展开交流讨论。虹口区政府、市发改委、英国驻上海总领事馆的相关负责人及区相关部门出席了会议和相关活动。与会的两国专家及企业代表分别就环保节能技术和区域开发中的低碳策略这两个议题做了深入的交流，分享低碳发展的成功经验。

【2011年低碳产业论坛】 12月23日下午，由上海市虹口区人民政府、上海环境能源交易所联合举办的“2011年低碳产业论坛”在上海市花园坊节能环保产业园举行。国家发改委副主任解振华，财政部中国清洁发展机制基金战略发展委员会主席贺邦靖，中共上海市委常委、常务副市长杨雄出席会议并作重要讲话。论坛围绕“低碳经济与可持续发展”这一主题进行研讨，国家发改委、财政部等部委以及上海市政府相关领导作主题演讲。来自全国碳交易部门、金融机构以及相关企业200余位嘉宾共同出席会议，解读中国节能减排政策，交流碳市场发展的现状与实践，进一步推动低碳产业发展。论坛举办过程中，举行了上海环境能源交易所股份有限公司揭牌仪式。

【加强辐射安全监管与应急处置能力】 为进一步加大辐射安全环境监管力度，确保世界游泳锦标赛期间辖区内辐射环境安全，2011年4月，区环保局对本区6家Ⅰ－Ⅴ类放射源和放射性同位素使用管控单位以及9家射线装置使用单位开展专项检查。检查表明各单位的放射源和射线装置都处于安全状态。

经上海市环境保护局审批同意，在市辐射环境监督站的指导下，4月11日晚20点30分至12日下午15点40分，区环保局执法人员赴中国人民解放军第411医院全程跟踪伽玛刀放射源的更换，导入25枚新辐射源Co-60，全程进行安全确认。

4月26日，区环保局召开辐射环境安全监管工作会议，邀请上海市辐射环境监督站的专家从医疗单位辐射环境管理的具体要求和辐射环境现场检查内容两方面对全区6家放射性同位素使用单位、28家射线装置使用单位以及8个街道的环保干部进行了专题培训。

认真组织参加区反恐办组织的“虹港2011”反恐演练、区民防办组织的“民防-2011”网上演练以及安监局组织的应急演练，进行现场环境应急监测，提出应急处置建议。妥善处理3月20日由于高化厂污染事故引起的本地区多个地方硫化氢异味的应急处置、8月20日晚江杨南路65号上海良基金属制品有限公司仓库发生火灾后散发刺鼻气体的应急处置。

【整治违法排污企业】 按照国家环保部等九部委以及本市的要求，结合虹口实际情况，制定《虹口区2011年整治违法排污企业保障群众健康环保专项行动方案》，共出动监察人员229批次、667人次，监察单位632户次。进一步加强放射性物质、医疗废弃物、危险化学品等环境风险源监管的深度、力度、频度，确保全区6家放射性含源重点单位，40家含放射性射线装置单位、89家医疗机构、15家重点工业企业属于受控状态，环境安全得到有效保障。开展建设项目环保管理中“未批先建、久拖不验”违法行为专项整治，对历年未验收的“三同时”项目进行清理、监察。对建设项目申请竣工验收进行催办督促，对其中存在的违法行为立案进行查处。全年，排污费征收额共计39.13万元，168户数，处罚7家企业，处罚金额共计9.7万元。

【建立健全城区管理工作体制机制】 虹口区认真落实市市政市容管理联席会议部署，确保2011年城区市容环境整洁美观、市政设施运行有序。一是组建机构。4月中旬完成了区市政市容管理联席会议的组建，由分管副区长任联席会议召集人，城市管理相关的12个部门、8个街道以及有关单位为成员单位，联席会议办公室设在区绿化和市容管理局，主动对接市政市容管理联席会议和“联席办”的工作安排。二是形成制度。区联席会议建立了双周例会制度，由分管副区长召集并主持会议，区“联席办”通报双周网格化管理、“12319”城建热线等情况，各成员单位通报阶段性工作重点，由联席会议明确重点工作的牵头部门、配合单位等。由于职责清晰、时间清楚、措施细致、预案缜密，区联席会议明确的各项工作均能得到有效落实。三是跟踪督办。区联席会议明确的重点推进工作，主要责任单位按照时间节点，定期在联席会议上反馈落实情况，并由区“联席办”进行跟踪督办，确保每一件重点工作都落到实处。此外，对市“联席办”下达的督办单，区“联席办”按照职责分工，及时转到相关部门或街道，做到及时处置、全程跟踪、结果反馈。四是后台支撑。区联席会议充分发挥区城市管理网格化中心的功能，重点推动发现机制、处置机制和监督机制的完善，尤其对及时处置率提出具体要求。与此同时，依托“12319”城建热线、“962121”物业服务热线等，及时了解市民群众的急、难、愁需求，更好、更有针对性地开展城市管理工作。统计数据显示，投诉总量稳步下降，基本稳定在双周300件左右。

【推进生活垃圾分类、减量化工作】 年内，按照《上海市人民政府印发关于进一步加强本市生活垃圾管理若干意见的通知》和《上海市人民政府办公厅转发市绿化市容局等十五部门关于推进本市生活垃圾促进源头减量实施意见的通知》要求，区绿化市容局制定了《虹口区“十二五”期间全面推进本区生活垃圾分类促进源头减量的实施方案》和《欧阳街道实施生活垃圾分类、减量试点的实施方案》。从5月10日起，率先在欧阳街道5个小区，启动了居民生活垃圾分类、源头减量试点工作。到年底，欧阳街道已有67个小区全面推广落实。全区年度生活垃圾减量由原来的每天700吨减少至每天674吨，实现了年均减量3.71%的工作目标（人均减量5%）。

【强化环卫保洁的基础作用】 对区域重点道路、景观区域等实施道路洁净工程，全区已有89条（段）道路全面实施了“白天保洁、夜间作业”的新型模式，道路覆盖面积占全区道路总面积的58.6%。继续改善旧式里弄住宅市民群众环卫生活条件，推进“五小设施”改造，全年完成20座垃圾箱房、10座倒粪站的大修改造以及500只小型废物箱、50座大型废物箱的调整更新，完成20座生活垃圾小型压缩站的改造和设备维修。加强渣土整治、垃圾清运工作，暴露垃圾做到“日产日清”，渣土乱倒、偷倒现象得到有效遏制。

【推进绿化景观建设管理】 2011年，完成区工人文体中心（二期）配套绿化工程、广粤路绿地调整工程，配合凉城路道路改建，完成沿线景观改建，景观效应更加凸显。完成《虹口区户外广告设施设置阵地实施方案》编制，完成北川公寓周边景观改造，进一步提升四川北路沿线环境质量，开工建设“中共四大”纪念设施。2011年全区新辟公共绿地1.6万平方米，新种植行道树200株，种植新优植物5种、49株，新建屋顶绿化5000平方米、立体绿化700米，新辟专用绿地1.8万平方米。加强公园管理，着力提高服务市民群众和游客的能力和水平。东体育会路（中山北二—玉田路）被评为全市首批建成的林荫道之一。

【加大环境保护宣传力度】 3月8日上午，虹口区四套班子领导、区绿委委员、各街道城管主任，在爱思儿童公园公共绿地，进行义务植树劳动。参加义务植树劳动的还有市绿化和市容管理局领导、本区驻军部队首长以及本区绿化和市容局干部职工和嘉兴路街道机关干部等100余人。种植乔灌木银杏、香樟、榉树、红枫、青枫、北美枫香、乐昌含笑和垂丝海棠等树木200余株。

3月12日下午，由虹口区绿化委员会、虹口区绿化和市容管理局和嘉兴路街道绿化委员会在四川北路公园联合举办“同建绿色家园，共享生态文明”大型绿化文艺宣传活动。市民千余人参加了宣传活动。在活动中，区绿化办设立绿化宣传点，内容有养花咨询、绿化法规宣传、野生动物保护、古树名木保护、现场认建认养以及插花表演等，倡导广大市民共建绿色家园，共享生态文明，增强自觉参与种绿、爱绿、护绿、守绿的意识，共同为维护优美环境出力。同时，区绿化办在宣传现场，向市民免费发放市民义务植树绿化宣传手册、防范禽流感、上海市野生动物保护管理等宣传资料。

结合2011年度“6·5”世界环境日主题，组织各社区开展多种形式的环保互动活动。6月3日下午，在虹口图书馆举办2011年度世界环境日专题宣传活动，复旦大学材料学院生物多样性研究所所长陈家宽教授应邀作了主题为《长三角主要环境问题及其对我们的挑战》的讲座，全区各部门、街道、居委会干部职工及社区居民共两百余人参加了讲座。以《虹口报》为平台，开展“虹环杯”环保知识竞赛，吸引广大公众踊跃参与，进一步扩大环境保护在我区的影响力。制作展板20块在社区展示，内容涵盖本区“十一五”期间环保成果、辐射安全知识、减排知识等。发放宣传品、宣传画共计6000份。在《解放日报》综合新闻栏里和《虹口报》首页都作了有关虹口环保工作成果的报道。

开展绿化服务进社区、进学校、进军营、进楼宇、进园区活动。组织绿化专家到各小区和凉城二小、嘉兴社区、南空军械厂等开展绿化咨询、讲座活动，参加活动人数2500余人。开展花卉进家庭活动，赠送社区居民花卉盆景2000盆。在公园放映免费电影12场次，社区居民观众近2万人次。

【继续推进“绿色小区”创建工作】 区环保局深入街道、小区，对“绿色小区”创建工作进行具体指导，全力做好各项服务工作。2011年，广中街道虹口花园、曲阳街道复城国际2个小区创建为区级金叶级“绿色小区”，欧阳街道山水苑、嘉兴街道爱家豪庭、凉城街道环城公寓、提篮桥鸿旭豪苑和川北明杨豪苑等5个小区创建为区级银叶级“绿色小区”，完成第四轮环保三年行动计划的绿色创建目标。绿色小区的创建成功，得到了广大居民的支持，在创建过程中，广大居民从身边做起、从自己做起、热爱自然、热心环保、积极参与环保实践活动的环境意识得到了一定的培养。2011年，经市环保局、市文明办评定，曲阳街道“景明花园”获得上海市第二批市级绿色小区的表彰。

【人大、政协意见提案受理和公众投诉处理】 2011年区环保局共办理人大代表书面意见5件，其中主办件3件；政协委员提案7件，其中主办件4件。处理市区党代表及市区人大代表联系社区反映意见建议3件。办结率、满意率均为100%。

受理信访件504件/706人次，同比去年下降3.3%（2010年受理521件/1014人次）。其中，来电422件，来信37件/228人次（其中联名信7件/197人次），来访20批/31人次（其中集体访1批/8人次），电子邮件25件。投诉热点仍然是建筑工地夜间施工噪声扰民和餐饮业油烟气污染等。建立完善大信访的格局，由局党组书记亲自抓，各科室、站、支队全员参与信访工作，在各街道专门设有一名专职环保监督员负责社区社情民意的处理。继续坚持联络员对口指导制度、每月一次的信访例会制度、项目审批通报制以及奖励先进的制度。 （喻 霞 供稿）

杨浦区

【区域经济发展与环保投入】 2011年，全年完成税收收入633.60亿元，同比增长22.4%，完成财政收入660.51亿元，同比增长26.6%。全年完成固定资产投资159、80亿元，同比增长11.9%。全年实现社会消费品零售总额275.04亿元，同比增长了14.8%。全年完成地区生产总值（GDP）1126.89亿元，按可比价格计算同比增长12.1%，其中第一产业增加值完成4.81亿元，同比下降0.7%；第二产业增加值完成

692.07亿元，同比增长12.4%；第三产业增加值完成430.01亿元，同比增长11.6%，扣除烟草业，第三产业增加值占全区生产总值比重为77.1%，较2010年上升了0.6个百分点。

全年各类环保投入资金共3.63亿元，其中市财政投入840万元，区财政投入2.02亿元，其他来源1.53亿元。主要资金投入中，城市环境基础设施建设方面的投入为2.12亿元，污染源控制方面的投入为1.41亿元，其他方面的投入为918.70万元。主要用于河道环境治理、生态绿化建设、扬尘污染控制、废水、废气治理改造、固体废物处置、节能减排和循环经济、环境宣传教育、环境综合整治、环境能力建设等。

【第四轮环保三年行动计划顺利收官】 第四轮三年行动计划上海市政府共下达杨浦区9项任务，环保局、建交委、绿化市容、房管、公安等20余家职能部门全力协作，2009年就已全面启动各项任务，并于2011年全部顺利完成。杨浦区政府确定的21项环保三年行动计划项目也有序推进，其中17项按期顺利完成，另有“大定海排水系统建设”、“新江湾河道、湖泊疏浚清淤”等4项因条件限制完成时间做了调整。

【环境保护与生态建设“十二五”规划审议通过】 2011年8月25日，环境保护与生态建设“十二五”规划于杨浦区政府第173次常务会议上审议通过。会议指出，环境保护和生态建设工作与民生和社会稳定密切相关。要高度重视百姓反映较多的电磁、环境噪声、光污染等问题，集中精力做好污水截污纳管，扬尘污染控制等区域性重点工作，开展被污染土地检测和修复再利用研究。要严把企业准入关，明确环保重点督查单位，加快淘汰落后工业产业，推进城区产业结构调整。至2015年，杨浦区将建立起与创新型城区相适应的环境综合决策体系、环境基础设施体系和环境执法监管体系，完成化学需氧量、氨氮削减10%、城区污水纳管率达到90%、燃煤（重油）二氧化硫排放接近零、区域氮氧化物持平等一系列约束性指标削减任务，区域环境质量得到持续改善，区域环境安全得到长效保障，区域可持续发展能力得到进一步提升。

【节能减排工作扎实推进】 2011年，杨浦区推进重点领域节能，实施节能技改、低能耗新建建筑、既有建筑节能改造等重点节能项目。推进铁狮门F2地块、创智天地311地块等绿色建筑示范项目。实施节能产品惠民工程，在12个街镇推广高效节能灯具40万只。通过对83家杨浦区重点用能单位加强跟踪管理，区域单位生产总值综合能耗下降率为5.42%，超额完成3.6%的年度目标。

2011年进一步淘汰落后产能，提前并超额完成“十一五”区域减排目标。全年完成9家企业产业结构调整任务，中环线以内已基本消除污染排放较为严重的生产型企业与设施，积极推进军工路沿黄浦江一带保留工业企业向先进制造业转型，对上海船厂船舶有限公司、中铝第二板带厂等单位组织专项环保调研与评估工作。全年完成了上海东海制药股份有限公司3台6.5吨、上海柴油机股份有限公司2台20吨燃煤锅炉的清洁能源替代，及上海上机热处理有限公司、上海巨力金刚石工具有限公司、上海柴油机股份有限公司等3家污染企业（车间）的关停并转迁工作。同时，积极推进肺科医院、上海理工大学、铁路殷行洗罐站等单位启动燃煤锅炉清洁能源改造工程。

加大企业清洁生产审核推进力度。全年推进上海沪东船厂浦西分厂、上海东海制药厂、上海复星制药厂等6家单位先后通过清洁生产审核验收；启动上海柴油机股份有限公司、上海正广和饮用水有限公司、英联马利食品（上海）有限公司等5家企业强制性清洁生产审核。

【环境质量持续改善】 2011年全年环境空气质量优良天数为339天，优良率为92.8%，较上年同期小幅上升了2.9个百分点；年内可吸入颗粒物（PM_{10}）均值为0.080毫克/立方米，同比小幅下降；二氧化硫年均值为0.029毫克/立方米，同比持平；区域降尘量7.8吨/平方公里·月，较2010年持续下降了

“低碳走进千万家，节能环保我参加”系列社区宣传 （杨浦区环保局 提供）

8.2%。全区污水纳管率已达86.3%，工业废弃物综合（处置）利用率达99.8%；区域环境噪声平均等效声级，昼间时段和夜间时段分别为55.7LeqdB(A)和48.1LeqdB(A)，同比基本持平；环境噪声达标区域覆盖率达100%。

【城区绿化面貌不断提升】 2011年新增绿地面积8.08公顷，其中新建公共绿地2.49公顷。新增行道树180株，新增屋顶绿化5804平方米，绿篱围墙880米，城区绿化覆盖率遥感统计24.1%，同比增长0.09个百分点。全年共完成绿地改建1.56公顷，更新行道树设施132副。区域绿化覆盖面积达1462.43公顷，城市园林绿地总面积1373.35公顷，其中，公共绿地459.5公顷。人均公共绿地面积达到4.21平方米，同比增加了0.13平方米。

【新江湾城建设导则通过评审】 2011年1月13日，《新江湾城区国际化、智能化、生态化建设导则》评审会组织召开，由复旦大学、华东师范大学、华东理工大学以及杨浦区相关委办局代表组成的评审专家组一致评审通过。建设导则以国际化、智能化、生态化为导向，经过反复调研和会议论证，借鉴国际发展前沿和上海世博会的先进理念与实践，结合新江湾城建设的实际情况，从产业发展、人文条件、能源利用、道路交通、楼宇建筑、生态环境与保障措施等方面着手，提出通过国际化产业发展，多元文化培育，城区信息化应用水平提升和生态环境保护为主的建设思路，为新江湾城建设新型国际化城区提供了建设依据。

【环境风险控制】 2011年，进一步完善区域环保诚信企业创建标准和规范，推进4家企业开展环保诚信企业评审，并酝酿对已通过企业实施复核。对于环境风险企业进一步做到建档立制，完善了15家放射性同位素销售、使用单位和39家射线装置生产、销售、使用单位“一厂一档”的基础台账，同时对区内29家环境风险企业的环境应急预案进行专家评估以达到规范化、标准化。对区内危险废弃物年产生量1吨以上的13家工业企业，组织进行了危废规范化管理的学习与考察，并开展了综合评估和现场核查，对发现的问题责令限期整改。联合区安监局、教育局，开展区内中学实验室危险废弃化学品的清查摸底工作。开展无辐射安全许可证单位清查，严格区内IV、V类源和III类射线装置的建设项目审批和辐射安全许可证发放。

【监测能力建设】 2011年，杨浦区进一步推进区域在线监测能力建设，开发了“杨浦区污染源与环境质量地理信息系统”软件，完成了环境质量数据的功能模块开发，提高了环境信息数据的综合分析能力；完成了新江湾城建筑工地、广汇混凝土搅拌站的扬尘污染（全球眼）在线监控。积极组织参加各类比武和应急演练，锻炼和检验环境应急队伍，提高了环境应急能力。全年完成24个降尘点位、5条河9个断面的水质监测,16个区域噪声、9个道路噪声、3个功能区噪声、6个机动车和非机动车禁鸣效果监测，1000辆机动车尾气和区水、气重点污染源的监督性监测；完成天龙宫饭店、广汇混凝土搅拌站等重点单位的信访监测。

【加强政风行风建设，提高依法行政能力】 2011年，杨浦区紧密围绕民生主线，改进服务质量和态度，固弱补强，加大政风行风整改力度，对办公秩序、办事效率、行政监察、信访投诉、窗口服务等多个方面进行细致部署并完善相关制度，在2011年政风行风上海市环保系统测评中排名第二。着力提高环保依法行政能力，进一步规范行政执法行为，严格环境执法，强化对水、气、噪声、油烟气、固废、危废等各类污染源的日常监察及建设项目中后期监察，做好新建项目的监督管理，全年共审批环境影响评价报告书（表）475份，竣工验收231家，试生产项目29个。全年执法累计出动893批次，3400人次，监察企事业单位1063户次；实施行政处罚8起，处罚金额12.8万元；征收排污费117.9万元。

【各类专项整治】 7月，在区域范围内组织开展建设项目“未批先建、久拖不验”等违法行为的专项整治，层层梳理，全面清查区内建设项目环保审批情况，统计“未批先建、久拖不验”项目并督促建设方进行整改。

8月，开展“夏令热线”专项整治。针对夏令期间环境矛盾发生频次高，市民环境诉求集中的情况，重新配置执法力量，实行“属地化、网格化”管理，将执法业务重心下移至街道、镇，提前、主动介入，及时发现问题。依托城市管理大联动平台，以及镇城市管理联动分中心平台，多部门联合开展整治，提高执法效率，及时化解信访矛盾；以噪声、油烟气、扬尘污染等夏令期间诉求热点难点问题为重点，成立专项整治小组，对辖区内可能产生诉求纠纷的源头单位进行排摸，开展巡查、宣传和告知，确保区域环境安全始终处于受控状态。

9月，对重金属污染企业组织开展专项执法检查。进一步排查和梳理涉铅、镉、汞、铬、镍和类金属砷企业，深入掌握区域重金属污染排放、行业涉及以及区域分布情况。根据企业行业特点和重金属用量，确定5家电镀企业为专项检查重点对象。对重点企业所涉重金属在采购、运输、存储、使用、排放、设施运行、危废处置、安全保卫等重要环节进行动态监察，对违反环保法律法规的行为进行查处，对安全隐患提出整改意见，责令改正。加强对现有重金属污染企业的后督察，逐步限制缩小其运营规模和使用量，禁止新建任何电镀、热处理、铸造、煅造等四大独立工艺的企业，以巩固城区转型发展的成果。

10月，开展医药企业专项执法检查。充分利用污染源普查、排污申报登记数据信息，结合日常监管处罚情况，对区域内医药制品企业开展了全面排摸，做到了排查仔细、督促有力、查处到位。重点检查了医药制品企业建设项目执行环境影响评价、环保“三同时”制度情况、医药制品企业废水废气污染物排放情况、危险废物贮存和处理处置情况、污染防治设施运行情况，以及群众投诉反映的污染问题解决情况。

【多方位推进环保宣教活动】 2011年5月，组织区内复旦大学、同济大学等4所高校的126位同学组织成立环保志愿服务队，深入社区开展环保系列宣教活动；推进各类环境安全专题培训与宣传，举办了民营企业环保讲座，并对全区风险企业开展了环境安全联合培训。5月，及时组织以《辐射基础知识和核安全》为主题的辐射科普宣传。6月，积极开展“6·5”世界环境日主题宣传活动，稳步推进绿色创建工作，成功创建10个区级绿色小区，1个市级绿色小区，2个市级安静小区。环保宣教工作得到认可，区环保局获得2006-2010年上海市法制宣传教育先进集体的荣誉称号。

【环境信访矛盾持续趋缓】 2011年，整合资源、落实责任、提高效率，进一步完善环境信访制度。全年专题研究讨论制定领导重大信访包案4件，接办环境保护相关人大代表意见1件，政协委员提案5宗，办结率和满意率达100%。全年共接办环境信访投诉375件，同比下降8.5%，办复率100%。其中，废气污染投诉92件，同比上升46.03%；油烟气污染投诉67件，同比下降50.7%；噪声污染投诉188件，较上年增加8起，基本持平，环境信访矛盾持续呈现趋缓态势。

（陈刘芳 供稿）

黄浦区

【区域经济社会发展与环保投入】 2011年黄浦区一手抓原黄浦、卢湾区“撤二建一”有关工作，一手抓经济社会平稳健康发展，全年实现地区生产总值（GDP）1291.57亿元（按现行价格计算，下同），比上年增长5.5%。其中，第二产业增加值71.07亿元，占全区生产总值的比重为5.5%；第三产业增加值1220.50亿元，比上年增长6.3%，占全区生产总值的比重为94.5%。全年全区财政收入363.23亿元，比上年增长21.3%。完成区级财政收入130.97亿元，增长15.1%。税收“亿元楼”总数达到45幢，其中，区级税收“亿元楼”15幢。

2011年环保资金投入共计9.91亿元，区级增加值为322.706亿元。环保投资指数为3.07%。资金投入主要集中在城市环境基础设施建设，计8.99亿元，占环保总投资的90.76%，其中园林绿化建设投入较大，达7.01亿元；污染源控制方面，投资主要集中在建成投产“三同时”项目，达7720.76万元，占环保总投资的7.79%；环境管理能力建设投入162.79万元；环保设施运转费投入518万元。另外，2011年商务楼二级生化设施改造工程投入743.04万元。

【环保三年行动计划】 黄浦区提前完成第四轮环保三年行动计划中市政府下达的大气环境治理与保护、生态保护与建设和环境能力建设的3个大类8个项目任务。不断改善综合环境质量：重点开展扬尘、餐饮单位油烟气、建筑工地夜间施工噪声及娱乐业噪声污染的整治，空气环境质量优良率稳步提高，区域降尘

黄浦新貌 （简永清 摄）

量逐年削减。2011年，区域降尘量均值为6.2吨/平方公里·月，与2008年相比，改善率达到22.5%；空气质量优良天数为343天，优良率为94%，以上两项均优于全市平均值。环境噪声达到国家功能区标准，完成年度减排目标。积极推进燃重油单位清洁能源替代工作，完成锦江饭店和城市酒店的重油锅炉清洁能源改造。绿化建设超额完成，完成延陕延茂绿地一期、南园滨江绿地、外滩源33号等总计9.14公顷的绿地建设。继续提升环境管理水平。对全区二级生化处理设施加强监管，符合条件的二级生化设施完成纳管改造，二级生化处理设施的正常运行率大大提高。全面落实固体废弃物、危险废弃物的收集、处置管理制度。在环境能力建设方面，加大了对环境监测仪器设备的投入力度，进一步加强了环境执法、应急和信息化能力建设，形成了比较完善的环境管理体系。

6月，黄浦区正式启动第五轮三年环保行动计划编制工作，年底形成正式工作方案，涵盖指导思想、基本原则、总体目标等方面。区第五轮三年环保行动计划以“整合提升、创新发展、传承经典、打造精品”为发展主线，以新黄浦新发展为动力，坚持以建设生态文明为目标，把环境保护作为推动发展方式转变的重要着力点，提出大力推进节能减排，积极倡导绿色低碳的生产方式、消费模式和生活习惯，加快建设资源节约型、环境友好型城区的总体目标并制定了进一步提高环境质量、加大污染物总量减排力度、完善环境基础设施体系、优化经济发展、保障环境安全五方面重点任务。

【顺利完成污染减排年度目标】 为贯彻落实市政府下达的 “十二五”污染减排任务要求，黄浦区环保局重点在细化责任目标、加强日常监管、推进二级生化设施改造和油烟在线监控试点工作四方面扩大污染减排成果，年度污染减排任务按时间节点顺利完成。制定“十二五“污染物总量控制分配方案和考核办法，完善污染减排推进机制，分解细化减排责任；实现“一厂一档”进一步加强对减排重点企业日常生产、监测数据和排污申报的检查；继续推进区内商务楼生活污水纳管改造，完成15幢商务楼宇的二级生化设施的纳管改造；完成油烟在线监控试点工作的项目调研、项目投标、监控工程招标、试点单位的设备安装调试、数据比对以及总结工作。

【落实各项节能减排工作】 为鼓励引导企业加大节能减排投入，黄浦区节能减排办开展了对2011年度节能改造项目专项补贴工作，最终确定对9个单位10个项目进行财政专项扶持共计179万元，其中合同能源管理项目3个，项目实施后每年可产生的总节能量约为3022吨标煤。

黄浦区成立了节能灯推广工作领导小组，并在节能减排专项资金中专门安排推广经费，全区共计推广节能灯37万只，超额完成“政府补贴高效照明产品”推广任务；积极落实“百万家庭低碳行，垃圾分类要先行”市政府实事项目，在6万户居民家庭中开展试点，组织开展近60次社区宣传活动，覆盖所有试点小区。

【以优化环保行政审批制度服务区域经济发展】

以服务区域经济发展为目标，牢固树立“服务企业就是服务发展”的理念，对新世界广场、泛海国际地块、复兴地区沿江1-5库装修改造利用等重点建设项目，开辟“绿色通道”，做好全程服务，全年环评审批区重点项目25个。在保证质量的前提下，加快建设项目环境影响评价审批速度。建设项目环境影响《报告书》、《报告表》和《登记表》的审批时效进一步缩短，服务质量进一步提高。

【不断加强建筑领域节能力度】 全年共完成既有建筑节能改造11.66万平方米，改窗面积2.46万平方米，其中城投露香园旧区改造项目采用围护结构保温、中央空调等技术达到65%节能要求，已申报成为上海市建筑节能示范项目；严格落实新建建筑节能，全年新建项目共进行节能规划前期咨询4项，节能备案项目17项，以节能高标准设计的新建建筑达到46.9万平方米；加大建筑材料能耗检测频次，全年共开展外窗气密性检测7组，空调、照明用能状况检测10次，建筑节能材料检测52组。

【油烟在线监控试点工作顺利完成】 黄浦区环保局于2011年3月启动餐饮业油烟气综合治理及在线监控试点工作调研并圆满完成了监控工程招标、试点单位的设备安装调试、数据比对以及总结工作。在线监控的安装能够及时发现油烟净化设备无效运行甚至停运的问题，直接打击了设备停运这一违法行为，促使餐饮单位定期对油烟净化设备进行维护保养，更换损坏的零件。截至年底，全区已安装6套监控设备，其中梧桐居、思南公馆和兴旺茶餐厅为独立监控，锦江饭店11楼和14楼厨房的3套为并联监控。

【全力打造低碳绿化景观】 加快推进绿化建设，全年新增公共绿地10159.3平方米，林木绿化覆盖面积304.21公顷，林木绿化覆盖率14.88%，人均公共绿地1.84平方米。注重营造优美环境氛围，节日期间共布置组合容器3400余组，在外滩、人民广场、淮海路商业街等重点区域设置绿化景点31处，花坛花境35588平方米，装扮2座秀美花桥，用花总量达186万余盆，营造了花团锦簇、优美宜人的绿化景观。配合世博纪念展的开幕，完成世博园区移交本区的9109平方米绿地、468株行道树的改造整修工作，改建世博景点2个。

【健全绿化管理机制】 制订绿化质量评估办法，启动植物病虫害预警监测机制和机械化试点工作。组织植树节绿化宣传活动，向市民和游客发放家庭养花等绿化资料10000余份，广泛进行全民义务植树宣传，营造了全民重视和参与“绿化环境，美化家园”的良好社会氛围。积极开展古树名木、绿地树木的社会认养认建活动，共有233家单位、528人参与认养树木活动。结合“零距离服务”，制定“绿化服务进社区，盆花进家庭”方案，共发放花卉2200余盆。

【扎实推进生活垃圾减量工作】 完善餐厨垃圾、装修垃圾、大件垃圾专项收运系统，实施专项管理、收运与处置，努力推进五方面分流工作：推进枯枝落叶垃圾分流，已收运处置枯枝落叶1436吨；推进有毒有害垃圾分流，形成了“专项投放，统一回收，集中处置”的工作机制，共收运废旧电池7.5吨，废旧灯管2957根。推进餐厨垃圾分流，完善台账制度，严格控制各类餐厨垃圾流向，共收运餐厨垃圾21743吨，废弃食用油脂969吨。推进装修垃圾分流。今年以来共专项收运装修垃圾48062吨。推进垃圾渗沥液分流。严格执行生活垃圾渗沥液的定点排放集中处置，共收集处置渗沥液5153余吨。大分流体系共分流各类垃圾80371吨，实现了年人均生活垃圾处理减量5%的目标。

【继续推进各类环保专项行动】 黄浦区环保局联合有关部门围绕“建设金融外滩，推动转型发展，促进和谐稳定”的工作目标，深入推进整治违法排污企业保障群众健康环保专项行动。根据季节性工作特点，在重金属排放企业的整治、区重点污染减排监管、环境执法后督察和建设项目“久拖不验”违法行为整治等四个方面加强监管力度，突破工作难点，开展集中整治，取得了阶段性成效。共出动执法人员4097人次，检查企业6273户次，对污染防治措施落实不到位、设施运行不正常的单位责令限期整改，对66起环境违法行为进行了严肃查处，促进了难点、重点问题的快速整改。

开展了建筑工地、拆房工地扬尘污染控制、夜间施工噪声问题的专项整治行动，对36个建筑工地51个拆房工地进行检查。共检查工地85户次，对检查中发现的扬尘、噪声问题当场予以指出，严格执法，要求施工方立即落实整改措施。加强对重点地区、重点企业的检查。通过定期检查燃油锅炉的使用情况、加大对工业企业的检查力度和对餐饮单位的检查频率以及加强对医废、放射性同位素的监管力度等各项措施，杜绝区内产生严重污染市容市貌的问题。节庆期间，采取领导带班、双人值班、执法人员待命的措施，加强值班工作，确保环保投诉电话24小时畅通，以便及时处置突发环境污染事故。

【世界环境日宣传活动主题突出形式新颖】 6月3日，由区环保局主办的纪念“6·5”世界环境日主题宣传活动在大光明电影院隆重举行。来自黄浦区相关委、办、局、社区（街道）的机关干部，以及部分学校师生、居民代表和环保志愿者共计1000余人参加活动。活动紧紧围绕世界环境日“共建生态文明，共享绿色未来”的中国主题，以“低碳生活我做主”的海派清口和“绿色创建大家谈”的访谈形式，展现黄浦区在环保宣教、绿色创建、公众参与等方面取得的可喜成绩，引导公众积极参与社区、学校、机关、企事业单位的绿色创建活动与生态文明建设。活动期间，共发放各类宣传画（海报）300张，发送各类环境保护宣传手册1200本。

【绿色创建工作卓有成效】 黄浦区绿色创建工作开展多年来，居民群众对环境要求日益提高，环保意识普遍增强，绿色创建工作得到了各级领导的重视，宣传深入、工作扎实，亮点频现，区域环境进一步优化。2011年金色家园和新昌小区成功创建为市级绿色社区，区内市级绿色社区达到4家；上海滩花园小区被评为市级安静居住小区，区内市级安静居住小区达到8家；弘辉名苑、金外滩花园、上海滩花园等10家小区顺利通过2011年度绿色小区区级验收，区级绿色小区已创建63家。

【有序推进两局融合工作】 严格按照市委、市政府和区委、区政府关于原黄浦、卢湾区“撤二建一”的重大决策部署，全力以赴做好“两区融合，一体发展”的各项工作。按照时间节点，将原黄浦环保局机关整体搬迁到原卢湾环保局所在地址（重庆南路100号）统一办公，平稳有序完成了科级干部调整、科室设置及科室人员的调整工作，并积极推进局属事业单位的对接融合工作。

【环境信访处理和人大、政协提案受理】 定期开展疑难信访矛盾和群体性矛盾的排查工作，对日月光广场废气噪声、东方海外工地施工矛盾、瑞金一路华谊空调噪声问题等激烈信访矛盾进行重点处理，并有针对性地开展专项整治，系统性地解决一批突出信访矛盾问题。全年共受理群众来信来访586件，会办政协委员提案2件，会办人大代表书面意见1件，办结率和满意率均达到100%。（曾 佳 供稿）

静安区

【经济发展与环保投入】 区域经济总体保持平稳较快发展，综合经济实力进一步增强。2011年，全年完成区级财政收入747698万元，同比增收89973万元，同比增长13.68%，提前一个月完成年度收入任务。区级税收收入695579万元，同比增长15.18%。商贸流通业、专业服务业、金融业、文化创意业和旅游生活服务业分别比上年增长32.05%、24.71%、7.66%、53.60%和9.53%。

2011年，全区环保投入资金60552.9万元，比上年增加12.8%。其中，用于污染源控制1514.2万元，占总投入的2.5%；城市环境基础设施建设57541.8万元，占总投入的95.1%；环境管理能力建设102.6万元，占总投入的0.2%；环保设施运转费1355.0万元，占总投入的2.2%；其他39.3万元。

【有效推进环保三年行动计划】 在区各部门的共同努力下，静安区已全面完成第四轮环保三年行动计划（2009—2011年）的69项工作任务。市政府下达给静安区的6项任务分别是：负责本辖区内扬尘污染控制督促、推进工作；屋顶绿化建设10000平方米；其他立体绿化建设1000米；按照国家和本市标准化建设要求，实施区县环境应急监测及标准化能力建设；按照国家和本市标准化建设要求，实施区县环境监察标准化能力建设；按照国家和本市标准化建设要求，实施区县辐射环境监管标准化、信息标准化、宣教标准化能力建设，区计划的63项任务，均已全面完成。

结合静安区“十二五”规划和区环境保护“十二五”规划，编写计划纲要，组织研讨会，形成初稿，征求意见，报区政府常务会审议通过，历时5个月，形成静安区第五轮环保三年行动计划（2012—2014年）。主要涉及八个方面，分别为大气环境保护、水环境保护、声环境保护、固体废物处置、辐射污染防治、生态环境建设和保护、环境管理能力建设及保障措施，共有53项工作任务，涉及26个责任单位。

【创新节能减排工作机制】 2011年，静安区按照市政府节能考核指标和区政府具体工作要求，聚焦区万元增加值能耗同比下降3.2%总体目标，按照工作项目化、项目责任化要求，健全节能工作督查机制，按季度跟踪能耗变动和节能工作进展情况并报区政府常务会议审议，确保节能工作扎实推进。

完善节能工作领导机制。发挥区节能减排工作领导小组统筹领导和区节能办组织协调作用，构建各责任部门加强协作、各负其责的工作格局。印发《静安区2011年节能减排重点工作实施方案及各部门责任分工》，对全区重点工作进行统筹安排。建立节能专项资金管理制度。研究制订《静安区节能专项资金管理办法》，为区节能专项资金科学安排、合理使用、严格监管提供制度依据。贯彻落实固定资产投资项目节能评审制度。贯彻落实国家和上海市固定资产投资项目节能评估和审查有关规定，规范并细化区固定资产投资项目节能评估和审查操作流程。健全节能工作督查机制。对全区项目化的7项重点工作，按季度进行跟踪分析，并报区政府常务会议审议。全年共完成4篇季度分析报告和4期工作进度跟踪表，确保各项工作按照时间节点推进。坚持政府主导和市场运作相结合，组织推进能源审计，电力分项计量安装，商业商务楼宇、公共机构节能改造和锅炉改造等一批重点项目。通过加强部门沟通协调，加大工作督察力度，确保年初确定各项重点节能项目按计划推进。其中，能源审计实施完成6幢楼宇、3家旅游饭店共34.99万平方米能源审计项目。企业节能改造已推进3家旅游饭店共9.95万平方米完成太阳能热水系统安装、双层中空玻璃更换和空调变频改造；另有9个项目共94.28万平方米正按计划实施中央空调、通风系统、照明灯具等综合节能改造。锅炉节能改造指导推进3家单位的6台锅炉完成节能改造。电力分项计量安装工程已完成10幢大型公共建筑电力分项计量系统安装工程项目方案调研，进入公开招投标和政府采购阶段。延安和云峰两家旅游饭店在区行业主管部门指导下，开展各项创绿工作，实现创建绿色旅游饭店目标。此外，还超额26%完成市政府下达的12万只高效照明产品推广任务。

六·五世界环境日　　（静安区环保局 提供）

【城区绿化景观进一步改善】 2011年，建成绿化总量2.55万平方米。其中，建成公共绿地1.04万平方米，建成专用绿地1.08万平方米，建成屋顶绿化0.43万平方米。城区绿化覆盖率为20.74%，比上年增长2.8%。城区公共绿地面积46.07万平方米，比上年增长2.1%。城区人均公共绿地面积为1.51平方米，比上年增长3.4%。全年种植乔灌木9.8万棵，布置花卉151万盆。开展屋顶绿化、临时绿地、透墙绿化、小区街面绿化、窗阳台绿化、沿口绿化、围墙绿化和花街等特色绿化，营造富有静安特色的城区绿化景观。推进了生态文明，形成爱绿植绿护绿保绿的社会风尚。

【市容环境卫生进一步改善】 2011年，完成50条（段）“洁净工程”示范道路创建，参建道路实行24小时道路保洁模式。完成余姚路505号、余姚路519号等全区沿街12座大型废物箱入地政府实事工程。启动垃圾分类源头减量试点工作，全区进入末端处置的生活垃圾总量为94772吨，与上年相比下降4%，完成市下达日均处置311吨的任务。对万航渡路356弄菜场垃圾实行生化处理试点。推广以废弃牛奶盒制作垃圾箱房门的资源循环利用项目，改建143扇牛奶盒垃圾箱房门。

【果断处置突发环境事故】 2月，公安静安分局接到一居民报告称怀疑邻家存在放射性物质并对家庭成员人身造成危害，致电区环保局，区环保局立即启动环境污染突发事故应急预案，会同公安进行了果断处置。根据监测结果，居民家中无射线污染的情况。

4月，区环保局接到市环境热线12369和区总值班室来电，反映两名外籍人士在长乐路－常熟路－华山路一线，沿途抛洒不明白色粉末状物质，区环保局立即启动环境应急预案，应急队员在第一时间赶赴现场，对不明白色粉末状物质开展应急监测。根据监测结果，判定该白色粉末不会对环境构成放射性及有毒有害气体污染危害，化解了群众的恐慌情绪。

【加强辐射安全监管】 2011年，根据《辐射安全许可证办理规程》，审批发放辐射安全许可证8件。同时对个别未进行登记和办证的牙科诊所督促办理相关手续。对放射性同位素使用和射线装置使用及销售单位的监督检查，共出动42批次，134人次，督导检查单位105户次。经查，各单位能够按要求做好对放射性同位素使用和射线装置使用及销售的内部管理，及时记录台账。辖区内未发生核辐射环境污染事故。

【各类专项整治工作】 根据市环保局要求，开展辖区范围内建设项目环保管理中“未批先建、久拖不验”等违法行为专项整治，清查包括2001年以来由区级审批的所有生产性、研发型、仓储类、基建类建设项目，以及2009年以来区级审批的工商注册类项目。经过全面清查，未发现有“未批先建”的基建类项目，“久拖不验”的基建类项目39个，已向上述单位印发了限期办理环保竣工验收的通知。截至2011年底，已有25家单位办理了验收手续。

10月，在全区范围内开展了汽修行业危险废物处置及VOCs专项检查工作。检查重点为各汽修单位的危险废物处置情况、工艺废气处理及排放情况和废水排放情况。共出动5批次，14人次，检查各类汽车修理企业9家，其中产生危险废物的有8家企业。检查人员查阅了各企业产生危险废物种类、数量的台账、回收危险废物企业的资质证书，同时对《危险废物转移联单》执行情况进行了仔细的检查，所有单位均能做到危险废物规范处置，无违法喷漆作业等行为。

对投诉较集中的餐饮行业进行了油烟气专项整治，共出动83批次，258人次，对224家餐饮单位的油烟净化设施的配置、使用和维护情况进行了现场监察，对13家存在违法行为的餐饮单位进行了处罚，责令27家餐饮单位进行了整改。

【开展执法后督察工作】 2011年9月，静安区对2010年度16个行政处罚案件以及群众反映强烈、领导关注、问题突出的5个信访案件进行了后督察，经现场检查，16家被处罚单位中，9家已分别采取措施整改到位，符合国家和地方相关环保法律法规；5家单位已停业或者转产，1家单位存在违规嫌疑，已进行警告；1家单位存在违规行为，已立案查处。整改到位率为87.5%。5件突出信访矛盾均已得到了化解。

【静安区“十一五”环境质量报告书】 按照上海市环境监测中心要求，完成了静安区“十一五”（2006－2010年）环境质量报告书。报告书真实反映了五年来静安区环境质量状况，研究分析了静安区发展和环境质量变化趋势。报告书共分三章，覆盖气、声等环境要素，包含人口、经济、城市建设等必要信息，全面、客观地反映了 “十一五”期间静安区的环境质量状况，指出存在的主要问题并提出解决问题的措施及对策。

【机动车尾气监测】 2011年机动车尾气监测工作由原先配合市环保局监测改为区环保局独立监测。全年，完成路检机动车尾气1202辆，目测公交车辆尾气804辆，检测大卖场柴油车尾气11辆，共计2017辆。在监测过程中，共发现34辆机动车尾气超标。对于这些超标车辆，公安交警部门当场暂扣车辆行驶证，并要求车主在规定时间内整改达标后发还证照。

【承接轨道交通噪声与结构振动的监测】 应上海市建交委信访处、浦东长清路643弄37—39号、40—42号、29号及595弄3—8号投诉居民的要求，6月，区环保局开始承接长清路的轨道交通室内结构噪声与结构振动的监测工作，并于8月、10月先后进入现场，严格按照国家标准和有关技术规范进行监测，先后完成了9个点位轨道交通噪声与结构振动的监测，并及时出具监测报告。

【继续创建绿色环保单位】 2011年，列入创建绿色环保单位共13家，其中，绿色环保小区2家，绿色环保学校3家，绿色环保商厦1家，绿色环保宾馆5家，绿色环保楼宇2家。13家单位全部通过验收。石门二路社区（街道）的壹街区小区和静安寺社区（街道）的华山小区顺利通过市环保局、市文明办举行的“市级绿色社区（小区）”的考核评审，被授予了“市级绿色社区（小区）”的铜牌。

【环保信访投诉继续下降】 2011年，共受理人大书面意见2件。受理与处理环境污染纠纷115件，比上年下降10.2%，处理率100%，办结率91.3%。在群众信访投诉中，反映大气污染3件、噪声类58件、油烟类34件、新建项目6件、放射性类1件，非环保投诉13件，处理率100%。噪声污染投诉占到总量的50.4%，仍是环境方面最突出的矛盾。 （汤旭芳 供稿）

宝山区

【区域经济发展与环保投入】 2011年是“十二五”规划的开局之年，也是第四轮环保三年行动计划结束年，宝山区在区委、区政府的坚强领导下。经济保持平稳增长，发展质量进一步提升。全年完成增加值745.73亿元，按可比价计算，比上年增长12.0%。其中，第一产业增加值2.97亿元，增长27.9%；第二产业增加值327.62亿元，增长9.9%；第三产业增加值415.15亿元，增长13.5%。三次产业结构比0.4：43.9：55.7，第三产业所占比重比上年提高0.7个百分点。非公有制经济占全区增加值的比重由上年的51.9%上升到52.5%。全年工商登记新设立的企业7069户，比上年增长14.9%。其中，内资企业（不含私营企业）46户，下降20.7%；外商投资企业81户，增长55.8%；私营企业6942户，增长14.9%。新设立个体工商户3899户，增长20.3%。全年财政总收入258.78亿元，比上年增长14.2%。区地方财政收入85.52亿元，增长21.4%。其中，增值税10.61亿元，增长12.7%；营业税28.33亿元，增长26.3%；企业所得税10.49亿元，增长4.9%；个人所得税4.11亿元，增长27.4%。全年区级环境保护总投入22.68亿元，占全区增加值的3.04%。

【第四轮环保三年行动计划基本完成】 2009—2011年第四轮环保三年行动计划共有218个项目，至2011年底，已有197个项目已基本完成，完成率达到90.4%。从九大领域项目完成情况看，循环经济与清洁生产和全民参与二大领域的项目完成率已达到100%。

宝山区纳入上海市第四轮环保三年行动计划专项任务共31项，目前有28项任务已基本完成，完成率达到90.3%。其中，重点建设类项目3个项目：炮台湾湿地公园二期于2011年9月17日对外开园；顾村公园一期（180公顷）于2011年1月1日全部对外开园；潘泾河综合整治已全面完成。管理类项目28项： 4台10吨以上锅炉完成脱硫技术改造；宝山工业园区、罗店工业园区、宝山经济发展区、宝山民营科技园已完成园区内的截污纳管。罗店解放工业小区、高境工业园区、现代服务小区污水纳管、北部污水管网建设工作基本完成。吴淞工业园区南片污水管网建设、上海港配套产业地块污水纳管等2项任务目前正在建设中。宝山区第四轮环保三年行动计划涉及九大领域218大项任务涉及503个子项目。2009年实施项目171项，完成155项，完成率达到90.6%。2010年178项，完成162项，完成率91.0%。2011年154项，至年底按计划节点完成139项，完成率达到90.3%。

【区域环境质量进一步提高】 2011年宝山区友谊地区空气质量优良天数为343天（有效天数为364），

顾村樱花节上市民在欣赏樱花 （宝山区环保局 提供）

占全年的94.2%（2010年为90.6%）；吴淞地区优良天数为313天（有效天数为363天），占全年的86.2%（2010年为80.0%）；杨行地区优良天数为329天（有效天数为362天），占全年的90.6%（2010年为87.3%）。

年内，宝山区友谊地区、杨行地区、吴淞地区的二氧化硫年均值分别为0.034毫克/立方米、0.034毫克/立方米、0.040毫克/立方米，二氧化氮的年均值分别为0.047毫克/立方米、0.036毫克/立方米、0.067毫克/立方米，可吸入颗粒物的年均值分别为0.062毫克/立方米、0.086毫克/立方米、0.081毫克/立方米，3个地区的年均值均达到国家二级标准。

2010年、2011年环境空气质量等级分布图

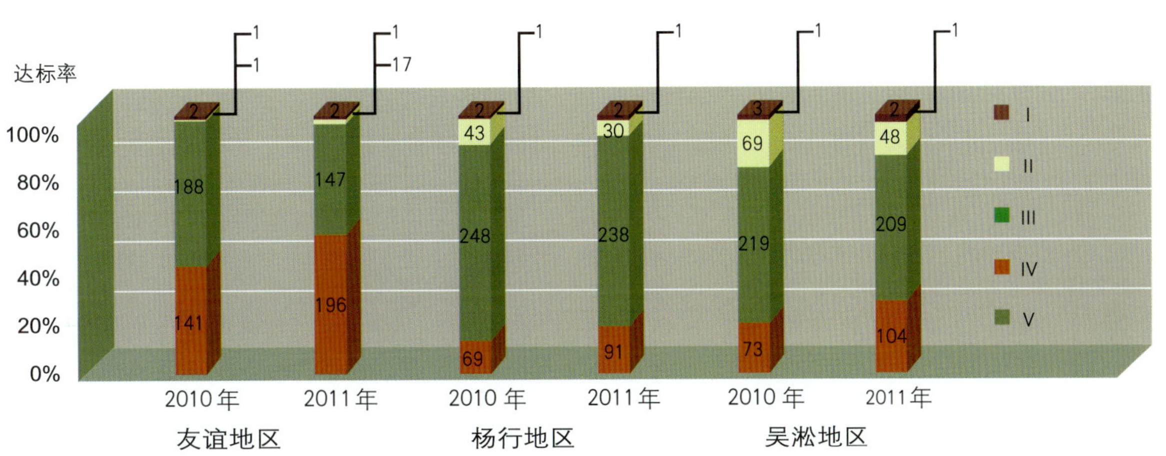

年内，区域年均降尘量为9.3吨/平方公里·月，达到了宝山区区域降尘参考标准（10吨/平方公里·月）。与2010年（10.6吨/平方公里·月）相比，降尘量下降了12.3%。道路扬尘为22.2吨/平方公里·月，与2010年（27.9吨/平方公里·月）相比，道路扬尘量下降了20.4%。酸雨频率达33.9%，与2010年（30.3%）相比，上升了3.6个百分点。2011年共对区内48条河流100个断面进行了监测，在48条河流中，共有11条河流达标，达标率为22.9%，超标河流为37条，超标率为77.1%。在100个监测断面中，达标断面为24个，达标率为24.0%，超标断面为76个，超标率为76.0%。在所测试的项目中，影响水质指标最严重的是氨氮，超标率为100%，其次为磷，超率86.4%，再次为溶解氧，超标率为43.5%。2011年宝山区的区域环境噪声昼间等效声级为55.5dB(A)，夜间等效声级为50.3dB(A)，昼夜均值为57.8dB(A)。与上年同期相比，昼间上升了1.2dB(A)、夜间上升了1.6dB(A)、昼夜均值上升了1.5dB(A)。

2011年吴淞工业区区域平均降尘量为9.0吨/平方公里·月，与2010年（9.4吨/平方公里·月）相比下降了4.3%。道路扬尘量为37.0吨/平方公里·月。与2010年（34.7吨/平方公里·月）相比，道路扬尘量略有上升，除了泰和路—铁力路、同济路—上钢五厂冷轧厂、宝杨路—长兴毛纺厂3个点位外，其余4个点位的道路扬尘量均有不同程度的上升，水产路—北泗塘西近北部物流的道路扬尘量上升幅度最大，上升了45.0%；而江杨路—益昌薄板段仍然高达98.6吨/平方公里·月，明显高于其他点位。

【继续加强环境监管与污染物减排】 组织各类企业环境执法检查3384户次，立案处理119家单位，作出行政处罚决定111家。完成各类污染源环境监测1093户次，对12户严重超标企业实施限期治理。全年关停并转企业57户。宝钢电厂完成3号机组脱硫改造、宝钢分公司3台烧结脱硫改造和不锈钢1号烧结脱硫改造。广裕精细化工厂、粤海等企业完成4台10吨以上锅炉脱硫改造。三维宝灵制药厂、双欧纺织品有限公司、中集宝伟等企业完成75台1吨以上锅炉脱硫改造。全区区控工业企业废水主要污染物减排项目14个，COD减排160.3吨，NH_3-N减排12.32吨；废气主要污染物减排项目10个，SO_2减排614.56吨，NOx减排96.66吨。

【生态环境继续改善】 年内完成潘泾一期、获泾四期等骨干河道综合治理，区域骨干河道治理率达到70%；完成吴淞工业园区南部9公里污水管网和北部五镇11.6公里二级管网敷设，完成107家企事业单位污水纳管及153.7万平方米小区的污水纳管工作，城镇污水纳管率达到85%；农村生活污水集中处置328户，累计1.15万户，实现了农业保护区内农村生活污水集中处置全覆盖。新建绿地面积244公顷，其中公共绿地65公顷，建成区绿化覆盖率由上年的42%提高到42.2%，人均公共绿地面积由上年的22平方米提高到22.2平方米。滨江绿带一期、生态专项、罗泾港区沿海防护林等绿化项目竣工。顾村镇、庙行镇启动生态镇创建工作，完成4个村的生态村创建。

【河道整治与污水管网建设情况】 完成了练祁河、马路河、顾泾河、界泾、荻泾河道的综合整治。潘泾河三期综合整治基本完成。完成了小练祁河、塘南塘北沟、西随塘河等15条区域创模河道综合治理，共整治河道长度34.179公里。 区域污水管网建设进程不断加快，完成了月罗路和罗北路污水管网建设，全面完成罗店工业园区、宝山工业园区、宝山经济发展区和民营科技园产业区块污水截污纳管。完成北部污水管网建设51公里。区域污水纳管率从2008年的60%提升到85以上%。蕰藻浜以南污水管网建设项目由吴淞办牵头，区水务局负责实施，目前管网正在建设过程中，预计至2012年全面完成截污纳管工作。

【加强噪声专项治理】 完成月浦翡翠园A30郊环线噪声敏感点治理；完成宝钢与月浦二村之间大型噪声屏工程。完成宝山区外环线内、宝山新城、月浦镇、杨行镇、月杨工业区、宝山工业区、宝钢等地区范围146.5平方公里噪声达标区复验。

【开展钢渣堆场专项整治】 以区域钢渣堆场全面整治为重点，通过市区两级环保部门与宝钢集团的沟通，形成“定点集中、规范处理、政府指导、集团公司管理”的工作机制。依照《宝山区钢渣堆场专项整治工作实施计划》，对罗泾等五镇开展了钢渣堆场专项调查，关闭33多家钢渣堆场。

【继续开展企业污染治理】 2011年，完成对上海昊华聚苯乙烯有限公司、上海汉康豆类食品有限公司、上海罗泾电镀有限公司、上海标五高强度紧固件有限公司、肖泾电镀厂等100多户企业162个项目的污染综合治理。强化企业监管，促使企业废水、废气稳定达标排放；开展企业污染指数的企业分类管理，330家主要污染企业污染指数从2008年的4002点下降到3949点，下降1.32%。区域污染物减排工作得到有效落实。由区经委牵头全面开展了淘汰落后生产能力、工艺装备、产品企业工作，提升企业产业能级，促进节能降耗，共计关闭或搬迁企业200多家。

【抓好区域内重点行业的循环经济与清洁生产工作】

2011年，由区发改委牵头，组织各职能部门共同实施宝山区循环经济发展工作方案中的相关具体内容。位于宝山工业园区的华润雪花啤酒（上海）有限公司，利用石洞口热电厂余热蒸汽，有效降低了生产过程中的能耗。拉法基石膏建材中国事业部位于上海宝山工业园区新的石膏板厂使用来自于石洞口电厂烟气脱硫的副产品——脱硫石膏作为主要原料生产石膏板。本着突出重点和全面推进相结合的原则，抓好钢铁、电镀、化工、火电、建材、酿造、食品、印染、有色、造纸、制药等12个重点行业企业清洁生产审核工作，累计完成40家清洁生产试点审核,部分已完成清洁试点审核的验收。

【农村环境保护和生态建设】 完成月浦镇、罗泾镇、罗店镇、顾村镇4个镇5833户农村村庄改造已全部完成，并通过市级验收。顾村镇和庙行镇启动国家生态镇的创建。关闭规模畜禽场2家，投资96万元，治理畜禽场1家，对4个畜禽棚舍共4000平方米进行了改建并完成雨污水分离工作。炮台湾湿地森林公园二期、顾村公园一期（180公顷）分别于2011年1月1日和2011年9月17日对外开放。罗溪公园改造已全面完成。智力产业公园一期完成建设。滨江景观带正在建设中。吴淞工业区结合淞浦路、淞浦码头等无组织扬尘点的综合整治工作，新增建成3860平方米的绿地面积，改善了周边地区的环境质量。

【进一步加强扬尘防治工作】 按照《宝山区2011年扬尘污染防治监督管理实施计划》（宝环保委[2011]3号）要求，在2011年扬尘污染防治长效管理工作中，宝山区扬尘污染防治综合管理工作机构通过联合执法、职能部门日常执法检查、镇（街道）、工业园区实施属地监督管理等管理方式，对区域的上海藻北物资中转储存有限公司等59家易产生扬尘污染的码头、堆场、露天仓库、搅拌站开展整治和长效管理工作，其中关闭3家；对区域的13家停车场开展整治，其中关闭8家；对区域的141个房屋建设工地扬尘污染防治情况开展联合执法检查；对区域15家钢渣堆场实施关闭清场整治，其中4家完成关闭清场工作；区扬尘污染防治综合管理工作机构有关行政职能部门开展联合执法检查31次；组织召开推进工作会议16次；针对突出的具体问题召开专题协调会议3次；与108家房屋建设工地施工单位签订扬尘污染防治责任书。完成了宝山城市工业园区、宝山工业园区、罗店工业园区等3个区域27.16平方公里的区级“扬尘污染控制区”创建工作任务；促使外环线以内的高境、淞南、庙行、大场镇和张庙街道等5个区域（按乡镇考核点）2011年降尘量7.62吨/平方公里·月；外环线以外区域的罗泾镇、罗店镇、月浦镇、杨行镇、顾村镇、吴淞街道、友谊路街道、宝山工业园区等9个区域（按乡镇考核点）2011年降尘量8.49吨/平方公里·月；宝山区域2011年平均降尘量9.3吨/平方公里

·月。区域14个镇（街道）、工业园区在扬尘污染防治工作中政府投入资金24866.52万元，非政府投入8974万元。

【南大地区综合整治全面展开】 南大地区是指以南大路为东西轴线南北两侧的区域范围，位于上海市中心城区西北部，北靠上海大学校区，南邻中环、沪嘉高速，东接沪太公路，西南侧被外环绿带和沪嘉绿带半月型包围，轨道交通7号线、11号线、规划中的15号、17号线贯通南北，地理位置十分优越。区域面积6.28平方公里。区域户籍总人口10555人。

由于该区域内的铁路桃浦站是上海市化工、危险产品传统集散地，历史形成该区域以皮革、化工、仓储物流为特色的产业基地。目前，区域内集中各类权属企业单位190家。其中，区级以上国有及国有转制企业71家，占企业总数的37.3%，占地面积230.6公顷，土地占比52.6%。镇属企业119家，占企业总数62.6%，土地面积207.8公顷，土地占比47.4%。企业总数中，危险、化工企业达20家。

各类企业单位占比情况表

企业类别	企业数	企业数占比	占地面积	土地占比	说明
央企	5家	37.3%	230.6公顷	52.6%	其中，危化企业20家
市属企业	20家				
转制企业	34家				
外区区属企业	12家				
镇属企业	119家	62.6%	207.8公顷	47.4%	

同时，由于该区域是上海市敏感控制区域，长期处于控制发展状态，限制了区域内企业的升级转型和基础设施改造。在产业结构调整的宏观环境下，企业举步维艰，靠厂房出租维持运转，厂中厂、厂中村现象形成积聚外来人口的洼地，外来登记人口达10万人，超过户籍人口10倍以上。环境污染严重，生活设施严重滞后，民生问题尖锐突出，社会治安和安全难以保障。南大地区的脏、乱、差尤如一块顽固的皮症，长期附植在上海中心城区西北侧。给区域城市化进程和经济转型发展形成瓶颈制约。

市委、市政府为适应城市化发展和民生保障需要，从战略高度科学决策，重新规划，明确未来的南大地区将建成以外环、沪嘉生态走廊、居民经济适用保障房和交通配套设施为主的集生态、居住、交通、商贸于一体的综合地区。在市南大地区综合整治领导小组的直接领导下，年内，整治工作全面展开，一期整治项目正得到稳步有序推进。目前，南大地区的整体控制详细规划已完稿；为整治配套的居民动迁安置房、居民动迁的相关转性手续和征收补偿方案正在实施中；大场医院、敬老院等一批民生设施项目也已按期起动；配套工程的30公顷生态绿地已开工建设；整治行动中共折除违章建筑17.4万平方米。

作为综合整治工作重点难点的企业动迁工作也取得初步成效，在190家企业中，完成动迁的企业达37家。其中中央企业动迁2家，占央企总数的40%，镇属企业37家，占镇属企业总数的31%。其他区、镇属企业动迁正按时间节点有序推进中。

【区域网格环境整治】 通过产业结构调整、环境综合整治、企业污染治理、基础设施建设等一系列措施，重点对上大地区DC－9(祁连山路—丰翔路—桃浦河—锦秋路)、大场锦秋居住区DC－3－1(祁连山路—锦秋路—沪太路—塘祁路)、庙行MH－4网格(机场东边界—南蕰藻路—共和新路—蕰藻滨)、泰和路以南地块YH－3－1（杨盛河－江杨北路间、400米绿带南）、顾村四高小区地块GC－3－6(陆翔路—沙浦河—沪太路—北镇界)、联水路两侧工业集中区域YP－6－1网格综合整治、月浦工业西扩区YP－10－1、YP－10－2综合整治、西城区东块YH－5－2、YH－5－3网格综合整治。共计完成52个网格的环境综合整治。

【环境信息化平台不断完善】 进一步完善并建成了38套水污染源、58套烟气污染源、4套噪声显示屏、5套全球眼、9套大气自动站的实时监测监控系统。环境突发事件应急响应系统通过验收并正式投入使用。核辐射和跟踪系统软件部分已投入使用。12369信访投诉举报系统投入使用。全局的数据库整合开发不断提高。

【2011上海樱花节在顾村公园召开】 3月30日－4月20日，2011上海樱花节在顾村公园召开。顾村公园樱花林植有先花后叶的早樱、花叶同步的晚樱等近万株，共有寒妃、玉金、兰兰等20多个品种，面积200亩，其中数株胸径20厘米以上，树龄50年以上的樱花树点缀其间，弥足珍贵，极其观赏价值。在为期21

第一届生态文明建设成果展　　（闵行区环保局 提供）

天的节庆活动期间，除了“赏”、“摄”、“画”、“会”、“咏”、“评”等六项各具特色的主题活动外，还推出“访”、“品”、“探”、“赛”、“玩”、“秀”、“宿”等七大配套活动，为市民和游客带来丰富的节日旅游盛宴和享受。樱花节期间共有70余万名中外游客前往顾村公园目睹樱花风采，日均客流量保持在3.2万人次。

【积极开展环境宣传教育】　年内，积极开展各项绿色创建工作，共创建绿色小区28个，绿色学校3所，环境友好型机关3家。利用6.5世界环境日，在全区360个居民小区进行环保宣传资料和宣传物品的发放，共向全区居民发放各种环境宣传资料1.5万册，宣传画3000张，宣传横幅220条。开展公众环境巡回宣传教育和社区居民环境座谈16次，受众超过2000人。完成30个居民小区环境宣传阵地建设，累计环境宣传阵地建成达60个。开展企业培训8次，受训企业达500家次，为企业上门培训6次，企业受训人数近600人，在部分企业试行培训发证制度，完善岗位人员的专门化。不断拓展区内中小学生环境宣传教育和环境实践活动，在全区10所学校中开展无土栽培研究联合体建设，有10所学校已建成60平方米以上的无土栽培基地。开展第四届上海市“宝山杯”长三角地区中小学生生物与环境论文比赛活动，收到参加比赛的论文356篇，参与活动的师生达2000人以上。

（赵晓怀 供稿）

闵行区

【经济发展与环保投入】　2011年，闵行区地区生产总值、财政总收入和区级财政收入分别为1483亿元、434亿元和139亿元，是2006年的1.75倍、1.91倍和2倍，综合经济实力保持全市前列。2011年高新技术产业产值达到1134亿元，占工业总产值的28.3%，第三产业2011年增加值达到542亿元，占生产总值的比重达到36.5%，比2006年提高9.6个百分点。

全区环境保护投资总额47.04亿元，占增加值3.17%，其中：污染源控制21.44亿元；生态建设0.74亿元；污水收集、处理4.36亿元；清洁能源替代、集中供热1.42亿元；园林绿化6.60亿元；河道整治1.37亿元；垃圾处理 2.92亿元；环境管理能力建设0.08亿元；环保设施运行5.58亿元；其他2.53亿元。

【第四轮环保三年行动计划全面完成】　闵行区第四轮环保三年行动计划项目全面完成，列全市郊区县前列：一是基本完成吴泾工业区环境综合整治，累计关停企业（生产线）50项，完成污染治理42项，动迁居民约2450户；二是全面完成S4、S20沿线25处噪声敏感点治理工程；三是完成10台10蒸吨/小时以上燃煤锅炉脱硫改造；四是第五轮环保三年行动计划编制工作顺利结束并将列区政府常务会议专题讨论。截至2011年底，闵行区第四轮环保三年行动计划共完成50项任务（其中市下达21项任务）。经环保部核定，全区工业化学需氧量、氨氮排放量在2010年基础上削减3%，二氧化硫排放量在2010年基础上削减1%，氮氧化物排放量与2010年基本持平，减排进展情况良好。

【十二五污染减排工作全面启动】　2011年，闵行区全面启动“十二五”污染减排工作。一是完成了包括工业源、农业源以及集中式污染治理设施在内的共245家重点污染源的动态更新调查以及非重点污染源估算；二是研究制定本区“十二五”总量控制方案，将污染物总量控制目标分解落实到各镇（街道、莘庄工业区）、国家级开发区、市属大集团及重点企业；三是提前实施了本区“十二五”建设项目主要污染物总量控制实施办法，严格执行“批项目，核总量”制度，有效地推动了区域污染企业的关停、改造。

【区域环境质量稳步提高】　2011年，闵行区大气环境质量自动监测系统共实施有效监测365天，空气污染指数（API）小于100的天数达到342天，其中：141天空气质量为优，201天空气质量为良，优良率为93.7%，相比去年提高1.6个百分点。空气中SO_2、可吸入颗粒物指标分别改善了15.2%、3.9%。水环境质量方面，全区41个地表水断面中，各断面水质综合污染指数在0.96—3.19之间，总体水质基本稳定。其中BOD_5改善了8.1%，高锰酸盐指数恶化了0.5%，总磷改善了11.8%，溶解氧改善了12.4%。

【环境保护工作得到进一步加强】 2011年，区环保局牵头编制的《闵行区生态建设与环境保护“十二五”规划》和《闵行区循环经济发展“十二五”规划》在全区的24个专项规划中第一批列入区政府常务会议讨论并正式下发。区委正式发文将原“闵行区环保三年行动计划推进领导小组”升格为“闵行区生态文明建设与环保三年行动计划推进领导小组”，区委书记任顾问，区长任组长，新增常务副区长和分管经济的副区长作为领导小组副组长。区委主要领导明确要求要把环境保护当做重要的民生工作来抓；区政府主要领导率队3次向环保部、市环保局汇报环保工作情况，3次专题调研环境保护工作；列入区政府常务会议研究讨论的环保工作事项5项；区委、区政府专题下发（转发）的环境保护工作文件7次；区委、区政府领导关于环保工作的有关批示件50余次。

【开展11次专项检查保障区域环境质量】 2011年，闵行区共开展了11次专项检查：（1）、对40家废水处置和产生企业组织检查。发出整改通知5份，立案2家。（2）、对排污企业实施创模迎检专项检查。（3）、开展对重金属、危险废物、化工企业以及餐饮业专项执法检查。市、区属重点污染源监察覆盖率达100%，现场监察发出整改通知书215份，对78件环境违法行为作出行政处罚，处罚金额292万元。（4）、高、中考考场“绿色护考”行动。（5）、涉铅蓄电池企业的检查，对1家未办环保手续立案查处。（6）、对危险品年产50吨以上企业进行专项检查。（7）、“创模复验”专项检查，对126家企业进行了检查。（8）、医药行业专项执法检查，共检查企业19家，立案处理3家。（9）、开展后督查检查，对近30家企业组织后督查。（10）、废水排放企业专项执法行动。检查企业159多户，推进8户企业纳管。（11）、水源保护区域联合检查，对污染较重的2户无证个体经营者进行立案处理。

【污染源分级管理迈出坚实步伐】 区政府下发《闵行区实行污染源分级管理的实施意见》和《分级管理实施细则》：明确了区、街镇两级建设项目管理、企业日常监察（巡查）以及信访调处等方面的监管职责、工作范围和工作程序；通过合理分配环保监管力量，有效扩大污染源监管范围，初步实现污染源管理全覆盖。基层环保建设得到加强：七宝、莘庄工业区等镇增加财政投入，加强了基层环保能力建设；马桥、梅陇等增加财政投入，改善环保协管员生活待遇。

【严把审批关，全年否决13个项目】 2011年，闵行区严把审批关，1、推动了对新设立的4家产业地块开展了区域环境影响环评。2、对区域环评实施五年以上的产业园区开展了环境影响跟踪环评。3、对于不符合产业导向和区域协调的工业建设项目进行一票否决。4、启动建设项目网上审批和并联审批制度。5、实施“绿色通道”程序。全年共对117个符合要求的项目实施了“绿色通道”审批，占到项目审批总数的20%以上。6、严把环评准入关，全年对不符合产业发展导向与区域产业定位、高污染、高消耗以及可能引起严重扰民的13个项目予以了坚决否定。全年共批准环境影响评价报告(书、表、登记表)575个，其中书、表、登记表分别为：43个、432个、100个；环保竣工验收582个；共批准夜间施工123起。建设项目环境影响评价执行率为100%，“三同时” 验收合格率为100%。

【坚持“批项目核总量”推动转型发展能力作用凸显】 2011年，闵行区在新项目审批中，严格核定SO_2、COD、NOx、NH_3—N四种主要污染物的排放总量，统计结果表明：有15个新建项目通过区域内关停企业或生产线取得总量指标；有10家企业改扩建项目通过自身更新改进生产工艺完成总量削减任务。

【全年实施工业污染治理项目79个】 全年安排工业污染治理项目79个（其中工业废水21个、废气41个、其他17个），完成污染治理投资62100.98万元。在工业废水污染治理方面，共投资8482.3万元完成21个项目；在工业废气污染治理方面，共投资39405.58 万元完成41个大气污染物治理项目，其中：治理燃料燃烧废气项目10个，治理工艺废气项目31个。

【风险企业环境监管工作得到全面提高】 2011年，区政府下发由区环保局等11个部门联合制定的《整治违法排污企业保障群众健康环保专项行动实施方案》，区环保等职能部门对涉及重金属、铅、电镀、污水处理、建设项目环保管理、槽罐车运输污水以及饮用水源保护的千余家企业组织开展多轮次的专项执法检查，将重金属企业纳入重点污染源监管；健全饮用水源地环境安全应急机制和信息通报制度，完成了140家风险企业调查摸底和数据更新工作，与风险企业签订环境安全管理承诺书；加强放射性同位素监管，与卫生、公安、农业等部门联合执法，开展了632户次监督检查和验收工作，辐射安全许可证持证单位达到197家，覆盖率达到100%；组织开展“辐射环境突发事件应急演练”、“水源地陆路和水路危险化学品环境突发事件应急演练”。全年未发生重大环境污染或公众事件。

【全面构筑环境安全防控体系】 2011年，闵行区进一步加强环境安全管理。（1）、延伸环保职能到基层，细化环境安全职责。通过签订环保目标责任状、开展环境安全大检查等，加强农村环境保护工作，解决污染隐患问题。（2）、利用“6·5”世界环境日等重大节日开展环境保护宣传，充分发挥闵行环保网站、《创模动态》的宣传作用，形成全民参与环境保护的局面。（3）、开展饮用水源环境综合整治行动。取缔一二级保护区内违法建设项目，建立每周两次巡查、雨后到场排查、现场检查备案的饮用水源地监管机制。（4）、建立联动机制，完善“三级防控体系”建设。构建安全、综治、经发、城管、规建等部门协作，齐抓共管、合力打造应急防控新格局。（5）、修订完善环境应急预案，配备应急装备、设施，积极开展应急演练，检验应急预案中存在的问题，检查应对突发事件的应急人才、物资、装备、技术等方面的准备情况，进而完善应急预案，提高应急预案的实用性和可操作性。（6）、全面监控企业污染防治设施运行、生产废水排放、危废保管处置等；做好对涉重金属企业日常监控，执行监控情况月报备案制度；“倒排查”高值排放污染源，严厉查处企业及小作坊违法排污行为；定期不定期沿河巡查。（7）、从严控制新建项目。从项目的审批、建设、运行各个阶段引入环境安全理念、实现了对环境风险的全程监管。积极支持重污染企业关闭搬迁，全力做好企业搬迁环境影响评价工作；清查未经环保审批的违法违规建设项目，从重处罚违法排污行为；抓好关停企业、搬迁企业、改制企业动态监管。

【人均公共绿地面积达到18.5平方米】 2011年人均公共绿地面积达到18.5平方米。创建城市综合管理“大联动”机制，网格化管理覆盖150平方公里，市容环境管理全面加强。完成“城中村”改造4482户，整治违法建筑794万平方米。扎实开展社区公共安全建设，城市运行安全和生产安全处于受控状态。

【生态文明建设成果备受肯定】 闵行作为上海市唯一的地区代表受邀参加国家环保部2011年7月在贵阳召开的第一届生态文明建设试点经验交流会暨生态文明建设成果展。本区生态文明建设成果展示，受到环保部领导和全国各地与会代表好评；“绿传播”、“生态文明校园行”、“生态文明百场宣讲”、“生态文明结对共建”系列活动影响力不断扩大，获“上海市百万市民学环保”先进单位称号；闵行区被环保部推举为国家“生态文明研究与促进会”理事单位。

【继续深化生态镇创建工作】 2011年，闵行区从四个方面深化生态镇创建工作。一是根据区域功能定位，积极协调规划、建设、经济管理部门，强化生态镇建设过程的监督管理，建立并完善创建工作的长效机制，推进节能减排、低碳经济。二是继续推进工业污染减排和整治、饮用水源地保护、违法排污企业查处、城乡环境整治等专项行动，进一步巩固和深化生态镇创建工作。三是结合部分村宅拆迁工作，逐步淘汰污染型小企业，严格把关新建企业进驻，重点引进新材料、新能源等特色产业。四是加强对生态村、绿色小区、环境友好小区创建成效的宣传，组织开展专题调研与经验交流，努力提升公众生态文明理念。积极组织对评估验收的后督察，开展全面的整改并上报整改报告。

【与交警部门合力开展机动车尾气监测】 2011年，闵行区在市监测中心的现场指导和区交警部门的配合下开展机动车尾气专项监测。全年共抽检机动车3162辆，超标47辆，超标率1.5%，其中，大卖场班车超标23辆，超标率达9%。针对超标车辆，交警暂扣车辆行驶证，维修并到检测点复测合格后方可返还行驶证。与交警部门的密切合作促进了闵行区机动车检测工作的顺利开展。

【国家环保模范城区复核顺利进行】 2011年，闵行区全力推进创模复核工作。落实创模复验职责分工，制定下发《闵行区创模复核实施工作方案》和《资料整编要求》；收集整理2008年至2010年档案资料6000余卷；开展全区200余家重点涉污企业环境综合整治，强化企业培训，督促企业进一步提高环保意识，完成厂容厂貌整治、完善一厂一档、强化污染治理、加强环境管理等工作；大力推进企业清洁生产审核，134家单位开展了审核工作，57家通过市级验收。10月18日，闵行区顺利通过市级创模复核预评估。

【开展各类环境宣传工作】 2011年，闵行区积极拓宽渠道加大社会宣传力度。依托全区的户外广告牌、广场显示屏、社区宣传栏等进行公益广告宣传之外，还通过编制“巩固环保模范城区”建设动态简报、网站开辟工作专栏、开展环保主题宣传活动、制作宣传品广泛发放、加强新闻媒体宣传报道等多种形式宣传模范城区建设情况。精心组织建立具有闵行特色的环境宣传教育工作档案，充分展现了闵行区生态文明建设过程中环境宣传教育特色项目的开展。策划启动闵行区“绿传播”环境宣传特色项目。深入开展特色环境宣传教育活动。以“6·5”世界环境日为契机，开展闵行区“城市因生态更美好，低碳让生活更精彩”环境宣传周活动；以“生态文明百场宣讲”为平台，面向社区、学校、企业等不同对象度身打造不同版本的“绿色大冲浪”专题课件；以“生态文明校园行”为抓手，深入开展“我是环保小达人”、给广大青少年学生设计和布置寒假环保作业等系列活动，不断丰富了闵行区中小幼学生的环境教育课堂；以“生态文明结对共建”为基础，继续加大环保特色项目的扶持和推动发展。

【注重民生，用心化解环境问题诉求】 2011年，闵行区优化信访受理和答复程序，主动与信访人沟通联系了解信访诉求，减少重信重访。实施信访领导包案，梳理近50余件，每季度滚动实施领导信访包案。以解决扰民为前提实施污染源深度治理，采取区镇（街道）适当补贴的方式开展了虹桥镇和古美街道餐饮污染综合整治。积极参与虹桥机场等重大项目信访调处，在制定解决方案过程中提供环保技术支撑。引入污染评估机制，把一些问题复杂的信访案件通过第三方评估确定污染影响程度、范围，提出治理对策，为解决污染矛盾提供充分依据。 （叶子瑞 供稿）

嘉定区

【经济发展与环保投入】 2011年是“十二五”规划开局年，嘉定区经济社会保持健康平稳发展，实现了“十二五”良好开局。全年以文化与信息、总部经济、股权投资为代表的新兴服务业实现跨越式成长，行业龙头企业不断集聚，功能载体建设有序推进。全年实现增加值914.8亿元，可比增长10.5%。其中第一产业实现增加值4.8亿元，增长7.8%；第二产业实现增加值582.9亿元，增长8.4%，对全区经济增长的贡献率为53.9%；第三产业实现增加值327.1亿元，增长14.6%，对全区经济增长的贡献率为45.5%。地方财政收入首次突破百亿元，达到107亿元，同比增长25.6%。2011年，嘉定区环保投入为30.656亿元，占全区增加值的3.35%。其中，区级财政投入3.79亿元，占环保总投入的12.4%；市级财政投入9.21亿元，占环保总投入的30%；社会等投入资金17.66亿元，占环保总投入的57.6%。环保资金全部用于污染源治理、生态保护建设、城市环境基础设施建设、环境管理能力建设、环保设施运行维护等。其中，城市环境基础设施建设投入最多，达14.66亿元，占环保总投入的47.8%。

【区域环境质量稳定提升】 2011年，嘉定区环境质量持续改善。嘉定区环保局监测数据显示：全年累计空气环境优良天数341天，优良率为93.4 %，高于全市平均水平；区域环境降尘量为5.4吨/平方公里·月，同比改善8.5%，空气质量普遍好转；饮用水水源地水质保持稳定，达到水环境功能区要求；区控断面平均综合水质指数5.3 ，属Ⅴ类水，与上年基本持平 ，地表水水质保持稳定。

【环保三年行动计划】 嘉定区第四轮环保三年行动计划涵盖水、大气、噪声与固废、工业污染防治、循环经济与清洁生产、农业与农村环境保护、生态保护与建设等7个专项，安排建设项目61项，管理项目43项，涉及34个委、办、局、街镇等责任单位。第四轮环保三年行动计划横跨“十一五”和“十二五”两个发展阶段，将总量减排放在突出位置，明确各项减排任务及措施，承上启下着重推进总量减排工作。104项环境建设和管理任务，7项调整，6项结转，91项全面完成，完成率达到93.8%，其中市级项目被市推进办认定为全部完成。

环境基础设施日趋完善。供水能力15万吨/日的嘉北水厂一期工程及其配套管网建设全面完成并投入运行；污水厂网建设推进顺利，三年来累积完成一级污水管网建设30.2公里，二级管网建设130.4公里，新增污水纳管企业1790户，污水日处理能力达到38万吨/日，市级下达的17个工业区块污水纳管工程全面完成，建成区基本实现污水管网全覆盖，城镇生活污水处理率达到81 %；生态环境建设再上台阶。远香湖一期、环城林带、紫气东来景观一期工程和 “千米一湖，百米一林”等新城生态景观建设初具规模，

华亭人家 （嘉定区环保局 提供）

生态效益凸显；累积完成7543户村宅改造和65个环境综合整治达标村创建，农村生态环境面貌持续改善。马陆大裕村、华亭联华村、安亭联西村和南翔曙光村成功创建上海市生态村，南翔镇通过上海市生态镇验收，外冈镇启动上海市生态镇规划编制。环境自动化监测设施建设成效初显。截至2011年底，嘉定区共建设完成62台企业在线监测、2台大气自动监测站、2个地表水自动监测站和2个噪声自动监测屏等高科技监测设施，基本实现环境质量自动化、精细化监测，形成了先进的环境监测预警体系，全面实时掌控嘉定区环境质量，为日常管理、事故应急处理等提供科学详尽的数据支持。

第四轮环保三年行动计划期间，嘉定区先后完成蕰南中部地区水环境治理引调水工程，整治黑臭河道63条段、90.4公里，一批黑臭河道水质大为改善。三年来，重点整治河道平均综合水质同比轻微改善，改善率达到8.3%；水环境质量考核断面平均综合水质同比显著改善，改善率达到19.7%，改善率位居全市前列。多部门联动，开展区域大气、固体废物污染综合防治，扬尘污染控制基本实现长效、常态管理，环保三年行动计划区域平均降尘量逐年降低，从2008年7.1吨/平方公里·月下降到4.8吨/平方公里·月，改善率达到32.4%，空气质量优良率保持稳定，2011年达到93.4%，高于全市平均水平。

2011年，嘉定区完成第五轮环保三年行动计划编制工作。计划安排水环境保护、大气环境保护、固体废物处置和噪声污染控制、工业污染防治与产业结构调整、农业和农村环境保护、生态保护和建设、循环经济和清洁生产及能力建设等8个重点领域95个项目，其中市级重点项目36个，共有43个建设项目和52个管理型项目，预计总投资达55亿元，全面突出“削减总量、改善质量、防范风险、优化发展”四个着力点，为加快建设资源节约型环境友好型城市、实现规划目标奠定了良好的基础。

【推进产业结构调整，完成污染物节能减排年度任务】 2011年，全区共完成劣势企业调整340家，节约标煤6.06万吨，盘活土地2574.8亩，其中9个项目被列入市重点产业结构调整项目，减少标煤2.7万吨；调整危化企业26家，节约能耗0.4万吨标煤；全面推进南翔镇老镇区周边成片调整工作，完成了该区域105家企业的调整，减少能耗1.4万吨标煤。关闭减排重点规模化畜禽养殖场5家，新增污水纳管企业576家，实施清洁能源替代改造工程、拆除锅炉41台，圆满完成年度减排任务。

【加快城区和铁路沿线绿化建设】 2011年嘉定区继续大力推进城市绿化建设，全年共新建各类绿地60公顷，其中绿地建设50.05公顷，外环林带建设10公顷。重点推进四块3000平方米以上大型公共绿地，如马陆镇政府北侧绿地、翔二河景观绿化、猗兰塘等，其中3000平方米以上大型公共绿地4.5公顷，至2011年年底，嘉定区建成区绿化覆盖率为38.2%，人均公共绿地面积16.3平方米/人。为进一步提升新建铁路沿线的形象，在2010年已建铁路两侧50米范围内绿色廊道约1451亩基础上两侧各再拓展50米廊道建设范围，2011年新增面积750亩。目前，嘉定区已完成绿色廊道建设约2201亩，共投资1.19亿元。

【开展市容环境整治，改善市容环境面貌】 2011年全区范围内共拆除违法建筑43.8万平方米，其中新增违法建筑8万平方米，历史存量违法建筑35.8万方米，改善了市容环境面貌。其中通过开展京沪高铁、沪宁城际铁沿线专项整治行动，共清理京沪高铁沿线渣土108万方，拆除违章2.9万平方米。

【加大执法力度，提高环境监管水平】 2011年，嘉定区通过开展整治违法排污企业保障群众健康环保专项行动，开展环境风险大检查、行政村环境执法检查和环境综合整治及信访热点、难点集中清理检查，解决了一批危害群众健康和影响可持续发展的环境突出问题。进一步加强日常监管，开展涉重金属专项检查、环境风险企业大检查、槽罐车运输污染物专项检查等专项行动，全年监察企事业单位4092户次，辐射类单位248户次，危险废物产生和处理处置单位501户次（包括限制类进口废物利用企业），立案行政处罚案件144件，处罚违法单位141户，处罚金额621.2万元。

【形成科学环境监测网络】 2011年嘉定区环保局有机整合企业在线监控，大气自动监测站、地表水自动监测站和噪声自动监测屏等监测手段，基本实现质量自动化监测、精细化监测，形成了先进的环境监测预警体系，全年共获得监测数据72006个，为日常管理工作、事故应急处理等提供了科学详尽的数据支持。

【加强核与辐射事故应急能力】 2011年嘉定区辐射与固体废物监督管理站在上年配备了多台多功能巡测仪、沾污仪、个人放射性检测计量仪等辐射监测仪器的基础上又添置了一套德国进口的电磁辐射检测仪，进一步加强了核与辐射事故的应急处置能力。同时，注重加强监管人员的培训力度，相关工作人员通过参加国家级辐射安全与防护培训，系统学习了辐射监督管理法等相关知识、熟练掌握了辐射安全与防护知识，提高了业务综合能力，并取得了上岗证。

【严把项目准入关】 2011年，嘉定区将环保审批作为有力抓手，加强对重点项目、重点区域的源头控制和后期跟踪监管。严格执行“批项目、核总量”，强化源头监管，严格把好项目选址关和审批关，对不符合国家产业政策的高耗能、高耗物、重污染项目一律停止审批。全年共受理建设项目和环境保护行政许可1679件，做出不予行政许可决定45件。

【南翔镇通过创建上海市生态乡镇市级验收】 2011年，嘉定区南翔镇成功通过创建上海市生态乡镇市级验收。自创建工作开展以来，南翔镇环境建设不断加强。持续开展老街保护修复工程，每年财政收入的30%用于古镇保护，近三年古镇老街保护资金更是达到了1.97亿元。投资9600万元完成了121个村民组城乡环境综合建设，因地制宜地推进城乡一体化进程。加大绿化投入，改善了环境面貌。全镇绿化面积达1016340平方米，绿化覆盖率达41.41%，人均公共绿地达12.78平方米。近年南翔镇用于环境治理、河道整治、污水管网建设、垃圾处理项目建设等环境投入达到2.55亿元，占GDP5%。

【开展环保法制宣传】 2011年，嘉定区围绕“共建生态文明，共享绿色未来”和“百万家庭低碳行，垃圾分类要先行”宣传主题，结合本区实际，组织“6·5”世界环境日主题宣传活动，通过现场倡议、咨询、版面展示、发放宣传品等形式，普及环保知识，推广环保理念。通过组织在校学生开展“给力青春、环保达人”主题教育活动，举行“爱心低碳行动”，引导群众更加关心低碳经济、实践绿色生活、共创生态家园。组织街镇开展环境满意度测评工作，发放调查问卷1200份，向广大群众征询各街镇存在的主要环境问题。开通环保官方微博，及时传递环保信息，鼓励群众参与区环保工作。

【环境信访处理及时高效】 2011年，区环保局收到人大有关环保主题的议案2件、政协提案3件、人代会书面意见6件、党代会书面意见3件，均全部按时办结。区环保局全年共处理群众环境投诉1231件，处理率、反馈率均达100%，有效缓解各类环境矛盾，全年未发生一起重大环境安全事故，确保全区环境安全。 （杨国初 供稿）

金山区

【区域经济增长与环保投入】 2011年，全区实现增加值425亿元，同比增长16.9%。其中，第一产业增加值12亿元，第二产业增加值260亿元，第三产业增加值153亿元。三次产业比重为2.8∶61.2∶36，第三产业比重比去年同期提升了0.2个百分点，与2006年相比提升了4.5个百分点，二、三产业共同推动经济发展的格局进一步稳固。全区全口径财政总收入完成217.07亿元，同比增长12.3%。其中，区级地方财政收入完成47.01亿元，同比增长19.5%，高出财政总收入增幅7.2个百分点。

2011年，金山区共投入环保资金16.50亿元，其中市级投入4.34亿元，占总投入的26.30%；区级投入3.93亿元，占总投入的23.82%；社会投入8.23亿元，占总投入的49.88%。从投资项目来分，用于污染源控制与治理2.81亿元，占总投资的17.03%；用于生态保护和建设0.31亿元，占总投资的1.88%；用于城市环境基础设施建设9.66亿元，占总投资的58.55%；用于环境管理能力建设0.09亿元，占总投资的0.55%；用于环保设施运转费1.70亿元，占总投资的10.30%；其他环保投入1.93亿元，占总投资的11.70%。

八个产业集群产值比重分布情况

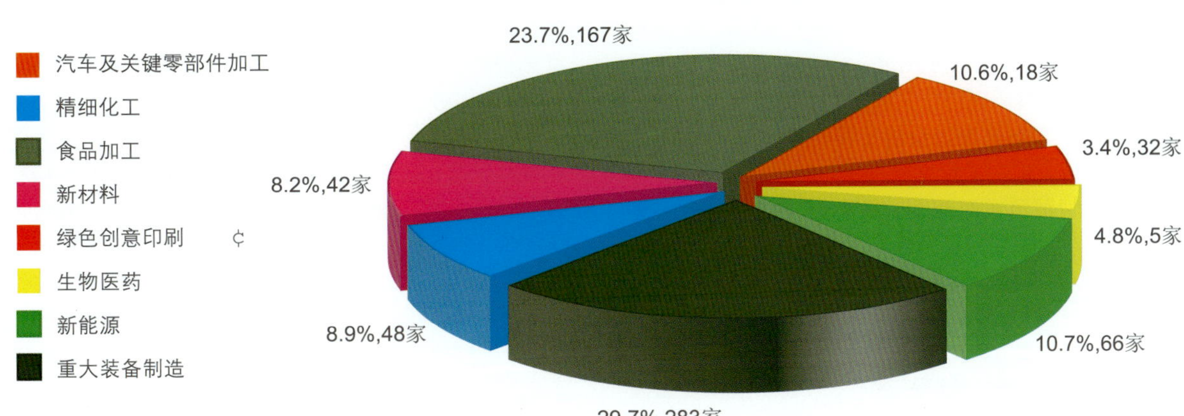

滨海公园 （金山区环保局 提供）

【第四轮环保三年行动计划基本完成】 上海市下达的第四轮环保三年行动计划任务原共有31项，因“2个规模化畜禽场开展畜禽粪尿生态还田试点”项目调整，故实际实施项目共30项，总投资约50.25亿元。至2011年底全面完成任务的有18项，基本完成有12项，完成和基本完成率为100%，其中，建设项目11个，管理型项目19个。全面完成任务的18个项目有：（1）新江水质净化厂二期扩建工程(5万m^3/d,一级B)，工程规模为5万m^3/d，按照出水达到《城镇污水处理厂污染物排放标准》一级B排放标准建设，已建一期工程升级达到一级B排放标准。该工程已全面完成建设，正进行设备联动调试和通水试验。（2）金山兴塔污水处理厂配套管网完善工程，铺设0.8公里污水管道。(3)金山枫泾污水处理厂配套管网完善工程，铺设 2.57公里污水管道、建1座污水泵站。(4)金山污水处理厂污泥处理中心，该项目一期规模为60吨/日(80%含水率)污水厂污泥处理工程，建于兴塔污水处理厂内，采用“深度脱水+焚烧”工艺；干化后污泥作为水泥生产的骨料送入水泥窑进行焚烧，与水泥生产协同处置，由上海建材集团万安水泥公司出资建设，7月完成建设，并已投入试运行。(5)金山鹏鹞污水处理厂建设工程（2.5万m^3/d，二级标准），工程设计规模2.5万m^3/d，已完成整个工程的建设及设备安装，已由二工区回购，目前处于试运行调试阶段。(6)黑臭河道整治工程，市下达黑臭河道整治任务14公里，实际完成26条，31.09公里，主要工程内容为河道底泥疏浚、护岸建设、铺设截污管道、种植河道绿化等；清淤43.68万立方米，修建护岸48.61公里，截污纳管26.2公里，修建桥涵13座，种植绿化25.65万平方米。(7)完成27台10蒸吨/小时以上工业锅炉脱硫或洁净煤燃烧技术改造。(8)完成扬尘污染控制督促、推进工作。(9)枫泾镇工业园区污水纳管率达100%，完成集中供热规划，居民动迁24户。(10)朱泾镇工业园区污水纳管率达到100%，居民动迁60户。(11)吕巷镇已有城镇工业点（原吕巷镇）污水纳管率达到60%。(12) 完成1个规模化、标准化畜禽场建设沼气工程。(13) 完成屋顶绿化建设3000m^2。(14)其他立体绿化建设1060m^2。(15) 完成360亩生态公益林建设。(16)按照国家和本市标准化建设要求，实施区县环境应急监测及标准化能力建设。（17）按照国家和本市标准化建设要求，实施区县环境监察标准化能力建设。（18）按照国家和本市标准化建设要求，实施区县辐射环境监管标准化、信息标准化、宣教标准化能力建设。基本完成任务的12个项目有：

（1）金山一水厂扩建工程，该工程主要内容为扩建20万吨/日水厂、取水泵站、增压泵站和45公里输水管线。水厂工程采用BOT形式建设，清水管网工程采用BT形式建设。目前，该项目已开工建设，年底前基本完成整个二期工程建设，2012年一季度竣工验收。（2）金山朱泾污水处理厂配套管网完善工程，铺设8公里污水管网（计划9.6公里污水管道、2座污水泵站），完成工程量的85%。（3）廊下污水处理厂配套管网完善工程，铺设13.5公里污水管网（计划16.8公里污水管道、1座污水泵站），完成工程量的80%。（4）金山新江污水处理厂配套管网完善工程，铺设32公里污水管网（计划33.8公里污水管道、1座污水泵站），完成工程量的95%。（5）基本完成金山卫地区化工集中区域综合整治及工业区环境综合整治，总投资34.9亿元。完成居民动迁3075户居民。其中，1公里限制带内需动迁的共1410户，1公里限制带外需动迁的共1665户。完成区域内建设防护绿化隔离带任务为3185亩。完成26家企业关停工作、4家皮革企业转产。完成15家企业治理。完成大气VOC自动监测站建设，上海石化的两个挥发性有机化合物在线监测站已建成并投入使用，第二工业区的两套设备已经进入试运行调试阶段。完成雨污水管网整治和市政基础设施建设。完成上海石化含油污水处理装置二期扩建，乙二醇废水生化处理改造，热电二站3#、4#炉烟气脱硫等16个项目。（6）基本完成金山第二工业区建设绿化隔离带3185亩，居民动迁447户。（7）兴塔工业园区污水纳管率达到100%。（8）朱泾镇工业园区（新农镇镇东工业园区）污水纳管率达到60%。（9）吕巷镇工业整合点（原干巷镇）污水纳管率达到60%。（10）金山卫镇钱圩工业区污水纳管率达到80%。（11）村庄综合改造，2009—2011年共对6317户农户实施改造，比原计划超额完成1000户任务，年底前全部完成；基本完成村庄改造中2011年度污水治理项目。（12）完成了滨海公园调整改建、亭林公园改造；张堰公园改造方案通过专家评审，由于资金等问题，进展滞后。

【第五轮环保三年行动计划编制完成】 按照市政府统一部署，编制完成2012—2014年金山区第五轮环保三年行动计划。第五轮环保三年行动计划共47项任务。主要目标：纵向上以削减总量、提高质量、防范风险、优化发展作为四个着力点，横向上以水、大气、固废、工业、农业与农村、生态、噪声、辐射为八大重点领域。在削减总量上，基本完成国家“十二五”约束性指标（COD、氨氮、SO_2、NOx），力争全面建成重点减排工程；控制上海市和金山区环境特点的总磷和VOCs排放总量；完善“监测、统计、考核”三大体系建设。在提高质量上，城区环境得到巩固并有所提升；重点地区环境污染矛盾得到缓解；农村环境逐步改善；主要环境质量指标进一步提高，复合型污染恶化的趋势得到初步遏制。在防控风险上，饮用水安全得到基本保障；污水、固废收集处置能力和水平进一步提高，环境基础设施体系进一步完善；形成比较完善的风险源控制体系、辐射和危险废物监管体系和突发污染事故应急体系。在优化发展上，工业按规划加快集中和调整；逐步优化产业结构和布局，单位生产总值污染排放明显下降，可持续发展能力进一步提高。

【完成污染源普查动态更新调查】 年内，完成污染源普查动态更新调查，动态更新重点调查对象总数314个，其中包括：工业源250个，农业源49个，集中式污染治理设施15个（其中，污水处理厂7家，垃圾处理场5家，危险废物处置厂3家）。全区区域废水排放总量9267.97万吨，主要废水污染物排放总量分别为：化学需氧量8193.61吨，氨氮389.12吨，总磷1.18吨，石油类38.75吨，挥发酚2.49吨，氰化物697.3千克，砷44.42千克，总铬324.24千克，六价铬212千克，铅69.9千克，镉10.32千克，汞0.47千克。主要废气污染物排放量分别为：二氧化硫排放量63862.22吨，氮氧化物排放量46754.51吨，烟尘排放量4748.26吨，粉尘排放量5584.41吨。

【完成新江水质净化厂二期工程】 新江水质净化厂厂址位于亭卫南路以东、铁路以南、杭州湾以北，污水厂总占地面积约6.43ha。一期工程污水处理设计规模为5万m^3/d。二期新建规模为5万m^3/d，从2009年开始建设，于2011年5月完成，出水达到《城镇污水处理厂污染物排放标准》一级B排放标准。二期工程污水处理工艺采用改良型SBR工艺（ICEAS工艺）+高效曝气生物滤池、生物除磷和化学除磷相结合的污水处理工艺，污水经达标处理后排至杭州湾。污泥处理采用机械浓缩脱水方案，污泥脱水送砖瓦厂制砖。二期工程从2009年5月22日打下第一根桩开始，至2010年12月，土建已基本完成工程内容，有少量配合安装进行的收尾工作。安装工程于2011年5月结束，土建与设备安装工程分别于2010年12月、2011年8月通过上海市安质监总站的预验收。二期工程总投资1.65亿元，中央投资1050万元、财政资金3910万元、银行贷款1.15亿元。

【污染减排取得成效】 2011年，区政府拨付财政补贴资金合计202万元，对92家单位102台锅炉（其中1吨/时32台；大于1吨/时且小于4吨/时70台）进行脱硫除尘设施改造，使各类污染物达到了DB31/387—2007规定的排放标准。102台锅炉煤炭消耗量41665吨/年，改造后，102台锅炉的二氧化硫排放量由改造前的565.91吨/年，下降到140.69吨/年，削减二氧化硫排放量425.22吨/年，二氧化硫削减率达到75.1%。全年淘汰落后产能（生产线）50项，节约标煤1.6万吨。全年化学需氧量排放量削减484吨；二氧化硫排放量削减467吨。全年有11个项目列入2011年度上海市节能技术改造项目，节能量1.8万吨标煤。组织申报48家企业开展清洁生产试点，并全面完成审核工作。促进节能环保技术进步,3个项目获得国家创新基金项目立项。太阳能光热与建筑一体化项目竣工1项，落实公建既有建筑节能改造0.8万平方米，公共建筑用能分项计量4幢，建筑能源审计3幢。完成2个住宅项目“四高”创建评审，2个项目达到A级住宅性能认定。取消1户企业优惠电价，6户企业实施差别电价。推广使用节能灯35万支。

【绿色建设和市容环境卫生整治取得新进展】 园林绿化方面，全区新建各类绿地154.9公顷，城区绿化覆盖率提高到36.97%，人均公共绿地面积达到19平方米。金山第二工业区环保防护林带建设规模为3185亩（其中含改造绿化631.1亩），项目总投资7200万元，共包括省界环保防护林带一期、二期，二工区防护林带一期、二期，以及南安路南、北两侧林带6项工程。亭卫南路（金山大道-沪杭公路）改建、金山北站新豪路两侧绿化等重大绿化项目全面建成。3月11日，区四套班子领导、各委办局及企事业单位、热心市民约550人，分别在金山工业区时代大道香樟苑绿地和卫八路东侧防护林绿地开展义务植树活动，共完成绿化任务2.3万平方米，种植各类乔木2100株，认养古树10株。12月9日，国家园林城区考评专家组赴金山区进行第二次国家园林城区复查考核工作（金山区于2002年成功创建国家园林城区，在2006年接受了国家园林城区复查，各项指标均符合复查要求），考评组专家对复查区域内的公园绿地、道路绿化、河道绿化、居住区绿化和立体绿化等进行了实地考核并进行评分，复查结果将于2012年初公布。

自2011年1月起，金山区启动轨交22号线沿线市容环境整治，整治工作任务包括清除沿线两侧暴露垃圾和乱堆物；拆除沿线各类违法建筑；调整及维修破损的摊、亭、棚、户外广告和店招店牌；清除沿线“三乱”现象，粉刷沿线建筑物的外立面等。沿线山阳镇、亭林镇、漕泾镇、金山工业区四地明确具体实施单位，分头同步推进并于10月底全面完成，共清除暴露垃圾1420吨、乱堆物574处，拆除违章建筑2.3万平方米，完成立面白化65万平方米。

按照市政府实事项目工作要求，于5月起在石化街道46个居住小区分三批有序推进生活垃圾分类源头减量试点工作。共设置垃圾分类投放容器1200个，免费发放户内垃圾桶40570只、分类投放垃圾袋321512卷。建成一座规模为5吨/日的有机生活垃圾末端处理设施，并建立分类收集、分类运输、分类处置工作系统，分流厨余垃圾6－7吨/日，完成生活垃圾人均处理量减少5%的工作目标。2011年金山区石化街道、朱泾镇、枫泾镇、亭林镇、张堰镇、金山卫镇、山阳镇的29条道路列入“百街千路”道路洁净工程创建，道路总长27653米，道路保洁总面积共67.12万平方米。

【“夏令热线”活动】 7月15日至8月15日，区市政市容联席办牵头区绿化市容（城管执法）、建设交通、水务、住房保障房屋管理、环保、民防、电力七大民生行业联合开展“夏令热线”活动。本次活动以“保民生、强运行、促成效”为主题，在区城市网格化中心开设“夏令热线受理直通车”服务，由相关单位主要领导现场轮值接听市民来电。本次活动充分依托数字化城市管理前置发现功能，运用了微博互动等创新方式，活动期间共受理各类信息64件，截止到8月15日办结60件，及时有效地解决了一批夏令期间居民群众关心的急难愁问题。

【黑臭河道专项整治工程通过市级验收】 2011年5月12－13日，由市水利处、建管处、水资源处、市水文总站等单位的水利专家组成的验收评审组对金山区黑臭河道整治项目进行市级验收。评审组现场查看了7个镇1个工业区内的17条段河道，并集中查阅了工程资料。黑臭河道整治工程，总投资8272.81万元，工程涉及枫泾、朱泾、漕泾、金山卫、亭林、张堰、廊下、金山工业区等地区的17条段21.45公里河道，共铺设截污管道12.66公里，疏浚淤泥34.98万立方，建设护岸35.81公里、桥涵13座，种植绿化19.43万平米。通过采取截污治污、疏拓河道、沟通水系、种植绿化等综合措施，河道面貌焕然一新。经市水文总站抽查，DO（溶解氧）和COD_{mn}（高锰酸盐指数）两项主要水质指标均达到整治目标。为期三年的黑臭河道整治，消除了昔日的脏、乱、黑、臭现象，呈现出“水清、岸洁、有绿、水动”的崭新面貌，赢得了沿河居民和考核评审组专家的一致肯定。

【环保专项行动】 年内，共组织执法人员开展对扬尘污染控制专项检查、对迎春环境安全检查工作、对危险废物产生单位专项检查、对村域风险隐患企业专项检查、对本区畜禽牧场专项检查、对金山第二工业区环境综合整治以及4家皮革厂的现场检查、对涉铅企业专项检查、对村级危化企业的专项检查、对重金属污染企业专项检查、对一类污染物排放企业的专项检查、对饮用水源地风险企业专项检查、对饮用水取水口周边风险企业的专项检查、对秸秆禁烧专项检查、对行政处罚后督察专项检查、对本区化工原料桶收集清洗企业的联合执法整治专项检查、对洁净厂房消防安全专项检查、对医药制造企业专项检查等17项专项检查工作。

【应急处置各类污染事故】 年内，共对本区A5高速亭林段臭味扰民信访案件的调处、对亭林镇大丈港河水发黑信访案件的调处、对朱泾镇长浜村环境污染问题信访案件的调处、对金山卫镇张桥村上海淳中化工有限公司事件的调处、对枫泾镇腰泾河河水发黑时间进行排处、对张堰镇蒋家浜河道河水发红案件现场调处、对兴塔自来水厂苯酚超标事件的调处、对第二工业区内有人向污水排放口倾倒污水事件调查处置、对A5公路亭林段甲醇槽罐车发生翻车事故的环境应急处置、对金山工业区中运河和新泾塘河水发黑事件的调处、对上海齐得工贸有限公司四氯化钛泄漏事故的应急处置、对石化卫五北路液化气泄漏事故的应急处置、对赛科石油化工公司火灾事故的应急处置等13件环境应急事故的现场调查和处理。

【金山区环境网络中心正式启用】 5月27日，金山区环境网络中心正式启用。环境网络监控中心项目主要涵盖一个中心、三个信息化网络及六个子系统，可实现环境质量自动监测、污染源自动监测、现场视频网络化监控、辐射等特殊环境风险源监控以及与两大化工区环境监控系统的信息交换。截至2011年底，已建成1个地表水质自动监测站、10家重点监管企业自动监测站、3个常规和2个特征污染因子环境空气自动监测站以及13个市控重点监管企业自动监测系统的基础环境监控网络。

【金山区环境空气质量优良率为94%】 2011年，金山区环境空气质量（仅指石化空气自动监测点监测数据）一级天数186天、二级天数157天，三级天数为19天，优良率为 94.0 %，与上年同期相比基本持平，全市排名第四。其中，环境空气质量指标二氧化硫浓度年均值0.025毫克/立方米、二氧化氮浓度年均值0.037毫克/立方米、可吸入颗粒物年均值 0.065毫克/立方米（朱泾空气自动监测点监测数据与石化空气自动监测点监测数据平均94.0%）。全区平均降尘量为 7.0 吨/月·平方公里，较上年同期上升1.1 吨/月·平方公里，升幅为18.6%。

2011年，金山区市级水环境质量考核断面综合水质指数为1.16 ，水质达标率为58.3%，重点整治河道水质改善率为30.6 %。区域环境噪声昼间时段的平均等效声级为 51.6 dB（A），夜间时段的平均等效声级为45.7 dB（A），均达到《声环境质量标准》（GB3096-2008）中的2类标准。

【环境信访件处理率100%】 2011年全年共收到环保类投诉1705件（其中市局转来73件、本单位收到1632件），与2010年全年（1080件）相比增长了57.9%；已处理了1705件，办结率100%。按污染物类型分类：废气1066件，占全年投诉总量的62.5%；废水329件，占全年投诉总量的19.0%；噪声180件，占全年投诉总量的10.8%；畜牧养殖类35件；油烟气类34件；固废类32件；新建项目类3件；电磁辐射类2件；其他类24件。办理区四届人大六次会议书面意见3件，其中主办1件，会办2件，区政协四届四次会议提案8件，其中主办件4件、会办件4件，办结率100%，满意率100%。（陆经东 供稿）

2010年环保投诉污染物类型分类

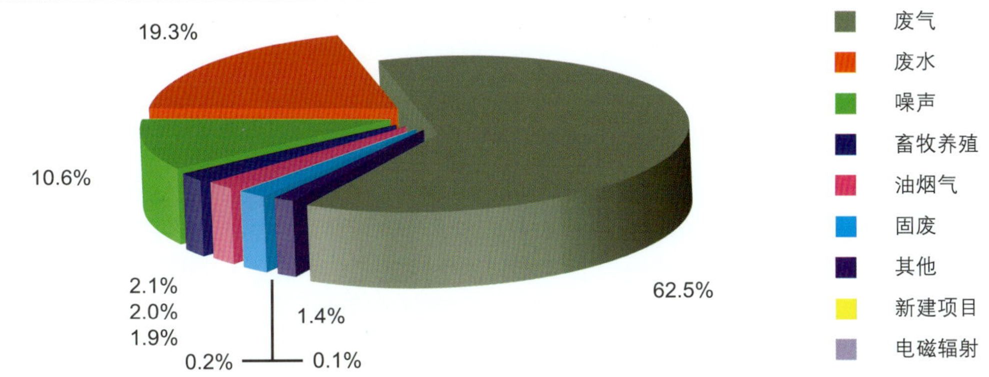

松江区

【区域经济发展与环保投入】

2011年松江区经济保持平稳健康发展态势。全年实现增加值934.17亿元，按可比价格计算，比上年增长0.9%。其中，第一产业实现增加值8.08亿元，比上年下降1.5%；第二产业实现增加值610.06亿元，下降2.6%；第三产业实现增加值316.02亿元，增长8.7%。二、三产业共同协调发展，全年三次产业增加值结构比重为0.9：65.3：33.8，受产业结构调整影响，第二产业增加值比重比上年下降2.8个百分点，第三产业增加值比重比上年提高2.8个百分点。2011年主要经济指标完成额在市郊的排名中，工业总产值、出口创汇排在第一位，增加值排在第二位，合同外资、地方财政收入排在第三位。

2011年，全区环保投入资金达30.54亿元，占同期经济增加值的3.27%。其中，生态保护和建设投资1.25亿元，占总投资的4.10%；城市环境基础设施建设投资8.99亿元，占总投资的29.44%；污染源控制投资7.20亿元，占总投资的23.57%；环保设施运转费3.99亿元，占总投资的13.06%；环境监管能力建设投资0.28亿元，占总投资的0.92%；其他方面投资8.83亿元，占总投资的28.91%。持续高位投入为环境保护和环境建设提供了坚实的基础。

【全面完成第四轮环保三年行动计划】 在区委、区府的正确领导下，通过各成员单位、各镇、街道、园区、各责任单位等多方共同努力，松江区第四轮环保三年行动计划圆满完成。市、区两级9个专项46项任务中，43项全面完成，3项基本完成；市级任务25项， 24项全面完成，1项基本完成，全面实现计划目标。随着环保三年行动计划的推进，区环境保护和生态建设取得了一定成效，区域环保推进合力逐步加强、污染减排超额完成目标、环境基础设施逐步完善、环境综合整治成效显著、环境质量进一步改善、环保能力逐步提高。

【启动“十二五”污染物减排工作】 至“十一五”期末，全区实际削减化学需氧量排放总量超额完成

世界环境日环保宣传　　（松江区环保局 提供）

率为32%；二氧化硫排放量稳定控制在“十一五”指标范围内；圆满完成第二次污染源普查动态更新，对全区255家工业源、12家农业源、15家集中式污染治理设施的污染物治理和排放等情况进行了详细的调查和填报，顺利通过国家环保部的核查，为“十二五”污染减排工作奠定数据基础；认真谋划并组织实施“十二五”减排工作，从本区实际出发，拟定“十二五”期间全区污染物减排工作的实施方案，协调推进重点减排项目，松申水环境净化有限公司二期扩建基本完成，松江污水厂污泥处置工程已进入调试阶段。加强重点污染源管理，关停环境污染严重、设施落后的企业（工艺）60家，同时推进19家企业开展清洁生产审核，7家企业已完成，为“十二五”污染减排开好局。

【环境质量稳中趋好】　2011年松江区环境质量稳中趋好。63个监测断面地表水质量达到水质功能区目标的比例为11.1%，较上年下降22.2个百分点；空气质量优良天数为337天，占全年的92.3%，较上年上升1.3个百分点；酸雨的发生率为30.4%，较上年下降9.9个百分点；区域降尘量年月均值为4.6吨/平方公里·月，较上年下降0.6吨/平方公里·月，区域降尘有所改善。2011年地表水环境质量总体上较2010年转劣。市级水环境质量考核断面水质状况较去年下降2.8%。氨氮和总磷仍是影响本地区地表水质量的主要污染因子。2011年，松江城市区域环境噪声、道路交通噪声和功能区环境噪声均达到相应功能的标准要求。与2010年相比，区域环境噪声、道路交通噪声和功能区环境噪声大部分指标呈持平或好转。

【松江区部署污染物减排工作】　8月2日，松江区召开2011年度节能减排推进工作大会。贯彻市政府有关工作部署和要求，全面总结松江区“十一五”节能减排工作，部署启动“十二五”及2011年工作。会议指出，要高度重视节能减排工作面临的巨大压力，切实做好节能减排工作，实现松江经济又好又快发展。

【强化环境执法，打击不法排污行为】　不断完善三监联动和部门联动机制，加强能力建设，加大执法力度，打击了一批环境违法行为。以环保专项行动为重点，出动执法人员2507人次，监察企事业单位3329户次，监测数据达28万个。其间，开展了饮用水源地专项检查、拟关闭中小水源地周边风险源企业和高风险企业专项监察、区级取水口周边企业和部分重金属企业专项监察、产生100吨以上危废企业专项监察、一类污染物专项整治等17个专项行动。在专项行动中，区环保局联合公安部门和相关镇政府，查处了一非法清洗化工原料桶场所，将涉案的两名相关人员移送公安机关处理。3月份，区环保局又联合叶榭镇政府、公安部门，经过两周的守候伏击，一举破获工业废酸倾倒至红先河案，将不法分子移送司法机关，并积极参与环境评估和河道修复整治以及对违法行为的取证、立案等工作。通过严格执法，共立案处理85家违法企业（个人），处罚金额达300.1万元，对25件不履行行政处罚决定的案件，申请区人民法院强制执行。同时，与相关部门一起，调整不符合产业导向、节能减排等要求的劣势企业114家。

【强化服务，严格把好项目准入关】　区环保部门深入基层，走访企业，对重点、敏感、难点项目及20多家拟上市企业开展上门辅导。加大了对大型居住区泗泾南拓展项目、国际生态商务区项目、工业区升级、台积电一期扩能项目、龙工（上海）机械部件有限公司等服务力度，在行政许可允许的时间期限内，加快项目审批工作；严格执行建设项目环评制度，加强源头控制。积极推进了九亭镇规划环评和松江工业园区区域开发环评工作。加强和巩固“三监联动”机制，重点推进工程建设领域突出环境问题和全面开展“未批先建、久拖不验”专项清查工作，对324个项目完成“三同时”验收，同比上升22.7%；坚持“批项目，核总量”制度，严格项目准入。因不符合区域功能规划、基础设施不完善、环境风险大、高污染等原因共否定了61个建设项目，不断优化产业结构，促进区域经济健康有序发展。

【环保能力得到进一步加强】 区环境监测实验用房正式投用，区环境监测标准化能力建设以全市最高分顺利通过市级验收。现已拥有气—质联用仪、等离子体发射光谱仪等176台（套）监测仪器，全区第三座环境空气质量自动监测站及第一部连续自动监测车已正式投入使用；监测能力覆盖了水和废水（含降水）、空气和废气、噪声和震动、生物、土壤底质和固体废物、机动车排放污染物等6个领域，监测项目达到226项，集中式生活饮用水地表水源地80项特定项目中，有59项已具备监测能力。新增4家重金属排污单位安装特征因子在线监测设备，目前全区已有22家重金属排放企业安装了废水在线监测设备并网运行。环保能力的不断提高为有效保障区域环境安全打下了扎实基础。

【环境监测实验用房正式投用】 7月13日，区环境监测大楼正式投用。新启用的环境监测大楼占地面积5308.4平方米，建筑面积4895平方米，共5层。松江区环境监测站、松江区环境监察支队和松江区辐射及固体废弃物管理站3家单位入驻。新大楼充分体现了现代、简洁、合理、安全的特点，将成为本区环境科研中心、环境监测中心、环境监察中心和环境信息监控中心。

【进一步加大环境监测】 2011年，对2678户（次）排污单位进行监测，其中，监测790户（次）废水、266台（次）炉窑、920户（次）噪声、668户（次）工业废气、34户（次）臭气、63个河流断面、2个空气自动监测点、1个水质自动监测点和7个常规空气点进行了监测，获得各类监测数据280791个，其中水环境数据 126918个，气环境数据128052个，声环境数据25821个。同时完成了“三同时”监测、委托监测、突击抽查、事故监测、信访受理监测等各项监测任务，完善了环境监测工作月报、地表水和空气质量总体评价制度，空气质量状况每天在区政府网站和松江电视台公布。

【创建工作成效明显】 2011年以来，松江区全力推动农村地区的生态建设，泖港镇全国生态镇创建工作已通过市级验收，新浜镇胡家埭村、泖港镇黄桥村两个村成功创建为上海市环保生态村。岳阳街道创建成上海市扬尘污染控制街道。方松街道蓝色剑桥小区创建成上海市安静居住小区。

【组织应急演练，污染事故应急处置能力不断提升】

为进一步提高环保应急队伍处置突发环境污染事故的响应和处置能力，区环保局共开展了两次应急演练。

9月26日，区环保局在上海比亚迪有限公司举行2011年松江区辐射安全事故应急演练。上海市辐射环境监督站、区反恐办、公安松江分局、车墩镇人民政府等领导和专家亲临现场指导，区相关放射源使用单位代表观摩本次演练。本次演练模拟企业发生Ⅴ类放射源失窃事故，放射源被丢弃在厂区内之后的应急处置情况。通过本次应急演练，锻炼了区环保部门和相关企业的环保应急队伍，提升了辐射应急的快速响应能力、协同作战能力和应急处置能力。

11月17日下午，区环保局在上海泗联实业有限公司举行2011年区环境突发事件应急演练。此次演练模拟事故背景为，上海泗联实业有限公司装有浓盐酸的储罐槽由于一接口阀门老化发生浓盐酸泄漏事故，在紧急关闭第二个阀门前，已有一定量的浓盐酸泄漏，空气中有明显的氯化氢气味，事发企业周边有工厂和零星居民点。接报后，区环保部门立即启动处置突发环境事件应急预案。演练分为应急响应、队伍拉动、桌面推演、现场演练、总结点评五个环节，约80人参与了演练。市环境科学研究院、市环境监察总队、区反恐办、民防办、卫生局等政府相关职能部门的领导及设有储存罐的13家企业环保负责人共同观摩了应急演练的全过程。

通过演练，进一步提高了对处置环境污染突发事故的综合能力。年内，及时、有效处置了15起环境突发事件。

【开展绿色护考，营造良好考试环境】 6月7日、8日、9日为每年的高考时间，6月18日、19日为中考时间，为确保广大考生有一个安静的学习和考试环境，区环保局在网站上发布“关于2011年高考、中考期间禁止建筑施工作业时间安排的通告”，明确了禁止建筑施工的时段。并专门组织人员排摸考场周边噪声源，将《通告》精神告知相关单位，要求他们积极配合。同时，充分发挥环境投诉热线的作用，通过加强力量配置，加快对环境噪声投诉的处理。在高考、中考期间，执法人员对各个考点进行了定点驻考和巡查，对可能影响考场环境的噪声源再次进行告知，以确保松江区顺利进行平安高考、中考。

【绿化环境持续优化】 全年新建绿地57.88万平方米，至年末，全区已建成绿地面积1879.34万平方米，城区绿化覆盖率为42.03%，人均公共绿地面积达22.36平方米。

【加强环保宣传，提高全社会环保意识】 以“进社区、进企业、进学校”为重点，深层次、广范围地向社会宣传环保知识。组织各街镇开展了“6·5”世界环境日的系列宣传，发放《环保知识宣传手册》、

《辐射知识宣传手册》、《固体废弃物知识宣传手册》等各类宣传资料3万余份。联合青少年活动中心，开展了环保绘画、演讲比赛等活动，江虹小区等3个小区开展绿色小区创建活动。区环保局网站进行改版，点击率日均1617次，全年共计53万次，超前5年总和。

【环境信访调处成效明显】 区环保部门24小时畅通环保热线，加强值班、应急力量，采取日常监管与双休日、夜间检查相结合的方式，针对重点区域和重点领域，采取领导包案、后督察、综合协调、信访例会等措施，着力解决疑难信访。全年，调处环境信访1680件/1827人次，其中，市局转来100件，本单位直接受理1580件。本单位受理的信访件中，来信35件；来电1417人次；来访27批/54人次；电子邮件101件。另外，还处理了区人大代表意见和政协委员提案共9件，其中主办件5件，会办件4件，均已在规定时限内办结，主办件的办结率、见面率和满意率均为100%。对于信访做到了快速反应、及时处理、跟踪到位，调处率达到100%。（曹海云 供稿）

青浦区

【区域经济发展与环保投入】 青浦区全年实现地区生产总值（GDP）665.2亿元，比上年增长12.8%，三次产业结构比例为1.5：59.6：38.9。完成全口径财政收入216.6亿元，同比增长14.8%，其中区级地方财政收入67.3亿元，同比增长14.7%。完成工业总产值 1611.9亿元，同比增长11.9%，其中规模以上实现1412.1亿元，同比增长12.5%，规模以上产值占全口径的87.6%。实现高新技术产业化产值333.65亿元，占全区规模产值的比重达23.6%，同比增长12.1%。实现社会消费品零售额299.2亿元，比上年增长19.4%。完成全社会固定资产290.7亿元，比上年增长4.6%。

青浦区环保投入资金22.08亿元，占地区GDP的3.3%。其中市、区财政拨款6.72亿元，占环保总投入的30.47%；其他投资15.35亿元，占环保总投入的69.53%。环保投资中，用于城市环境基础设施建设6.89亿元，占总投入的31.2%；用于污染源控制3.66亿元，占总投入的16.58%；用于生态保护和建设1.43亿元，占总投入的6.48%；用于环境管理能力建设0.22亿元，占总投入的1.00%；环保设施运转费1.75亿元，占总投入的7.93%；其他投入8.13亿元，占总投入的36.81%。

【全面完成第四轮环保三年行动计划】 2011年是青浦区实施第四轮（2009—2011年）环保三年行动计划的最后一年，至年底，总体上完成了第四轮环保三年行动计划79项任务的节点目标，包括市级项目58个（其中太湖流域工程项目21个）、区级项目21个。一是完成了青浦第二污水处理厂三期扩建等污水厂建设工程，全区污水处理能力达到24.15万吨/天。新增一、二级管网71.885公里，三级管网108.234公里，建成泵站4座。二是治理河道75条段（96.4公里）、村沟宅河97条段（84公里）。完成576幢楼，2894户居民小区阳台雨污水管道改造工程。朱家角镇、练塘镇创建成扬尘污染控制镇。完成A5嘉金高速公路上的沁风雅泾和秀龙山庄噪声敏感点的噪声治理工作。三是完成太湖流域特别排放限值行业55家工业企业纳管、治理或关闭。完成全区49台共计319.5蒸吨（含4台10蒸吨）燃煤锅炉脱硫改造，进一步削减了二氧化硫排放总量。完成81家“双超”“双有”企业清洁生产强制审核。四是完成青西地区69个自然村合计10964户农村生活污水治理、30个村庄综合改造和40座农村卫生厕所的建设。完成7家大中型畜禽牧场的整治改造。积极推行有机肥，完成7.6万亩水旱轮作田地氮肥减用20%、磷肥减用10%，完成5万亩田地生物农药替代40%，建设3.5公里生态拦截沟渠。五是完成上海西郊淀山湖湿地修复工程，扩种水杉林625亩、生态公益林250亩，建设环淀山湖生态带132亩，完成朱家角新镇区淀浦河沿岸绿化等一批绿化工程，

淀山湖畔生态湿地　　（青浦区环保局 提供）

新增绿化面积52.987万平米。六是完成环境监测标准化建设，新建了区环境监测站，新增了大型监测仪器、应急监测车以及用于动态监测淀山湖蓝藻水华的卫星数据解译系统，初步建成天地一体的环境预警体系。同时，环境监察、辐射环境监管、信息、宣教等标准化能力建设都有了新的提高。

【区域环境质量基本稳定】 2011年，青浦区区域环境质量基本保持稳定。水环境质量中，淀山湖综合污染指数1.92，基本保持在2010年的水平；水源地水质综合污染指数处于0.52−0.71之间，与2010年持平；骨干河流水质综合污染指数0.70，优于2010年0.73，浓度均在一个正常范围内波动。环境空气中，2011年，实行日报监测365天，其中环境空气质量优良天数341天，优良率93.4%；城区PM_{10}（可吸入颗粒物）年平均值、SO_2（二氧化硫）年平均值，NO_2（二氧化氮）年平均值、总悬浮颗粒物全区年均值分别为0.079毫克/立方米、0.032毫克/立方米、0.048毫克/立方米和0.142毫克/立方米，均达到《环境空气质量标准》（GB3095−1996）二级标准限值；降尘全区年均值为4.9吨/平方公里·月，同比下降0.6吨/平方公里·月，改善率12.2%。声环境质量中，青浦区区域环境噪声昼间时段、夜间时段平均等效声级分别为54.9dB（A）和48.0dB（A），达到相应功能的标准要求；道路交通噪声昼间时段的平均等效声级为66.1 dB（A），达到相应功能的标准要求，夜间时段的平均等效声级为58.9 dB（A），未能达到相应功能的标准要求。

【污染物减排取得成效】 2011年，青浦区按照“十二五”减排目标任务要求，继续认真抓好组织、计划、协调、监督和落实，减排工作取得了较好的成效。一是积极推进燃煤（重油）锅炉清洁能源替代工作，共完成13家企业燃煤（重油）锅炉清洁能源替代。二是加快污水管网建设，2011年新增污水管网74.589公里。三是加大污水纳管推进力度，2011年共完成886户企业污水纳管。截至年底，全区日处理污水能力达24.15万吨，全区城镇污水处理率达83.15%；全区新增污水处理量5577吨/日，新增COD削减量724.14吨，新增NH_3−N削减量53.35吨。

【农村环境保护工作取得新实效】 2011年，青浦区农村环境保护和建设得到进一步加强。一是加快农村地区水系沟通和生活污水治理。全年共实施水系沟通49个坝基改造，完成964户农村生活污水处理设施建设。二是积极推进化肥、农药减施工作。2011年，推广使用商品有机肥23000吨、专用BB肥5000吨，种植绿肥4.6万亩，推广使用高效低毒低残留农药40万亩次，全区主要农作物化肥（纯量）控制在28公斤/亩，化学农药使用（纯量）控制在415.56克/亩。三是继续抓好“三夏”、“三秋”期间秸秆禁烧。2011年，完成二麦秸秆还田9.25万亩、水稻秸秆还田16.19万亩，实现秸秆综合利用2493吨。四是全面推进林业建设。2011年完成新建经济果林300亩，抚育公益林8000亩。五是落实环淀山湖水生生态养护工作。2011年在淀山湖及其他渔业增殖水域、景观河道投放各类鱼种13万公斤，促进生态链的修复。

【全国节水型社会试点建设中期评估】 2011年4月，青浦区顺利通过水利部组织的全国节水型社会试点建设中期评估，评定结果为优秀。年内，根据全国节水型社会试点建设的相关要求，加大节水创建力度，完成30个节水型小区、1个节水型示范小区和5家节水型企业创建；加强计划用水管理，开展24家重点企业水平测试，新增104家非居民用水户纳入计划用水管理范围；推广普及节水器具，研究开发计划用水信息化管理软件，建立和完善计划用水短信服务平台。2011年，全区纳入计划用水管理水量达到61.78万立方米，计划用水率提升至78%。

【加快产业结构调整】 2011年超额完成市产调办下达的产业结构调整58家的目标，共完成调整企业184家，节约能耗3万吨标煤。全年共完成重点节能技术改造项目4个，资金投入1800万元，年节约标准煤可达3100吨左右，充分体现节能改造项目投资小，效果好的特点。同时，年内还完成了16家企业的电能平衡工作并通过市经信委验收，启动20家企业电平衡测试工作，开展96家2000吨标准煤以上重点用能企业的能源利用状况报告。

【开展建筑、照明等多项节能工作】 在建筑领域方面，完成新建建筑节能项目105只，总建筑面积429万平方米；鼓励发展节能率65%以上的高标准绿色建筑，完成7.3万平方米的御澜湾二期节能建筑项目，并列入市级示范项目。

在照明节能方面，推动合同能源管理，完成民防办公大楼T5照明系统节能改造工程，对朱家角镇政府等6家单位办公大楼开展能源审计。同时，做好高效照明推广。2011年，共推广居民高效照明产品275000只，占计划数的110%，推广大宗用户高效照明产品5000只。

【环保专项执法检查整治行动】 2011年，青浦区环保局组织了多项环保专项执法检查整治行动。开展了“整治违法排污企业，保障群众健康”环保专项行动。先后开展重金属排放企业专项整治、城镇污水处理厂污染减排专项检查、建设工程领域环保突出问题专项检查以及强化环境安全等9项专项检查，共检查企业251户、建筑工地18个、建设项目189个。开展了油烟气专项执法检查整治工作，共出动执法人员20批次、40人次，对青浦城区120多家餐饮单位进行检查，发出告知书80多份。开展了沿江沿河环境风险企业专项执法检查整治工作，区环保局同区水务局分6个组对全区157户企业进行检查。开展了规模化畜禽养殖场专项执法检查整治工作，共出动执法人员4批次、12人次，检查畜禽养殖场13户，督促存在问题的养殖场进行整改。开展了医药制造企业环境专项检查工作，共出动执法人员18人次，检查企业18家。同时，还开展了“绿色护考”行动、秸秆禁烧工作督查、扬尘污染控制专项检查、污水处理厂核查、重点放射源单位专项检查、Ⅰ－Ⅲ类放射性同位素和Ⅱ类射线装置单位联合检查、重点化工企业专项检查、医疗废物以及医疗射线装置专项检查等。

区环境监察支队全年共出动1552批次、3600多人次，对2922户次的排污企业进行监督检查，对184户次违反环保法律法规的企业进行立案，处罚149户次，处罚金额800.5万元。全年共发出听证告知书123份，实际举行听证会46次，提交行政强制执行案件100起，受理行政复议案件4起。区环保局案件评审小组共召开案件评审会15次，评审案件269件，复议案件64件。

【强化环境影响评价审批工作】 2011年，青浦区环保局共审批建设项目环境影响评价689件，试生产210件，夜间施工56件，环保竣工验收283件。环保局项目评审小组全年评审各类建设项目217个，明确否决33个；回复土地出让征询函101件。

2011年青浦区同时积极推进大型居住社区区域环评，徐泾、华新两个大型居住社区区域环评通过市环保局审批，12个保障房、经适房项目环评通过区环保局审批；另外还开展了建设工程领域的专项整治工作以及“未批先建、久拖不验”项目的专项整治工作。

【环境法制宣传教育工作持续深入开展】 2011年，青浦区继续深化环境法制宣传教育工作。一是加强部门合作，提高执法效率。年内，区环保局申请法院强制执行案件100起，其中50起执行完毕。二是制定《青浦区辐射安全许可证办理规程》。三是开展对行政执法机关移送涉嫌犯罪案件专项监督活动和全市环保系统行政处罚法实施情况检查工作。四是认真编印环保宣传信息。全年在《青浦报》和《中国环境报》刊载相关文章14篇，全年编写《环保信息》12期、《环境保护和环境建设工作简报》14期，在青浦电视台播放环保专题片1期、新闻报道7次。五是开展各类环境宣传活动。开展“6·5”世界环境日期间系列宣传活动：召开纪念“6·5”世界环境日主题大会，在白玉兰广场举办环保法律法规咨询、环保知识宣传和环保宣传展板展示、老年环保志愿者骑游队骑游宣传活动等。区各相关职能部门积极参与青浦区“万户家庭低碳行，垃圾分类要先行”活动、节能宣传周系列宣传活动，以及“环保非诉行政案件的司法审查与执行问题”研讨会等。

【认真开展生活垃圾分类减量工作】 全面落实“百万家庭低碳行、垃圾分类要先行”市政府实事项目，积极动员和引导广大居民投身低碳生活，大力推进生活垃圾分类减量工作。一是区政府与各镇、街道签订《目标责任书》，每年减量5%。二是在赵巷镇举行了“百万家庭低碳行、垃圾分类要先行”主题活动启动仪式，并完成了赵巷镇生活垃圾分类试点工作，基本形成了有效的垃圾分类、收运模式。三是积极开展垃圾分类知识入户培训，共完成31600户居民培训。四是认真落实生活垃圾分类设施配套，共在41个居民小区设置生活垃圾四分类投放桶6500只。五是认真做好生活垃圾分类收集、分类运输工作，顺利完成市绿化市容局下达的日处理620吨的任务。

【继续推进水域保洁管理】 不断加强境内水域保洁管理工作。2011年，全区共配备1389名水域保洁员、760条保洁船，保洁覆盖率100%。全年共打捞绿萍18568吨，水葫芦17259吨，其他漂浮垃圾208748余吨，累计出动打捞船只142917艘次，累计出动打捞人员350066人次，有效控制了境内水域范围内水生植物及蓝藻的暴发。完成157对定点拦截设施设置，完成21只黄浦江、苏州河支流河口拦截设施设置。开展水域市容环境卫生示范点建设，落实水生植物的监控和整治措施，完善“以奖代补”考核机制，加大巡查考核力度，巩固亲水观景示范区域的建设成果。

【饮用水源保障工程建设进展顺利】 青浦第二水厂三期扩建工程（包括20万吨/天的常规处理和40万吨/天的深度处理）自2010年10月开工以来，现已完成80%土建工程量和65%深度处理工程量；青浦第三水厂一期新建项目（包括10万吨/天的常规处理、污泥处理和深度处理设施）自2010年9月开工以来，现已完成68%土建工程量；青浦太浦河原水厂三期扩建项目（包括39万吨/天的土建工程及24万吨/天的设备工程）自2010年7月底开工以来，土建工程和主体设备安装工程均已全部完成，并完成了联动调试。

【青浦区环保局获“全国环保系统先进集体”称号】

2011年，青浦环保局被人力资源和社会保障部和环境保护部授予“全国环保系统先进集体”荣誉称号，这是继2011年5月捧回“国家环保模范城市”殊荣后，青浦环保工作获得的又一国家级荣誉。

几年来，青浦环保局在区委区政府的正确领导下，始终坚持贯彻落实科学发展观，以创建国家环境保护模范城区为抓手，大力推进环保三年行动计划和主要污染物减排，进一步加大环境监管力度，切实解决群众关心的环境问题，全区各项环保工作取得了显著成效。环境质量持续改善，保障了水源保护区环境安全，空气质量优良率保持在90%以上；环境基础设施进一步完善，覆盖区域进一步扩大，青浦城区污水处理率达到95%以上，城镇生活污水处理率达到75%以上；工业企业环境行为日益规范，重点环保监管企业污水达标排放率稳定在90%以上；环境保护宣传进一步深化，先后建成了东方绿洲等一批环境教育基地，环保意识和理念进一步深入人心，人人参与环保的社会体系正在形成。青浦区天蓝、地绿、水清、城净、居安的环保型城市初具规模。

【积极迎接“上海市园林城区”复查】 2011年，青浦区全力迎接“上海市园林城区”复查。先后建成了南箐园绿地，淀山湖景观大道等一批景观良好、功能丰富、特点鲜明的大型公园绿地，调整改造绿地面积达68.3公顷；认真做好城市道路绿化工作，对城区20余条道路的行道树进行调整、补种，累计2000余株；沿创建区23条骨干河道建成绿化带；完成28.7公顷环湖生态带绿化建设和41.6公顷大莲湖湿地修复工程；积极参加上海市“花园单位”、“园林式居住区”创建评比活动。至2011年，青浦区市级“花园单位”47家，市级“园林式居住区”10个，市级绿化合格单位159家。2011年，青浦区 97.57平方公里复查区域内绿地总面积为4102.5公顷，绿化覆盖面积为4273.9万平方米，绿化覆盖率为43.8%，绿地率为42.05%，人均公共绿地面积为35.78平方米。

【环保创建工作蓬勃开展】 2011年，青浦区的环保创建工作有序推进：一是深入开展绿色社区的创建活动，完成民乐佳苑（一期）、城中城、帕缇欧香（一期）及淞浦小区4个绿色社区的验收工作和大豪公寓市级绿色社区的创建；二是开展扬尘污染控制镇的创建，练塘镇和朱家角镇积极开展扬尘污染控制镇的创建工作，并于12月份通过了市级验收；三是认真编制和制订各项计划，编制完成《青浦区第五轮（2012–2014年）环保三年行动计划（初稿）》和计划项目表，制定《青浦区国家环境保护模范城区“十二五”持续推进方案》、《青浦区全国环境优美镇更名的实施意见》以及青浦工业园区创建国家生态工业园区区域环评、规划文本和技术文本等。

【环境信访调处工作效果明显】 2011年，共收到信访件1304件，比上年同期增加183件，调处946件，回复率100%（有电话和地址可供回复的）。在反映环境问题的投诉件中，其中反映大气污染的600件，占46%；油烟气污染的97件，占7.4%；废水污染的255件，占19.6%；噪声污染的256件，占19.6%；固废和电磁辐射污染的49件，占3.8%；其他污染的47件，占3.6%。2011年，区环保局受理区人大代表书面意见2件，政协提案5件，办结率100%，满意率100%。

2011年，区环保局继续实行领导“包案”制度，继续执行信访分析报告机制，定期分析投诉和处理情况，每月一月报，每季一总结。同时，条块结合，部门联动，加大联合化解力度，各部门、镇、街道加强信访工作联系以及合作机制，并实行受理办理的双向告知制度，提高信访调处率。年内，上海精元重工机械有限公司、上海吼狮石材制品有限公司和上海友升铝业有限公司等企业的环境信访问题都得以基本解决。 （尤春平、李静梅供稿）

奉贤区

【全区经济发展与环保投入】 2011年奉贤区全年实现增加值572.6亿元，可比增长11.9%，三次产业结构逐步优化。第一产业增加值17.8亿元，可比增长2.1%；第二产业增加值371.6亿元，可比增长12.1%，对增加值的贡献率为64.6%；第三产业增加值183.1亿元，可比增长12.5%，对增加值的贡献率为33.0%。

2011年，奉贤区环保总投入20.39亿元，占全区GDP的3.56%。其中，污染源控制完成投资37886.92万元，占环保总投资的18.6%（废水治理3072.93万元，废气治理3973.55万元，固体废物治理358.50万元，噪声治理982.20万元，执行“三同时”项目环保投资29362.00万元，其他治理137.74万元）；生态保护和建设3676.57万元，占环保总投资的1.8%；城市环境基础设施建设104399.83万元，占环保总投资的51.20%（污水收集处理工程53982.47万元，燃气工程和清洁能源替代10159.68万元，园林绿化建设4573.40万元，河道整治工程33325.28万元，垃圾收集处理2099.00万元，集中供热工程260万元）；环境管理能力建设215.00万元，占环保总投资的0.11%；环保设施运转费50975.07万元，占环保总投资的25.00%；其他投资6708.63万元，占环保总投资的3.29%（其中产业结构调整5000万元）。

海湾森林公园 （程 杰 摄）

【顺利完成第四轮环保三年计划行动各项任务】 第四轮环保三年行动计划项目任务为80项。累计完成投资35.5亿元。全面完成供水集约化工程，所有镇级水厂全部关闭，居民全部饮用黄浦江水；环境质量保持良好，空气质量优良率连续三年稳定在90%以上；主要河道水质稳中趋好，重点整治河道水质得到改善；绿化面积逐年增加，全区绿化覆盖率达到24.86%，人均公共绿地10.93平方米，园林城区建成区绿化覆盖率达到41.49%，人均公共绿地12.58平方米；固体废物得到有效处置，生活垃圾无害化处置率达100%，工业固体废物和危险废物处置率达100%。“十一五”期间，全区COD和SO_2削减完成率分别达到132%和143%，超额完成“十一五”减排目标。

【启动第五轮环保三年行动计划】 第五轮环保三年行动计划设8个专项，82个项目（水环境保护、大气环境保护、固体废物处置和噪声污染防治、工业区污染防治与产业结构调整、农业与农村环境保护、生态环境保护、环保能力建设和特色示范建设）。

【“十一五”各项指标通过市级污染减排考核】 “十一五”期间区化学需氧量年排放总量控制目标为12134吨，实际排放总量约8294吨，二氧化硫年排放总量控制目标为4618吨，实际排放总量约2640吨，两项指标都低于控制目标。

【完成“十二五”污染减排实施方案编制】 “十二五”污染物排放总量控制目标是：工业源COD、氨氮排放量不得突破上年年排放量；农业源COD、氨氮排放量比上年排放基数分别削减10%以上；大气污染物二氧化硫排放量比上年排放基数削减20%，氮氧化物排放量不得突破上年年排放量。

【加大节能减排工作力度】 制定《奉贤区2011年节能减排重点工作安排》、《奉贤区“十二五”镇、开发区节能目标分解方案》和《奉贤区镇、开发区节能目标责任评价考核实施方案》，“十二五”单位增加值综合能耗下降16%的节能目标，与各镇、开发区签订“十二五”节能目标责任书。落实项目节能评估和审查制度，评估项目10个，涉及能耗5吨标煤；上海中器环保科技生物柴油项目等2个项目纳入市循环经济发展和资源综合利用项目，获得专项扶持资金687万元。

【产业结构调整企业58家】 产业结构常规调整企业58家，其中关闭企业41家，搬迁企业6家，停产企业8家，转产企业3家，涉及用地面积47公顷，涉及员工2230人，降低能耗折合标煤7574吨。

【调整危化企业5家】 全年危险化学品企业调整涉及企业5家，其中关闭企业3家，搬迁企业1家，转产企业1家，涉及用地面积10公顷，涉及员工105人，降低能耗折合标煤2419.61吨，减少危险化学品当量21865吨。

【23家企业获区节能技改配套贴补】 全年23家企业获区节能技改配套贴补资金333万元。其中：15家市级节能技改项目获区级配套贴补，7家获区级节能技改项目贴补。23家企业节能技改项目总投资8529.98万元，年节约标准煤19053.97吨。

【实施5527户居民天然气设施改造工程】 作为2011年区政府实事项目之一的天然气改造工程实施了南桥老居住区5527户居民天然气改造。改造范围主要包括：古华A区、良友小区、万隆花苑、江海花园、鸿宝二村和鸿吉苑等6个小区。

【完成上海市园林城区复验】 通过上海市园林城区复验。复验区域面积84.02平方公里，道路绿化普及率96.33%。2005年经市建交委批准被正式命名为“上海市园林城区”，2011年通过第二次园林城区复验。

【建成区绿化覆盖率增加0.7%】 新建各类绿地67.28公顷，其中：公共绿地5.63公顷；道路绿地17.88公顷；防护林带30公顷；单位绿化11.85公顷；居住区绿化1.93公顷。全区各类绿地总面积2523.44公顷。其中：公共绿地总面积374.22

公顷；道路绿地总面积636.28公顷；防护林带总面积129.83公顷；单位附属绿地总面积345.58公顷；居住区绿地总面积274.97公顷；风景林地741.33公顷；人均公共绿地面积10.84平方米，建成区绿化覆盖率25.56%，比上年增加0.7%。

【开放西渡江边公园】 该公园位于闵浦二桥下、西渡轮渡站东侧，分滨水游憩区、休闲活动区、入口景观区、植物造景区四大功能区，总面积6000平方米，总投资350万元。

【建设特色绿化】 在城市重点道口建设“奉贤门”、“辉煌十年”、“和谐乐章”“鸾飞花舞”等立体花坛5处，在古华中学、区福利院门口等布置垂直绿化1.4万多米，在老城区、高架桥建生态绿墙270平方米，移动式绿墙280米，共投入经费615万元。

【完成5项景观工程】 完成了奉秀路（解放路—环城南路）桥柱垂直绿化工程、西渡闵浦二桥垂直绿化工程、泽丰路绿荫工程、解放路望园路西南角花卉景观工程和明珠广场花卉景观工程，提升了绿化技术水平。奉秀路桥柱垂直绿化工程和泽丰路绿荫工程是2011年立体绿化推广的重点，通过生态模块绿墙、移动绿墙、攀援绿化等形式，应用太阳能技术、滴灌技术，为立体绿化的探索积累了经验。泽丰路绿荫工程是优化道路断面，提升道路绿化覆盖率，降低城市热岛效应的有益尝试。

【开展群众绿化工作】 组织机关干部、部队官兵、市民群众等630人赴林海公路（光泰路南侧）植树点，参加“植树造林，我们在行动”为主题的义务植树活动。全区设立义务植树点共44个，种植树木60876株，绿化面积23公顷。年内，设立古华公园、文化广场、住宅局绿地等认养点26个，活动参与单位19家，个人360人次，募集资金55万余元。向全区中小学发出“天使爱绿化倡议书”118份，对南桥地区3所中小学开展绿化科普讲座3场，赠送种子、花泥、花盆、植物等600多份。结合盆景展，植树节等广场宣传活动，宣传绿化行政审批和绿化相关知识，登记并解决大树影响居民通风采光事件。

【深入开展燃气安全宣传活动】 开展“小手牵大手”活动，在古华中学等学校循环播放安全用气宣教片；深入社区，在北街小区、西渡社区、贝港北区、古华公园门口等地区开展燃气安全宣传活动；向街道和社区发放燃气安全宣传光盘、宣传画和《奉贤区燃气便民服务手册》；在曙光新村、江海花园等10个小区设立燃气安全宣传栏；走进金水苑和江海新村的社区课堂为小区居民授课，讲解燃气安全知识和燃气事故的应急处置流程，指导广大用户正确使用燃气。

【加强环卫基础设施建设】 完成对20座样板公厕的检查以及对84座文明公厕创建预验收工作。全年新改建公厕 38 座，开放社会公厕 12 座；全区公厕总数521座，建筑面积达21168平方米。年内，新增废物箱563只、小压缩站3座、环卫压缩车13辆；新增垃圾桶3300多个，更新配置13441个；新增保洁员120多名；新增垃圾箱房 10座，对51个老旧居住小区的240个垃圾箱房实施责任制管理。

【完成水务专业规划编制】 完成了《奉贤区水务“十二五”规划》、《奉贤区水利规划修编》、《南桥新城水系专业规划》、《上海之鱼水系专业规划》、《南桥新城雨水排水专业规划》、《南桥新城污水系统专业规划》等6个专业规划编制并实施。镇域水利规划及河道蓝线划示和《奉贤区农田水利规划》编制顺利推进。

【节水管理工作进一步强化】 先后完成7家月用水量5000吨单位的水平衡测试报告，11家单位签订水量平衡测试承诺书， 深入推进节水型社会建设，建成10个中小学校、28个小区的节水型示范点。

【推进固体废弃物无害化处置中心建设】 固体废弃物无害化处置中心项目选址于上海化工区奉贤分区，用地长约348米、宽约270米，总面积约9.38公顷。内设焚烧区、残渣临时堆场、厨余处理预留用地以及绿化隔离等功能区。设计规模为1500吨/天(其中一期1000吨/天,二期增加500吨/天)，一期工程投产后年处理能力33.3万吨；二期工程投产后年处理能力达49.5万吨。焚烧工艺采用机械往复式排炉，余热锅炉采用中温中压蒸汽锅炉，并配置两台15兆瓦水冷蒸汽式汽轮发电机组。项目采用BOT方式确定投资及运营方，总投资约96043万元。

【积极推动生态村、生态镇创建】 庄行镇潘垫村顺利创建为上海市生态村，全区已建成4个市级生态村、20个区级生态村。南桥镇杨王村编制了全区第一个村级环境保护规划，启动“国家级生态示范村”创建工作。

【深入开展“6·5”世界环境日宣传活动】 充分利用网络、媒体、短信等宣传工具，深入社区、学校，充分挖掘宣传阵地，进一步扩大宣传范围。《奉贤报》上刊登了“6·5”世界环境日环保专版，向全区范围内的10余万居民发送了纪念“6 · 5”世界环境日为内容的短信，分管副区长作了电视讲话。与大学高校合作开展了环保进校园、环保健康行和横幅签名等活动；在南桥镇文化广场通过版面展示，发放宣传材料和环保小礼品进行街头宣传活动。

【环保专项行动和环保信访工作】 在环境监理、信访、收费、专项行动等执法工作中共出动4637人次，2038批次，检查单位4932户次，检查各类污染防治设施3487台（套）次。排污收费征收单位3909户次，征收金额325万元。立案处罚112件，处罚金额总计300.6万元。共调查处理各类环境信访1052件，同比上年下降1.5%，处理率100%，按期办结率100%，做到事事有落实、件件有回音，较好地维护了人民群众环境权益。认真办理了4件人大意见建议和政协提案，办理结果让人大代表和政协委员满意。

（宋春佳、宋　慎、张　艳、沈晓瑜、王任虹、范晓燕、沈敏艳、马爱娟、王勇二、朱　婷、唐　军供稿）

崇明县

【经济发展与环保投入】 全县增加值自2003年以来连续9年保持两位数增长，总量突破200亿元，2011年达到224.1亿元。工、农业总产值分别达450亿元、56亿元。县级财政收入实现34.7亿元，同比增长18.0%。全社会固定资产投资总额实现127.0亿元，同比增长20.1%。社会消费品零售总额实现54.6亿元，同比增长18.2%。以低碳发展为主线，三次产业增加值占全县增加值的比例为9.2∶56.5∶34.3。

2011年，全县环保投入12.18亿元，占同期崇明县生产总值(GDP)的5.4%。其中，污染源控制投资为4195万元，生态保护和建设投资为14326万元，城市环境基础设施建设投资为95011万元，环境管理能力建设投资为1632万元，环保设施运转费3133万元，其他重点项目投资为3532万元，分别占环保投入的3.44%、11.76%、78.0%、1.34%、2.56%和2.9%。

【顺利完成节能减排目标】 2011年全县万元增加值能耗下降幅度为3.61%，完成“十二五”目标进度为25%，超额完成万元增加值能耗2011年下降3.5%和“十二五”20%的目标进度。2011年全县工业COD、NH_3-N、SO_2、NOx排放总量分别为4686.2吨、143.5吨、4547.6吨、2563.7吨（含电厂），完成了年初制定的污染减排计划目标。

【第四轮环保三年行动计划任务顺利完成】 2011年是第四轮环保三年行动计划的收官之年，第四轮环保三年行动计划的实施年限为2009—2011年，共涉及77个项目。2011年共完成剩余的41个项目的建设任务（其中17个为市重点推进项目）。水环境治理与保护：完善城镇化地区生活污水集中处理设施，建设完成堡镇和新河污水处理厂，推进陈家镇污水处理厂及其配套管网建设；完成堡镇港二期7.2公里河道综合整治和七滧港、六滧港河道疏浚、护岸和绿化等工程建设。大气环境治理与保护：更新149辆国Ⅰ及以下排放标准的公交客车，全部达到国Ⅱ标准；成功创建10.8平方公里“扬尘污染控制区”。噪声污染控制与固体废物治理：加强建筑工地、道路与管线施工的噪声控制和监管，开展环境宣传教育，推进安静小区创建，提升居民居住品质；建成处置能力20吨/日的餐厨垃圾处理厂并投入试运行。工业污染防治：加大产业结构调整力度，调整、淘汰劣势企业共72家，对全县30家重点监管企业实施排污口规范化整治，13家水环境重点监管企业安装在线监测监管系统。循环经济与清洁生产：推进清洁能源应用示范项目建设，形成占地2200亩生态循环农业示范基地；推进8家重点耗能企业的能源审计和23家重点骨干企业的清洁生产审核工作。农业与农村环境保护：提高有机肥、专用配方肥、新型农药的使用力度和范围；将全县主要农产品中有机、绿色及无公害产品种植面积比重提高至75%；推进1000公里农村村沟宅河整治工程和农户厕所、棚舍、农宅周边环境治理和整治工作。生态环境保护与建设：完成了崇明新城绿地建设10.3公顷、陈家镇中心社区绿地建设13.5公顷以及堡镇市民公园建设4.3公顷；完成1500亩生态林建设，1000平方米立

崇明景观大堤　　（崇明县环保局 提供）

体绿化建设，推进屋顶绿化建设3430平方米。到2011年底，第四轮环保三年行动计划任务全面完成。

【生态环境预警监测评估体系有序开展】 为落实《崇明生态岛建设纲要（2010—2020年）》，建立崇明岛生态环境监测网络和跟踪评估机制，以及市领导关于“年年有检测，三年一评估”的工作要求，根据《崇明岛生态环境预警监测评估方案》和市环保局《关于抓紧组织做好崇明岛生态环境预警监测评估体系项目建设工作的通知（沪环保自[2010]476号）》的要求， 2011年3月委托上海市机电设计研究院有限公司编制了《崇明岛生态环境预警监测评估体系建设环保类项目可行性研究报告》，由上海投资咨询公司对项目建设的必要性、建设内容、建设规模、设备配置的合理性和投资估算等内容进行了评估，并于2011年8月23日，经上海市发展改革委审批通过，批复同时明确了项目主要建设内容、建设资金安排、法人单位以及项目建设及管理要求。2011年完成了野外自动站点（空气自动站、水质固定站、水质浮标站、交通站空气和噪声）建设和地表水80项仪器设备的采购工作。

【加强各类环境管理】 2011年，共受理并审批各类新、改、扩建项目的环评审批271个，其中报告书29个，报告表137个，登记表105个；共受理并审批各类项目的试生产13个，竣工验收49个，“三同时”执行率100%。

全面开展现场执法工作。积极开展绿色护考、秸秆禁烧巡查、电镀企业检查、医药制造企业检查、轧钢行业整治等各类专项行动，全年共出动178批次，433人次，监察企事业单位522户次。检查废水处理设施368台次，正常运转率98%；检查废气处理设施383套次，正常运转率98%；检查固废处理装置376套次，正常运转率99%。发出责令改正通知书33份，停止生产（使用）决定书21份，发出行政处罚决定书10份，涉及行政处罚金额29.1万元。

【完成工程领域重点突出环保问题整治工作】 在监察部门的指导下，联合发改委、经委、建交委等管理部门，推进了历时两年的工程领域突出环保问题整治工作，先后完成了两批共计82个项目的整改，对现有管理中存在的不足进行了整改，并形成相应的长效管理机制。

国家工程领域突出环保问题整治工作第四巡查组于2011年9月对上海市工程领域突出环保整治工作情况进行核查，并进行整改区域和项目进行抽查。其间，对长兴造船基地和青草沙水库环境管理情况进行了实地检查，对两年来的专项整治和重点地区的环境管理工作给予了充分肯定，并对今后工作提出了希望。

【加大辐射环境安全监管】 根据市辐射安全监管年度工作要求，及时制定了《2011年崇明县辐射安全工作方案》和《2011年核技术利用单位监督检查工作计划》，全面落实辐射安全监管措施，确保本县辐射环境安全。

针对崇明县核技术利用单位分散的特点，充分利用监察人员现场检查工作的复合性，整合工作力量，认真做好核技术利用单位的日常检查督促工作，重点抓好放射源使用单位的安全监管，完成了市管源的协查，县管源的多遍监察和射线装置使用单位的巡查工作任务。

督促核技术利用单位进行自查，并按照要求提交年度评估报告，强化和完善核技术利用单位辐射安全管理的自我约束和防范意识，更好地推进辐射环境安全监管。认真开展核技术利用单位的辐射安全许可证的核发工作，对退出服务的放射源使用单位，在市环保局的指导下开展退出评估和废源回收工作。积极适应辐射环境监管需要，按照国家环保部的统一部署，推进辐射安全监管的信息化建设。先后完成了管理信息系统的操作人员培训，以及相关设备的采购和安装。先期推进了重点放射源使用单位的信息补录工作。

【加强污染物总量控制】 根据市政府下达的主要污染物总量控制指标与要求，制定全县“十二五”主要污染物总量控制分配方案，编制“十二五”主要污染物总量控制考核办法，进一步落实节能减排措施。完成污水处理厂污泥重金属监测数据上报工作。组织开展全县危险化学品环境管理和危险废物专项执法检查活动，对江河沿岸地区、饮用水源地等环境敏感区域内的危险化学品生产企业、电镀、酸洗行业以及产生量较大的危险废物产生企业、危险废物经营单位、污水处理厂等企业进行现场执法检查，加强对危险化学品生产企业和危险废物产生企业的监管。会同相关部门对建筑工地、拆房工地、市政工地及道路保洁进行了多次专项执法检查，并对存在的问题督促整改。完成2009年、2010年确定的10家企业的清洁生产审核评估验收工作，继续开展清洁生产审核工作。通过对水源保护区风险源的排摸，完成饮用水源地风险企业名单动态更新工作，完善饮用水源保护区整治方案，开展饮用水源地风险企业及一类污染物排放企业监管工作。

【注重科学服务，强化环境监测】 积极开展水环境质量、饮用水源地环境质量、空气环境质量、声环境质量检测任务，全年共取得有效监测数据33078个，为政府决策提供科学依据。认真做好生态环境预警监测、污染源监督监测、信访投诉、污染纠纷的监测、考核监测、委托监测、污染源在线比对监测工作。参加认可委组织的实验室能力验证活动（氟离子，氯离子，硫酸根离子，硝酸根离子；六价铬）和上海市环境监测中心组织的能力验证项目（化学需氧量、生化需氧量），全部合格。

【污染源普查动态更新工作通过国家环保部核查】

2011年1月至3月开展了2010年崇明县污染源普查动态更新工作，完成了清查准备、入户调查、现场核查、审核录入等各阶段的工作任务。本次调查共完成工业源159个，农业源82个，集中式污染治理设施9个。

2011年3月14日，污染源普查动态更新工作顺利通过了上海市专项检查组的现场验收。3月29日，国家环保部华东督查中心一行18人来崇检查，一致同意并通过核查验收。

【顺利通过“十一五”期间污染减排工作核查】

2011年3月17日，由市环保局会同市发改委、市经委、市统计局、市监察局和市水务局组成的市污染减排核查小组，对崇明县“十一五”期间污染减排工作进行全面的核查。

2010年底，全县化学需氧量排放总量为5938吨，与2005年相比削减了402.1吨，削减率为6.3%；二氧化硫排放总量为1731吨，与2005年相比削减了140.3吨，削减率为7.5%，均超额完成了“十一五”总量控制目标，顺利通过污染减排工作核查。

【淘汰落后产能工作力度不断加大】 根据市经信委要求，集中推进铸造、危化、小化工、黑色金属冶炼加工和橡胶制品等5大类“两高一低”行业的调整淘汰，全年淘汰落后产能企业30家（市重点推进9家，县推进21家），节约标煤4700吨，腾出土地81亩，共需市县专项扶持资金500万元。生态岛重点调整专项经市联席会议审议通过，并预拨专项内电镀企业县配套资金240万元。

【城乡保洁系统不断完善】 全县日收集、处置生活垃圾440吨，做到了生活垃圾日产日清，收集的覆盖率达到100%，无害化处置率达到100%；日保洁市政道路6054712平方米，实行人工普扫、机扫和检扫有机结合，保洁质量稳步提升；日保洁公厕266座，完善了公厕导向牌；日保洁垃圾房和垃圾收集点1069处。垃圾中转站、填埋场管理严格，运行正常，确保了居民的正常生活，改善了全县环境卫生面貌。

【生活垃圾分类工作卓有成效】 崇明生活垃圾分类减量工作采用试点先行、循序渐进的方法，坚持属地管理，县级指导；坚持政府推动，全民参与；坚持全程分类，优化处理的原则，建立“一级抓一级、层层抓推进”的责任体系，积极调配人力、物力、财力推进本县生活垃圾分类减量工作有序开展。2011年共投资480万元，配置了分类垃圾桶、垃圾袋、收运车辆等设施设备。实现了餐厨垃圾、建筑垃圾、工业垃圾、有害垃圾专项运输、专项处置。经统计，2011年共处置餐厨垃圾1255.88吨，回收旧衣、帽、鞋408公斤，处置有害垃圾1.5吨、建筑和工业垃圾10317吨。生活垃圾处置量比2010年同期下降了7.5%，超额完成了市下达的5%的目标。

【认真做好环境卫生质量监督工作】 齐心协力，突出重点，把握难点，形成合力，进一步加强全县环卫质量监管力度。全年共出动人员720人次，巡查天数150天。对全县18个乡镇集镇的道路、公共厕所、垃圾房、居住区、公共场所、车容车貌、河道水域等进行检查。共抽查样本17351件，检查出问题总数774件，完成整改774件，整改率100%。

【餐厨垃圾处理厂竣工投产】 崇明县餐厨垃圾处理厂建设规模为日处理餐厨垃圾20吨，占地10.2亩，总投资2800万元。在相关部门的关心指导下，通过一年的努力，建设工程顺利完成。2011年7月5日通过验收并投入试运行。2011年12月1日正式投产，餐厨垃圾收集运输和终端处理采用服务外包的方式。餐厨垃圾处理厂的投产，将加快实现崇明垃圾处理无害化、减量化、资源化，同时将减少崇明地沟油、“垃圾猪”的产生，为生态岛建设做贡献。

【稳步推进横沙生活垃圾中转站建设】 横沙生活垃圾中转站项目位于横沙岛西侧江岸边，占地5亩，设计规模为30吨/日，总投资616.71万元。已经完成了立项审批、环评审批、勘察设计、可行性研究报告、建设用地许可，设计方案初稿，目前正在进行三通一平，办理征地手续，设计方案报相关部门评定审批。

【积极筹建崇明县固体废物综合利用中心】 崇明县固体废物综合利用中心（崇明县生活垃圾焚烧厂）项目位于现崇明垃圾填埋场东侧，占地115亩，投资9.2亿元，设计日处理量为900吨。此项目是根据韩正市长指示，经市县多部门联合考察研究决定的。由县绿化市容局牵头，县市容环卫署负责具体实施，前期准备工作正在有条不紊地进行中。目前已完成了预工可报告编制、修改工作，完成了选址规划成果的修改，完成了环评的委托及前期周边环

境的采样 。

【推动全县城乡公共绿地建设步伐】 继续推进全县各乡镇公共绿地建设增量，相继建成了一批档次较高、品质较优的公共绿地，如新村乡星村公路沿线绿地、竖新上海船厂北侧绿地等，同时配合崇启大桥的通车，对向化公路沿线及几处道口进行了整体绿化改造。2011年全县新增公共绿地77.4万平方米，截至2011年底，全县公共绿地总面积已达274.9万平方米，城区人均公共绿地面积为11.35平方米，为2012年顺利完成生态岛建设纲要前期指标夯实了基础。

【稳步推进堡镇市民公园建设项目】 项目位于堡镇石岛路以东、向阳路以南、长岛路以西、堡育河以北，基地面积37937平方米，总投资6641.75万元。该工程于2011年2月正式开工，截至2011年底，已完成80%的工程量，其中土方造型完成95%，绿化种植完成75%，园路铺装完成70%，管理房及公共厕所、滨水驳岸、走廊、入口广场、水池铺装、景观廊架钢结构、景石摆放、污水管、雨水管、消防管线、室外电缆铺设、设备房框架结构等均已完成。堡镇市民公园建设项目能按照计划的时间节点稳步推进。

【围绕“科教兴绿”发展战略，大力建设屋顶绿化】 2011年，紧紧围绕“科技兴绿”发展战略，积极推广发展绿化模式的多样化，暨屋顶绿化建设。帮助城桥中学在新建食堂二楼平台上建成了一个460平方米的屋顶花园，同时帮助县农委在其大院车库上建成了500平方米的屋顶绿化，建成后的屋顶花园得到各方的一致好评。在此基础上，崇明县相继建成了崇明行政中心屋顶绿化、工商银行屋顶绿化、会展中心屋顶绿化等共计3430平方米，建成绿荫停车场5500平方米，为崇明县提高“科技兴绿”水平打下扎实的基础。

【化肥农药使用得到有效控制】 2011年底，崇明县化肥施用平均强度为379公斤/公顷，农药施用平均强度为12.3公斤/公顷。

粮食生产方面，一是开展了水稻测土配方施肥技术研究和推广工作，推广应用商品有机肥2.42万吨，推广专用配方肥0.68万吨；推广使用高效低毒低残留化学农药33种250多吨，应用面积35万亩次；二是积极推广绿肥种植。2010年秋播种植绿肥9.8万亩。

蔬菜生产方面，一是指导农民科学合理用药，结合蔬菜生产安全监管，加强蔬菜病虫害防治技术的培训指导。根据全县各乡镇蔬菜种植面积和农药使用情况，认真做好补贴农药推广、实施工作。组织召开补贴农药专题会议6次，推广蔬菜高效低毒低残留农药，累计推广1274万元蔬菜补贴农药，应用面积20万亩次，进一步加大补贴农药的施用力度，提高了补贴农药使用覆盖面，从根本上确保了蔬菜生产安全、减少了化学农药的使用量。二是抓好绿色防控技术示范推广和植保专业队伍建设，推广应用绿色防控技术面积1.8万亩。为进一步推进蔬菜病虫害绿色防控技术实施，增强全县菜农“公共植保、绿色植保”理念，先后在港沿、农业园区等乡镇及地区建立绿色防控集成示范区，有效地减少农药的使用数量和使用次数。同时，在健绿花菜合作社、合兴设施芦笋基地建立了统防统治植保专业队伍，实现重点基地“统一购药、统一定药、统一防治”，减少了菜农分散防治产生的交叉侵染和不必要的浪费，提高了防治效果和防治效率，减少了农药的使用强度。在林果生产上，推广使用有机肥4.5万吨，应用面积8.5万亩。

【畜禽污染防治进一步提高】 借鉴嘉兴南湖“户聚、村收、片处理”的生猪粪尿集中片处理沼气模式，推进2010年获批的中小型生猪饲养户沼气工程建设项目，做好港沿镇和庙镇地区两个片区的协调和沼气建设土地备案等工作。结合中小型沼气工程和科技入户工程等项目，推广100户养猪户采用益生菌使用技术；在庙镇遴选1户养猪户试验自然养猪法技术；推广蛋白质发酵技术试验工作，达到除臭、除蚊蝇的治理效果。畜禽粪便综合利用率达到了65.3%，比上年提高了5个百分点。

【大力推进农作物秸秆综合利用】 贯彻落实《上海市人民政府办公厅转发市发改委等四部门制订的〈关于本市推进农作物秸秆综合利用实施方案〉的通知》（沪府办发〔2011〕4号）精神，禁止秸秆露天焚烧，全面推进秸秆机械化还田为主，收集加工为辅的秸秆综合利用方式。制订了《崇明县秸秆综合利用三年行动计划（2011—2013年）》。夏收秸秆机械化还田14.8万亩，秋收秸秆机械化还田18.1万亩，约占种植面积的50%。2011年夏收期间开展秸秆机械化还田菌肥化利用小区试验和大区示范应用。在堡镇营房村和城桥镇侯东村开展小区试验，面积15亩；在东滩耀全合作社、北部垦区上海纯香粮食专业合作社、竖新镇前卫村和庙镇宏达村进行大区示范应用，应用面积4500亩。

【三岛森林覆盖率达到了20.51%】 进一步加强了公益林养护管理、森防工作和林政执法工作，在巩固绿化成果的同时，按照生态岛建设纲要，稳步实施了绿化增量，完成2958亩四类林建设（包括崇启高速通道防护林）、492亩经济林和15000亩中幼林抚育项目的建设任务，三岛森林覆盖率达到了20.51%。

【积极开展绿色学校创建活动】 2011年为崇明县绿色学校考核和创建年。2011年3月根据绿色学校创建的要求和崇明县环境教育特点，对绿色学校创建标准进行了修订，将学校生态教育和自主开发的环境教育校本课程作为重要的考核指标；2011年4月，对基层学校绿色学校创建负责人进行了培训，明确了考核验收和评审办法；2011年5月，对已评为绿色学校的43所学校进行了复评验收；2011年11月，对新申报绿色学校进行了考核。通过绿色学校创建工作，目前崇明县各中小学幼儿园中，已经有一所学校获得全国绿色学校称号，有3所学校获得上海市绿色学校称号，54所学校获得崇明县绿色学校称号。

【继续开展爱鸟、护鸟特色教育】 鸟文化教育作为崇明县新课程改革的重要抓手，2011年11月，成功举办了第十三届鸟文化节；裕安中学、陈家镇小学、建设中学、崇东中学等学校以“请进来、走出去”的活动机制开展鸟文化教育活动，邀请崇明县国家级鸟类自然保护区专家到学校作宣传教育，并组织学生到东滩考察、探究。在鸟文化教育的课程建设上，一方面将保护鸟类、保护湿地编入“生态崇明小学主题活动课程”，提供给全县所有小学选择使用；另一方面邀请华东师范大学课程专家和崇明县教师进修学校相关专家，对原有教材进行了修改，形成了集文理知识、技能和方法为一体的综合课程，围绕 “鸟与自我、鸟与自然、鸟与社会”，开发了“生态与和谐、生命与环境、伦理与道德、责任与信念、自爱与关爱、好奇与善思、团队与合作、文化与理想”等主题，使鸟文化教育课程更加体现时代发展的内涵和新课程改革的要求。

【环境教育深入学校】 2011年崇明县教育局、崇明县科协、环保教育联合开展了第二届崇明县中学生生态知识竞赛，共有近7000名中学生参加了初赛；崇明县教育局和上海市中小学幼儿园教师奖励基金会联合开展了“崇明县社区生态教育资源开发与利用成果推广活动”，使一大批社区资源在环境教育中得到应用，成为学校开展环境教育的实践基地；积极推广低碳生活理念，一方面通过教师培训和“走百校讲百课”的形式，提高师生对低碳生活的认识，并在部分学校开展中学生“碳足迹”实践活动，以实际的行动倡导节能减排，另一方面在《崇明报》开辟低碳生活科普专栏，每周三刊登，为低碳科普宣传起到了积极的推进作用。为更好地借用社会智力资源，保障环境教育的实施，2011年4月崇明县教育局、环保局、上海市动物学会进行了联合开展生态教育活动的签约仪式；6月，上海市教委教研室与上海市教育局联合成立了上海市中小学乡土课程研究基地。

【环境宣传力度不断加强】 以“6 · 5”世界环境日宣传为契机，围绕“共建生态文明，共享绿色未来”这个主题，结合创建国家级生态县，积极组织开展了一系列环境宣传活动。旨在呼吁人人行动起来，树立绿色发展理念，共创绿色未来。其间，向机关、学校、社区居民发放世界环境日宣传画张、《上海市环保地图》等宣传资料2850份。出版了一期“坚持生态立岛 推进低碳建设”《崇明报》的宣传专版；发布2010年崇明县环境状况公报。与崇明县教育局、崇明县科协组织举办“2011年崇明县初中生生态知识竞赛”活动；动员崇明中小学师生参加全国校园节能减排优秀案例征集大赛、低碳45分钟，绿色课堂征集大赛等活动。结合“绿色护考”工作，积极开展禁鸣宣传活动。

为了展示全社会共同参与绿色世博的风貌，积极开展与落实“世博环保风采录”的资料收集整理工作；为了营造迎接国家级生态县部级技术核查验收的氛围，出版了一期《创建国家级生态县》《崇明报》专版。

在环境宣传教育过程中，结合生态县创建，采取多种形式，将“法律进社区、进乡村”活动不断引向深入。结合崇明科技节，积极做好生活垃圾中危险废物分类收集宣传，与县科协联合在城桥镇嘉年花苑设摊进行垃圾分类宣传，发放《今天你“垃圾分类”了吗？》宣传小册子1500册。以《让绿色溢满社区——上海市绿色社区硕果展》社区材料的征集为媒介，积极向社区居民宣传生态环保法律法规。通过这些活动，提高学习环境保护知识的热情，增强全民环境意识和法制观念，提高全民环保意识和参与环保行动的积极性。

【环境信访处理率100%】 全年共受理各类信访投诉件360件，其中来信62件，来访48件/188人次，来电208件，电子邮件42件；反映水污染信访97件，大气污染信访171件，噪声污染信访72件，固体废物污染信访8件，新建项目6件，建议类1件。热线接通率、反馈率、群众满意率、应急事件处理率分别达到100%、100%、100%、100%。

【政协提案办结率和满意率均达到100%】 2011年共收到人大代表书面意见1件，政协委员提案4件。主要涉及生物多样性展示馆、农用物秸秆菌肥化利用、废旧电池回收处置和利用及治理“历史”工业污染等生态建设和环境保护问题。各项书面意见、提案均按照时间节点要求，保质保量的完成，办结率、满意率均达到100%。

（黄嘉其、叶高山、张莉敏、陆卫国、林家骏、陈 佳、刘青坡、沈云峰、黄 俊、刘 奕、梅湘瀛、范玉婷、邱晔平 供稿）

【环境监测统计表】

区县	监测获得数据总数（个）	环境要素监测（个）				污染源监测（个）				
		总数	其中			总数	其中			
			大气环境	水环境	声环境		废水	废气	噪声	三同时验收
浦东新区	1355748	1324067	130.1万	19019	4048	31681	13366	5625	50	12640
徐汇区	29606	12581	5671	4350	2560	17025	7740	580	3720	4985
长宁区	27747	8821	4968	3325	528	18926	12096	220	120	6490
普陀区	74837	42611	8545	29442	4624	32226	8861	9407	12750	4697
闸北区	104082	90430	86144	1610	2676	13652	6168	848	1207	5429
虹口区	67372	61492	53232	6052	2208	5880	1080	240	960	3600
杨浦区	324701	320322	316285	1509	2528	4379	2889	551	48	891
黄浦区	394190	216302	212230		4072	177888	44010	86	57434	76358
静安区	10282	5421	2580	1104	1737	4861	256	275	79	4251
宝山区	586480	566600	553900	9100	3600	19880	11400	4500	580	3400
闵行区	259093	198401	180773	9750	7878	60692	22253	18110	1986	18343
嘉定区	72006	34027	7201	22602	4224	22356	14941	942	1980	4493
金山区	61276	14319	7602	4317	2400	46957	28586	6750	1060	10561
松江区	280791	184795	96936	85218	2641	95996	17955	12277	6905	58859
青浦区	96129	22008	3076	16938	1994	74121	20724	51222	2175	
奉贤区	30449	8788	2640	3700	2448	21661	8375	8076	710	4500
崇明县	32727	28437	9323	14726	4388	4290	2824	861	105	500

（根据各区县环保局提供资料汇总）

【书面意见提案信访处理情况统计表】

区县	人大代表书面意见			政协委员提案			来访处理			来信处理				来电处理		
											其中					
	收件数	已办理	办结率（%）	提案数	已办理	办结率（%）	总人次	反映单位数	处理率（%）	总件数	批办件	来信件	处理率（%）	总人次	反映单位数	处理率（%）
浦东新区	2	2	100	1	1	100	29	8	100	496	11	485	100	3662	3662	100
徐汇区	1	1	100	4	4	100	52	23	100	34	21	13	100	233	207	100
长宁区	1	1	100	1	1	100	21	21	100	34	12	22	100	320	320	100
普陀区	2	2	100				26		100	70	17	53	100	314		100
闸北区				2	2	100	6	6	100	72		72	100	425	425	100
虹口区	5	5	100	7	7	100	31	20	100	37		37	100	422	422	100
杨浦区	1	1	100	5	5	100	95	20	100	44	17	27	100	229	220	100
黄浦区	1	1	100	2	2	100	51	14	100	94	36	58	100	468	450	100
静安区	2	2	100				61	35	100	22	1	21	100	46	46	100
宝山区	4	4	100	3	3	100	19	12	100	19	1	1	100	333	333	100
闵行区	9	9	100	4	4	100	14	9	100	45	1	44	100	961	863	100
嘉定区	6	6	100	3	3	100	48	33	100	71	18	53	100	985	935	100
金山区	1	1	100	5	5	100	78	18	100	48	11	37	100	895	895	100
松江区	2	2	100	7	7	100	54	27	100	236	201	35	100	1417	1417	100
青浦区	2	2	100	5	5	100	126	44	100	217	26	191	100	1046	1046	100
奉贤区	4	4	100	3	3	100	64	54	100	148	88	60	100	853	853	100
崇明县	1	1	100	4	4	100	198	48	100	62	47	15	100	208	208	100

（根据各区县环保局提供资料汇总）

大事辑要

1月

1日 上海市在全国率先向公众正式发布实时空气质量状况，公布PM_{10}、SO_2、NO_2等污染物指数。

4日—11日 由环保部污染减排核查核算组来沪，对本市2010年及“十一五”主要污染物总量减排情况进行核查核算。

5日 市政府召开主要污染物总量减排核查核算汇报会。

6日 苏州河底泥疏浚工程全线启动。

13日 市人大召开新闻通气会，城建环保委代表《上海市“十二五”期间低碳发展的初步思路和对策建议》研究课题组就课题主要内容向20余家媒体进行介绍。

同日 “第三届上海清洁空气论坛暨世博会空气质量保障成果总结国际研讨会”召开。

21日—22日 国家环保部对外合作中心陪同联合国工业发展组织（UNIDO）的独立专家就“中国履行斯德哥尔摩公约能力建设项目”在上海的开展情况进行中期评估。

23日 上海辰山植物园正式对外开放。

26日 副市长沈骏赴市环保局调研“十二五”和2011年环保工作。

29日 上海市“十二五”首个并网发电的风电项目——长兴风电场正式并网发电。

29日—2月1日 上海举办形式多样的活动纪念第15个世界湿地日。

是月 上海市POPs履约能力建设示范市项目通过联合国工业发展组织(UNIDO)独立专家在沪进行的中期评估。

2月

15日 《上海崇明东滩鸟类国家级自然保护区总体规划（2011年—2020年）》获国家林业局正式批复同意。

16日 市政协主席冯国勤赴辰山植物园调研。

16日—5月16日 上海市内陆水域和黄浦江实行禁渔期制度。

3月

2日 市人大常委会副主任胡延照率城建环保委赴市绿化市容局，调研推进生活垃圾分类和减量化等工作

15日 市领导俞正声、韩正、刘云耕、冯国勤、殷一璀等在上海东方体育中心参加植树活动。

16日 市人大常委会副主任胡延照一行赴市辐射环境监督站调研。

19日 副市长沈骏、市政府副秘书长尹弘一行赴市辐射环境监督站调研。

26日 上海第三次参与“地球一小时”活动。

28日 市政府就贯彻落实“2011年环保专项行动电视电话会议”要求作动员和部署。

31日 市人大城建环保委赴松江区调研生活垃圾处置和固废综合利用中心工程建设情况。

4月

2日 市人大城建环保委召开座谈会，就黄浦江上游水源地保护存在的突出问题及治理的对策措施与市环保局、市水务局和市航务管理处进行研究。

同日 金桥出口加工区被环保部正式批准为国家生态工业示范园区。

9日 上海市第30届“爱鸟周”活动启动仪式在崇明东平国家森林公园举行。

11日 首批8辆私人购买的纯电动汽车正式在嘉定国际汽车城挂牌上路。

15日 市政府召开2011年全市节能减排和产业结构调整工作会议，贯彻落实党中央、国务院有关部署和要求，部署启动“十二五”及2011年本市节能减排和产业结构调整各项重点工作。

18日—19日 “国际港口大厦小组会议”在上海召开。

21日 市政协主席冯国勤领衔重点促办“推进生活垃圾减量化、资源化、无害化”提案专题。

26日 市人大常委会副主任胡延照率城建环保委赴市水务局（市海洋局）调研。

是月 市政府批复同意《上海市水环境功能区划

（2011年修订版）》。

是月 国家环保部、商务部和科技部联合发文批准上海金桥出口加工区为国家生态工业示范园区。

5月

2日－3日 上海市空气质量重度污染，API指数达最高值500，市环境监测中心第一时间发布沙尘污染预警信息并启动分时段预报。

3日 市长韩正检查东方体育中心周边环境建设和整治工作推进情况，并主持召开专题会议。

5日 《2010年上海世博会绿色出行报告》在沪正式发布。

8日－14日 市人大常委会副主任胡延照率城建环保委赴重庆参加2011年全国人大环资系统工作会议。

9日 东方网“我爱环保”官方微博注册成功，实时发布全市空气质量日报预报信息。

15日 市政协副主席李良园出席“百万家庭低碳行，垃圾分类要先行”实事项目（试点小区）启动仪式。

同日 2011年上海“全国城市节约用水宣传周”在闵行区莘庄北广场隆重开幕。

17日 市环保局、市建交委、市公安局、市房管局、市城管执法局5部门联合发布规范性文件《上海市建设工程夜间施工许可和备案审查管理办法》。

18日 2010年度上海市中华环保世纪行宣传活动好新闻评审会在兴华宾馆举行。

23日 青浦区被环保部正式命名为国家环境保护模范城区。

26日 市政府在白龙港污水处理厂召开本市环境保护和环境建设协调推进委员会第18次会议。

26日－27日 国家环保部副部长吴晓青在沪调研环保科技工作。

27日 东方明珠移动电视空气质量信息发布平台正式开通。

6月

3日 “携手看海去”——2011年世界海洋日沪、新青少年海洋知识传播行动之世界海洋日宣传活动在卢湾区青少年活动中心隆重举行。

同日 “6·5”世界环境日宣传活动在闸北区大宁灵石公园举行。

5日 市环保局、市文明办对被命名的23个第二批“市级绿色社区”进行表彰和授牌。

8日 市环保部门开始按照规范性文件《上海市建设工程夜间施工许可和备案审查管理办法》的新要求面向社会审批夜间施工许可。

同日 青草沙水源地原水工程建成通水仪式举行。

23日 市政协人资环建委员会组织部分市政协委员开展“关于上海生活垃圾减量化、资源化、无害化处理”专题视察。

7月

1日 上海施行《上海市公共机构节能监察办法（试行）》。

14日 国家环保部副部长张力军赴上海就主要污染物总量减排及上海市浦东等区创建国家环境保护模范城等工作进行调研。

20日－22日 市人大城建环保委赴无锡参加全国人大环资委暨七省一市人大湖泊安全立法座谈会。

是月 “上海市地方消耗臭氧层物质淘汰能力建设”项目通过环保部验收。

是月－11月 上海全面完成电池生产、电光源生产、血压计生产等14个涉汞行业的汞排放源现状调查评估工作。

8月

3日 市人大常委会主任刘云耕、副主任胡延照和部分常委会组成人员一行专程赴青草沙水库调研长江口青草沙水源地原水工程建设、运行和管理情况。

8日 市人大城建环保委赴市绿化市容局调研生活垃圾分类减量工作推进情况。

16日 市人大城建环保委召开课题研讨会，围绕本市生活垃圾管理立法研究基本思路和建立源头减量制度、明确分类标准、完善垃圾治理规划编制等主要内容进行研讨。

17日 市人大城建环保委召开建筑垃圾和土方车管理工作座谈会。

22日　上海市两栖类动物种群复壮与野外放归仪式在上海海湾国家森林公园举行。奉贤当地繁育的10000只黑斑蛙被野放到上海海湾国家森林公园内。

23日　市政协主席冯国勤主持召开专题会议，听取生活垃圾“三化”处理课题调研情况汇报。

是月　市政府批准《世博会地区结构规划》及《世博会地区会展及其商务区B片区控制性详细规划》。

9月

1日　“上海加强地方消耗臭氧层物质淘汰能力建设项目”通过国家环保部项目考核验收，评级为“优秀”。

同日　市环保局出台的《关于对环保违法行为实行有奖举报的规定》正式实施。

2日　市政府召开上海市交通节能减排联席会议第一次会议，回顾总结“十一五”以来上海交通节能减排工作，明确“ 十二五”和2011年目标、任务。

5日—9日　市人大常委会副主任胡延照率城建环保委赴天津参加京津沪渝四直辖市人大城建环保工作座谈会。

7日　市人大城建环保委赴浦东新区调研生活垃圾分类和减量化工作。

14日—16日　环保部环境影响评价审批工作专项执法检查组赴上海对2011年环境影响评价审批工作进行专项执法检查。

19日　市人大常委会副主任胡延照率市人大城建环保委赴黎明生活垃圾填埋场和白龙港污水处理厂调研。

同日　市政协主席冯国勤主持召开市政协十一届八十七次主席会议，审议关于上海生活垃圾减量化、资源化、无害化处理的调研报告（草案）。

22日　市政府召开第四轮环保三年行动计划推进和第五轮环保三年行动计划编制工作专题会。

27日　上海部署落实国务院全国节能减排工作电视电话会议各项工作。

是月　市政府“百个街道（镇）千条道路洁净工程”实事项目全面完成。

10月

10日　市人大城建环保委开展生活垃圾分类和减量化专项调研。

18日　市人大城建环保委听取市建交委、市发改委等19家政府部门关于推进垃圾分类和减量化工作情况的汇报，并提出意见和建议。

同日　市人大常委会副主任吴汉民带领提出相关书面意见的市人大代表赴市绿化市容局，对“生活垃圾分类处理”专题的代表书面意见办理和跟踪办理工作开展督办活动。

19日　市人大城建环保委听取静安、崇明等9个区县绿化市容部门关于推进生活垃圾分类和减量化工作情况的汇报，并提出工作意见和建议。

同日　环保部宣教中心在上海长城假日酒店举行“2011年第二期国际生态学校项目培训班暨国际生态学校授旗仪式”。

21日　亚洲规模最大的污泥处理设施——白龙港污泥处理主体工程建成投运。

31日　太湖局启动引江济太水资源调度。

11月

1日　《太湖流域管理条例》施行。

同日　《上海市防震减灾“十二五”规划》上报市政府审批。

同日　上海集中发放10万份新版《上海市绿化地图》。

1日—23日　上海开展两次长江非法捕捞专项整治行动。

2日　上海环境能源交易所与兴业银行上海分行正式签署战略合作协议，联手探索低碳经济的金融和交易服务创新。

3日　市人大常委会副主任胡延照率城建环保委赴金山区调研生态环境保护和城市建设情况。

10日　市人大常委会副主任胡延照、蔡达峰率部分常委会组成人员和市人大代表调研本市推进垃圾分类和减量化工作情况。

15日　市政协开展以“推进生活垃圾‘减量化、资源化、无害化’处理情况”为专题的2011年委员年末视察活动。

17日　市十三届人大常委会第三十次会议听取和审议市政府《关于推进垃圾分类和减量化工作情况的报告》，以及市人大城市建设环境保护委员会提交的调研报告。

同日　市政协开展以“青草沙工程建设情况”为

专题的2011年委员年末视察活动，市政协副主席王新奎参加。

20日—22日 由国务院办公厅相关领导带队，环保部、财政部等相关负责同志组成的国务院调研组一行在沪调研本市贯彻落实《废弃电器电子产品回收处理管理条例》实施情况。

25日–26日 上海开展黄浦江上游查处非法捕捞专项行动。

28日 市政府印发《上海市能源发展“十二五”规划》。

29日 上海第二大水源地工程东风西沙水库正式开工建设。

是月 市政府批准《虹桥商务区规划》。

是月 “2010年上海世博会环境后评估项目”由联合国环境规划署正式发布。

12月

1日 长湖申线上海段实施危险货物运输船舶禁航。

5日 市政府印发《上海市新能源发展“十二五”规划》。

12日 崇明西沙湿地公园被国家林业局批准为国家湿地公园试点单位。

13日 市人大常委会第三十一次会议听取和审议市环保局代表市政府做的《关于本市2011年环境保护工作情况的报告》。

16日 副市长沈骏、市政府副秘书长尹弘一行赴市环境监测中心调研环境监测工作。

19日 市人大常委会副主任胡延照和部分常委会组成人员听取市环保局关于本市第四轮环保三年行动计划完成情况和第五轮环保三年行动计划编制情况的汇报。

19日–20日 环保部加速淘汰含氢氯氟烃行业计划实施启动大会在上海召开。

23日 市人大常委会召开限制商品过度包装，促进商品包装物减量立法座谈会，正式启动该项立法工作。

26日 《上海市2012–2014年环境保护和建设三年行动计划》经市政府常务会议原则通过。